信息学奥赛之数学一本通

（C++版）

林厚从　主编
王　宏　主审

东南大学出版社
SOUTHEAST UNIVERSITY PRESS
·南京·

内容提要

数学是计算机程序设计的灵魂。利用数学方面的知识、数学分析的方法以及数学题解的技巧,可以使得程序设计变得轻松、美观、高效,而且往往能反映出问题的本质。在国内外各项程序设计比赛(比如,ACM、NOI)活动中,越来越多地用到各种复杂的数学知识,对选手的数学修养要求越来越高。编写本书的目的就在于给广大 ACM 队员、NOI 选手以及编程爱好者,系统分析一些程序设计中常用的数学知识和数学方法。

本书的适用对象包括:中学信息学奥林匹克竞赛选手及辅导老师、大学 ACM 程序设计比赛选手及教练、高等院校计算机相关专业的师生、程序设计爱好者等。

图书在版编目(CIP)数据

信息学奥赛之数学一本通 / 林厚从主编. — 南京:东南大学出版社,2016.7(2025.02 重印)

ISBN 978-7-5641-6576-5

Ⅰ. ①信⋯ Ⅱ. ①林⋯ Ⅲ. ①中学数学课—教学参考资料 Ⅳ. ①G634.603

中国版本图书馆 CIP 数据核字(2016)第 136163 号

信息学奥赛之数学一本通(C++版)

出版发行	东南大学出版社
社　　址	南京市玄武区四牌楼 2 号
网　　址	http://www.seupress.com
出 版 人	白云飞
责任编辑	张　煦
封面设计	余武莉
责任印制	周荣虎
经　　销	全国各地新华书店
印　　刷	江苏扬中印刷有限公司
开　　本	787 mm×1092 mm　1/16
印　　张	24.50
字　　数	612 千字
版印次	2016 年 7 月第 1 版　2025 年 2 月第 15 次修订印刷
书　　号	ISBN 978-7-5641-6576-5
定　　价	69.00 元

本社图书若有印装质量问题,请直接与营销部联系。电话(传真):025-83791830

前　　言

N. Wirth 给出了程序设计的一个重要公式，程序＝算法＋数据结构。

作为一个程序员或者程序设计爱好者来说，不应该只把程序设计作为一门技术，更应该看成是一种艺术。其实，算法本身也是一门艺术，数据结构本身也是一门艺术。程序也好，算法也好，数据结构也好，其中都蕴涵了很多的数学，而数学更是一门艺术。如果把数学与程序设计完美地结合在一起，则是艺术的巅峰！

从某种意义上来说，计算机源于数学。而作为计算机科学核心技术的程序设计，与数学之间的关系更是密不可分，可以这样说，数学是计算机程序设计的灵魂。利用数学方面的知识、数学分析的方法以及数学解题的技巧，可以使得程序设计变得轻松、美观、高效，而且往往能反映出问题的本质。

在 ACM 国际大学生程序设计竞赛（ACM-ICPC）和全国青少年信息学奥林匹克竞赛（NOI）系列活动中，越来越多地出现了数学的影子，也用到了越来越多数学方面的知识，对选手的数学修养要求越来越高。本书的目的就在于给广大编程爱好者和信息学参赛者，介绍和总结一些程序设计中常用的数学知识和数学方法，希望能起到抛砖引玉的作用。

本书由全国青少年信息学奥林匹克竞赛金牌指导教师、常州市第一中学林厚从老师主编。2008 年，笔者编写出版了《数学与程序设计》一书，深受读者欢迎。相比而言，《信息学奥赛之数学一本通》知识内容更加丰富、体系结构更加完整、例题习题更加新颖，更加突出实战性和应用性。在编写过程中，吸收了很多 OIer 的灵感和智慧，参考了部分国家集训队员和教练员的论文，包括朱全明、贾志鹏、陈瑜希、董宏华、金策、鬲融、唐文斌、余林韵、朱泽园、俞华程、Matrix67 的博客、ACdreamers 的博客、pi9nc 的博客。福州市第三中学黄志刚老师和吴钰晗、闫书弈两位同学，以及常州市第一中学吴睿海、孔瑞阳等同学为本书的编写做了大量调试和校对工作。全国青少年信息学奥林匹克竞赛（NOI）科学委员会主席、清华大学计算机科学与技术系王宏老师，在百忙之中审定了全书。在此，一并表示感谢！由于水平有限，书中难免存在不当之处，恳请谅解，也欢迎广大读者批评指正，不胜感激！

书中所有例题的参考程序均采用 Dev-C++ 实现。如果需要本书中所有题目的测试数据和 PASCAL 标程，请发邮件与我联系（hc.lin@163.com）。

笔　者
2016 年 6 月

编者注：本次重印前笔者又将书中例题的参考程序重新过一遍，更换了少量代码。

目 录

第1章 数论 ······ 1
- 1.1 整除 ······ 2
- 1.2 同余 ······ 6
- 1.3 最大公约数 ······ 9
  - 1.3.1 辗转相除法 ······ 9
  - 1.3.2 二进制算法 ······ 9
  - 1.3.3 最小公倍数 ······ 10
  - 1.3.4 扩展欧几里得算法 ······ 10
  - 1.3.5 求解线性同余方程 ······ 11
- 1.4 逆元*① ······ 16
- 1.5 中国剩余定理* ······ 21
- 1.6 斐波那契数 ······ 24
- 1.7 卡特兰数 ······ 29
- 1.8 素数 ······ 33
  - 1.8.1 素数的判定 ······ 34
  - 1.8.2 素数的相关定理 ······ 36
  - 1.8.3 Miller-Rabin 素数测试* ······ 36
  - 1.8.4 欧拉定理 ······ 37
  - 1.8.5 Pollard Rho 算法求大数因子* ······ 38
- 1.9 Baby-Step-Giant-Step 及扩展算法* ······ 46
- 1.10 欧拉函数的线性筛法* ······ 54
- 1.11 本章习题 ······ 58

第2章 群论* ······ 64
- 2.1 置换 ······ 64
  - 2.1.1 群的定义 ······ 64
  - 2.1.2 群的运算 ······ 64
  - 2.1.3 置换 ······ 65
  - 2.1.4 置换群 ······ 65
- 2.2 拟阵 ······ 65

---

① 本书中加 "*" 号内容为提高性知识,一般在省队选拔及 NOI 比赛中才会涉及。

  2.2.1 拟阵的概念 ········· 66
  2.2.2 拟阵上的最优化问题 ········· 67
 2.3 Burnside 引理 ········· 69
 2.4 Polya 定理 ········· 72
 2.5 本章习题 ········· 86

第3章 组合数学 ········· 91
 3.1 计数原理 ········· 91
 3.2 稳定婚姻问题* ········· 101
 3.3 组合问题分类 ········· 107
  3.3.1 存在性问题 ········· 108
  3.3.2 计数性问题 ········· 108
  3.3.3 构造性问题 ········· 109
  3.3.4 最优化问题 ········· 110
 3.4 排列 ········· 110
  3.4.1 选排列 ········· 110
  3.4.2 错位排列 ········· 113
  3.4.3 圆排列 ········· 113
 3.5 组合 ········· 116
 3.6 母函数* ········· 129
  3.6.1 普通型母函数 ········· 130
  3.6.2 指数型母函数 ········· 132
 3.7 莫比乌斯反演* ········· 142
 3.8 Lucas 定理* ········· 150
 3.9 本章习题 ········· 155

第4章 概率 ········· 163
 4.1 事件与概率 ········· 163
 4.2 古典概率 ········· 165
 4.3 数学期望 ········· 171
 4.4 随机算法 ········· 181
 4.5 概率函数的收敛性* ········· 189
 4.6 本章习题 ········· 197

第5章 计算几何 ········· 203
 5.1 解析几何初步 ········· 203
  5.1.1 平面直角坐标系 ········· 203
  5.1.2 点 ········· 204
  5.1.3 直线 ········· 204
  5.1.4 线段 ········· 205
  5.1.5 多边形 ········· 205
  5.1.6 圆 ········· 206

- 5.2 矢量及其运算 ·· 213
  - 5.2.1 矢量的加减法 ·· 213
  - 5.2.2 矢量的数量积 ·· 213
  - 5.2.3 矢量的矢量积 ·· 214
- 5.3 计算几何的基本算法 ··· 220
- 5.4 平面凸包 ·· 236
- 5.5 旋转卡壳* ·· 243
  - 5.5.1 计算距离 ··· 244
  - 5.5.2 外接矩形 ··· 249
  - 5.5.3 三角剖分 ··· 251
  - 5.5.4 凸多边形属性 ·· 254
- 5.6 半平面交* ·· 265
- 5.7 离散化 ··· 272
- 5.8 本章习题 ·· 278

第 6 章 矩阵 ·· 298
- 6.1 矩阵及其运算 ·· 298
  - 6.1.1 矩阵的基本运算 ··· 299
  - 6.1.2 矩阵的乘法运算 ··· 300
  - 6.1.3 矩阵的行列式 ·· 300
  - 6.1.4 矩阵的特殊类别 ··· 301
- 6.2 数字方阵 ·· 310
- 6.3 线性方程组及其解法 ··· 315
  - 6.3.1 高斯消元法 ·· 315
  - 6.3.2 LU 分解法 ··· 319
- 6.4 Matrix-Tree 定理* ··· 328
- 6.5 本章习题 ·· 337

第 7 章 函数 ·· 349
- 7.1 函数的基本知识 ·· 349
  - 7.1.1 函数的特性 ·· 350
  - 7.1.2 常见的函数类型 ··· 352
- 7.2 函数的单调性 ·· 356
- 7.3 函数的凹凸性 ·· 363
- 7.4 SG 函数 ·· 367
- 7.5 快速傅立叶变换* ··· 370
- 7.6 快速数论变换* ·· 375
- 7.7 本章习题 ·· 381

第1章 数 论

数论被誉为数学的皇后，它的研究对象是我们经常接触的整数，例如求两个整数的最大公约数和最小公倍数，求一个正整数的素因子分解，求一个方程的整数解等等。

古希腊人把关于数的抽象关系的研究与用数进行计算的实际技能区别开，前者称为算术(arithmetic)，后者称为算术计算术(logistic)。这种分类法，从中世纪延续下来一直用到15世纪末，教科书中开始用单一的名称"算术"来论述数的理论方面和实用方面。有趣的是，今天的欧洲大陆，arithmetic 有其原始意义，而在英国和美国，一般把 arithmetic 作为 logistic 的同义词。并且，在这两个国家，使用描述性的术语 number theory 来表示对于数的研究的抽象方面。

毕达哥拉斯和他的学派在数学上有很多创造，尤其对整数的变化规律感兴趣。例如，把全部因数之和(除其本身以外)等于本身的数称为完全数(Perfect Number，又称完美数)；而将本身大于其因数之和的数称为亏数；将小于其因数之和的数称为盈数。不错，上帝6天创造世界，6就是一个完全数，因为$6=1+2+3$。另一方面，阿尔克温说：整个人类是诺亚方舟上的神灵下凡，这一创造是不完善的，8是个亏数，因为$8>1+2+4$。直到1952年，人类才知道12个完全数，它们都是偶数，其中前三个是6,28和496。

一般认为，毕达哥拉斯及其后继者，连同这个团体的哲学，是数论发展的先驱，是后来把数论发展为神秘主义的基础。例如，亚姆利库，这位公元320年左右有影响的新柏拉图派哲学家，就曾把亲和数(Amicable Numbers)的发现归功于毕达哥拉斯。两个数是亲和的，即一个数的真因子的和等于另一个数。例如284和220就是亲和的，因为284的真因子是1,2,4,71,142，其和为220，而220的真因子有1,2,4,5,10,11,20,22,44,55,110，其和为284。后来又增添了神秘的色彩和迷信的意思，即分别写上这两个数的护身符会使两数的佩戴者保持良好的友谊，这种数在魔术、法术、占星学和占卦上，都起着重要的作用。奇怪的是，后来很长一段时间再没有发现新的亲和数，直到17世纪，费马手持一本《算术》，并在其空白处写写画画，竟把数论引上了近代的轨道，并于1636年宣布17296和18416为另一对亲和数。后来得知这只不过是重新发现，这对亲和数在13世纪末14世纪初就曾被斑纳发现过，并且也许曾被泰比特·伊本柯拉用于其公式。又过了两年，法国数学家笛卡儿给出了第三对。再后来，瑞士数学家欧拉着手于系统地寻找亲和数，于1747年给出了一个30对亲和数的表，后来又扩展到超过60对。在这种数的研究历史中，还有一件奇怪的事：一个十六岁的意大利男孩帕加尼尼在1886年发现了被人们忽视、比较小的一对亲和数：1184和1210。

出现了现代计算机后，数论的研究得到了迅猛发展，因为很多数论的证明和猜想都可以通过高速计算机来解决和验证，甚至不断被穷举出来。本章就介绍一些数论知识及其在计算机编程中的实际应用。

1.1 整除

设 a 是非零整数,b 是整数。如果存在一个整数 q,使得 $b=a*q$,那么就说 b 可被 a 整除,记作 $a|b$,且称 b 是 a 的倍数,a 是 b 的约数(因子)。

例如 $3|12,21|63$。整除具有以下一些性质:

1. 如果 $a|b$ 且 $b|c$,那么 $a|c$。
2. $a|b$ 且 $a|c$ 等价于对任意的整数 x 和 y,有 $a|(b*x+c*y)$。
3. 设 $m\neq 0$,那么 $a|b$ 等价于 $(m*a)|(m*b)$。
4. 设整数 x 和 y 满足下式:$a*x+b*y=1$,且 $a|n,b|n$,那么 $(a*b)|n$。
   证明:因为 $a|n$ 且 $b|n$
   根据性质 3 可得:$(a*b)|(b*n)$ 且 $(a*b)|(a*n)$
   再由性质 2 可得:$(a*b)|(a*n*x+b*n*y)$
   其中:$a*n*x+b*n*y=n*(a*x+b*y)=n*1=n$ 所以:$(a*b)|n$
5. 若 $b=q*d+c$,那么 $d|b$ 的充要条件是 $d|c$。

另外还有一些有用的例子,比如:若 2 能整除 a 的最末位(约定 0 可以被任何数整除),则 $2|a$;若 4 能整除 a 的最后两位,则 $4|a$;若 8 能整除 a 的最后三位,则 $8|a$;……若 3 能整除 a 的各位数字之和,则 $3|a$;若 9 能整除 a 的各位数字之和,则 $9|a$;若 11 能整除 a 的偶数位数字之和与奇数位数字之和的差,则 $11|a$。同时,能被 7、11、13 整除的数的特征是:这个数的末三位数与末三位以前的数字所组成的数之差能被 7、11、13 整除,这个数就能被 7、11、13 整除。

【例 1.1-1】 教堂(church. *①,64 MB②,1 秒③)

【问题描述】

ROMA 城中有一些古典的印度式建筑,这些建筑和周围的欧洲建筑风格格格不入。这些伪装成教堂的建筑其实是某国特工的基地。Tomas 接受了一项任务,就是从某个教堂出发,逐个访问这些教堂,搞清楚每一个教堂的内部结构,并回到出发的地方。这些教堂很有规律地构成了一个 $m*n$ 的矩形,每个教堂和它的八个方向的教堂有直接的路径相连。水平或垂直方向相邻的教堂之间的路程均为 1。请问 Tomas 至少需要走多远的路,才能完成这个危险而艰巨的任务呢?

【输入格式】

输入一行两个整数 m 和 $n(m,n\leqslant 10000)$。

【输出格式】

输出一行一个实数,表示最少需要走的路程,保留两位小数。

【输入和输出样例】

church. in	church. out
2 3	6.00

---

① church. * 表示该题输入文件名为 church. in,输出文件名为 church. out,源程序名为 church. cpp、church. pas 等,下同。

② 64 MB 为空间限制,下同。

③ 1 秒为每个测试定的时间限制,下同。

【样例说明】

如图 1.1-1 所示(虚线)的路线 1—2—3—6—5—4—1 是最短的,但如果按照 1—2—6—3—5—4—1 的顺序则需要走 6.83 的距离。所有教堂的编号是逐行进行的,同一行教堂按从左向右的次序编号。

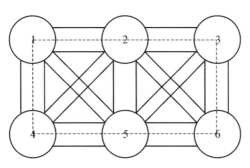

图 1.1-1 最短路程示例

【问题分析】

列举一些小数据会发现,答案与 m、n 的奇偶性有关。具体编程时,还要注意一些特殊情况,如 m 或者 n 等于 1 的情况。

【参考程序】

```
#include<stdio.h>
using namespace std;
int n,m;
int main(){
    scanf("%d%d",&n,&m);
    if(n==1||m==1)
      printf("%.2lf\n",(double)(m+n-2)*2);
    else
      if(m*n%2==1)
        printf("%.2lf\n",(double)m*n-1+1.414);
      else
        printf("%.2lf\n",(double)n*m);
    return 0;
}
```

【例 1.1-2】 密码(strongbox.*,64 MB,4 秒)

【问题描述】

有一个密码箱,0 到 $n-1$ 中的某些整数是它的密码。且满足:如果 a 和 b 都是它的密码,那么 $(a+b)\%n$ 也是它的密码(a,b 可以相等,% 表示整除取余数,下同),某人试了 k 次密码,前 $k-1$ 次都失败了,最后一次成功了。

问:该密码箱最多有多少不同的密码。

【输入格式】

输入第一行两个整数分别表示 n,k。

第二行为 k 个用空格隔开的非负整数,表示每次试的密码。

数据保证存在合法解。

【输出格式】

输出一行一个数,表示结果。

【输入和输出样例】

strongbox.in	strongbox.out
42 5	14
28 31 10 38 24	

【数据规模】

对于 10% 的数据: $N \leqslant 10^4, k \leqslant 100$;

另有 10% 的数据: $N \leqslant 10^9, k \leqslant 100$;

另有 10% 的数据: $N \leqslant 10^9, k=1$;

对于前 60% 的数据: $k \leqslant 1000$;

对于 100% 的数据: $1 \leqslant k \leqslant 250000, k \leqslant n \leqslant 10^{14}$;

【问题分析】

首先,二元一次不定方程的一般形式为 $a*x+b*y=c$。其中 a,b,c 是整数,$a*b \neq 0$。此方程有整数解的充分必要条件是 $GCD(a,b) | c$。

设 x_0, y_0 是该方程的一组整数解,那么该方程的所有整数解可表示为:

$$x = x_0 + \frac{b}{GCD(a,b)} t, \quad y = y_0 - \frac{a}{GCD(a,b)} t$$

设 x 是密码,那么观察这个式子:$x*k-n*c=GCD(x,n)$。

可知:这个方程对于 k 和 c 是一定有正整数解的。

所以:一定存在一个 k,使得:$x*k \% n = GCD(x,n)$。

由题意,x 是密码,那么 $(x+x)\%n=2x\%n$ 也是密码,$(2x\%n+x)\%n=3x\%n$ 也是密码,以此类推,对于任意正整数 k,如果 x 是密码,那么 $x*k\%n$ 也是密码。

由上可知:$x*k\%n=GCD(x,n)$,$x*k\%n$ 也是密码。

所以:$GCD(x,n)$ 也是密码。

结论 1:如果 x 是密码,那么 $GCD(x,n)$ 也是密码。

设 x,y 是两个密码,易得 $(p*x+q*y)\%n$ 也是密码$(p,q \geqslant 0)$。

$a*x+b*y=GCD(x,y)$ 一定有解,所以:

$a*x+b*y \equiv$①$GCD(x,y) \pmod n$ 一定有解[当 $a*x+b*y=GCD(x,y)$ 就可以了]。

因为:$a*x+b*y \equiv a*x+b*y+p*n*x+q*n*y \pmod n$.

所以:$(a+p*n)*x+(b+q*n)*y \equiv a*x+b*y \pmod n$($p,q$ 为任意整数)

所以:$(a+p*n)*x+(b+q*n)*y \equiv GCD(x,y) \pmod n$ 一定有解,且 $(a+p*n), (b+q*n) \geqslant 0$。

因为:$((a+p*n)*x+(b+q*n)*y)\%n$ 是密码,所以 $GCD(x,y)$ 也是密码。

---

① $a \equiv b \pmod n$ 表示 a 和 b 关于模 n 同余。

结论 2:如果 x,y 是密码,那么 $GCD(x,y)$ 也是密码。

对于任意一个密码集合 A,分析:

1. 设 A 中所有数的 GCD 为 x;
2. 由结论 2 得 $x\in A$;
3. 如果密码集合中有比 x 小的数 y,则 $GCD(x,y)<x$,不符合设定,所以 x 是 A 中最小的数。

所以 A 中的所有数为 $x,2x,3x,4x\cdots$

约束条件如下:

1. 因为 A 中的数要尽量多,所以 x 要尽量小;
2. 根据结论 1,集合中有两个数为 $a[k],GCD(n,a[k])$,所以 $x|GCD(n,a[k])$;
3. 对于任何 $1\leqslant j<k$, x 不能整除 $a[j]$(否则 $a[j]$ 也是密码)。

实现方法:先设 $a[k]=GCD(n,a[k])$,可以先在根号时间复杂度内处理出 $a[k]$ 的所有因子,存在 q 数组中,接着去除所有为 $GCD(a[i],a[k])$ 的因数,设去除后最小的因子为 x,答案为 n/x。

【参考程序】

```
#include<stdio.h>
#include<algorithm>
using namespace std;
#define LL long long
LL n,k;
LL a[250005];

int gcd(long a,long b){
    return b? gcd(b,a%b):a;
}

int main(){
    scanf("%I64d%I64d",&n,&k);
    for(int i=1;i<=k;i++)
        scanf("%I64d",&a[i]);
    a[k]=gcd(a[k],n);
    for(int i=1;i<k;i++)
        a[i]=gcd(a[i],a[k]);
    for(LL i=1;i*i<=a[k];i++)
        if(a[k]%i==0){
            q[++cnt]=i;
            if(i*i!=a[k])q[++cnt]=a[k]/i;
        }
    sort(q+1,q+cnt+1);
```

```
        for(int i = 1;i<k;i++)
            f[lower_bound(q+1,q+cnt+1,a[i])-q] = 1;
        for(int i = 1;i<=cnt;i++)
            if(f[i])
                for(int j = 1;j<i;j++)
                    if(q[i]%q[j]==0)
                        f[j] = 1;
        for(ans = 1;f[ans];ans++);
        printf("%d\n",n/q[ans]);
        return 0;
}
```

1.2 同余

若 a,b 为两个整数,且它们的差 $a-b$ 能被某个自然数 m 所整除,则称 a 就模 m 来说同余于 b,或者说 a 和 b 关于模 m 同余,记为:$a \equiv b \pmod{m}$。它意味着:$a-b=m*k$ (k 为某一个整数)。

例如,$32 \equiv 2 \pmod 5$,此时 k 为 6。

对于整数 a,b,c 和自然数 m,n,对模 m 同余具有以下一些性质:

1. 自反性:$a \equiv a \pmod m$
2. 对称性:若 $a \equiv b \pmod m$,则 $b \equiv a \pmod m$
3. 传递性:若 $a \equiv b \pmod m$,$b \equiv c \pmod m$,则 $a \equiv c \pmod m$
4. 同加性:若 $a \equiv b \pmod m$,则 $a+c \equiv b+c \pmod m$
5. 同乘性:若 $a \equiv b \pmod m$,则 $a*c \equiv b*c \pmod m$
   若 $a \equiv b \pmod m$,$c \equiv d \pmod m$,则 $a*c \equiv b*d \pmod m$
6. 同幂性:若 $a \equiv b \pmod m$,则 $a^n \equiv b^n \pmod m$
7. 推论 1:$a*b \bmod k = (a \bmod k)*(b \bmod k) \bmod k$
8. 推论 2:若 $a \bmod p = x$,$a \bmod q = x$,p、q 互质,则 $a \bmod p*q = x$。

证明:因为 $a \bmod p = x$,$a \bmod q = x$,p、q 互质

则一定存在整数 s,t,使得 $a = s*p+x$,$a = t*q+x$

所以,$s*p = t*q$

则一定存在整数 r,使 $s = r*q$

所以,$a = r*p*q+x$,得出:$a \bmod p*q = x$

但是,同余不满足同除性,即不满足:$a \text{ div } n \equiv b \text{ div } n \pmod m$。

【例 1.2-1】 指数取余(mod.*,64 MB,1 秒)

【问题描述】

输入整数 m,n,k,求 $m^n \bmod k$ 的值。$m,n,k*k$ 为长整型范围内的自然数。

【输入格式】

输入一行 3 个整数,分别为 m,n 和 k。

【输出格式】
输出一行一个整数,表示结果。
【输入和输出样例】

mod. in	mod. out
2 10 9	7

【问题分析】
举例来说,如何求 3^{89} mod 7 呢?
$3^1 \equiv 3 \pmod{7}$
$3^2 \equiv 3^2 \pmod{7} \equiv 2 \pmod{7}$
$3^4 \equiv (3^2)^2 \pmod{7} \equiv 2^2 \pmod{7} \equiv 4$
$3^8 \equiv (3^4)^2 \pmod{7} \equiv 4^2 \pmod{7} \equiv 2$
$3^{16} \equiv (3^8)^2 \pmod{7} \equiv 2^2 \pmod{7} \equiv 4$
$3^{32} \equiv (3^{16})^2 \pmod{7} \equiv 4^2 \pmod{7} \equiv 2$
$3^{64} \equiv (3^{32})^2 \pmod{7} \equiv 2^2 \pmod{7} \equiv 4$
$3^{89} \equiv (3^{64}) * (3^{16}) * (3^8) * (3^1) \pmod{7} \equiv 4 * 4 * 2 * 3 \pmod{7} \equiv 96 \pmod{7} \equiv 5 \pmod{7}$

所以,首先将 n 分解成 2 的幂次方,存放在一个数组 r 中,$r[i]=1$ 表示有 m^i 这一项。然后用递推的方法从小到大逐个求出 m^i mod k 的值(j 从 i 到 1)存放在数组 d 中。

其实,我们还可以利用以下递归公式进行求解:

$$x\char`\^y = \begin{cases} 1 & \text{如果 } y = 0 \\ x * x\char`\^(y-1)① & \text{如果 } y \text{ 是奇数} \\ (x\char`\^2)\char`\^(y \text{ div } 2) & \text{如果 } y \text{ 是偶数} \end{cases}$$

也就是递归地对 n 进行二进制分解,同时计算。等价于将表达式分解成下面的形式:
$3^{89} = (3^{44})^2 * 3 = ((3^{22})^2)^2 * 3 = (((3^{11})^2)^2)^2 * 3 = ((((3^5)^2 * 3)^2)^2)^2 * 3$
$= (((((3^2)^2 * 3)^2 * 3)^2)^2)^2 * 3$

【参考程序】

```c
#include<stdio.h>
using namespace std;
int m,n,k;
int main(){
    scanf("%d%d%d",&m,&n,&k);
    int ans = 1;
    for(;n;n>>=1,m=(long long)m*m%k)
        if(n&1)
            ans = (long long)ans*m%k;
    printf("%d\n",ans);
    return 0;
}
```

---

① $x\char`\^(y-1)$ 表示 x^{y-1},下同。

【例1.2-2】 Semi-prime H-numbers(POJ3292)

【问题描述】

形如 $4n+1$ 的数被称为"H数",乘法在"H数"组成的集合内是封闭的。在这个集合中只能被1和本身整除的数叫做"H-素数"(不包括1),其余的数被称为"H-合数"。一个"H-合成数"是一个能且只能分解成两个"H-素数"乘积的"H-合数"(可能有多种分解方案)。比如 $441=21*21=9*49$,所以441是"H-合成数"。$125=5*5*5$,所以125不是"H-合成数"。

求 $0\sim h$ 范围内"H-合成数"的个数。

【输入格式】

输入若干行,每行一个小于等于1000001的整数 h,一个0表示结束。

【输出格式】

对于每一行输入,输出一个数,表示答案。

【输入和输出样例】

poj3292.in	poj3292.out
21	0
85	5
789	62
0	

【问题分析】

利用同余结论,拓展一下筛选法求素数。如果一个数 i 是H-素数,那么 $5i+4i*x$ 一定是H数但不是H-素数,因为 $(5i+4i*x) \bmod 4 = 5i \bmod 4 = (5 \bmod 4)*(i \bmod 4) = 1*1 = 1$,且 $5i+4i*x = i(4x+5)$。

【参考程序】

```c
#include<stdio.h>
using namespace std;
#define MAX_H 1000001+16
bool is_H_prime[MAX_H], is_H_semiprime[MAX_H];
int H_prime[MAX_H];
int accumulate[MAX_H];
int n;
int main(){
    for(int i=5;i<MAX_H;i+=4){
        if(is_H_prime[i])continue;
        H_prime[++n]=i;
        for(int j=i*5;j<MAX_H;j+=i*4)
            is_H_prime[j]=true;
    }
    for(int i=1;i<=n;i++)
        for(int j=1;j<=i&&H_prime[i]*H_prime[j]<MAX_H;j++)
```

```
            is_H_semiprime[H_prime[i] * H_prime[j]] = true;
    for(int i = 1;i<MAX_H; + + i)
        accumulate[i] = accumulate[i-1] + is_H_semiprime[i];
    int h;
    scanf("%d",&h);
    while(h){
        printf("%d\n",accumulate[h]);
        scanf("%d",&h);
    }
    return 0;
}
```

1.3 最大公约数

一般地,设 $a_1,a_2,a_3,\cdots a_k$ 是 k 个非零整数,如果存在一个非零整数 d,使得 $d|a_1$, $d|a_2,d|a_3,\cdots d|a_k$,那么 d 就称为 $a_1,a_2,a_3,\cdots a_k$ 的公约数。公约数中最大的一个就称为最大公约数,记为 $GCD(a_1,a_2,a_3,\cdots ,a_k)$,显然它是存在的,至少为 1。当 $GCD=1$ 时,称这 n 个数是互质的或既约的。公约数一定是最大公约数的约数。

一般地,设 $a_1,a_2,a_3,\cdots a_k$ 是 k 个非零整数,如果存在一个非零整数 d,使得 $a_1|d$, $a_2|d,a_3|d,\cdots a_k|d$,那么 d 就称为 $a_1,a_2,a_3,\cdots a_k$ 的公倍数。公倍数中最小的一个就称为最小公倍数,记为 $LCM(a_1,a_2,a_3,\cdots ,a_k)$,显然它也是存在的。公倍数一定是最小公倍数的倍数。

1.3.1 辗转相除法

辗转相除法用来求两个数的最大公约数,又称欧几里得算法,其原理就是:$GCD(x, y)=GCD(x,y-x)$。

原理的证明如下:

设 $z|x,z|y$,则 $z|(y-x)$。

设 z 不是 x 的因子,则 z 不是 $x,y-x$ 的公因子。

设 $z|x,z$ 不是 y 的因子,则 z 不是 $x,y-x$ 的公因子。

代码实现如下:

```
int GCD(int x,int y){
    return y = = 0 ? x : GCD(y,x%y);
}
```

1.3.2 二进制算法

如果想要进一步提高 GCD 的效率,可以通过不断去除因子 2 来降低常数,这就是所谓的"二进制算法"。

若 $x=y$，则 $GCD(x,y)=x$，否则：

(1) 若 x,y 均为偶数，则 $GCD(x,y)=2*GCD(x/2,y/2)$；

(2) 若 x 为偶数，y 为奇数，则 $GCD(x,y)=GCD(x/2,y)$；

(3) 若 x 为奇数，y 为偶数，则 $GCD(x,y)=GCD(x,y/2)$；

(4) 若 x,y 均为奇数，则 $GCD(x,y)=GCD(x-y,y)$。

代码实现如下：

```cpp
inline int GCD(int x,int y){
    int i,j;
    if(x==0) return y;
    if(y==0) return x;
    for(i=0;0==(x&1);++i)x>>=1;          // 去掉所有的2
    for(j=0;0==(y&1);++j)y>>=1;          // 去掉所有的2
    if(j<i) i=j;
    while(1){
        if(x<y)x^=y,y^=x,x^=y;            // 若x<y 交换x,y
        if(0==(x-y)) return y<<i;
        // 若x==y, gcd==x==y(就是在辗转减,while(1)控制)
        while(0==(x&1))x>>=1;             // 去掉所有的2
    }
}
```

1.3.3 最小公倍数

求两个数的最小公倍数可以使用"逐步倍增"法，如求 3 和 8 的最小公倍数，可以让 n 从 1 开始逐步加 1，不断检查 $8*n$ 是不是 3 的倍数，直到 $n=3$ 时，$8*3=24$ 是 3 的倍数了。还可以直接使用以下定理来求解。

定理：a、b 两个数的最大公约数乘以它们的最小公倍数就等于 a 和 b 本身的乘积。

比如，要求 3 和 8 的最小公倍数，则 $LCM(3,8)=3*8 \text{ div } GCD(3,8)=24$。

1.3.4 扩展欧几里得算法

扩展欧几里德算法是用来在已知 (a,b) 时，求解一组 (p,q)，使得 $p*a+q*b=GCD(a,b)$。

首先，根据数论中的相关定理，解一定存在。

其次，因为 $GCD(a,b)=GCD(b,a\%b)$，所以 $p*a+q*b=GCD(a,b)=GCD(b,a\%b)=p*b+q*a\%b=p*b+q*(a-a/b*b)=q*a+(p-a/b*q)*b$，这样它就将 a 与 b 的线性组合化简为 b 与 $a\%b$ 的线性组合。

根据前边的结论：a 和 b 都在减小，当 b 减小到 0 时，就可以得出 $p=1,q=0$。然后递归回去就可以求出最终的 p 和 q 了。

代码实现如下：

```c
#include<stdio.h>        //形如 ax + by = GCD(a,b)

int extended_gcd(int a, int b, int &x, int &y) {
    int ret, tmp;
    if (! b){
        x = 1;
        y = 0;
        return a;
    }
    ret = extended_gcd(b, a % b,x, y);
    tmp = x;
    x = y;
    y = tmp - a / b * y;
    return ret;
}

int main(){
    int a,b,x, y, z;
    scanf("%d%d",&a,&b);
    z = extended_gcd(a,b, x, y);
    printf("%d %d %d\n",z,x,y);
    return 0;
}
```

1.3.5 求解线性同余方程

定理1：对于方程 $a*x+b*y=c$，该方程等价于 $a*x\equiv c(\mod b)$，有整数解的充分必要条件是：$c \% GCD(a,b)=0$。

根据定理1，对于方程 $a*x+b*y=c$，我们可以先用扩展欧几里德算法求出一组 x_0,y_0，也就是 $a*x_0+b*y_0=GCD(a,b)$，然后两边同时除以 $GCD(a,b)$，再乘以 c。这样就得到了方程 $a*x_0*c/GCD(a,b)+b*y_0*c/GCD(a,b)=c$，我们也就找到了方程的一个解。

定理2：若 $GCD(a,b)=1$，且 x_0,y_0 为 $a*x+b*y=c$ 的一组解，则该方程的任一解可表示为：$x=x_0+b*t$，$y=y_0-a*t$，且对任一整数 t，皆成立。

根据定理2，可以求出方程的所有解。但实际问题中，我们往往被要求去求最小整数解，也就是求一个特解 x，$t=b/GCD(a,b)$，$x=(x\%t+t)\%t$。代码实现如下：

```c
int Extended_Euclid(int a,int b,int& x,int &y){
    if(b= =0){
        x = 1;
        y = 0;
```

```
            return a;
        }
        int d = Extended_Euclid(b,a%b,x,y);
        int temp = x;x = y;y = temp-a/b*y;
        return d;
}
//用扩展欧几里得算法解线性方程ax+by=c;
bool linearEquation(int a,int b,int c,int& x,int &y){
        int d = Extended_Euclid(a,b,x,y);
        if(c%d) return false;
        int k = c/d;
        x*=k;//+t*b;
        y*=k;//-t*a;
        //求的只是其中一个解
        return true;
}
```

【例 1.3-1】 欧几里德的游戏(game.*,64 MB,1秒)

【问题描述】

欧几里德的两个后代 Stan 和 Ollie 正在玩一种数字游戏,这个游戏是他们的祖先欧几里德发明的。给定两个正整数 M 和 N,从 Stan 开始,取其中较大的一个数,减去较小的数的正整数倍,当然,得到的数 K 不能小于 0。然后是 Ollie,对刚才得到的数 K,和 M,N 中较小的那个数,再进行同样的操作,…直到一个人得到了 0,他就取得了胜利。下面是他们用 (25,7) 两个数游戏的过程:

Start:25 7
Stan:11 7 {18 7,11 7,4 7 均可能}
Ollie:4 7
Stan:4 3
Ollie:1 3
Stan:1 0

Stan 赢得了游戏的胜利。

现在,假设他们"完美"地操作,谁会取得胜利呢?

【输入格式】

第一行为测试数据的组数 C。

下面有 C 行,每行为一组数据,包含两个正整数 M 和 N,M 和 N 的范围不超过长整型。

【输出格式】

对每组输入数据输出一行。

如果 Stan 胜利,则输出"Stan wins";否则输出"Ollie wins"。

【输入和输出样例】

game.in	game.out
2	Stan wins
25 7	Ollie wins
24 15	

【问题分析】

本题很容易让人想起辗转相除法。事实上,辗转相除的除数和余数所形成的各种状态都会在游戏过程中出现。例如下面的游戏过程:

游戏过程的各个状态	辗转相除的过程	属于哪一局	所属情况
50 18	50/18=2…14	第1局的初状态	第一种
32 18		第1局的末状态	
14 18	18/14=1…4	第2局的初状态（也是末状态）	第二种
14 4	14/4=3…2	第3局的初状态	第一种
10 4		第3局的中间状态	
6 4		第3局的末状态	
2 4	4/2=2…0	第4局	

我们可以把一步辗转相除以及它与下一步辗转相除之间的游戏状态称作"一局",辗转相除的被除数和除数实际上对应了每一局的初状态。显然,每一局的初状态是在游戏中必然出现的,而且最后一局只有一个状态,面临最后一局初状态的人就赢得了胜利。因此,本题的大致想法是,尽量让自己能够去取每一局的初状态,让对手去取每局(除最后一局)的末状态。下面就分两种情况来具体说说这个想法的实现。

第一种情况,先举个例子 $A=32, B=14$,A 和 B 的辗转相除过程如下:

$32/14=2\cdots4$

$14/4=3\cdots2$

$4/2=2\cdots0$

这种情况的特点就是:每一步相除所得的商都大于1,即对于每局的初状态(A,B),$A>B$,都满足:$A \text{ div } B>1$。对于这种情况,我们的策略是取走$(A \text{ div } B-1)*B$,这样就得到新状态$(A \bmod B+B, B)$,接下来,对手就没有选择,只能取走B,剩下$(A \bmod B, B)$,而这就是下一局的初状态,这样就保证下一局的初状态肯定由自己取。这种情况下先取者(Stan)必胜。

第二种情况是某一局的初状态满足 $A \text{ div } B=1$,即这一局只有一个状态,自己取完之后下一局的初状态必然落在对方手里。以下是这种情况的一般性表述:存在连续的若干局 $P_i(A_i, B_i), \cdots P_j(A_j, B_j)$,$i+1<j$,$A_i \text{ div } B_i>1$,且对于任意一局 $P_k(A_k, B_k)$,$i<k<j$,均满足 $A_k \text{ div } B_k=1$。如果 $j-i$ 是奇数,则 P_j 和 P_i 的初状态的持有人相同,如果 $j-i$ 是偶数,则不同。因此,如果出现 $j-i$ 为偶数,就有必要在 P_i 局中把当局的状态一次性全部取光,即把下一局的初状态"拱手相让",这样就可以保证在 P_j 局中再一

次拿到初状态。

总之,首先拿到 $A \text{ div } B > 1$ 状态的人,总能根据两种情况作出正确的选择,从而在最后一局拿到初状态。因此,首先拿到 $A \text{ div } B > 1$ 状态的人是必胜的,但如果出现从初状态开始,每局都是 $A \text{ div } B = 1$,如 $A = 24, B = 15$,则要根据这样的局数多少来判断输赢。

【参考程序】

```cpp
#include <algorithm>
#include <cstdio>
using namespace std;
int main(){
    int c;
    scanf("%d", &c);
    for (int i = 0; i < c; i++){
        int m, n;
        scanf("%d%d", &m, &n);
        if (m < n) swap(m, n);      /* 保证m>n */
        int f = 1;                  /* f=1,表示Stan赢,否则Ollie赢 */
        while (m / n == 1 && m % n){
            int t = m % n;
            m = n;
            n = t;
            f = -f;
        }
        if (f == 1) printf("Stan wins\n");
        else printf("Ollie wins\n");
    }
    return 0;
}
```

【例1.3-2】 青蛙的约会(POJ1061)

【问题描述】

两只青蛙在网上相识了,它们聊得很开心,于是觉得很有必要见一面。它们很高兴地发现它们住在同一条纬度线上,于是它们约定各自朝西跳,直到碰面为止。可是它们出发之前忘记了一件很重要的事情,既没有问清楚对方的特征,也没有约定见面的具体位置。不过青蛙们都是很乐观的,它们觉得只要一直朝着某个方向跳下去,总能碰到对方的。但是除非这两只青蛙在同一时间跳到同一点上,不然是永远都不可能碰面的。为了帮助这两只乐观的青蛙,你被要求写一个程序来判断这两只青蛙是否能够碰面,会在什么时候碰面。

我们把这两只青蛙分别叫做青蛙 A 和青蛙 B,并且规定纬度线上东经 0 度处为原点,由东往西为正方向,单位长度 1 米,这样我们就得到了一条首尾相接的数轴。设青蛙 A 的出发点坐标是 x,青蛙 B 的出发点坐标是 y。青蛙 A 一次能跳 m 米,青蛙 B 一次能

跳 n 米,两只青蛙跳一次所花费的时间相同。纬度线总长 L 米。现在要你求出它们跳了几次以后才会碰面。

【输入格式】

输入只包括一行 5 个整数 x,y,m,n,L,其中:$x \neq y < 2*10^9, 0 < m, n < 2*10^9, 0 < L < 2.1*10^9$。

【输出格式】

输出一行一个数,表示碰面所需要的跳跃次数。如果永远不可能碰面则输出一行"Impossible"。

【输入和输出样例】

poj1061.in	poj1061.out
1 2 3 4 5	4

【问题分析】

两个青蛙跳到同一个点上才算是遇到了,所以可以推出如下式子:

$(x+m*t)-(y+n*t)=p*L$

其中:t 是跳的次数,p 是 a 青蛙跳的圈数跟 b 青蛙的圈数之差。整个就是路程差等于纬度线周长的整数倍。

转化一下:$(n-m)*t+L*p=x-y$

令:$a=n-m, b=L, c=GCD(a,b), d=x-y$

有:$a*t+b*p=d$ （1）

要求的是:t 的最小整数解。

用扩展欧几里德求出其中一组解 t_0、p_0,并令:$c=GCD(a,b)$

有:$a*t_0+b*p_0=c$ （2）

因为:$c=GCD(a,b)$,所以:$a*t/c$ 是整数,$b*t/c$ 也是整数,所以 d/c 也需要是整数,否则无解。

(2)式两边都乘 (d/c),得到:$a*t_0*(d/c)+b*p_0*(d/c)=d$

所以:$t_0*(d/c)$ 是最小的解,但有可能是负数。

因为:$a*(t_0*(d/c)+b*n)+b*(p_0*(d/c)-a*n)=d$,其中的 n 是自然数

所以,解为 $(t_0*(d/c) \% b+b) \% b$

还有一个问题,如何用扩展的欧几里德求出 t_0、p_0 呢?

对于不完全为 0 的非负整数 a 和 b,$GCD(a,b)$ 表示 a,b 的最大公约数。

那么存在整数 x 和 y,使得 $GCD(a,b)=a*x+b*y$

不妨设:$a>b$

①当 $b=0$ 时,$GCD(a,b)=a$,此时 $x=1, y=0$;

②当 $a*b \neq 0$ 时,设 $a*x+b*y=GCD(a,b)$; （3）

$b*x_0+(a \% b)*y_0=GCD(b, a \% b)$; （4）

由欧几里德公式 $GCD(a,b)=GCD(b, a \% b)$,以及(3)和(4),得到:

$a*x+b*y$

$=b*x_0+(a\%b)*y_0$

$=b*x_0+(a-a/b*b)*y_0$

$= a * y_0 + (x_0 - a/b * y_0) * b$

所以：$x = y_0, y = x_0 - a/b * y_0$。

由此可以得出扩展欧几里德的递归程序：

```cpp
#include<iostream>
using namespace std;

int exgcd(int a,int b,int &x,int &y){
    if(b==0){
        x=1,y=0;
        return a;
    }
    int gcd=exgcd(b,a%b,x,y);
    int t=x;
    x=y;
    y=t-a/b*y;
    return gcd;
}

int main(){
    int nok=0,x,y,m,n,l,X,Y,gcd;
    cin>>x>>y>>m>>n>>l;
    if((x-y)%(gcd=exgcd(n-m,l,X,Y))!=0)
      cout<<"Impossible"<<endl;
    else
      cout<<(((long long)(x-y)/gcd*X%(l/gcd)+(l/gcd))%(l/gcd)<<endl;
    return 0;
}
```

1.4 逆元

若 $a * x \equiv 1 \pmod{b}$，a,b 互质，则称 x 为 a 的逆元，记为 a^{-1}。

根据逆元的定义，可转化为 $a * x + b * y = 1$，用拓展欧几里得法求解。逆元可以用来在计算 $(t/a) \bmod b$ 时，转化为 $t * a^{-1} \bmod b$。

利用快速幂及扩展欧几里德算法求逆元的代码如下：

```cpp
long long exgcd(long long a, long long b, long long &x, long long &y) {
    if (!b) {
        x = 1; y = 0; return a;
    }
    long long res = exgcd(b, a % b, x, y);
```

```
        long long tmp = x;
        x = y;
        y = tmp - (a / b) * y;
        return res;
}

longlong exgcd_inv(long long a, long long n) { //扩展欧几里得求逆元
    long long d, x, y;
    d = exgcd(a, n, x, y);
    return d == 1 ? (x + n) % n : -1; //没有逆元返回-1
}

longlong pow_mod(long long a, long long b, long long key) {
    long long tmp = b;
    for (; a; a >>= 1, tmp = (tmp * tmp % key)) if (a & 1) tmp = (tmp * b % key);
    return tmp;
}

longlong fermat_inv(long long a, long long n) { //费马小定理求逆元
    return pow_mod(a, n - 2, n);
}
```

求逆元还有一个线性算法,具体过程如下。

首先,$1^{-1} \equiv 1 \pmod p$

然后,我们设 $p = k * i + r, r < i, 1 < i < p$,再将这个式子放到 mod p 意义下就会得到:

$k * i + r \equiv 0 \pmod p$

再两边同时乘上 i^{-1}, r^{-1} 就会得到:

$$k * r^{-1} + i^{-1} \equiv 0 \pmod p$$

$$i^{-1} \equiv -k * r^{-1} \pmod p$$

$$i^{-1} \equiv -\left[\frac{p}{i}\right] * (p \bmod i)^{-1} \pmod p$$

于是,就可以从前面推出当前的逆元了。代码也就一行:

```
A[i] = -(p/i) * A[p % i];
```

实际上,这也提供了一种 $\Theta(\log_2 p)$ 的时间内求出单个数逆元的方法,只要直接按照那个公式递归就可以了。可以证明:$p \bmod i < i/2$,每次递归问题规模减半,最终只会有 $\Theta(\log_2 p)$ 次递归。

【例 1.4-1】 Sumdiv(POJ1845)

【问题描述】

题目大意就是求 A^B 的所有约数(即因子)之和,并对其取模 9901 再输出。

【输入样例】
2 3
【输出样例】
15
【问题分析】
首先,本题需要用到以下 3 个相关定理。

1. 整数的唯一分解定理

任意正整数都有且只有一种方式写出其素因子的乘积表达式。

$A=(p_1^{k_1})*(p_2^{k_2})*(p_3^{k_3})*\cdots*(p_n^{k_n})$　其中,p_i 均为素数

2. 约数和公式

对于已经分解的整数 $A=(p_1^{k_1})*(p_2^{k_2})*(p_3^{k_3})*\cdots*(p_n^{k_n})$

有 A 的所有因子之和为:

$S=(1+p_1+p_1^2+p_1^3+\cdots+p_1^{k_1})*(1+p_2+p_2^2+p_2^3+\cdots+p_2^{k_2})*(1+p_3+p_3^2+p_3^3+\cdots+p_3^{k_3})*\cdots*(1+p_n+p_n^2+p_n^3+\cdots+p_n^{k_n})$

3. 同余模公式

$(a+b)\% m=(a\% m+b\% m)\% m$

$(a*b)\% m=(a\% m*b\% m)\% m$

有了上面的数学基础,只要按以下步骤和方法求解。

1. 对 A 进行素因子分解

分解 A 的方法:A 首先对第一个素数 2 不断取模,$A\% 2=0$ 时,记录 2 出现的次数加 1,$A/=2$;当 $A\% 2\neq 0$ 时,则 A 对下一个连续素数 3 不断取模…以此类推,直到 $A=1$ 为止。

注意特殊判定,当 A 本身就是素数时,无法分解,它自己就是其本身的素数分解式。

最后得到:$A=p_1^{k_1}*p_2^{k_2}*p_3^{k_3}*\cdots*p_n^{k_n}$

所以:$A^B=p_1^{(k_1*B)}*p_2^{(k_2*B)}*\cdots*p_n^{(k_n*B)}$

2. 求 A^B 的所有约数之和

$\text{sum}=[1+p_1+p_1^2+\cdots+p_1^{(a_1*B)}]*[1+p_2+p_2^2+\cdots+p_2^{(a_2*B)}]*\cdots*[1+p_n+p_n^2+\cdots+p_n^{(a_n*B)}]$

3. 用递归二分求等比数列 $1+p_i+p_i^2+p_i^3+\cdots+p_i^n$

(1) 若 n 为奇数,一共有偶数项,则:

　$1+p+p^2+p^3+\cdots+p^n$

$=(1+p^{(n/2+1)})+p*(1+p^{(n/2+1)})+\cdots+p^{(n/2)}*(1+p^{(n/2+1)})$

$=(1+p+p^2+\cdots+p^{(n/2)})*(1+p^{(n/2+1)})$

上式的前半部分恰好就是原式的一半,那么只需要不断递归二分求和就可以了,后半部分为幂次式,将在下面第 4 点讲述计算方法。

(2) 若 n 为偶数,一共有奇数项,则:

　$1+p+p^2+p^3+\cdots+p^n$

$=(1+p^{(n/2+1)})+p*(1+p^{(n/2+1)})+\cdots+p^{(n/2-1)}*(1+p^{(n/2+1)})$

　$+p^{(n/2)}$

$= (1+p+p^2+\cdots+p^{\wedge}(n/2-1)) * (1+p^{\wedge}(n/2+1))+p^{\wedge}(n/2)$

上式的前半部分恰好就是原式的一半,依然递归求解。

4. 反复平方法计算幂次式 $p^{\wedge}n$

这是本题关键所在,求 n 次幂方法的好坏,决定了本题是否会超时。以 $p=2, n=8$ 为例,常规是通过连乘法求幂,即 $2^{\wedge}8=2*2*2*2*2*2*2*2$,这样做的要做 8 次乘法。而反复平方法则不同,定义幂 $sq=1$,再检查 n 是否大于 0。

While,循环过程若发现 n 为奇数,则把此时的 p 值乘到 sq

{

    $n=8>0$,把 p 自乘一次,$p=p*p=4, n$ 取半 $n=4$

    $n=4>0$,再把 p 自乘一次,$p=p*p=16, n$ 取半 $n=2$

    $n=2>0$,再把 p 自乘一次,$p=p*p=256, n$ 取半 $n=1, sq=sq*p$

    $n=1>0$,再把 p 自乘一次,$p=p*p=256^{\wedge}2, n$ 取半 $n=0$,弹出循环

}

则 $sq=256$ 就是所求,显然反复平方法只做了 3 次乘法。

【参考程序】

```cpp
#include<iostream>
using namespace std;
const int mod = 9901;
int A,B;
int p[10001],n[10001];

long long power(long long p,long long n) {//反复平方法求(p^n) % mod
    long long sq = 1;
    while(n){
        if(n&1)
            sq = (sq * p) % mod;
        n>>= 1;
        p = p * p % mod;
    }
    return sq;
}

long long sum(long long p,long long n){
//递归二分求 (1+p+p^2+p^3+...+p^n) % mod
//奇数二分式 (1+p+p^2+...+p^(n/2)) * (1+p^(n/2+1))
//偶数二分式 (1+p+p^2+...+p^(n/2-1)) * (1+p^(n/2+1))+p^(n/2)
    if(n = = 0)
        return 1;
    if(n%2)     //n 为奇数
```

```
        return (sum(p,n/2)*(1+power(p,n/2+1)))%mod;
    else        //n 为偶数
        return (sum(p,n/2-1)*(1+power(p,n/2+1))+power(p,n/2))%mod;
}

int main(){
    while(cin>>A>>B){
        int k=0;    //指针,常规做法:分解整数 A(A 为非质数)
        for(int i=2;i*i<=A;){    //根号法+递归法
            if(A%i==0){
                p[++k]=i;
                n[k]=0;
                while(!(A%i)){
                    n[k]++;
                    A/=i;
                }
            }
            if(i==2)    //奇偶法
                i++;
            else
                i+=2;
        }
        //特殊判定:分解整数 A(A 为质数)
        if(A!=1){
            p[++k]=A;
            n[k]=1;
        }
        int ans=1;    //约数和
        for(int i=1;i<=k;i++)
            ans=(ans*(sum(p[i],n[i]*B)%mod))%mod;
        //n[i]*B 可能会超过 int,因此用 long long
        cout<<ans<<endl;
    }
    return 0;
}
```

1.5　中国剩余定理

【例1.5-1】 孙子算经
【问题描述】
今有物不知其数,三三数之余二;五五数之余三;七七数之余二。问物几何?
【问题分析】
答曰:二十三。
古人的口诀:三人同行七十稀,五树梅花廿一枝,七子团圆月正半,除百零五便得知。
现代同余理论:$23 \equiv 2 \times 70 + 3 \times 21 + 2 \times 15 \pmod{105}$,问,70,21,15 如何得到的?

其实,原问题为求解以下的同余方程组:$\begin{cases} x \equiv 2 \pmod{3} \\ x \equiv 3 \pmod{5} \\ x \equiv 2 \pmod{7} \end{cases}$

首先,若 X_0 为上述同余方程组的解,则 $X_0 + 105 \times k$ (k 为整数)也为上述同余方程组的解。

其次,古人的口诀已经提示我们先解下面三个特殊的同余方程组:

(1) $\begin{cases} x \equiv 1 \pmod{3} \\ x \equiv 0 \pmod{5} \\ x \equiv 0 \pmod{7} \end{cases}$　(2) $\begin{cases} x \equiv 0 \pmod{3} \\ x \equiv 1 \pmod{5} \\ x \equiv 0 \pmod{7} \end{cases}$　(3) $\begin{cases} x \equiv 0 \pmod{3} \\ x \equiv 0 \pmod{5} \\ x \equiv 1 \pmod{7} \end{cases}$

的特殊解:

$\begin{pmatrix} 1 \\ 0 \\ 0 \end{pmatrix} = ?$　$\begin{pmatrix} 0 \\ 1 \\ 0 \end{pmatrix} = ?$　$\begin{pmatrix} 0 \\ 0 \\ 1 \end{pmatrix} = ?$

以方程(1)为对象,相当于解一个这样的同余方程:$35y \equiv 1 \pmod{3}$,为什么呢?原因是从(1)的模数及条件知,x 应是 35 的倍数,于是可以假设 $x = 35y$,有:$35y \equiv 1 \pmod 3$,相当于 $2y \equiv 1 \pmod 3$,解出 $y \equiv 2 \pmod 3$,于是 $x \equiv 35 \times 2 \equiv 70 \pmod{105}$。类似地,得到(2)、(3)方程的模 105 的解 21、15。于是有:

$\begin{pmatrix} 1 \\ 0 \\ 0 \end{pmatrix} = 70$　$\begin{pmatrix} 0 \\ 1 \\ 0 \end{pmatrix} = 21$　$\begin{pmatrix} 0 \\ 0 \\ 1 \end{pmatrix} = 15$

得出:$\begin{pmatrix} 2 \\ 3 \\ 2 \end{pmatrix} = 2 \begin{pmatrix} 1 \\ 0 \\ 0 \end{pmatrix} + 3 \begin{pmatrix} 0 \\ 1 \\ 0 \end{pmatrix} + 2 \begin{pmatrix} 0 \\ 0 \\ 1 \end{pmatrix} = 2 \times 70 + 3 \times 21 + 2 \times 15 \equiv 23 \pmod{105}$

下面,我们就来介绍"中国剩余定理"。

设自然数 $m_1, m_2, \cdots m_r$ 两两互素,并记 $N = m_1 * m_2 * \cdots * m_r$,则同余方程组:

$\begin{cases} x \equiv b_1 \pmod{m_1} \\ x \equiv b_2 \pmod{m_2} \\ \cdots \\ \cdots \\ x \equiv b_r \pmod{m_r} \end{cases}$ 在模 N 同余的意义下有唯一解。

证明:考虑方程组$(1 \leqslant i \leqslant r)$:
$$\begin{cases} x \equiv 0 \pmod{m_1} \\ \cdots \\ x \equiv 0 \pmod{m_{i-1}} \\ x \equiv 1 \pmod{m_i} \\ x \equiv 0 \pmod{m_{i+1}} \\ \cdots \\ x \equiv 0 \pmod{m_r} \end{cases}$$

由于诸 $m_i (1 \leqslant i \leqslant r)$ 两两互素,这个方程组作变量替换,令 $x = (N/m_i) * y$,方程组等价于解同余方程:$(N/m_i)y \equiv 1 \pmod{m_i}$,若要得到特解 y_i,只要令:$x_i = (N/m_i) * y_i$,则方程组的解为:$x_0 = b_1 x_1 + b_2 x_2 + \cdots + b_r x_r \pmod N$,在模 N 意义下唯一。

中国剩余定理就是用来求解"模线性方程组"的解,即:
$a \equiv B[1] \pmod{W[1]}$
$a \equiv B[2] \pmod{W[2]}$
…
$a \equiv B[n] \pmod{W[n]}$

其中:W, B 已知,$W[i] > 0$ 且 $W[i]$ 与 $W[j]$ 互质,求 a。

【参考程序】

```cpp
#include<iostream>
using namespace std;

int exgcd(int a,int b,int &x,int &y){
    if(b==0){
        x=1,y=0;
        return a;
    }
    int gcd=exgcd(b,a%b,x,y);
    int t=x;
    x=y;
    y=t-a/b*y;
    return gcd;
}
int China(int W[],int B[],int k){//W为按多少排列,B为剩余个数,W>B,k为组数
    int x,y,a=0,m,n=1;
    for(int i=0;i<k;i++)
        n*=W[i];
    for(int i=0;i<k;i++){
        m=n/W[i];
```

```
        exgcd(W[i],m,x,y);
        a = (a + y * m * B[i]) % n;
    }
    if(a>0)
        return a;
    else
        return a + n;
}
```

【例 1.5 - 2】 Biorhythms(POJ1006)

【问题描述】

人自出生起就有体力,情感和智力三个生理周期,分别为 23,28 和 33 天。一个周期内有一天为峰值,在这一天,人在对应的方面(体力,情感或智力)表现最好。通常这三个周期的峰值不会是同一天。现在给出三个日期,分别对应于体力,情感,智力出现峰值的日期。然后再给出一个起始日期,要求从这一天开始,算出最少再过多少天后三个峰值同时出现。

【问题分析】

首先我们要知道,任意两个峰值之间一定相距整数倍的周期。假设一年的第 N 天达到峰值,则下次达到峰值的时间为 $N+Tk$(T 是周期,k 是任意正整数)。所以,三个峰值同时出现的那一天(S)应满足:

$$S = N_1 + T_1 * k_1 = N_2 + T_2 * k_2 = N_3 + T_3 * k_3$$

N_1, N_2, N_3 分别为为体力,情感,智力出现峰值的日期,T_1, T_2, T_3 分别为体力,情感,智力周期。我们需要求出 k_1, k_2, k_3 三个非负整数使上面的等式成立。

想直接求出 k_1, k_2, k_3 貌似很难,但是我们的目的是求出 S,可以考虑从结果逆推。根据上面的等式,S 满足三个要求:除以 T_1 余数为 N_1,除以 T_2 余数为 N_2,除以 T_3 余数为 N_3。这样我们就把问题转化为求一个最小数,该数除以 T_1 余 N_1,除以 T_2 余 N_2,除以 T_3 余 N_3。直接使用中国剩余定理即可。

【参考程序】

```
#include<iostream>
using namespace std;
int main(){
    int p,e,i,d,T = 1;
    cin>>p>>e>>i>>d;
    do{
        int lcm = 21252;    //lcm(23,28,33)
        int ans = (5544 * p + 14421 * e + 1288 * i - d + lcm) % lcm;
        if(ans = = 0)
            ans = lcm;
```

```
        cout<<"Case "<<T++<<": the next triple peak occurs in "<<ans
<<" days."<<endl;
        cin>>p>>e>>i>>d;
    }while(p! = -1);
    return 0;
}
```

1.6 斐波那契数

斐波那契数,亦称斐波那契数列,又称黄金分割数列。指的是这样一个数列:0、1、1、2、3、5、8、13、21、…在数学上,斐波纳契数列以递归的方法定义:$F(0)=0$,$F(1)=1$,$F(n)=F(n-1)+F(n-2)$ ($n\geq 2$,n 为自然数),用文字来说,就是斐波那契数列由 0 和 1 开始,之后的斐波那契数就由之前的两数相加。

下面,我们用"待定系数法"推导斐波那契数的通项公式。

设常数 r 和 s,使得:

$$F(n)-rF(n-1)=s*[F(n-1)-r*F(n-2)]$$

移项合并,得到:

$$r+s=1, -rs=1$$

在 $n\geq 3$ 时,有:

$$F(n)-rF(n-1)=s*[F(n-1)-r*F(n-2)]$$
$$F(n-1)-rF(n-2)=s*[F(n-2)-r*F(n-3)]$$
$$F(n-2)-rF(n-3)=s*[F(n-3)-r*F(n-4)]$$
$$\cdots$$
$$F(3)-rF(2)=s*[F(2)-r*F(1)]$$

联立以上 $n-2$ 个式子,得到:

$$F(n)-rF(n-1)=s^{n-2}*[F(2)-rF(1)]$$

因为:

$$s=1-r, F(1)=F(2)=1$$

上式可化简得:

$$F(n)=s^{n-1}+r*F(n-1)$$

那么:

$$\begin{aligned}F(n)&=s^{n-1}+r*F(n-1)\\&=s^{n-1}+r*s^{n-2}+r^2*F(n-2)\\&=s^{n-1}+r*s^{n-2}+r^2*s^{n-3}+r^3*F(n-3)\\&\cdots\\&=s^{n-1}+r*s^{n-2}+r^2*s^{n-3}+\cdots r^{n-2}*s+r^{n-1}*F(1)\\&=s^{n-1}+r*s^{n-2}+r^2*s^{n-3}+\cdots r^{n-2}*s+r^{n-1}\end{aligned}$$

(这是一个以 s^{n-1} 为首项、以 r^{n-1} 为末项、$\dfrac{r}{s}$ 为公比的等比数列的各项的和)

$$=\frac{s^{n-1}-r^{n-1}\dfrac{r}{s}}{1-\dfrac{r}{s}}$$

$$=\frac{s^n-r^n}{s-r}$$

因为:$r+s=1,-rs=1$ 的一组解为:

$$s=\frac{1+\sqrt{5}}{2}$$

$$r=\frac{1-\sqrt{5}}{2}$$

则:$F(n)=\dfrac{\sqrt{5}}{5}\left[\left(\dfrac{1+\sqrt{5}}{2}\right)^n-\left(\dfrac{1-\sqrt{5}}{2}\right)^n\right]$

【例 1.6-1】 普通递归关系(recur.*,64 MB,1秒)

【问题描述】

考虑以下定义在非负整数 n 上的递归关系:

$$F(n)=\begin{cases} f_0 & \text{if } n=0 \\ f_1 & \text{if } n=1 \\ a*F(n-1)+b*F(n-2) & \text{otherwise} \end{cases}$$

其中 a、b 是满足以下两个条件的常数:

(1) $a^2+4b>0$

(2) $|a-\sqrt{a^2+4b}|\leqslant 2$

给定 f_0,f_1,a,b 和 n,请你写一个程序计算 $F(n)$,可以假定 $F(n)$ 是绝对值不超过 10^9 的整数(四舍五入)。

【输入格式】

输入文件一行依次给出 5 个数 f_0,f_1,a,b 和 n,f_0,f_1 是绝对值不超过 10^9,n 是非负整数,不超过 10^9。另外,a、b 是满足上述条件的实数,且 $|a|,|b|\leqslant 10^6$。

【输出格式】

输出一行一个数,即 $F(n)$。

【输入和输出样例】

recur.in	recur.out
0 1 1 1 20	6765
0 1 −1 0 1000000000	−1
−1 1 4 −3 18	387420487

【问题分析】

本题可以采用以上推导斐波那契数的方法,推出 $F(n)$ 的通项公式:

$$F(n)=\frac{k^n(f_{(1)}-mf_{(0)})-m^n(f_{(1)}-kf_{(0)})}{k-m}$$

其中：$m, k = \dfrac{a \pm \sqrt{a^2 + 4b}}{2}$

具体编程实现时，还要注意在指数运算中，底数不能为负实数。另外，题目中要求的$F(n)$在10^9以内，由此可知$F(n)$一定是一个周期函数，因为如果单调的话，很快就会越界。所以也可以利用它的周期性来求解。

【参考程序】

```cpp
#include<iostream>
#include<stdio.h>
#include<stdlib.h>
#include<string.h>
#include<math.h>
#include<algorithm>
using namespace std;
int n;
double f0,f1,a,b,m,k,ans;

inline double s(double a,int b){
    if(b==0)
        return 1;
    double k=s(a,b/2);
    if(b%2==0)
        return k*k;
    else
        return k*k*a;
}

int main(){
    cin>>f0>>f1>>a>>b>>n;
    if(f0==0 && f1==0){
        printf("0");
        return 0;
    }
    m=(a+sqrt(a*a+4*b))/2;
    k=(a-sqrt(a*a+4*b))/2;
    ans=(s(k,n)*(f1-m*f0)-s(m,n)*(f1-k*f0))/(k-m);
    printf("%.0lf",ans);
    return 0;
}
```

【例1.6-2】 数字迷阵(matrix.*,64 MB,1秒)

【问题描述】

小可可参观科学博物馆时看到一件藏品，上面有密密麻麻的数字，如下所示：

1	2	3	5	8	13	21	34	55	89	144	…
4	7	11	18	29	47	76	123	199	322	521	…
6	10	16	26	42	68	110	178	288	466	754	…
9	15	24	39	63	102	165	267	432	699	1131	…
12	20	32	52	84	136	220	356	576	932	1508	…
14	23	37	60	97	157	254	411	665	1076	1741	…
17	28	45	73	118	191	309	500	809	1309	2118	…
19	31	50	81	131	212	343	555	898	1453	2351	…
22	36	58	94	152	246	398	644	1042	1686	2728	…
25	41	66	107	173	280	453	733	1186	1919	3105	…
27	44	71	115	186	301	487	788	1275	2063	3338	…

……

仔细一分析，发现还挺有规律。原来，第一行是斐波那契(Fibonacci)数列。即，该行中除了第一个和第二个数分别为 1 和 2 之外，其他数都是其左侧相邻的两个数之和。其后各行也类似于 Fibonacci 数列。只是第 i 行的第一个数是前 $i-1$ 行中未出现的最小正整数，而其第二个数与该行第一个数以及所在行的编号相关，即 $A[i,2]=2A[i,1]-(i-1)$。如在第一行中未出现的最小正整数为 4，前三行中未出现的最小正整数为 9。故第二行以 4 和 7 开头，而第四行以 9 和 15 开头。

小可可高兴地把这个发现告诉了爷爷。爷爷问道：你能否一口报出第 i 行、第 j 列的那个数对 m 取模的结果是多少呢？

聪明的小可可通过心算就能知道答案。你是否能编写程序求解呢？

【输入格式】

输入每行有三个分别用一个空格隔开的正整数，分别是 i、j 和 m。其中，$i,j \leqslant 10^9$，$2 \leqslant m \leqslant 10^4$。

【输出格式】

每行输出对应的第 i 行、第 j 列的那个正整数对 m 取模的结果。

【输入和输出样例】

matrix. in	matrix. out
1 2 99	2
9 1 999	22

【问题分析】

首先，我们判断出每行都是变形的斐波那契数列，又因为 $A[i,2]=2A[i,1]-(i-$

1),所以本质上 $A[i,j]$ 只与第 i 行的第一个元素有关,那么如何求 $A[i,1]$ 呢?

我们发现:第一列的增加值是 2 或 3,它们是否有规律呢、是否与斐波那契数列有关呢?仔细研究发现:第 1 次(第 2 行)加 3,后面 2 次(第 3—4 行)分别加 2—3,再后面的 3 次(第 5—7)是前两次加的序列和,即:3—2—3,再往后的 5 次(第 8—12):2—3—3—2—3(5 次),3—2—3—2—3—3—2—3(8 次),…每一次往后推的项数满足斐波那契数列数,且就是前面两次的那些项连接起来。其实在数学上有一个结论,即第一列通项: $f[i]=\text{trunc}(i*t+i-1)$,其中 $t=(1+\text{sqrt}(5))/2$。

所以,我们可以用 $\Theta(1)$ 的时间求得 $A[i,1]$,但如果用 $\Theta(n)$ 的时间去求 $A[i,j]$,还是超时,这时我们可以用上一个例子中的结论。以第 1 行为例(普通的斐波那契数列),令 $f(0)=1, f(1)=1, a=1, b=1$,得到:

$$m = \frac{1+\sqrt{5}}{2} \quad k = \frac{1-\sqrt{5}}{2}$$

所以: $F(n) = \dfrac{k^n(1-m) - m^n(1-k)}{k-m}$

即: $F(n) = \dfrac{m^{n+1} - k^{n+1}}{\sqrt{5}}$

这就是普通的斐波那契数列的通项公式,这样本题的程序就很容易了,其他行只是 $f(0)$ 的 $f(1)$ 初值不一样而已。

【参考程序】

```cpp
#include<iostream>
#include<stdio.h>
#include<stdlib.h>
#include<string.h>
#include<math.h>
#include<algorithm>
#define L long long
using namespace std;
int n,m,p,x[100][3][3],y[3][3],z[3][3],a[100],k1,k2,ans;
int main(){
    int i,j,k,l;
    scanf("%d%d%d",&n,&m,&p);
    m--;
    x[0][1][2]=x[0][2][1]=x[0][2][2]=1;
    a[0]=1;
    for(i=1;a[i-1]*2<=m;i++){
        a[i]=a[i-1]*2;
        for(j=1;j<=2;j++)
            for(k=1;k<=2;k++)
                for(l=1;l<=2;l++)
                    x[i][j][k]=(x[i][j][k]+(L)x[i-1][j][l]*x[i-1][l][k])%p;
```

```
        }
    y[1][1] = y[2][2] = 1;
    for(i--;i>=0;i--)
        if(a[i]<=m){
            m-=a[i];
            for(j=1;j<=2;j++)
                for(k=1;k<=2;k++)
                    for(l=1;l<=2;l++)
                        z[j][k] = (z[j][k]+(L)x[i][j][l]*y[l][k])%p;
            for(j=1;j<=2;j++)
                for(k=1;k<=2;k++){
                    y[j][k] = z[j][k];
                    z[j][k] = 0;
                }
        }
    k1 = ((L)(n*(1+sqrt(5))/2+n-1))%p;
    k2 = ((2*k1-n+1)%p+p)%p;
    ans = ((L)k1*y[1][1]+(L)k2*y[1][2])%p;
    printf("%d",ans);
    return 0;
}
```

1.7 卡特兰数

卡特兰数又称卡塔兰数(Catalan Number),是组合数学中一个经常出现在各种计数问题中的数列。其前几项为:1,2,5,14,42,132,429,1 430,4 862,16 796,58 786,208 012,742 900,…

求卡特兰数列的第 n 项,可以用以下几个公式:

1. 递归公式 1

$$f(n) = \sum_{i=0}^{n-1} f(i) \times f(n-i-1)$$

2. 递归公式 2

$$f(n) = \frac{f(n-1)*(4*n-2)}{n+1}$$

3. 组合公式 1

$$f(n) = \frac{C_{2n}^n}{n+1}$$

4. 组合公式2

$$f(n) = C_{2n}^n - C_{2n}^{n-1}$$

【例1.7-1】 二叉树的计数

【问题描述】

已知一颗二叉树有 n 个结点,问:该二叉树能组成多少种不同的形态?

【问题分析】

如图1.7-1所示,假设该二叉树的左子树有 i 个结点,则右子树有 $n-i-1$ 个结点。用 $f(n)$ 表示 n 个结点的二叉树不同的形态数,则左子树和右子树就可以递归地表示为 $f(i)$ 和 $f(n-i-1)$,再根据乘法原理,总的答案即为:

$$f(n) = \sum_{i=0}^{n-1} f(i) \times f(n-i-1)$$

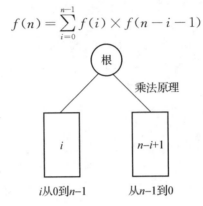

图1.7-1 二叉树形态

【例1.7-2】 AB排列问题

【问题描述】

有 n 个A和 n 个B排成一排,从第1个位置开始到任何位置,B的个数不能超过A的个数,问:这样的排列有多少种?

如:

$n=1$ 时:AB　　　　　　　　　　　　　　　　　　　　$f(1)=1$

$n=2$ 时:AABB　ABAB　　　　　　　　　　　　　　　$f(2)=2$

$n=3$ 时:AAABBB　AABABB　AABBAB　ABAABB　ABABA　$f(3)=5$

【问题分析】

可以用一种形象的递推方法,用 ⟋ 表示A,用 ⟍ 表示B,则根据图1.7-2所示可以递推求出 $F(5)$。再进一步推导,得出结论就是卡特兰数。

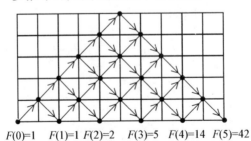

图1.7-2 形象化的递推

【例 1.7-3】 乘法加括号(NOI1988)
【问题描述】
对于连乘 $a_0 * a_1 * a_2 * \cdots * a_n$，加了括号后可改变它的运算顺序。问：有多少种不同的运算顺序？
【问题分析】
$n=1, a_0 * a_1, f(1)=1$
$n=2, a_0 * a_1 * a_2, a_0 * (a_1 * a_2), f(2)=2$
$n=3, a_0 * a_1 * a_2 * a_3, a_0 * (a_1 * a_2) * a_3, a_0 * a_1 * (a_2 * a_3), a_0 * (a_1 * a_2 * a_3), a_0 * (a_1 * (a_2 * a_3)), f(3)=5$

将 $a_0 * a_1 * a_2 * \cdots * a_n$ 表示成一颗二叉树，把 * 逐个作为根，得到：$f(0)*f(n-1)+f(1)*f(n-2)+\cdots+f(n-1)*f(0)$

发现答案就是卡特兰数。

【例 1.7-4】 欧拉多边形分割问题(cut.*,64 MB,1 秒)
【问题描述】
设有一个凸 n 边形，可以用 $n-3$ 条不相交的对角线将 n 边形分成 $n-2$ 个互相没有重叠的三角形，例如 $n=5$，共有图 1.7-3 所示的 5 种方法。

程序要求：当给出凸 n 边形的边数 $n(n \leq 1\,000)$，求出共有多少种不同的分法。

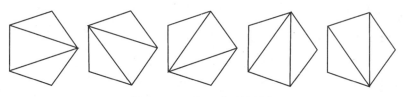

图 1.7-3　凸 n 边形的划分

【问题分析】
对任意给定的一个 N 边形，任意选定一条边，则该边必是某一组成分割的三角形的一边，它的两个端点也是该三角形的两个端点，另一个端点可以来自于另外 $N-2$ 个顶点，这个三角形将 N 边形分成二个多边形，图 1.7-4 所示是对一个六边形选定底边时的分割情况情况。

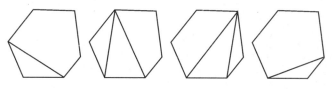

图 1.7-4　六边形划分

根据加法原理和乘法原理有：$H_n = H_{n-1} + H_3 H_{n-2} + \cdots + H_{n-2} H_3 + H_{n-1}$　(1)

另外任取一条对角线 P_{ij}，将 N 边形一分为二，二部分分别为多边形，它们的边数之和为 $n+2$，从一个顶点出发的 $n-3$ 条对角线形成的 n 边形分割数为：$H_3 H_{n-1} + H_4 H_{n-2} + \cdots + H_{n-2} H_4 + H_{n-1} H_3$，从 n 个顶点出发的所有对角线形成的 n 边形分割数为 $n(H_3 H_{n-1} + H_4 H_{n-2} + \cdots + H_{n-2} H_4 + H_{n-1} H_3)$，由于一条对角线有两个端点，所以，在上面的统计中，每条对角线出现了两遍，从所有的对角线出发形成的 n 边形分割数为:$n(H_3H_{n-1}+H_4H_{n-2}+\cdots+H_{n-2}H_4+H_{n-1}H_3)/2$,任何一个分割是由 $n-3$ 条对角线组成的,每个分割在上式中被重复统计了 $n-3$ 遍,所以:

$(n-3)H_n=n(H_3H_{n-1}+H_4H_{n-2}+\cdots+H_{n-2}H_4+H_{n-1}H_3)/2$ （2）

将(1)式写成 $n+1$ 的情况有:

$H_{n+1}=H_n+H_3H_{n-1}+\cdots+H_{n-1}H_3+H_n=(2+2(n-3)/n)H_n=((4n-6)/n)H_n$

显然,n 边形的分割总数 $H_n=C_{n-2}$,只要设 $H_2=1$ 即可。本题实际上是要求某个卡特兰数,由于 n 较大,因此要用高精度运算。在选用计算公式时,可选用递推公式,也可通过质因子的处理来获得最后的乘式以求得结果。

【参考程序】

```cpp
#include<iostream>
#include<stdio.h>
using namespace std;
int f[2][1001][801];

void pluss(int *a,int *b,int *c){
    a[0] = max(b[0],c[0]);
    a[1] = 0;
    for(int i = 1;i<=a[0];i++){
        a[i+1] = (b[i]+c[i])/1e9;
        a[i] += b[i]+c[i]-(a[i+1])*1e9;
    }
    if(a[a[0]+1])a[0]++;
}

void Print(int *x){
    printf("%d",x[x[0]]);
    for(int i = x[0]-1;i>=1;i--)
        printf("%09d",x[i]);
    printf("\n");
}

int main(){
    int n;
    scanf("%d",&n);
    n-=2;
    f[0][0][0] = f[0][0][1] = 1;
    f[1][0][0] = f[1][0][1] = 1;
    for(int i = 0;i<=n;i++)
```

```
        for(int j=1;j<=i;j++)
            pluss(f[i&1][j],f[(i-1)&1][j],f[i&1][j-1]);
    Print(f[n&1][n]);
    return 0;
}
```

1.8 素数

素数又称质数,是指一个大于1的正整数,如果除了1和它本身以外,没有其他的约数,例如2,3,5,7,3 021 377等,反之就是合数。1既不是素数也不是合数。

素数就像整数世界里的原子,整个整数世界都是由这些素数原子组成的,比如$15=3*5,121=11*11$等等。有关素数的问题是数论研究的主要课题,我国著名数学家华罗庚教授及陈景润、王元研究员、潘承洞教授等对素论的研究都有重要贡献。

早在2000多年前的古希腊,伟大的数学家欧几里德就用反证法证明了:素数有无穷多个。在他的不朽名著《几何原本》第四卷命题20中是这样叙述的:预先给定几个素数,则有比他们更多的素数。他是这样证明的:设a,b,c是给定的素数,构造一个新的数$t=a*b*c+1$,则已有的素数a,b,c均不能整除t,所以要么t本身就是素数,此时t不等于a,b,c中任意一个数;要么t能被不同于a,b,c的某一个素数整除,因此必然存在一个素数p不同于已有的素数a,b,c。例如:$2*3*5+1=31,3*5*7+1=106=2*53$。也就是说,有了$n$个素数,就可以构造出第$n+1$个素数,因此素数有无穷多个。

素数的分布也很不均匀,下表部分列出了小于x的素数的个数函数$p_i(x)$。

x	$p_i(x)$
10	4
100	25
1,000	168
10,000	1,229
100,000	9,592
1,000,000	78,498
10,000,000	664,579
100,000,000	5,761,455
1,000,000,000	50,847,534
10,000,000,000	455,052,511
100,000,000,000	4,118,054,813
1,000,000,000,000	37,607,912,018
10,000,000,000,000	346,065,536,839
100,000,000,000,000	3,204,941,750,802

续表

x	$p_i(x)$
1,000,000,000,000,000	29,844,570,422,669
10,000,000,000,000,000	279,238,341,033,925
100,000,000,000,000,000	2,623,557,157,654,233
1,000,000,000,000,000,000	24,739,954,287,740,860
10,000,000,000,000,000,000	234,057,667,276,344,607
100,000,000,000,000,000,000	2,220,819,602,560,918,840

1.8.1 素数的判定

对于数据范围比较小的情况下,判断素数可以采用"穷举法",代码如下:

```
void main(){
    int i,n;
    scanf("%d",&n);
    for(i=2;i<sqrt(n);i++)
        if(n%i==0)break;
    if(i<n||n==1)puts("No");
    else puts("Yes");
}
```

对于数据范围比较大的情况下,需要找出所有素数,则可以采用"筛选法"求出"素数表"。具体方法如下:

先将 2～N 之间的所有数写在纸上:2,3,4,5,6,7,8,9,10,11,12,13,14,15,16,17,18,19,20,21,22,23,24,24,26,27,28,29,30,31,32,33,34,35,36,37,38,39,40…

在 2 的上面画一个圆圈,然后划去 2 的其他倍数;第一个既未画圈又没有被划去的数是 3,将它画圈,再划去 3 的其他倍数;现在既未画圈又没有被划去的第一个数是 5,将它画圈,并划去 5 的其他倍数…依次类推,一直到所有小于或等于 N 的各数都画了圈或划去为止。这时,表中画了圈的以及未划去的那些数正好就是小于 N 的素数。实现代码如下:

```
void make_prime(){
    memset(prime,1,sizeof(prime));
    prime[0] = false;
    prime[1] = false;
    int N = 31700;
    for (int i = 2;i<N;i++)
        if (prime[i]){
            primes[++cnt] = i;
            for (int k = i*i; k<N; k+=i)
                prime[k] = false;
```

```
        }
        return;
}
```

仔细分析上述代码发现,这种方法会造成重复筛除合数,影响效率。比如 30,在 $i=2$ 的时候,$k=2*15$ 筛了一次;在 $i=5$,$k=5*6$ 的时候又筛了一次。所以,也就有了"快速线性筛法"。快速线性筛法没有冗余,不会重复筛除一个数,所以"几乎"是线性的,虽然从代码上分析,时间复杂度并不是 $\Theta(n)$。先看实现代码:

```cpp
#include<iostream>
using namespace std;
const long N = 200000;
long prime[N] = {0}, num_prime = 0;
int isNotPrime[N] = {1,1};
int main(){
    for(long i = 2; i<N; i++){
        if(! isNotPrime[i])
            prime[num_prime++] = i;
        //关键处 1
        for(long j = 0; j<num_prime && i*prime[j]<N; j++){
            isNotPrime[i*prime[j]] = 1;
            if(! (i % prime[j]))   //关键处 2
                break;
        }
    }
    return 0;
}
```

首先,先明确一个条件,任何合数都能表示成一系列素数的积。

不管 i 是否是素数,都会执行到"关键处 1"。

1. 如果 i 是素数的话,那简单,一个大的素数 i 乘以不大于 i 的素数,这样筛除的数跟之前的是不会重复的。筛出的数都是 $n = p_1 * p_2$ 的形式,p_1 和 p_2 不相等;

2. 如果 i 是合数,此时 i 可以表示成递增素数相乘 $i = p_1 * p_2 * \cdots * p_n$,$p_i$ 都是素数($2 \leq i \leq n$),$p_i \leq p_j (i \leq j)$,p_1 是最小的系数。

根据"关键处 2"的定义,当 $p_1 == \mathrm{prime}[j]$ 的时候,筛除就终止了,也就是说,只能筛出不大于 p_1 的质数 $*i$。

我们可以直观地举个例子。$i = 2*3*5$,此时能筛除 $2*i$,不能筛除 $3*i$,如果能筛除 $3*i$ 的话,当 $i' = 3*3*5$ 时,筛除 $2*i'$ 就和前面重复了。

当然,还有 2 个结论是可以证明的:

1. 一个数不会被重复筛除;
2. 合数肯定会被筛除。

1.8.2 素数的相关定理

1. 惟一分解定理

若整数 $a \geqslant 2$，那么 a 一定可以表示为若干个素数的乘积(惟一的形式)，即：
$a = p_1 * p_2 * p_3 * \cdots * p_s$ (其中 p_j 为素数，称为 a 的质因子，$1 \leqslant j \leqslant s$)
如：$1260 = 2 * 2 * 3 * 3 * 5 * 7 = 2^2 * 3^2 * 5 * 7$。

2. 威尔逊定理

若 p 为素数，则 $(p-1)! \equiv -1 \pmod{p}$ (其中 $n!$ 表示 n 阶乘)

威尔逊定理的逆定理也成立，即：

若对某一正整数 p，有 $(p-1)! \equiv -1 \pmod{p}$，则 p 一定为素数。

既然如此，则 $(p-1)! + 1$ 一定是 p 的倍数，所以再利用 sin 函数的特点，就可以构造出一个素数分布的函数曲线 $f(n)$：$f(n) = \sin(\pi * ((n-1)! + 1)/n)$。这个函数值为 0 的点都是素数所在的点。

3. 费马定理

若 p 为素数，a 为正整数，且 a 和 p 互质，则：$a^{p-1} \equiv 1 \pmod{p}$。

证明：

首先，$p-1$ 个整数 $a, 2a, 3a, \cdots (p-1)a$ 中没有一个是 p 的倍数。

其次，$a, 2a, 3a, \cdots (p-1)a$ 中没有任何两个同余于模 p 的。

于是：$a, 2a, 3a, \cdots (p-1)a$ 对模 P 的同余既不为 0，也没有两个同余相同，因此，这 $p-1$ 个数对模 p 的同余一定是 $1, 2, 3, \cdots p-1$ 的某一种排列，即：
$a * 2a * 3a * \cdots * (p-1)a \equiv 1 * 2 * 3 * \cdots * (p-1) \pmod{p}$

化简为：
$a^{p-1} * (p-1)! \equiv (p-1)! \pmod{p}$

又由于 p 是素数，根据威尔逊定理得出 $(p-1)!$ 和 p 互质。所以约去 $(p-1)!$

得到：$a^{p-1} \equiv 1 \pmod{p}$

其实这是一种特殊情形，一般情况下，若 p 为素数，则：$a^p \equiv a \pmod{p}$，这就是著名的费马小定理。

1.8.3 Miller-Rabin 素数测试

数论学家利用费马小定理研究出了多种素数测试方法，Miller-Rabin 素数测试算法是其中得一种，其过程如下：

(1) 计算奇数 M，使得 $N = 2^r * M + 1$

(2) 选择随机数 $A < N$

(3) 对于任意 $i < r$，若 $A^{2^i * M} \bmod N = N - 1$，则 N 通过随机数 A 的测试

(4) 或者，若 $A^M \bmod N = 1$，则 N 通过随机数 A 的测试

(5) 让 A 取不同的值对 N 进行 5 次测试，若全部通过则判定 N 为素数

若 N 通过一次测试，则 N 不是素数的概率为 25%，若 N 通过 t 次测试，则 N 不是素数的概率为 $\frac{1}{4^t}$。事实上取 t 为 5 时，N 不是素数的概率为 $1/128$，N 为素数的概率已

经大于 99.99%。在实际应用中,可首先用 300～500 个小素数对 N 进行测试,以提高 Miller-Rabin 素数测试通过的概率,从而提高测试速度。而在生成随机素数时,选取的随机数最好让 $r=0$,则可省去步骤(3)的测试,进一步提高测试速度。

```cpp
#include <cstdlib>
#include <ctime>
#include <cstdio>
const int count = 10;

int modular_exp(int a, int m, int n){
    if (m == 0) return 1;
    if (m == 1) return (a % n);
    long long w = modular_exp(a, m / 2, n);
    w = w * w % n;
    if (m & 1) w = w * a % n;
    return w;
}

bool Miller_Rabin(int n){
    if (n == 2) return true;
    for (int i = 0; i < count; i++){
        int a = rand() % (n - 2) + 2;
        if (modular_exp(a, n, n) != a) return false;
    }
    return true;
}

int main(){
    srand(time(NULL));
    int n;
    scanf("%d", &n);
    if (Miller_Rabin(n)) printf("Probably a prime\n");
    else printf("A composite\n");
    return 0;
}
```

假如随机选取 4 个数为 2,3,5,7,则在 $2.5*10^{13}$ 以内唯一一个判断失误的数为 3 215 031 751。

1.8.4 欧拉定理

费马定理是用来阐述在素数模下,指数的同余性质。当模是合数的时候,就要应用范围更广的欧拉定理了。

欧拉函数:对正整数 n,欧拉函数是小于等于 n 的数中与 n 互质的数的数目。

欧拉函数又称为 ϕ 函数,例如 $\phi(8)=4$,因为 $1,3,5,7$ 均和 8 互质。

引理 1:

①如果 n 为某一个素数 p,则:$\phi(p)=p-1$;

②如果 n 为某一个素数 p 的幂次 p^a,则:$\phi(p^a)=(p-1)*p^{a-1}$;

③如果 n 为任意两个互质的数 a,b 的积,则:$\phi(a*b)=\phi(a)*\phi(b)$。

证明:

①显然;

②因为比 p^a 小的正整数有 p^a-1 个。其中,所有能被 p 整除的那些数可以表示成 $p*t(t=1,2,\cdots p^{a-1}-1)$,即共有 $p^{a-1}-1$ 个这样的数能被 p 整除,从而不与 p^a 互质。所以 $\phi(p^a)=p^a-1-(p^{a-1}-1)=(p-1)*p^{a-1}$;

③在比 $a*b$ 小的 $a*b-1$ 个整数中,只有那些既与 a 互质(有 $\phi(a)$ 个),又与 b 互质(有 $\phi(b)$ 个)的数,才会与 $a*b$ 互质。显然满足这种条件的数有 $\phi(a)*\phi(b)$ 个。所以 $\phi(a*b)=\phi(a)*\phi(b)$;

比如:要求 $\phi(40)$,因为 $40=5*8$,且 5 和 8 互质,所以:$\phi(40)=\phi(5)*\phi(8)=4*4=16$。而 $\phi(16)=(2-1)*2^3=8$。

引理 2:

设 $n=p_1^{a1}*p_2^{a2}*\cdots*p_k^{ak}$ 为正整数 n 的素数幂乘积表示式,则:

$\phi(n)=n*(1-1/p_1)*(1-1/p_2)*\cdots*(1-1/p_k)$

证明:由于诸素数幂互相之间是互质的,根据引理 1 得出:

$\phi(n)=\phi(p_1^{a1})*\phi(p_2^{a2})*\cdots*\phi(p_k^{ak})$

$=p_1^{a1}*p_2^{a2}*\cdots*p_k^{ak}*(1-1/p_1)*(1-1/p_2)*\cdots*(1-1/p_k)$

$=n*(1-1/p_1)*(1-1/p_2)*\cdots*(1-1/p_k)$

比如:$\phi(100)=\phi(2^2*5^2)=100*(1-1/2)*(1-1/5)=40$

欧拉定理:

若 a 与 m 互质,则 $a^{\phi(m)}\equiv 1(\bmod m)$。

1.8.5 Pollard Rho 算法求大数因子

大整数分解现在仍然是个世界级的难题,但却是个非常重要的研究方向,大整数在公共密钥的研究上有着重要的作用。

而对于大整数的分解有很多种算法,性能上各有优异,比如大整数分解的 Fermat 方法、Pollard Rho 方法、试除法,以及椭圆曲线法、连分数法、二次筛选法、数域分析法等等。这里,主要讲解其中两种算法的原理和操作。

首先,对于任意的一个偶数,我们都可以提取出一个 2 的质因子,如果结果仍为偶数,则可继续该操作,直至将其化为一个奇数和 2 的多少次幂的乘积,那么我们可以假定这个奇数可以被表示成 $N=2*n+1$,如果这个数是合数,那么一定可以写成 $N=c*d$ 的形式,不难发现,式中的 c 和 d 都是奇数,不妨设 $c>d$,我们可以令 $a=(c+d)/2,b=(c-d)/2$,那么的可以得到 $N=a*a-b*b$,而这正是 Fermat 整数分解的基础;由不等式的关系,我们又可以得到 $a \geq \sqrt{c*d} = \sqrt{N}$,那么,我们就可以枚举大于 N 的完全平方数 $a*a$,计算 $a*a-N$ 的值,判断计算的结果是否为一个完全平方数,如果是,那么 a,b 都是 N 的因子,我们就可以将算法递归的进行下去,知道求出 N 的所有质因子。

容易看出,Fermat 分解大数的效率其实并不高,但是比起试除法要好了很多。而且每次的计算都是计算出 N 的一个因子,更加降低了其效率。这就让我们想着去尝试新的算法,于是就有了 Pollard Rho 算法。

Pollard Rho 算法的原理就是通过某种方法得到两个整数 a 和 b,而待分解的大整数为 n,计算 $p=gcd(abs(a-b),n)$,直到 p 不为 1,或者 a,b 出现循环为止。然后再判断 p 是否为 n,如果 $p=n$ 或 $p=1$ 成立,那么返回 n 是一个质数,否则返回 p 是 n 的一个因子,那么我们又可以递归的计算 Pollard(p) 和 Pollard(n/p),这样,我们就可以求出 n 的所有质因子。

具体操作中,我们通常使用函数 $x[i+1]=(x[i]*x[i]+c)$ mod n 来计算逐步迭代计算 a 和 b 的值,实践中,通常取 c 为 1,即 $b=a*a+1$,在下一次计算中,将 b 的值赋给 a,再次使用上式来计算新的 b 的值,当 a,b 出现循环时,即可退出进行判断。当然,初值由自己确定。

但是这样的话判断循环比较麻烦,我们可以用另一种方法。是由 Floyd 发明的一个算法,我们举例来说明这个聪明而又有趣的算法。假设我们在一个很长很长的圆形轨道上行走,我们如何知道我们已经走完了一圈呢?当然,我们可以像第一种方法那样做,但是更聪明的方法是让 A 和 B 按照 B 的速度是 A 的速度的两倍从同一起点开始往前走,当 B 第一次赶上 A 时(也就是我们常说的套圈),我们便知道,B 已经走了至少一圈了。所以我们可以把 x 当作 B,y 当作 A 进行循环测试,具体实现详见参考程序。

对于 Pollard rho,它可以在 $\Theta(\sqrt{p})$ 的时间复杂度内找到 n 的一个小因子 p,可见效率还是可以的,但是对于一个因子很少、因子值很大的大整数 n 来说,Pollard Rho 算法的效率仍然不是很好,那么,我们还得寻找更加高效的方法。

以下程序是 Pollard Rho 与 Miller-Rabin 素数测试配合使用的整数分解算法。

```
# include <iostream>
# include <stdlib.h>
# include <string.h>
# include <algorithm>
# include <stdio.h>
const int Times = 10;
const int N = 5500;
using namespace std;
typedef long long LL;
LL ct, cnt;
LL fac[N], num[N];

LL gcd(LL a, LL b){
    return b? gcd(b, a % b) : a;
```

```
}

LL multi(LL a, LL b, LL m){
    LL ans = 0;
    a %= m;
    while(b){
        if(b & 1){
            ans = (ans + a) % m;
            b--;
        }
        b >>= 1;
        a = (a + a) % m;
    }
    return ans;
}

LL quick_mod(LL a, LL b, LL m){
    LL ans = 1;
    a %= m;
    while(b){
        if(b & 1){
            ans = multi(ans, a, m);
            b--;
        }
        b >>= 1;
        a = multi(a, a, m);
    }
    return ans;
}

bool Miller_Rabin(LL n){
    if(n == 2) return true;
    if(n < 2 || !(n & 1)) return false;
    LL m = n - 1;
    int k = 0;
    while((m & 1) == 0){
        k++;
        m >>= 1;
    }
```

```cpp
    for(int i = 0; i<Times; i++){
        LL a = rand() % (n-1)+1;
        LL x = quick_mod(a, m, n);
        LL y = 0;
        for(int j = 0; j<k; j++){
            y = multi(x, x, n);
            if(y == 1 && x != 1 && x != n-1) return false;
            x = y;
        }
        if(y != 1) return false;
    }
    return true;
}

LL pollard_rho(LL n, LL c){
    LL i = 1, k = 2;
    LL x = rand() % (n-1)+1;
    LL y = x;
    while(true){
        i++;
        x = (multi(x, x, n)+c) % n;
        LL d = gcd((y-x+n) % n, n);
        if(1 < d && d < n) return d;
        if(y == x) return n;
        if(i == k){
            y = x;
            k <<= 1;
        }
    }
}

void find(LL n, int c){
    if(n == 1) return;
    if(Miller_Rabin(n)){
        fac[ct++] = n;
        return ;
    }
    LL p = n;
    LL k = c;
```

```
        while(p>=n) p=pollard_rho(p, c--);
    find(p, k);
    find(n / p, k);
}

int main(){
    LL n;
    while(cin>>n){
        ct = 0;
        find(n, 120);
        sort(fac, fac+ct);
        num[0] = 1;
        int k = 1;
        for(int i = 1; i<ct; i++){
            if(fac[i] == fac[i-1])
                ++num[k-1];
            else{
                num[k] = 1;
                fac[k++] = fac[i];
            }
        }
        cnt = k;
        for(int i = 0; i<cnt; i++)
            cout<<fac[i]<<"^"<<num[i]<<" ";
        cout<<endl;
    }
    return 0;
}
```

【例1.8-1】 阅读下面的程序,写出运行结果(NOIP2005初赛高中组)

```
#include <stdio.h>

long g(long k){
    if (k<=1) return k;
    return (2002 * g(k-1) + 2003 * g(k-2)) % 2005;
}

int main(){
    long n;
    scanf("%ld", &n);
```

```
        printf("%ld\n", g(n));
        return 0;
}
```

输入:2005

输出:

【问题分析】

分析题意,实际上是已知:

$n \leq 1$ 时,$g(n)=n$

$n > 1$ 时,$g(n)=[2002*g(n-1)+2003*g(n-2)] \bmod 2005$

求:$g(2005)$。

解答如下:

因为:$g(0)=0, g(1)=1$

$g(n)=[2002*g(n-1)+2003*g(n-2)] \bmod 2005$

等价于:$g(n)=[-3*g(n-1)-2*g(n-2)] \bmod 2005$

所以:$g(n)+g(n-1)=[-2*(g(n-1)+g(n-2))] \bmod 2005$

$\equiv [(-2)^2*(g(n-2)+g(n-3))] \bmod 2005$

$\equiv \cdots$

$\equiv [(-2)^{n-1}*(g(1)+g(0))] \bmod 2005$

$\equiv (-2)^{n-1} \bmod 2005$ (1)

又因为:$g(n)+2*g(n-1)=[-g(n-1)+2*g(n-2)] \bmod 2005$

$\equiv [(-1)^2*(g(n-2)+2*g(n-3))] \bmod 2005$

$\equiv \cdots$

$\equiv [(-1)^{n-1}*(g(1)+2*g(0))] \bmod 2005$

$\equiv (-1)^{n-1} \bmod 2005$ (2)

(2)-(1)得:

$g(n-1)=[(-1)^{n-1}-(-2)^{n-1}] \bmod 2005$

所以:$g(2005)=[(-1)^{2005}-(-2)^{2005}] \bmod 2005$

$=(2^{2005}-1) \bmod 2005$

下面可以用费马定理(若 P 为质数,则 $a^p \bmod p=a$,特别地当 a,p 互质时,$a^{p-1} \bmod p=1$)和同余理论(同乘性:若 $a \bmod m=b, c \bmod m=d$,则 $ac \bmod m=bd$;同幂性:若 $a \bmod m=b$,则 $a^n \bmod m=b^n$)做。

因为:$2^4 \bmod 5=1$

所以:$2^{400} \bmod 5=1$(同幂)

$2^{401} \bmod 5=2$(同乘)

因为:$2^{401} \bmod 401=2$(费马定理)

而$(5,401)=2005$

所以:$2^{401} \bmod 2005=2$(推理结论)

所以:$2^{2005} \bmod 2005=2^5=32$(同幂)

所以:$g(2005)=32-1=31$

得出如下等价的验证程序:

```
#include <iostream>
using namespace std;
int n,s = 1;
int main(){
    scanf("%d",&n);
    for (int i = 0;i<n;i++) s = s*2%2005;
    printf("%d\n",s-1);
}
```

【例1.8-2】 Visible Lattice Points(POJ3090)

【问题描述】

从原点看第一象限里的所有点,能直接看到的点的数目是多少(不包含原点)。

【输入格式】

第一行为测试数据的组数 $C(1 \leqslant C \leqslant 1\ 000)$。

以下 C 行,每行为一个 $N(1 \leqslant N \leqslant 1\ 000)$,表示范围。

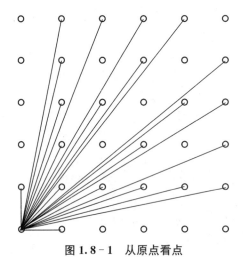

图 1.8-1 从原点看点

【输出格式】

对于每一组测试数据,输出一行一个数,表示答案。

【输入和输出样例】

poj3090.in	poj3090.out
4	5
2	13
4	21
5	32549
231	

【问题分析】

首先,题目主要是求从(0,0)能看到的点的个数。

先考虑只有 $1*1$ 的时候,三个点,根据图明显看出,只需要计算下三角,结果=下三角的个数 $*2$ 再加 1(斜率为 1 的点)。

那么我们只需要计算斜率从 0 到 1 之间的个数就行了,不包括 1,包括 0。结果设为 sum,那么最终就是 $2*\text{sum}+1$。

$1*1$ 只有一个斜率为 0 的。

$2*2$ 斜率有 0,1/2(0 已经算过了,以后不再算了),其实就多了一个斜率为 1/2 的。

$3*3$ 的时候,有 1/3,2/3 两个,比以前多了 2 个。

$4*4$ 的时候,有 1/4,2/4(1/2 已经有过了),3/4,所以也是 2 个。

$5*5$ 的时候,有 1/5,2/5,3/5,4/5,之前都没有,所以多了 4 个。

$6*6$ 得到时候,有 1/6,2/6(1/3 已经有了),3/6(1/2 已经有了),4/6(2/3 已经有了),5/6,所以只剩 2 个。

……

从上面可以发现一个规律,对于 $n*n$,可以从 0,0 连接到 $(n,0)$ 到 (n,n) 上,斜率将会是 $1/n,2/n\cdots(n-1)/n$。

凡是分子和分母能够约分的,也就是有公约数,前面都已经有过了。所以每次添加的个数就是分子和分母互质的个数。

那么问题就转换为,对于一个数 n,求小于 n 的于 n 互质的数的个数,这不就是欧拉函数么!

【参考程序】

```cpp
#include<iostream>
#include<stdio.h>
#include<stdlib.h>
#include<string.h>
#include<math.h>
#include<algorithm>
#include<queue>
#include<set>
#include<map>
#include<bitset>
#include<vector>
using namespace std;
bool vis[1005];
int phi[1005],p[1005];
int n,ans;
int T;
int main()
{
    phi[1]=1;
```

```
      for(int i=2;i<=1000;i++){
          if(!vis[i])
              p[++p[0]]=i,phi[i]=i-1;
          for(int j=1;j<=p[0]&&i*p[j]<=1000;j++){
              vis[i*p[j]]=1;
              if(i%p[j]==0){
                  phi[i*p[j]]=phi[i]*p[j];
                  break;
              }
              else
                  phi[i*p[j]]=phi[i]*(p[j]-1);
          }
          ans+=phi[i];
      }
      scanf("%d",&T);
      while(T--){
          scanf("%d",&n);
          ans=0;
          for(int i=1;i<=n;i++)
              ans+=phi[i];
          printf("%d\n",ans*2+1);
      }
    return 0;
}
```

1.9 Baby-Step-Giant-Step 及扩展算法

先来了解一个概念:离散对数。离散对数是一种在整数中基于同余运算和原根的对数运算。当模 m 有原根时,设 G 为模 m 的一个原根,则当:$x \equiv G\textasciicircum k \pmod{m}$ 时,$\log_G(x) \equiv k \pmod{\phi(m)}$。此处的 $\log_G(x)$ 是 x 以整数 G 为底模 $\phi(m)$ 的离散对数值。

Baby-Step-Giant-Step(简称 BSGS)及扩展算法(Extended BSGS)用来求解 $A\textasciicircum x \equiv B \pmod{C}$ $(0 \leqslant x < C)$ 这样的问题,是以空间换时间,对穷举算法的一个改进。

原始的 BSGS 只能解决 C 为素数的情况。

设 $m = \sqrt{C}$ 上取整,$x = i * m + j$,那么 $A\textasciicircum x = (A\textasciicircum m)\textasciicircum i * A\textasciicircum j$,$0 \leqslant i < m$,$0 \leqslant j < m$。然后可以枚举 i,这是 $\Theta(\sqrt{C})$ 级别的枚举。

对于一个枚举出来的 i,令 $D = (A\textasciicircum m)\textasciicircum i$。现在问题转化为求 $D * A\textasciicircum j \equiv B \pmod{C}$。如果把 $A\textasciicircum j$ 当作一个整体,那么套上扩展欧几里德算法就可以解出来了(而且因为 C 是质数,A 是 C 的倍数的情况容易特判,除此之外必有 $GCD(D, C) = 1$,所以一定有解)。

求出了 A^j，现在的问题就是我怎么知道 j 是多少？一个非常聪明的方法，先用 $\Theta(\sqrt{C})$ 的时间，将 A^j 全部存进 hash 表里面。然后只要查表就在 $\Theta(1)$ 的时间内知道 j 是多少了。

代码实现如下：

```cpp
#include <cmath>
#include <cstdio>
#include <cstring>
#include <algorithm>
typedef long long Int64;

class Hash{
    static const int HASHMOD = 7679977;
    int top, hash[HASHMOD + 100], value[HASHMOD + 100], stack[1<<16];
    int locate(const int x) const{
        int h = x % HASHMOD;
        while (hash[h] ! = -1 && hash[h] ! = x) ++h;
        return h;
    }
public:
    Hash(): top(0) { memset(hash, 0xFF, sizeof(hash)); }
    void insert(const int x, const int v){
        const int h = locate(x);
        if (hash[h] == -1)
            hash[h] = x, value[h] = v, stack[++top] = h;
    }
    int get(const int x) const{
        const int h = locate(x);
        return hash[h] == x ? value[h] : -1;
    }
    void clear() { while (top) hash[stack[top--]] = -1; }
} hash;

struct Triple{
    Int64 x, y, z;
    Triple(const Int64 a, const Int64 b, const Int64 c): x(a), y(b), z(c) { }
};

Triple ExtendedGCD(const Int64 a, const Int64 b){
    if (b == 0) return Triple(1, 0, a);
```

```
    const Triple last = ExtendedGCD(b, a % b);
    return Triple(last.y, last.x - a / b * last.y, last.z);
}

int A, B, C;
Int64 BabyStep(Int64 A, Int64 B, Int64 C){
    const int sqrtn = static_cast<int>(std::ceil(std::sqrt(C)));
    Int64 base = 1;
    hash.clear();
    for (int i = 0; i < sqrtn; ++i){
        hash.insert(base, i);
        base = base * A % C;
    }
    Int64 i = 0, j = -1, D = 1;
    for (; i < sqrtn; ++i){
        Triple res = ExtendedGCD(D, C);
        const int c = C / res.z;
        res.x = (res.x * B / res.z % c + c) % c;
        j = hash.get(res.x);
        if (j != -1) return i * sqrtn + j;
        D = D * base % C;
    }
    return -1;
}

int main(){
    while (scanf("%d%d%d", &C, &A, &B) != EOF){
        const Int64 ans = BabyStep(A, B, C);
        if (ans == -1)
            printf("no solution\n");
        else
            printf("%I64d\n", ans);
    }
}
```

扩展的 BSGS 不要求 C 为素数。大致的做法和原始的 BSGS 一样,只是做些修改。因为同余具有一条性质:

令 $d = GCD(A, C)$,$A = a * d$,$B = b * d$,$C = c * d$

则 $a * d \equiv b * d \pmod{c * d}$

等价于 $a \equiv b \pmod{c}$

因此，开始前，我们先执行消除因子：

```
D = 1, cnt = 0
while gcd(A, C) ! = 1
{
    if (B % gcd(A, C) ! = 0)
        No Solution
    B / = gcd(A, C)
    C / = gcd(A, C)
    D * = A / gcd(A, C)
    cnt + = 1
}
```

执行完了以后，问题变成了求 $D * A\^(x-cnt) \equiv B \pmod{C}$，令 $x = i * m + j + cnt$，后面的做法就跟 BSGS 一样了。

但是注意到 $i, j \geqslant 0$，因此 $x \geqslant cnt$，但是我们明显存在小于等于 cnt 的情况，所以在消因子之前要做一次 $\Theta(\log_2(C))$ 的枚举，直接验证 $A\^i \% C = B$，这样就避免了这种情况。

代码实现如下：

```cpp
#include <cmath>
#include <cstdio>
#include <cstring>
#include <algorithm>
typedef long long Int64;

class Hash{
    static const int HASHMOD = 3894229;
    int top, hash[HASHMOD + 100], value[HASHMOD + 100], stack[1<<16];
    int locate(const int x) const{
        int h = x % HASHMOD;
        while (hash[h] ! = -1 && hash[h] ! = x) ++h;
        return h;
    }
public:
    Hash(): top(0) { memset(hash, 0xFF, sizeof(hash)); }
    void insert(const int x, const int v){
        const int h = locate(x);
        if (hash[h] = = -1)
            hash[h] = x, value[h] = v, stack[++top] = h;
    }
    int get(const int x) const{
        const int h = locate(x);
```

```cpp
    return hash[h] == x ? value[h] : -1;
  }
  void clear() { while (top) hash[stack[top--]] = -1; }
} hash;

struct Triple{
  Int64 x, y, z;
  Triple() { }
  Triple(const Int64 a, const Int64 b, const Int64 c): x(a), y(b), z(c) { }
};

Triple ExtendedGCD(const int a, const int b){
  if (b == 0) return Triple(1, 0, a);
  const Triple last = ExtendedGCD(b, a % b);
  return Triple(last.y, last.x - a / b * last.y, last.z);
}

int ExtendedBabyStep(int A, int B, int C){
  Int64 tmp = 1, cnt = 0, D = 1;
  for (int i = 0; i < 32; ++i){
    if (tmp == B) return i;
    tmp = tmp * A % C;
  }
  for (Triple res; (res = ExtendedGCD(A, C)).z != 1; ++cnt){
    if (B % res.z) return -1;
    B /= res.z, C /= res.z;
    D = D * A/res.z % C;
  }
  const int sqrtn = static_cast<int>(std::ceil(std::sqrt(C)));
  hash.clear();
  Int64 base = 1;
  for (int i = 0; i < sqrtn; ++i){
    hash.insert(base, i);
    base = base * A % C;
  }
  Int64 j = -1, i;
  for (i = 0; i < sqrtn; ++i){
    Triple res = ExtendedGCD(D, C);
    const int c = C / res.z;
```

```
        res.x = (res.x * B/res.z % c + c) % c;
        j = hash.get(res.x);
        if (j! = -1) return i * sqrtn + j + cnt;
        D = D * base % C;
    }
    return -1;
}

int main(){
    for (int a, b, c; scanf("%d%d%d", &a, &c, &b)! = EOF && (a || b || c); ){
        b % = c;
        const int ans = ExtendedBabyStep(a, b, c);
        if (ans = = -1)
            printf("No Solution\n");
        else
            printf("%d\n", ans);
    }
    return 0;
}
```

【例1.9-1】 Discrete Logging(POJ2417)

【问题描述】

题目大意是：对于 $A^x \equiv B \pmod{C}$，已知 A, B, C，其中 C 为素数，求 x。

【输入格式】

多组测试数据，每组一行3个数依次为 C, A, B。$2 \leqslant A < C < 2^{31}, 1 \leqslant B < C$。

【问题描述】

对于每组测试数据，输出一行一个数，表示最小的 x。无解输出一行字符串"no solution"。

【输入和输出样例】

poj2417.in	poj2417.out
5 2 1	0
5 2 2	1
5 2 3	3
5 2 4	2
5 3 1	0
5 3 2	3
5 3 3	1
5 3 4	2

续表

poj2417.in	poj2417.out
5 4 1	0
5 4 2	no solution
5 4 3	no solution
5 4 4	1
12345701 2 1111111	9584351
1111111121 65537 1111111111	462803587

【问题分析】

本题的 C 是素数,所以,直接使用普通的 BSGS。

在寻找最小的 x 的过程中,将 x 设为 $i*M+j$。从而原式变为 $A\verb|^|M\verb|^|i * A\verb|^|j \equiv B \pmod{C}$,$D=A\verb|^|M$,那么 $D\verb|^|i * A\verb|^|j \equiv B \pmod{C}$,预先将 $A\verb|^|j$ 存入 hash 表中,然后枚举 $i(0 \sim M-1)$,根据扩展欧几里得求出 $A\verb|^|j$,再去 hash 表中查找相应的 j,那么 $x=i*M+j$。确定 x 是否有解,就是在循环 i 的时候判断相应 $A\verb|^|j$ 是否有解,而且最小的解 x 一定在 $(0 \sim C-1)$,因为 $GCD(D\verb|^|i, C)=1$。如果 $(0 \sim C-1)$ 无解,那么一定无解。因为 $A\verb|^|x \% C$ (C 是素数)有循环节,$A\verb|^|x \% C = A\verb|^|(x \% phi[c]) \% C$,循环节的长度为 $phi(C)$,即 $C-1$,$x>=C$ 以后开始新一轮的循环,因此 $(0 \sim C-1)$ 内无解的话,一定无解。

【参考程序】

```
#include<stdio.h>
#include<math.h>
using namespace std;
#define LL long long
const int sqr = 46340;
bool hash[sqr+10];
int j[sqr+10];
LL val[sqr+10];

void insert(int jj,LL vv){//插入哈希表
    int v = vv % sqr;
    while(hash[v]&&val[v]! = vv){
        v++;
        if(v = = sqr)
            v- = sqr;
    }
    if(! hash[v]){
        hash[v] = 1;
        j[v] = jj;
        val[v] = vv;
```

```
    }
}

int found(LL vv){//查找vv对应的jj,A^jj = vv
    int v = vv % sqr;
    while(hash[v]&&val[v]! = vv){
      v + + ;
      if(v = = sqr)
         v - = sqr;
    }
    if(hash[v] = = 0)
       return - 1;
    return j[v];
}

LL exgcd(LL a,LL b,LL &x,LL &y){
    if(b = = 0){
      x = 1,y = 0;
      return a;
    }
    LL gcd = exgcd(b,a % b,x,y);
    LL t = x;
    x = y;
    y = t - a/b * y;
    return gcd;
}
/*
A^x = B(mod C)
令 x = i * M + j,其中 M = ceil(sqrt(C * 1.0)),(0 < = i,j < M)
那么原式变为 A^M^i * A^j = B(mod c)
先枚举 j(0~M-1),将 A^j % C 存入 hash 表中
令 D = A^M % C,X = A^j,那么 D^i * X = B(mod C)
枚举 i(0~M-1)求得 D^i 设为 DD,DD * X = B(mod C)
DD,C 已知,根据扩展欧几里得求出 X,在 hash 表中查找 X 对应的 jj,即 A^jj = X
那么 x = i * M + jj,若找不到 jj 无解
*/
LL baby_step(LL A,LL B,LL C){
    for(int i = 0;i < = sqr + 9;i + + )hash[i] = 0,val[i] = j[i] = 0;
    LL M = ceil(sqrt(C * 1.0));//将 A^j 存入 hash 表中
```

```
        LL D = 1;
        for(int j = 0;j<M;j++){
            insert(j,D);
            D = D * A % C;
        }
        //D = A^M % C,res = D^i,求方程 res * X = B(mod C)中的 X,去找 X 对应的 jj,那
么 x = i * M + jj
        LL res = 1,x,y;
        for(int i = 0;i<M;i++){
            exgcd(res,C,x,y);
            x = x * B;
            x = (x % C + C) % C;
            int j = found(x);
            if(j! = -1)
                return (LL)i * M + j;
            res = res * D % C;
        }
        return -1;
}

int main(){
    LL A,B,C;
    while(~scanf(" % lld % lld % lld",&C,&A,&B)){
        LL x = baby_step(A,B,C);
        if(x = = -1)
            printf("no solution\n");
        else
            printf(" % lld\n",x);
    }
    return 0;
}
```

1.10 欧拉函数的线性筛法

该算法可以在线性时间内筛素数的同时求出所有数的欧拉函数,需要用到以下 3 个性质(其中的 p 为质数)。

性质 1. $\phi(p)=p-1$

因为质数 p 除了 1 以外的因数只有 p,故 1 至 p 的整数只有 p 与 p 不互质。

性质 2. 如果 $i \bmod p=0$,那么 $\phi(i*p)=p*\phi(i)$

证明：

设 $b=GCD(n,i)$；

因为 n,i 不互质，所以 $n=k_1b,i=k_2b$。

因为 $n+i=(k_1+k_2)b$，所以 $n+i$ 与 i 不互质。

$[1,i]$ 中与 i 不互质的整数 n 共 $i-\phi(i)$ 个。

因为 $n+i$ 与 i 不互质，所以 $[1+i,i+i]$，即 $(i,2i]$ 中与 i 不互质的整数也是 $i-\phi(i)$ 个，所以 $[1,i*p]$ 中与 i 不互质的整数 $p*i-p*\phi(i)$ 个。

因为 $i \bmod p=0$，i 与 p 没有不同的因数，$[1,i*p]$ 中与 $i*p$ 不互质的整数数量 $p*i-p*\varphi*i-=i*p-\varphi(i*p)$。

所以：$\varphi(i*p)=p*\varphi(i)$。

上面的过程证明了从区间 $[1,i]$ 到 $[i+1,i+i]$，若整数 n 不与 i 互质，$n+i$ 依然与 i 不互质。

下面给出另一个证明：若整数 n 与 i 互质，$n+i$ 与 i 依然互质。

因为 $GCD(n,m)=1$，所以 $GCD(n+m,m)=1$。

假设 $n+m$ 与 m 不互质。

设 $b=gcd(n+m,m)$，则 $\begin{cases} n+m=k_2b \\ m=k_1b \end{cases}$ 且 k_2,k_1 为整数

所以：$k_1b+n=k_2b$。

所以：$n=(k_2-k_1)b$。

因为：$k_3=(k_2-k_1)$ 也是整数，所以：$n=k_3b$。

与 $GCD(n,m)=1$ 矛盾。

性质 3. 若 $i \bmod p \neq 0$，那么 $\phi(i*p)=\phi(i)*(p-1)$

$i \bmod p$ 不为 0 且 p 为质数，所以 i 与 p 互质，那么根据欧拉函数的积性 $\phi(i*p)=\phi(i)*\phi(p)$，其中 $\phi(p)=p-1$ 即第 1 条性质。

代码实现如下：

```cpp
#include<iostream>
#include<cstdio>
#define N 40000
using namespace std;
int n;
int phi[N+10],prime[N+10],tot,ans;
bool mark[N+10];

void getphi(){
    int i,j;
    phi[1]=1;
    for(i=2;i<=N;i++){          //相当于分解质因式的逆过程
        if(!mark[i]){
            prime[++tot]=i;     //筛素数的时候首先会判断i是否是素数
```

```
          phi[i]=i-1;//当 i 是素数时 phi[i]=i-1
        }
        for(j=1;j<=tot;j++){
          if(i*prime[j]>N)  break;
          mark[i*prime[j]]=1;      //确定 i*prime[j]不是素数
          if(i%prime[j]==0){       //接着我们会看 prime[j]是否是 i 的约数
            phi[i*prime[j]]=phi[i]*prime[j];break;
          }
          else phi[i*prime[j]]=phi[i]*(prime[j]-1);
            //其实这里 prime[j]-1 就是 phi[prime[j]],利用了欧拉函数的积性
        }
      }
    }

int main(){
    getphi();
    return 0;
}
```

【例 1.10-1】 Farey Sequence(POJ2478)

【问题描述】

对于一个大于 1 的整数 n,存在这样一个分数集合序列 F,$F_i=a/b$,其中:$0<a<b\leq n$,且 $GCD(a,b)=1$。前几项分别为:

$F_2=\{1/2\}$

$F_3=\{1/3,1/2,2/3\}$

$F_4=\{1/4,1/3,1/2,2/3,3/4\}$

$F_5=\{1/5,1/4,1/3,2/5,1/2,3/5,2/3,3/4,4/5\}$

你的任务是,输入 n,$2\leq n\leq 10^6$,输出 F_n 中的项数。

【输入格式】

多组测试数据,每组一行一个数 n。$n=0$ 表示结束。

【问题描述】

对于每组测试数据,输出一行一个数,表示 F_n 中的分数个数。

【输入和输出样例】

poj2478.in	poj2478.out
2	1
3	3
4	5
5	9
0	

【问题分析】

题目的本质就是求欧拉函数的前 n 项和。欧拉函数 $\phi(n)$ 表示小于 n 的正整数中有多少个数与 n 互质。

由于输入数据的数目非常大,所以要考虑一次性预处理出 $n \leqslant 10^6$ 的欧拉函数。因为欧拉函数是个积性函数,所以直接用"欧拉函数的线性筛法"。

【参考程序】

```cpp
#include<iostream>
#include<stdio.h>
#include<stdlib.h>
#include<string.h>
#include<math.h>
#include<algorithm>
using namespace std;
int n,a[1000001],b[100000],f[1000001],p;
long long s[1000001];
int main(){
    int i,j;
    n=1000000;
    for(i=2;i<=n;i++)
      a[i]=0;
    for(i=2;i<=n;i++){
      if(a[i]==0){
        a[i]=i;
        b[++p]=i;
      }
      for(j=1;j<=p && i*b[j]<=n;j++){
        a[i*b[j]]=b[j];
        if(i%b[j]==0)
          break;
      }
    }
    f[1]=1;
    for(i=2;i<=n;i++)
      if(a[i/a[i]]==a[i])
        f[i]=f[i/a[i]]*a[i];
      else
        f[i]=f[i/a[i]]*(a[i]-1);
    for(i=2;i<=n;i++)
      s[i]=s[i-1]+f[i];
```

```
        while(scanf(" % d",&n)! = EOF){
            if(n = = 0)
                break;
            cout<<s[n]<<"\n";
        }
        system("pause");
        return 0;
    }
```

1.11 本章习题

1. 素数(primenum. * ,64 MB,1 秒)

【问题描述】

给定一个正整数 N,求出 1 到 N 中有多少个素数。

【输入格式】

输入一行一个正整数 N。

【输出格式】

输出一行一个整数,表示 1 到 N 中有多少个素数。

【输入样例】

10

【输出样例】

4

【数据范围】

对于 30% 的数据: $N \leqslant 100$

对于 70% 的数据: $N \leqslant 5\ 000$

对于 100% 的数据: $N \leqslant 10\ 000\ 000$

2. 超素表达式(hyper. * ,64 MB,3 秒)

【问题描述】

考虑如下定义的特殊表达式:

(1) 数字 1,2,3,5,7 都是合法表达式;

(2) 若 a 是合法表达式,$a!$ 也是;

(3) 若 a,b 都合法,则 $(a+b)$,$(a*b)$,$(a\textasciicircum b)$ 都是合法表达式。

对一个特定的值,超素表达式给出按以上规则定义的由最少数字组成的表达式。例如:$(((3*(2*2))\textasciicircum 2)*5)$ 和 $3!!$ 都是 720 的合法表达式,但只有后者才是超素表达式。

现在请你编个程序,对于输入的整数,输出它的超素表达式。

【输入格式】

输入一行一个整数 $n(0 < n \leqslant 20\ 000)$。

【输出格式】

输出一行,包含一个要求的超素表达式。

注意:结果可能不唯一,你只要输出任何一个。

【输入样例】

14

【输出样例】

(2 * 7)

3. Antiprime 数(ant. * ,64 MB,1 秒)

【问题描述】

如果一个自然数 n 满足:所有小于它的自然数的约数个数都小于 n 的约数个数,则 n 是一个 Antiprime 数。譬如:1,2,4,6,12,24 都是 Antiprime 数。

【输入格式】

输入一行一个整数 $n(1 \leqslant n \leqslant 2 * 10^9)$。

【输出格式】

输出一行一个整数,即不大于 n 的最大 Antiprime 数。

【输入样例】

1 000

【输出样例】

840

4. 小三学算术(a. * ,64 MB,1 秒)

【问题描述】

小三的三分球总是很准的,但对于数学问题就完全没有想法了,他希望你来帮他解决下面的这个问题:对于给定的 n,从 1!、2!、3!、…、n! 中至少删去几个数,才可以使剩下的数的乘积为完全平方数?

【输入格式】

输入一行一个整数 $n(1 \leqslant n \leqslant 500)$。

【输出格式】

输出第一行包含一个整数 k,表示最少需要删去的数字个数。

接下来一行,从小到大排列的 k 个 $[1,n]$ 之间的整数,给出删数的方案。如果方案不止一种,输出任意一组即可。

【输入样例】

5

【输出样例】

2

2 5

【样例说明】

去掉 2! 和 5!,剩下的是 4!、3! 和 1!,它们的乘积为 4! * 3! * 1! = 24 * 6 = 144。

5. C Looooops(POJ2115)

【问题描述】

A Compiler Mystery: We are given a C-language style for loop of type for (variable=A; variable ! =B; variable+=C)

statement;

a loop which starts by setting variable to value A and while variable is not equal to B, repeats statement followed by increasing the variable by C. We want to know how many times does the statement get executed for particular values of A, B and C, assuming that all arithmetics is calculated in a k-bit unsigned integer type (with values $0 \leq x < 2^k$) modulo 2^k.

【输入格式】

The input consists of several instances. Each instance is described by a single line with four integers A, B, C, k separated by a single space. The integer k ($1 \leq k \leq 32$) is the number of bits of the control variable of the loop and A, B, C ($0 \leq A, B, C < 2^k$) are the parameters of the loop.

The input is finished by a line containing four zeros.

【输出格式】

The output consists of several lines corresponding to the instances on the input. The i-th line contains either the number of executions of the statement in the i-th instance (a single integer number) or the word FOREVER if the loop does not terminate.

【输入样例】

3 3 2 16
3 7 2 16
7 3 2 16
3 4 2 16
0 0 0 0

【输出样例】

0
2
32766
FOREVER

6. The Balance(POJ2142)

【问题描述】

Ms. Iyo Kiffa-Australis has a balance and only two kinds of weights to measure a dose of medicine. For example, to measure 200 mg of aspirin using 300 mg weights and 700 mg weights, she can put one 700 mg weight on the side of the medicine and three 300 mg weights on the opposite side (Figure 1). Although she could put four 300 mg weights on the medicine side and two 700 mg weights on the other (Figure 2), she would not choose this solution because it is less convenient to use more weights.

You are asked to help her by calculating how many weights are required.

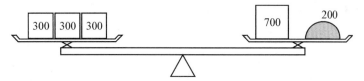

Figure 1: To measure 200 mg of aspirin using three 300 mg weights and one 700 mg weight

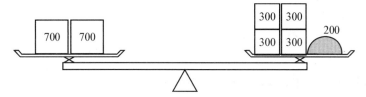

Figure 2: To measure 200 mg of aspirin using four 300 mg weights and two 700 mg weights

图 1.11 - 1 天平

【输入格式】

The input is a sequence of datasets. A dataset is a line containing three positive integers a, b, and d separated by a space. The following relations hold: a != b, a ≤ 10000, b ≤ 10000, and d ≤ 50000. You may assume that it is possible to measure d mg using a combination of a mg and b mg weights. In other words, you need not consider " no solution" cases.

The end of the input is indicated by a line containing three zeros separated by a space. It is not a dataset.

【输出格式】

The output should be composed of lines, each corresponding to an input dataset (a, b, d). An output line should contain two nonnegative integers x and y separated by a space. They should satisfy the following three conditions.

(1) You can measure dmg using x many amg weights and y many bmg weights.

(2) The total number of weights (x + y) is the smallest among those pairs of nonnegative integers satisfying the previous condition.

(3) The total mass of weights (ax + by) is the smallest among those pairs of nonnegative integers satisfying the previous two conditions.

No extra characters (e.g. extra spaces) should appear in the output.

【输入样例】

700 300 200
500 200 300
500 200 500
275 110 330
275 110 385

648 375 4002
3 1 10000
0 0 0

【输出样例】

1 3
1 1
1 0
0 3
1 1
49 74
3333 1

7. Strange Way to Express Integers(POJ2891)

【问题描述】

Elina is reading a book written by Rujia Liu, which introduces a strange way to express non-negative integers. The way is described as following:

Choose k different positive integers a_1, a_2, …, a_k. For some non-negative m, divide it by every $a_i(1\leqslant i\leqslant k)$ to find the remainder r_i. If a_1, a_2, …, a_k are properly chosen, m can be determined, then the pairs (a_i, r_i) can be used to express m.

"It is easy to calculate the pairs from m" said Elina. "But how can I find m from the pairs?"

Since Elina is new to programming, this problem is too difficult for her. Can you help her?

【输入格式】

The input contains multiple test cases. Each test cases consists of some lines.

Line 1: Contains the integer k.

Lines 2～k+1: Each contains a pair of integers a_i, $r_i(1\leqslant i\leqslant k)$.

【输出格式】

Output the non-negative integer m on a separate line for each test case. If there are multiple possible values, output the smallest one. If there are no possible values, output-1.

【输入样例】

2
8 7
11 9

【输出样例】

31

8. X 问题(HDU1573)

【问题描述】

求在小于等于 N 的正整数中有多少个 X 满足：$X \bmod a[0]=b[0]$，$X \bmod a[1]=b[1]$，$X \bmod a[2]=b[2]$，…$X \bmod a[i]=b[i]$，… $(0<a[i] \leqslant 10)$。

【输入格式】

输入数据的第一行为一个正整数 T，表示有 T 组测试数据。

每组测试数据的第一行为两个正整数 $N,M(0<N\leqslant 10^9, 0<M\leqslant 10)$，表示 X 小于等于 N，数组 a 和 b 中各有 M 个元素。

接下来两行，每行各有 M 个正整数，分别为 a 和 b 中的元素。

【输出格式】

对于每组输入，输出一行一个正整数，表示满足条件的 X 的个数。

【输入样例】

```
3
10 3
1 2 3
0 1 2
100 7
3 4 5 6 7 8 9
1 2 3 4 5 6 7
10000 10
1 2 3 4 5 6 7 8 9 10
0 1 2 3 4 5 6 7 8 9
```

【输出样例】

```
1
0
3
```

9. Clever Y(POJ3243)

【问题描述】

题目大意是：对于 $A\hat{\,}x \equiv B \pmod{C}$，已知 A,B,C，求满足条件的最小 x。

【输入格式】

不超过 20 组测试数据，每组一行 3 个数依次为 $A,B,C,0\leqslant A,B,C\leqslant 10^9$。一行"0 0 0"表示结束。

【问题描述】

对于每组测试数据，输出一行一个数，表示最小的 x。无解输出一行字符串"No Solution"。

【输入和输出样例】

poj3243.in	poj3243.out
5 58 33	9
2 4 3	No Solution
0 0 0	

第 2 章 群 论

群论是法国数学家伽罗瓦(Galois)的发明。他用该理论,具体来说是伽罗瓦群,解决了五次方程问题。在此之前,柯西(Augustin-Louis Cauchy)、阿贝尔(Niels Henrik Abel)等人也对群论做出了贡献。

群的概念已经普遍地被认为是数学及其许多应用中最基本的概念之一。它不但渗透到诸如几何学、代数拓扑学、函数论、泛函分析及其他许多数学分支中而起着重要的作用,还形成了一些新学科如拓扑群、李群、代数群、算术群等,它们还具有与群结构相联系的其他结构如拓扑、解析流形、代数簇等,并在结晶学、理论物理、量子化学以及自动机理论等方面,都有重要的应用。

在信息学竞赛中,主要利用群论以及其中的 Polya 原理,进行组合计数。

2.1 置换

2.1.1 群的定义

给定一个集合 $G=\{a,b,c,\cdots\}$ 和集合 G 上的二元运算"$*$",并满足:

(1) 封闭性:$\forall a,b \in G, \exists c \in G, a*b=c$。

(2) 结合律:$\forall a,b,c \in G, (a*b)*c=a*(b*c)$。

(3) 单位元:$\exists e \in G, \forall a \in G, a*e=e*a=a$。

(4) 逆元:$\forall a \in G, \exists b \in G, a*b=b*a=e$,记 $b=a^{-1}$。

则称集合 G 在运算"$*$"之下是一个群,简称 G 是群,一般 $a*b$ 简写成 ab。"$*$"可以是任意运算,如果是具体的乘法"$\times$",则称为乘法群,如果是具体的加法"$+$",则称为加法群。若群 G 中元素个数是有限的,则 G 称为有限群,否则称为无限群。有限群的元素个数称为有限群的阶。

2.1.2 群的运算

对于 $g \in G$,对于 G 的子集 H,定义 $g*H=\{gh \mid h \in H\}$,简写为 gH;$H*g=\{hg \mid h \in H\}$,简写为 Hg。

对于 G 的子集 A,B,定义 $A*B=\{ab \mid a \in A, b \in B\}$,简写为 AB。

对于 G 的子集 H,记 $H^{-1}=\{h^{-1} \mid h \in H\}$。

定理 1:若 $(G,*)$ 是群,则对于任一 $g \in G, gG=Gg=G$。

定理 2:若 $(G,*)$ 是群,H 是 G 的非空子集,并且 $(H,*)$ 也是群,那么称 H 为 G 的子群。

根据定理 2 可以判断子集是否为一个子群：$HH=H$ 且 $H^{-1}=H$ 等价于 H 是 G 的子群。

2.1.3 置换

n 个元素 $1,2,\cdots n$ 之间的一个置换 $\begin{pmatrix} 1 & 2 & \cdots & n \\ a_1 & a_2 & \cdots & a_n \end{pmatrix}$ 表示 1 被 1 到 n 中的某个数 a_1 取代，2 被 1 到 n 中的某个数 a_2 取代，$\cdots$ 直到 n 被 1 到 n 中的某个数 a_n 取代，且 a_1，a_2，$\cdots a_n$ 互不相同。

2.1.4 置换群

置换群的元素是置换，运算是置换的连接。例如：

$$\begin{pmatrix} 1 & 2 & 3 & 4 \\ 3 & 1 & 2 & 4 \end{pmatrix} \begin{pmatrix} 1 & 2 & 3 & 4 \\ 4 & 3 & 2 & 1 \end{pmatrix} = \begin{pmatrix} 1 & 2 & 3 & 4 \\ 3 & 1 & 2 & 4 \end{pmatrix} \begin{pmatrix} 3 & 1 & 2 & 4 \\ 2 & 4 & 3 & 1 \end{pmatrix} = \begin{pmatrix} 1 & 2 & 3 & 4 \\ 2 & 4 & 3 & 1 \end{pmatrix}$$

可以验证置换群满足群的 4 个条件。

【例 2.1-1】 He's Circles(SGU294)

【问题描述】

有一个长度为 N 的环，上面写着 "X" 和 "E"，问本质不同的环有多少种。如图 2.1-1 所示，以下 3 种是本质相同的环：XXE、XEX、EXX，N 为不超过 200 000 的正整数。

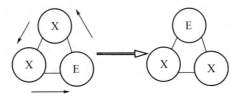

图 2.1-1 字符环

【输入样例】

4

【输出样例】

6

【问题分析】

本题中的置换群 $G=\{$转 0 格、转 1 格、转 2 格、$\cdots$ 转 $(n-1)$ 格$\}$。

$$\begin{pmatrix} 1 & 2 & \cdots & n \\ 1 & 2 & \cdots & n \end{pmatrix} \begin{pmatrix} 1 & 2 & \cdots & n \\ 2 & 3 & \cdots & 1 \end{pmatrix} \begin{pmatrix} 1 & 2 & \cdots & n \\ 3 & 4 & \cdots & 2 \end{pmatrix} \begin{pmatrix} 1 & 2 & \cdots & n \\ 4 & 5 & \cdots & 3 \end{pmatrix} \cdots$$

$$\begin{pmatrix} 1 & 2 & \cdots & n \\ n-1 & n & \cdots & n-2 \end{pmatrix}$$

具体怎么求解，我们在后面陆续阐述。

2.2 拟阵

拟阵(Matroid)又称矩阵胚，是组合优化与图论的重要内容。主要是用来求解最优化问题,是研究贪心算法的数学基础。可以这么说,一个问题如果可以转换为拟阵,那么一定可以用贪心算法进行求解;但是并不是所有的可用贪心算法求解的问题都能转换为拟阵。

2.2.1 拟阵的概念

子集系统是一个二元组 $M=(S,L)$,它必须满足以下 3 个条件:

(1) S 是一个有限集;

(2) L 是由 S 的一些子集组成的有限非空集;

(3) 遗传性:对任意 $B\in L$,任意 $A\subseteq B$,有 $A\in L$(可知 ϕ 必须是 L 的元素)。

拟阵是一个子集系统,它还必须满足第 4 个条件:交换性,即对任意 $A\in L$,$B\in L$,$|A|<|B|$,存在一个 $x\in B-A$,使 $A\cup\{x\}\in L$。

我们把 S 看成一个班级所有的同学,L 看成若干张名单的集合。一张名单记录了若干个同学,表示他们能够组成一个团队。遗传性说明,从一张名单中选出若干个同学组成的子名单仍存在于我们的名单集合,这是一种包容性。交换性说明,名单 A 上的人数如果少于名单 B,则必然可以从 B 中选出一个人,该人不属于 A,将该人加到 A 里形成的新名单仍然存在于我们的名单集合中,要注意,我们加到 A 中的人必须本来不是 A 的,并且必须是 B 的人,而不能是 2 张名单以外的人。

遗传性和交换性是拟阵最根本的两条性质,拟阵上的其他性质都是基于这两条性质发展出来的。拟阵是一种组合结构,研究组合结构的意义正如研究代数结构,一旦我们发现某个问题具有拟阵结构(符合 4 个基本条件,前 2 条比较显然,因为构造时就已完成,所以后面 2 个条件的成立是关键),则我们已研究出的有关拟阵的性质都可以直接应用于该问题,而不需重新证明。下面,我们就利用拟阵来讨论两个实例:背包问题和最小生成树问题。

对于背包问题,我们首先进行一步转化:将体积为 V,单位价值为 W 的物品变成 V 个体积为 1,价值为 W 的物品,这样物品就全是单位体积的了。我们可以定义这样一个 $M=(S,L)$:

(1) S 是所有物品的集合

(2) $L=\{x:x\subseteq S,|x|\leqslant MAX\}$

这个 M 显然满足子集系统的前 2 个条件。根据 L 的定义,对任意 $x\in L$,任意 $y\subseteq x$,满足 $|y|\leqslant|x|\leqslant MAX$,有 $y\in L$,因此 M 满足遗传性,是一个子集系统。对任意 $A\in L$,$B\in L$,$|A|<|B|$,随意选取一个 $x\in B-A$,令 $C=A\cup x$,显然有 $|C|=|A|+1\leqslant|B|$,所以 M 满足交换性。因此 M 也是一个拟阵,称为背包问题的拟阵。

最小生成树问题是在无向图上进行的,因此考虑对于无向图 $G=(V,E)$,我们可以定义这样一个 $M=(S,L)$:

(1) S 是边集 E

(2) $L=\{x:x\subseteq E$ 且 x 组成的图无环$\}$

这个 M 显然满足子集系统的前 2 个条件。根据 L 的定义,对任意 $x\in L$,任意 $y\subseteq x$,假设 y 形成环,则 x 形成环,矛盾,所以 y 不形成环,所以 $y\in L$,因此 M 满足遗传性。接下来证明 M 满足交换性:考虑任意 $A\in L$,$B\in L$,$|A|<|B|$,我们将 A 组成的森林命

名为 G_A，B 组成的森林命名为 G_B。G_A 有 $|V|-|A|$ 个连通分量，G_B 有 $|V|-|B|$ 个连通分量。（这是根据一个基本事实：n 个点 k 条边的森林有 $n-k$ 个连通分量）。$|A|<|B|$，所以 $|V|-|B|<|V|-|A|$，所以 G_B 中存在一个连通分量 T，T 中的点在 G_A 中不连通（如果对 G_B 中的每个连通分量的点在 G_A 中也连通，则 $|V|-|B|\geqslant|V|-|A|$）。那么 T 中必然存在一条边 x 连接 G_A 中不同连通分量的边，显然 $x\notin A$ 且 $x\in B$，即 $x\in B-A$，且 $A\cup\{x\}$ 无环，即 $A\cup\{x\}\in L$。所以 M 满足交换性。因此 M 是一个拟阵，称为无向图 $G=(V,E)$ 的拟阵。

为了方便讨论，下面给出这样一些命名：

(1) 对于 $U\subseteq S$，如果 $U\in L$，那么称 U 为独立集。

(2) 对于独立集 A，若存在 $x\in S$，满足 $x\notin A$ 且 $A\cup x\in L$，则称 A 为可扩展的。不可扩展的独立集称为极大独立集。

(3) 对于 $U\subseteq S$，如果 $r(u)=\max\{|x|:x\subseteq U$，且 x 是独立集$\}$，则称 $r(U)$ 为 U 的秩，r 称为拟阵的秩函数。

定理：拟阵的极大独立集大小相同。

证明：假设 A 和 B 是拟阵的 2 个极大独立集，如果 $|A|\neq|B|$，不失一般性，我们可以设 $|A|<|B|$，那么根据交换性，A 是可扩展的，不是极大独立集，矛盾。所以命题成立。

2.2.2 拟阵上的最优化问题

对于拟阵 $M=(S,L)$，我们对 S 的每个元素 x 赋予一个正整数权值 $w(x)$，S 的任意子集 U 的权值 $w(U)=\sum_{x\in U}w(x)$，即为其所有元素的权值和。对于 M，我们希望求出它的一个权值最大独立集。

背包问题是希望求出一种方案使得带走的物品价值和最大。那么，上面提到了我们的 S 是所有物品的集合（物品是单位体积的），将 S 的任意元素 x 的权值 $w(x)$ 定义为 x 的价值（价值总为正的），那么问题就转化为了求背包问题的拟阵的权值最大独立集。显然权值最大的独立集是极大独立集。

最小生成树问题的目标是使权值最小，如何将一个权值最小问题转化为一个权值最大的问题呢？一般方法就是对权值取负，但对权值取负以后会出现负数，不满足拟阵权值的前提条件，怎么办？由于权值只是个相对概念，我们可以将所有权值先取负，然后再统一加上一个足够大的值，使得权值都是正的，那么问题就等价转化为在新的权值下求一棵最大生成树了。即对于 S 的每个元素 x（x 是图的一条边），使 $w(x)=-g(x)+delta$，其中 $g(x)$ 为 x 的边权，$delta=$ 图中边权最大值 $+1$。显然 $w(x)>0$。这样，求最小生成树的问题就等价为求图的拟阵的权值最大独立集了。

下面给出求拟阵最大权值独立集的贪心算法：这个算法的输入是一个加权拟阵 $M=(S,L)$ 和一个正权函数 w，返回的是一个最大权值独立集 A。在下面的伪代码描述中，用 $S[M]$ 和 $L[M]$ 表示 M 的组成，用 w 表示权函数。算法的基本思想是按权值的非增序来依次考虑每个元素 $x\in S$，如果 $A\cup\{x\}$ 是独立集，就立刻把 x 加入 A。

```
Greedy(M,w){
    A：= 空集；
    根据 w 按非增长顺序对 S[M] 排序；
```

```
    for 每个 x∈S[M],根据权 w(x)的非增长顺序 do
        if (A∪{x}∈L[M]) then A:=A∪{x};
    return A;
}
```

再分析上面的两个例子:按该算法做背包问题,相当于每次取价值最大的物品,如果背包还没满(说明 $A\cup\{x\}\in L[M]$),那么该物品就放入背包了。按该算法做最小生成树问题,相当于每次取权值最小的边,如果该边加入 A 不形成环(说明 $A\cup\{x\}\in L[M]$),则将该边加入。我们发现两个算法只在判断是否为独立集这一步是不同的。

该算法的时间复杂度是很容易分析的。设 n 表示 $|S|$。排序阶段的时间复杂度为 $\Theta(n\log_2 n)$,贪心阶段要进行 $\Theta(n)$ 次判断是否为独立集的操作,若判断是否为独立集的时间复杂度为 $\Theta(f(n))$,那么总的时间复杂度就为 $\Theta(n\log_2 n+n\times f(n))$。我们发现该算法的时间复杂度的瓶颈在判断是否为独立集。

其实,这个算法的关键也就在于判断是否为独立集这一步,因为该算法虽然是针对拟阵的算法,但可以归结为拟阵的实际问题是各不相同的,而拟阵体现了它们的一种共性,正是由于这种共性,它们才能够使用这个贪心算法,而它们的不同之处也就集中体现在判定独立集这一步了。

接下来就讨论这个算法的正确性。

我们只需证明在算法的每一步 A 都是某个最优解的子集,那么当算法结束时 A 就为一个最优解(因为无法扩展了)。

初始时,A 为空集,显然是任何集合的子集,即是某个最优解 T 的子集。我们只需证明下面的命题:

定理:对于拟阵 $M=(S,L)$,A 是 L 的一个元素,且 A 是该拟阵的某个权值最大独立集 T 的子集,x 满足 $A\cup\{x\}\in L$,且没有其他满足 $A\cup\{y\}\in L$ 的 y 使得 $w(y)>w(x)$,即 x 是能使 A 扩展的元素中的权值最大的。令 $A'=A\cup\{x\}$,那么存在一个包含 A' 的最优解。

证明:我们用证明贪心的常用方法"反证法"来证明。假设 A' 不是任何最优解的子集,我们来构造一个包含 A' 的独立集 T',并说明这个 T' 不会比 T 差,即 T' 也是最优解,以推出矛盾。我们这样得到 T':首先令 $T'=A'$,当 $|T'|<|T|$ 时,根据交换性,必然可以找到一个属于 T 但不属于 T' 的元素 z,使得 $T'\cup\{z\}\in L$,于是就令 $T'=T\cup\{z\}$,直到 $|T'|=|T|$,显然 $T'\in L$。此时 $T'=(T-\{y\})\cup\{x\}$,其中 y 为 $T-A$ 中未被加入 T' 的元素,所以 $w(y)\leq w(x)$,所以 $w(T')=w(T)-w(y)+w(x)\geq w(T)$。如果 $w(T')>w(T)$,则 T 不是最优解,矛盾。如果 $w(T')=w(T)$,即也是最优解,且 A' 是 T' 的子集,矛盾。所以存在一个最优解使得 A' 是其子集。

我们发现以上证明中 T' 的构造是关键,而构造 T' 的过程中交换性起了关键作用。因此子集系统上是无法贪心的,只有给子集系统赋予交换性,才能派上用处,这就是拟阵。

可以将该证明和最小生成树算法的正确性证明做一个比较,发现最小生成树证明中也是采用了构造一个 T' 的方法,构造方法是:把边 x 加到 T 里,那么 T 中必然形成一个环,这个环上必然有一条边权值大于 x,去掉以后得到生成树 T'。这与我们拟阵的 T' 的构造方法是本质相同的。拟阵的 T' 的构造方法是最小生成树的构造方法的抽象形式,而最小生成树的构造方法是拟阵的构造方法的具体表现之一。

2.3 Burnside 引理

Burnsid 引理是群论中的一个结论,在组合数学中可用于计算等价类的个数,常用于 Polya 计数。

Burnside 引理:用 $D(a_j)$ 表示在置换 a_j 下不变的元素的个数。L 表示本质不同的方案数。

$$L = \frac{1}{|G|} \sum_{j=1}^{s} D(a_j)$$

对于"例 2.1-1",$N=4$ 的情况下一共有 4 个置换:

$$\begin{pmatrix} 1 & 2 & 3 & 4 \\ 1 & 2 & 3 & 4 \end{pmatrix} \begin{pmatrix} 1 & 2 & 3 & 4 \\ 2 & 3 & 4 & 1 \end{pmatrix} \begin{pmatrix} 1 & 2 & 3 & 4 \\ 3 & 4 & 1 & 2 \end{pmatrix} \begin{pmatrix} 1 & 2 & 3 & 4 \\ 4 & 1 & 2 & 3 \end{pmatrix}$$

所有方案在置换 a_1 下都不变,$D(a_1)=16$

XXXX 和 EEEE 在置换 a_2 下不变,$D(a_2)=2$

XXXX 和 EEEE 以及 XEXE 与 EXEX 在置换 a_3 下不变,$D(a_3)=4$

XXXX 和 EEEE 在置换 a_4 下不变,$D(a_4)=2$

所以,计算出:$L = \frac{1}{4}(16+2+4+2) = 6$

【例 2.3-1】 方阵着色

【问题描述】

对 $2*2$ 的方阵用黑白两种颜色涂色,问能得到多少种不同的图像?经过旋转使之吻合的两种方案,算是同一种方案。

【问题分析】

由于该问题规模很小,我们可以先把所有的涂色方案列举出来。如图 2.3-1 所示。

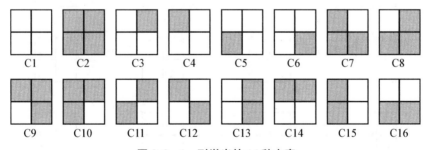

图 2.3-1 列举出的 16 种方案

一个 $2*2$ 的方阵的旋转方法(假设用顺时针旋转)一共有 4 种:旋转 0 度、旋转 90 度、旋转 180 度和旋转 270 度。经过比较发现其中互异的一共只有 6 种:C3、C4、C5、C6 是可以通过旋转相互变化而得,算作同一种;C7、C8、C9、C10 是同一种;C11、C12 是同一种;C13、C14、C15、C16 也是同一种;C1 和 C2 是各自独立的两种。于是,我们得到了下列 6 种不同的方案,如图 2.3-2 所示。

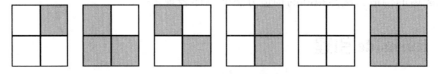

图 2.3-2　不同的 6 种方案

但是,一旦这个问题由 2*2 的方阵变成 20*20 甚至 200*200 的方阵,我们就不能再一一枚举了。下面,我们通过置换、置换群等具体概念的进一步分析,梳理、体会应用 Burnside 引理解题的一般过程和方法。

首先,每个格子一共有两种颜色可以选择,所以共有 16 种图像。本题共有 4 个置换,置换群 $G=\{$转 $0°$、转 $90°$、转 $180°$、转 $270°\}$

转 $0°$ $\quad a_1=\begin{pmatrix}1&2&3&4&5&6&7&8&9&10&11&12&13&14&15&16\\1&2&3&4&5&6&7&8&9&10&11&12&13&14&15&16\end{pmatrix}$

转 $90°$ $\quad a_2=\begin{pmatrix}1&2&3&4&5&6&7&8&9&10&11&12&13&14&15&16\\1&3&2&6&4&5&8&7&9&12&11&16&13&14&15\end{pmatrix}$

转 $180°$ $\quad a_3=\begin{pmatrix}1&2&3&4&5&6&7&8&9&10&11&12&13&14&15&16\\1&2&5&6&3&4&9&10&7&8&11&12&15&16&13&14\end{pmatrix}$

转 $270°$ $\quad a_4=\begin{pmatrix}1&2&3&4&5&6&7&8&9&10&11&12&13&14&15&16\\1&2&4&5&6&3&8&9&10&7&12&11&14&15&16&13\end{pmatrix}$

定理: $|E_k|*|Z_k|=|G|$ $\quad k=1,2,\cdots n$

该定理的一个很重要的研究对象是群的元素个数,下面解释一下其中的 E_k 和 Z_k。

Z_k（K 不动置换类）:设 G 是 $1,2,\cdots n$ 的置换群。若 K 是 $1,2,\cdots n$ 中某个元素,G 中使 K 保持不变的置换的全体,记以 Z_k,叫做 G 中使 K 保持不动的置换类,简称 K 不动置换类。

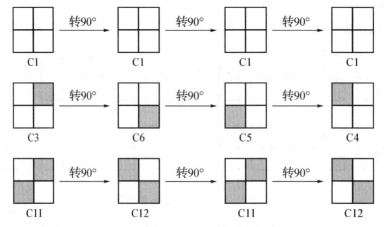

图 2.3-3　置换群

本例中:G 是涂色方案 1~16 的置换群。如图 2.3-3 所示,对于方案 1,四个置换都使方案 1 保持不变,所以 $Z_1=\{a_1,a_2,a_3,a_4\}$;对于方案 3,只有置换 a_1 使其不变,所以 $Z_3=\{a_1\}$;对于方案 11,置换 a_1 和 a_3 使其方案保持不变,所以 $Z_{11}=\{a_1,a_3\}$。

E_k(等价类):设 G 是 $1,2,\cdots n$ 的置换群。若 K 是 $1,2,\cdots n$ 中某个元素,K 在 G 作用下的轨迹,记作 E_k。即 K 在 G 的作用下所能变化成的所有元素的集合。

本例中:方案 1 在四个置换作用下都是方案 1,所以 $E_1=\{1\}$;方案 3,在 a_1 下是 3,在 a_2 下变成 6,在 a_3 下变成 5,在 a_4 下变成 4,所以 $E_3=\{3,4,5,6\}$;方案 11,在 a_1、a_3 下是 11,在 a_2、a_4 下变成 12,所以 $E_{11}=\{11,12\}$。

所以,根据公式 $|E_k|*|Z_k|=|G|$,可以得出:

$|E_1|*|Z_1|=1*4=4=|G|$

$|E_3|*|Z_3|=4*1=4=|G|$

$|E_{11}|*|Z_{11}|=2*2=4=|G|$

接下来,研究每个元素(1~16)在各个置换($a_1 \sim a_4$)下不变的次数的总和。见下表:

	1	2	$\cdots$	16	$D(a_i)$
a_1	$S_{1,1}$	$S_{1,2}$	$\cdots$	$S_{1,16}$	$D(a_1)$
a_2	$S_{2,1}$	$S_{2,2}$	$\cdots$	$S_{2,16}$	$D(a_2)$
a_3	$S_{3,1}$	$S_{3,2}$	$\cdots$	$S_{3,16}$	$D(a_3)$
a_4	$S_{4,1}$	$S_{4,2}$	$\cdots$	$S_{4,16}$	$D(a_4)$
$\|Z_j\|$	$\|Z_1\|$	$\|Z_2\|$	$\cdots$	$\|Z_{16}\|$	$\sum_{j=1}^{16}\|Z_j\|=\sum_{j=1}^{4}D(a_j)$

其中:

$$S_{ij}=\begin{cases} 0 & \text{当 } a_i \notin Z_j,\text{即 } j \text{ 在 } a_i \text{ 的变化下变动了} \\ 1 & \text{当 } a_i \in Z_j,\text{即 } j \text{ 在 } a_i \text{ 的变化下没有变} \end{cases}$$

$D(a_j)$ 表示在置换 a_j 下不变的元素的个数

本例中:方案 1 在 a_1 下没变动,$S_{1,1}=1$;方案 3 在 a_3 变动了,$S_{3,3}=0$;在置换 a_1 的变化下 16 种方案都没变动,$D(a_1)=16$;在置换 a_2 下只有 1、2 这两种方案没变动,$D(a_2)=2$。一般情况下,可以得出这样的结论:

$$\sum_{i=1}^{n}|Z_j|=\sum_{i=1}^{s}D(a_i)$$

我们对等式的左式进行进一步研究,不妨设 $N=\{1,2,\cdots n\}$ 中共有 L 个等价类,$N=E_1+E_2+\cdots E_L$,则当 j 和 k 属于同一等价类时,有 $|Z_j|=|Z_k|$。所以:

$$\sum_{k=1}^{n}|Z_k|=\sum_{i=1}^{L}\sum_{k \in E_i}|Z_k|=\sum_{i=1}^{L}|E_i|*|Z_i|=L*|G|$$

这里的 L 就是我们要求的互异的组合状态的个数。于是得出:

$$L=\frac{1}{|G|}\sum_{k=1}^{n}|Z_k|=\frac{1}{|G|}\sum_{j=1}^{s}D(a_j)$$

利用这个式子直接得到本题的解:$L=(16+2+4+2)/4=6$。这与前面枚举得到的结果是吻合的。

2.4　Polya 定理

我们发现要计算 $D(a_j)$ 的值不是很容易,如果采用搜索的方法,总的时间规模为 $\Theta(nsp)$,其中:n 表示元素个数,s 表示置换个数,p 表示格子数,这里 n 的规模是很大的。下一步就是要找到一种简便的计算 $D(a_j)$ 的方法。

先介绍一个循环的概念:

$$(a_1 a_2 \cdots a_n) = \begin{pmatrix} a_1 & a_2 & \cdots & a_{n-1} & a_n \\ a_2 & a_3 & \cdots & a_n & a_1 \end{pmatrix}$$

称为 n 阶循环。每个置换都可以写若干互不相交的循环的乘积,两个循环 $(a_1 a_2 \cdots a_n)$ 和 $(b_1 b_2 \cdots b_n)$ 互不相交是指 $a_i \neq b_j, i,j=1,2,\cdots n$。例如:

$$\begin{pmatrix} 1 & 2 & 3 & 4 & 5 \\ 3 & 5 & 1 & 4 & 2 \end{pmatrix} = (13)(25)(4)$$

这样的表示是唯一的。置换的循环节数是上述表示中循环的个数。例如 $(13)(25)(4)$ 的循环节数为 3。

Polya 定理:设 G 是 p 个对象的一个置换群,用 m 种颜色涂染 p 个对象,则不同染色方案为:

$$L = \frac{1}{|G|}(m^{c(g_1)} + m^{c(g_2)} + \cdots + m^{c(g_s)})$$

其中:$G = \{g_1, g_2, \cdots g_s\}$　$c(g_i)$ 为置换 g_i 的循环节数 $(i=1,2,\cdots s)$

对于"例 2.1-1",我们给 $N=4$ 的环标号:

```
1   2
4   3
```

构造置换群 $G' = \{g_1, g_2, g_3, g_4\}$,$|G'|=4$,令 g_i 的循环节数为 $c(g_i)$ $(i=1,2,3,4)$,在 G' 的作用下,其中:

g_1 表示转 $0°$,　　　　即 $g_1 = (1)(2)(3)(4)$　　　$c(g_1) = 4$
g_2 表示转 $90°$,　　　即 $g_2 = (4\ 3\ 2\ 1)$　　　　$c(g_2) = 1$
g_3 表示转 $180°$,　　　即 $g_3 = (1\ 3)(2\ 4)$　　　$c(g_3) = 2$
g_4 表示转 $270°$,　　　即 $g_4 = (1\ 2\ 3\ 4)$　　　$c(g_4) = 1$

$2^{c(g_1)} = 2^4 = 16 = D(a_1)$　　$2^{c(g_2)} = 2^1 = 2 = D(a_2)$
$2^{c(g_3)} = 2^2 = 4 = D(a_3)$　　$2^{c(g_4)} = 2^1 = 2 = D(a_4)$

我们发现利用 Polya 定理的时间复杂度为 $\Theta(sp)$,其中:s 表示置换个数,p 表示格子数。与前面得到的 Burnside 引理相比之下,又有了很大的改进,其优越性是十分明显的。Polya 定理充分挖掘了研究对象的内在联系,总结了规律,省去了许多不必要的盲目搜索,把解决这类问题的时间规模降到了一个非常低的水平,但是,在信息学竞赛中应用 Polya 定理,并不能简单地直接套用公式计算,而需要更细致地分析。

可以简单地证明一下:要得到在置换下稳定不动的方案,即把置换的每个循环节都染上相同的颜色,所以 $D(g_i) = m^{c(g_i)}$。

根据前面的分析,下面给出例 2.1-1 的参考程序,需要说明的是本题的数比较大,除了高精度运算外,还有一个优化就是不要依次计算 $GCD(n,i)(1 \leqslant i \leqslant n)$,而是直接枚举 $L=n/i$,这样求出 L 的欧拉函数 K,则答案为 $\sum_{i=1}^{n}(2^i * k)/n$。

【参考程序】

```cpp
#include<iostream>
#include<stdio.h>
#include<stdlib.h>
#include<string.h>
#include<math.h>
#include<algorithm>
using namespace std;
int n,m = 100000000,a[200001];

class num{
    public:
    long long a[10000];
    
    num operator + (num b){
        int i;
        num x;
        x.a[0] = max(a[0],b.a[0]);
        for(i = 1;i< = x.a[0];i + +)
            x.a[i] = a[i] + b.a[i];
        x.a[x.a[0] + 1] = 0;
        for(i = 1;i< = x.a[0];i + +)
            if(x.a[i]> = m){
                x.a[i] - = m;
                x.a[i + 1] + +;
            }
        if(x.a[x.a[0] + 1]>0)
            x.a[0] + +;
        return x;
    }
    
    num operator * (num b){
        int i,j;
        num x;
        x.a[0] = a[0] + b.a[0];
```

```cpp
    for(i=1;i<=x.a[0];i++)
        x.a[i]=0;
    for(i=1;i<=a[0];i++)
        for(j=1;j<=b.a[0];j++)
            x.a[i+j-1]+=a[i]*b.a[j];
    for(i=1;i<x.a[0];i++){
        x.a[i+1]+=x.a[i]/m;
        x.a[i]%=m;
    }
    if(x.a[x.a[0]]==0)
        x.a[0]--;
    return x;
}

num operator*(int b){
    int i;
    num x,y;
    y.a[0]=1;
    y.a[1]=b;
    for(i=0;i<=a[0];i++)
        x.a[i]=a[i];
    x=x*y;
    return x;
}

num operator/(int b){
    int i;
    num x;
    for(i=0;i<=a[0];i++)
        x.a[i]=a[i];
    for(i=x.a[0];i>0;i--){
        x.a[i-1]+=x.a[i]%b*m;
        x.a[i]/=b;
    }
    while(x.a[0]>1 && x.a[x.a[0]]==0)
        x.a[0]--;
    return x;
}
```

```
        num operator^(int b){
            int i;
            num x,y;
            x.a[0] = x.a[1] = 1;
            for(i = 0;i< = a[0];i + +)
              y.a[i] = a[i];
            for(i = 1;i< = b;i * = 2){
                if(b&i)
                    x = x * y;
                y = y * y;
            }
            return x;
        }

        num print(){
            int i,j;
            cout<<a[a[0]];
            for(i = a[0] - 1;i>0;i - -){
                for(j = m/10;j> = 10 && j>a[i];j/ = 10)
                    cout<<0;
                cout<<a[i];
            }
            cout<<"\n";
        }
}x,y;

inline int gcd(int a,int b){
        if(b = = 0)
            return a;
        else
            return gcd(b,a % b);
}

int main(){
    int i;
    scanf(" % d",&n);
    for(i = 1;i< = n;i + +)
        a[gcd(n,i)] + +;
    x.a[0] = y.a[0] = 1;
```

```
        x.a[1] = 0;
        y.a[1] = 2;
        for(i = 1;i<= n;i++)
          if(a[i]>0)
            x = x+(y^i)*a[i];
        x = x/n;
        x.print();
        system("pause");
        return 0;
    }
```

【例 2.4-1】 三角形着色

【问题描述】

等边三角形的三个顶点用红绿蓝三种颜色来着色,有多少种不同的方案?

【问题分析】

保持不变的变换群包括:

(1) 沿中心旋转 0,120,240 度;

(2) 沿三条中线的翻转。

$G=\{(1)(2)(3),(123),(321),(1)(23),(2)(13),(3)(12)\}$。

因此,由 Polya 定理可知不同的方案数为:

$$L=\frac{1}{6}(3^3+3+3+3^2+3^2+3^2)=10。$$

【例 2.4-2】 Cubes(UVA10601)

【问题描述】

有 12 根等长的小木棍,然后每根木棍,输入每根木棍颜色的编号,你的任务是统计出用它们拼出多少种不同的立方体,旋转之后完全相同的立方体被认定相同。

【问题分析】

这个问题是求对正方体的染色,且要求旋转后不变,很容易联想到 Polya 计数法。

一个正方体共有 24 种旋转。根据这些不同的旋转方法,构造对应的关于边的置换群。

(1) 不旋转(still):1 组,循环长度为 12;

(2) 以对顶点为轴(rot_point):4 组,循环长度为 3;

(3) 以对面中心为轴(rot_plane):3 组,分别有 90,180,270 度旋转,分别对应循环长度 3、2、3;

(4) 以对边为轴(rot_edge):6 组,除了两条边循环长度为 1,其他为 2。

如果直接使用 Polya 计数法的计算公式来做,不能保证它每种颜色使用的个数与题目要求的匹配。因此,需要一些改进。

回顾一下 Polya 计数法的公式的推导过程:

根据 Burnside 定理,本质不同的方案数为在每个置换下稳定不动的方案的总合除以总置换数。

而要得到在置换下稳定不动的方案,即把置换的每个循环节都染上相同的颜色,所

以 $D(g_i) = m^{c(g_i)}$。

本题也是如此,也是要把置换的每个循环节都染上相同的颜色。

因此只需要对于每个置换,求出每个循环节的点的个数,用状态压缩动态规划求出每个循环节都染上相同的颜色,并且每种颜色的总和符合题目要求的方案总数即可。

【参考程序】

```cpp
#include<iostream>
#include<stdio.h>
#include<stdlib.h>
#include<string.h>
#include<math.h>
#include<algorithm>
#define x_ x.dp(),x=x*q,x.dp(),x=x*q,x.dp(),x=x*q,x.dp()
using namespace std;
int t,n[13],p2[13]={0,3,11,10,8,4,1,2,9,5,6,12,7},
    q2[13]={0,5,4,8,9,6,7,1,10,12,11,3,2};
long long ans;

inline long long c(int n,int m){
    int i;
    long long p=1;
    for(i=n;i>n-m;i--)
        p*=i;
    for(i=2;i<=m;i++)
        p/=i;
    return p;
}

class per{
    public:
    int a[13];
    
    per operator*(per b){
        int i;
        per x;
        for(i=1;i<=12;i++)
            x.a[i]=b.a[a[i]];
        return x;
    }
```

```cpp
long long dp(int k,int p){
    int i,j=12/k-p;
    long long l=1;
    for(i=1;i<=12 && (n[i]%k==0 || p);i++){
        l*=c(j,n[i]/k);
        j-=n[i]/k;
    }
    if(i>12)
        return l;
    else
        return 0;
}

void dp(){
    int i,j,k,l;
    for(i=1;i<=12;i++){
        for(j=a[i],k=1;j!=i;j=a[j])
            k++;
        if(i>1 && k!=1)
            break;
        l=k;
    }
    if(i<=12){
        for(i=1,j=0;i<=12;i++)
            j+=n[i]&1;
        if(j==0)
            ans+=dp(2,0);
        if(j==2)
            ans+=dp(2,1)*2;
    }
    else
        ans+=dp(k,0);
}
}x,p,q;

int main(){
    int i,j;
    scanf("%d",&t);
    for(i=1;i<=12;i++){
```

```
        p.a[i] = p2[i];
        q.a[i] = q2[i];
    }
    while(t- -){
        ans = 0;
        for(i = 1;i<= 12;i+ +)
            n[i] = 0;
        for(i = 1;i<= 12;i+ +){
            scanf(" %d",&j);
            n[j]+ +;
            x.a[i] = i;
        }
        x_;
        x = x * p * p;
        x_;
        x = x * p;
        x_;
        x = x * p * p;
        x_;
        x = x * q * p;
        x_;
        x = x * p * p;
        x_;
        cout<<ans/24<<"\n";
    }
    system("pause");
    return 0;
}
```

【例 2.4-3】 Transportation is fun(SPOJ419,SPOJ422)

【问题描述】

给你一个 $2^a * 2^b$ 的矩阵,在内存中的存放方式是先存第一行,再存第二行,…每行也是从左到右存放。现在想求它的转置矩阵(也是一样的储存方式),但是只能用交换操作,问需要交换多少步。

【输入格式】

第1行1个整数,表示测试数据的组数。

以下每行2个整数,表示 a 和 b,$0 \leqslant a+b \leqslant 1\,000\,000$。

SPOJ419 有 100 组输入数据;SPOJ422 有 400 000 组输入数据。

【输出格式】

对于每组测试数据,输出一行一个数,表示最少的交换步数。

由于答案很大,请模 1000003 后输出。

【输入样例】

3
1 1
2 2
5 7

【输出样例】

1
6
3744

【问题分析】

为了描述方便起见,先看一个例子:假设 $a=5, b=3$,考虑元素 $(12,1)$,用二进制表示是 $(01010,001)$,那么它原来的地址就是 01010 001,而新的地址就是 001 01010。可见这个转置操作其实就是把每个元素的地址循环向右移动了 b 位。

考虑地址的循环节如果有 k 个,那么答案就是 $2^{a+b}-k$。而地址循环节的个数可以看成是应用对地址的"循环移动 b 位"后本质不同的地址个数,这个可以用 Polya 原理算出。

由于 SPOJ422 数据组数增多,我们要寻求更好的算法。

对于 a 和 b,首先求出 a 和 b 的最大公约数 g,答案可以写成:

$$\frac{a+b}{g} \cdot \sum_{i=1}^{\frac{a+b}{g}} (2^g)^{gcd\left(i, \frac{a+b}{g}\right)}$$

改为 $\frac{g}{a+b} \cdot \sum_{i=1}^{\frac{a+b}{g}} (2^g)^{gcd\left(i, \frac{a+b}{g}\right)}$

首先预处理出 2 的 k 次幂(因为 Polya 只要用到 2 的若干次幂)。然后用筛法求素数"顺便"找出每个合数的最小质因数。

可见,问题的瓶颈是计算各个 $gcd\left(i, \frac{a+b}{g}\right)$。

考虑到 $gcd\left(i, \frac{a+b}{g}\right) \Big| \frac{a+b}{g}$,那么用 $f(x)$ 表示满足 $x=gcd\left(i, \frac{a+b}{g}\right)$ 的 i 的个数即可。

首先考虑怎么找出所有合法的 x。因为前面预处理了"每个合数的最小质因数",现在可以在 $\Theta(\log_2 n)$ 时间内找到 $\frac{a+b}{g}$ 的所有质因数。有了质因数,再去找它所有的因子,就很容易了。

再看 $f(x)$ 怎么求。其实办法很简单,在刚才推算 $\frac{a+b}{g}$ 的因子的时候,首先把 $\frac{a+b}{g}$ 个数全部分配给 1,然后每次由数字 x 得到 xp 的时候,就把 $f(x)$ 的 $1/p$ "分"给 $f(xp)$。这样,在找到所有因子的同时,也就找到了 $f(x)$ 的值。这样,代入前面公式计算,就很简单了。

【参考程序】

```
#include<iostream>
#include<stdio.h>
```

```
#include<stdlib.h>
#include<string.h>
#include<math.h>
#include<algorithm>
#define L long long
using namespace std;
int t,n,m,a[1000001],b[100000],c[100000],
    x[1000001],r[1000001],f[1000001],u[100000],s,p,q=1000003,ans;

inline int gcd(int a,int b){
    if(b==0)
        return a;
    else
        return gcd(b,a%b);
}

inline void ss(int i,int j){
    if(i>p){
        u[++s]=j;
        return;
    }
    int k;
    for(k=0;k<=c[i];k++,j*=b[i])
        ss(i+1,j);
}

int main(){
    int i,j;
    n=1000000;
    for(i=2;i<=n;i++){
        if(a[i]==0){
            a[i]=i;
            b[++p]=i;
        }
        for(j=1;j<=p && i*b[j]<=n;j++){
            a[i*b[j]]=b[j];
            if(i%b[j]==0)
                break;
        }
    }
```

```
    }
    for(i=1,x[0]=1;i<=n;i++)
        x[i]=(x[i-1]<<1)%q;
    for(i=2,r[1]=1;i<=n;i++)
        r[i]=((L)(-q/i)*r[q%i]%q+q)%q;
    scanf("%d",&t);
    while(t--){
        scanf("%d%d",&n,&m);
        i=gcd(n,m);
        n=(n+m)/i;
        m=i;
        p=0;
        for(i=n;i>1;i/=a[i])
            if(a[i]!=b[p]){
                b[++p]=a[i];
                c[p]=1;
            }
            else
                c[p]++;
        s=0;
        ss(1,1);
        f[1]=n;
        for(i=2;i<=s;i++){
            f[u[i]]=f[u[i]/a[u[i]]]/a[u[i]];
            f[u[i]/a[u[i]]]-=f[u[i]/a[u[i]]]/a[u[i]];
        }
        ans=0;
        for(i=1;i<=s;i++)
            ans=(ans+(L)f[u[i]]*x[u[i]*m])%q;
        ans=(L)ans*r[n]%q;
        ans=(x[n*m]-ans+q)%q;
        printf("%d\n",ans);
    }
    system("pause");
    return 0;
}
```

【例2.4-4】 Isomorphism(SGU282)

【问题描述】

染色图是无向完全图,且每条边可被染成 M 种颜色中的一种。两个染色图是同构的,当且仅当可以改变一个图的顶点的编号,使得两个染色图完全相同。问 N 个顶点,M 种颜色,本质不同(两两互不同构)的染色图个数(模质数 P)。

$1 \leqslant N \leqslant 53, 1 \leqslant M \leqslant 1\,000, N < P \leqslant 10^9$。

【输入格式】

一行 3 个数,依次表示 N、M、P。

【输出样例】

一行 1 个数,表示答案。

【输入样例】

3 4 97

【输出样例】

20

【问题分析】

根据 Polya 原理,本题置换群中的对象就是 C_n^2 条边,k 种颜色就是 M,G 就是由点的置换引起的边的置换的群。

同时我们知道,用 Polya 定理直接计算可以在 $\Theta(ps)$ 的时间解决问题,其中 $s=|G|$。但是对这个问题,$|G|$ 的数量达到 $N!$,当 $N=53$ 时,这个数量相当惊人的,因此我们需要对问题进行更深入的分析。

考虑一个对点的置换 $f=i \rightarrow P[i]$

那么,它对应的对边的置换就是 $f'=(i,j) \rightarrow (P[i], P[j])$

我们考虑这两个不同类型的置换各自的循环节个数 $c(f)$ 与 $c(f')$ 的关系,可以得到如下结论:

假设点 i 与点 j 同属于一个长度为 L 的循环中,那么这样的边 (i,j) 组成的置换中循环节个数为 $\left[\dfrac{L}{2}\right]$。

假设点 i 与点 j 各属于长 L_1 和 L_2 的两个不同循环中,那么这样的边 (i,j) 组成的置换中循环节个数为 (L_1, L_2),即 L_1 与 L_2 的最大公约数。

我们不妨设 $L_1 \geqslant L_2 \geqslant \cdots \geqslant L_m > 0$,且由 $L_1 + L_2 + \cdots + L_m = N$

所以 $L_1, L_2, \cdots L_m$ 恰组成 N 的一种划分,由先前分析,每种划分对应的置换的循环节个数相同,为一个关于 $L_1, L_2, \cdots L_m$ 的函数。

由于 $N \leqslant 53$,所以 N 的划分方案总数并不大,我们可以用回溯法枚举 N 的所有划分,然后对每一种划分,求出该划分对应的置换个数和每个置换的循环节个数。

循环节个数上面已经讨论过了,那么置换个数是多少呢?

假设已确定了 $L_1 \geqslant L_2 \geqslant \cdots \geqslant L_m > 0$,接下来就是将 $1 \cdots N$ 这 N 个点分别放入这 m 个循环节中,满足第 i 个循环中恰含有 L_i 个点,这一部分可以看作一个简单的组合问题,易知共 $\dfrac{N!}{L_1! \ L_2! \cdots L_m!}$ 有种不同方式。

又对于每一个循环,确定了第一个点,那么剩下各点的排列方式不同,其实对应的置换也是不同的,所以还要乘以 $(L_1-1)! \ (L_2-1)! \cdots (L_m-1)!$

又如果有 $L_i = L_{i+1} = \cdots = L_j$,那么每 $(j-i+1)!$ 种方案又是重复的,所以还要除以 $(j-i+1)!$

所以总的置换个数就是：$\dfrac{N!}{L_1 L_2 \cdots L_m k_1! \ k_2! \cdots k_t!}$。

其中：t 表示共有 t 种不同的 L 值，每种值有 k_i 个。这些值在枚举划分的时候都是可以计算的，因此，整个问题的答案可以根据不同类别的置换的循环数以及置换数算出。

下面讨论一下如何计算：

一部分是 M^{T_1}，其中 T_1 并不大，足以用一个 longint 表示，而 $M^{T_1} \bmod P$ 可以用倍增的思想在 $\log_2(T_1)$ 时间内计算。

另一部分是 T_2^{-1}，其中 T_2 很大，而且是 -1 次的，难道要分解质因数了吗？不是，注意问题的一个很不起眼但又很重要条件：P 是质数，且满足 $N<P$，这有什么用呢？

显然 $L_1,\cdots L_m,k_1,\cdots k_t$ 都 $\leqslant N$，当然 $<P$，因此 $L_1,\cdots L_m,k_1,\cdots k_t$ 均与 P 互质，所以 T_2 也与 P 互质。另一方面，由于 P 是质数，由数论知识可知：

$T_2^{p-1} \equiv 1 \pmod{p}$

$T_2^{-1} \equiv T_2^{p-2} \pmod{p}$

所以可以把 T_2^{-1} 转化为求 T_2^{p-2}，就于 M^{T_1} 求法相同了。

【参考程序】

```cpp
#include<iostream>
#include<stdio.h>
#include<stdlib.h>
#include<string.h>
#include<math.h>
#include<algorithm>
#define L long long
using namespace std;
int n,m,p,x[54],t,gcd[54][54],q;
long long w,f[54],g[54],h[54],ans,u;

inline void ss(int i){
    int j;
    if(i==n){
        u=w;
        for(i=1;i<=t;i++)
            u=u*f[x[i]]%p;
        for(i=1;i<=t;i=j){
            for(j=i+1;j<=t && x[i]==x[j];j++);
            u=u*g[j-i]%p;
        }
        q=(q+u)%p;
        for(i=1;i<=t;i++)
            u=u*h[x[i]>>1]%p;
```

```
            for(i=1;i<t;i++)
                for(j=i+1;j<=t;j++)
                    u=u*h[gcd[x[j]][x[i]]]%p;
            ans=(ans+u)%p;
            return;
        }
        for(j=x[t];i+j<=n;j++){
            x[++t]=j;
            ss(i+j);
            t--;
        }
    }

    inline long long power(int a,int b){
        if(b==0)
            return 1;
        long long c=power(a,b>>1);
        c=c*c%p;
        if(b&1)
            c=c*a%p;
        return c;
    }

    int main(){
        int i,j;
        scanf("%d%d%d",&n,&m,&p);
        for(i=1;i<=n;i++){
            gcd[i][0]=i;
            for(j=i;j>0;j--)
                gcd[i][j]=gcd[j][i%j];
        }
        w=1;
        f[1]=1;
        g[1]=1;
        for(i=2;i<=n;i++){
            w=w*i%p;
            f[i]=(p-p/i)*f[p%i]%p;
            g[i]=f[i]*g[i-1]%p;
        }
```

```
        h[0] = 1;
        for(i = 1;i<= n;i++)
            h[i] = h[i-1] * m % p;
        x[0] = 1;
        ss(0);
        ans = ans * power(q,p-2) % p;
        cout<<ans;
        system("pause");
        return 0;
    }
```

2.5 本章习题

1. 对正四面体的四个顶点用四种不同的颜色来着色,有多少种不同的方案?
2. 对正六面体的六个面用红蓝两种颜色来着色,有多少种不同的方案?
3. Cipher(POJ1026)

【问题描述】

Bob and Alice started to use a brand-new encoding scheme. Surprisingly it is not a Public Key Cryptosystem, but their encoding and decoding is based on secret keys. They chose the secret key at their last meeting in Philadelphia on February 16th, 1996. They chose as a secret key a sequence of n distinct integers, a1…an, greater than zero and less or equal to n. The encoding is based on the following principle. The message is written down below the key, so that characters in the message and numbers in the key are correspondingly aligned. Character in the message at the position i is written in the encoded message at the position ai, where ai is the corresponding number in the key. And then the encoded message is encoded in the same way. This process is repeated k times. After kth encoding they exchange their message.

The length of the message is always less or equal than n. If the message is shorter than n, then spaces are added to the end of the message to get the message with the length n.

Help Alice and Bob and write program which reads the key and then a sequence of pairs consisting of k and message to be encoded k times and produces a list of encoded messages.

【输入格式】

The input file consists of several blocks. Each block has a number $0 \leqslant n \leqslant 200$ in the first line. The next line contains a sequence of n numbers pairwise distinct and each greater than zero and less or equal than n. Next lines contain integer number k and one message of ascii characters separated by one space. The lines are ended with eol, this eol does not belong to the message. The block ends with the separate line with the number 0. After the last block there is in separate line the number 0.

【输出格式】

Output is divided into blocks corresponding to the input blocks. Each block contains the encoded input messages in the same order as in input file. Each encoded message in the output file has the lenght n. After each block there is one empty line.

【输入样例】

10
4 5 3 7 2 8 1 6 10 9
1 Hello Bob
1995 CERC
0
0

【输出样例】

BolHeol   b
C RCE

4. Magic Bracelet(POJ2888)

【问题描述】

Ginny's birthday is coming soon. Harry Potter is preparing a birthday present for his new girlfriend. The present is a magic bracelet which consists of n magic beads. The are m kinds of different magic beads. Each kind of beads has its unique characteristic. Stringing many beads together a beautiful circular magic bracelet will be made. As Harry Potter's friend Hermione has pointed out, beads of certain pairs of kinds will interact with each other and explode, Harry Potter must be very careful to make sure that beads of these pairs are not stringed next to each other.

There infinite beads of each kind. How many different bracelets can Harry make if repetitions produced by rotation around the center of the bracelet are neglected? Find the answer taken modulo 9973.

【输入格式】

The first line of the input contains the number of test cases.

Each test cases starts with a line containing three integers $n(1 \leqslant n \leqslant 10^9$, $\gcd(n, 9973)=1)$, $m(1 \leqslant m \leqslant 10)$, $k(1 \leqslant k \leqslant m(m-1)/2)$. The next k lines each contain two integers a and b $(1 \leqslant a, b \leqslant m)$, indicating beads of kind a cannot be stringed to beads of kind b.

【输出格式】

Output the answer of each test case on a separate line.

【输入样例】

4
3 2 0

3 2 1
1 2
3 2 2
1 1
1 2
3 2 3
1 1
1 2
2 2

【输出样例】
4
2
1
0

5. Let it Bead(POJ2409)

【问题描述】

"Let it Bead" company is located upstairs at 700 Cannery Row in Monterey, CA. As you can deduce from the company name, their business is beads. Their PR department found out that customers are interested in buying colored bracelets. However, over 90 percent of the target audience insists that the bracelets be unique. (Just imagine what happened if two women showed up at the same party wearing identical bracelets!) It's a good thing that bracelets can have different lengths and need not be made of beads of one color. Help the boss estimating maximum profit by calculating how many different bracelets can be produced.

A bracelet is a ring-like sequence of s beads each of which can have one of c distinct colors. The ring is closed, i.e. has no beginning or end, and has no direction. Assume an unlimited supply of beads of each color. For different values of s and c, calculate the number of different bracelets that can be made.

【输入格式】

Every line of the input file defines a test case and contains two integers: the number of available colors c followed by the length of the bracelets s. Input is terminated by c=s=0. Otherwise, both are positive, and, due to technical difficulties in the bracelet-fabrication-machine, $cs \leq 32$, i.e. their product does not exceed 32.

【输出格式】

For each test case output on a single line the number of unique bracelets. The figure below(图2.5-1)shows the 8 different bracelets that can be made with 2 colors and 5 beads.

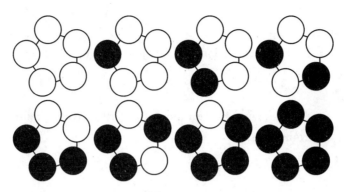

图 2.5-1

【输入样例】

1 1
2 1
2 2
5 1
2 5
2 6
6 2
0 0

【输出样例】

1
2
3
5
8
13
21

6. Cow Sorting(POJ3270)

【问题描述】

Farmer John's N ($1 \leqslant N \leqslant 10000$) cows are lined up to be milked in the evening. Each cow has a unique "grumpiness" level in the range 1..100000. Since grumpy cows are more likely to damage FJ's milking equipment, FJ would like to reorder the cows in line so they are lined up in increasing order of grumpiness. During this process, the places of any two cows (not necessarily adjacent) can be interchanged. Since grumpy cows are harder to move, it takes FJ a total of X+Y units of time to exchange two cows whose grumpiness levels are X and Y.

Please help FJ calculate the minimal time required to reorder the cows.

【输入格式】

Line 1：A single integer：N.

Lines 2..N＋1：Each line contains a single integer：line i＋1 describes the grumpiness of cow i.

【输出格式】

Line 1：A single line with the minimal time required to reorder the cows in increasing order of grumpiness.

【输入样例】

3
2
3
1

【输出样例】

7

【样例解释】

2 3 1：Initial order.

2 1 3：After interchanging cows with grumpiness 3 and 1 (time＝1＋3＝4).

1 2 3：After interchanging cows with grumpiness 1 and 2 (time＝2＋1＝3).

第 3 章 组合数学

组合数学是数学的一个重要分支,起源于人类早期的数学游戏、美学消遣和智力探索,如纵横图问题(n 阶幻方问题)。公元前 11 世纪,我国古书中就有相关记载了,如《易经》中有关"八卦"的研究。现代组合数学可以认为是从 1666 年《组合的艺术》一书(Leibniz G. W 著)出版开始的,这是组合数学的第一部专著,也首次正式提出了"组合学(Combinatorics)"一词。

3.1 计数原理

计数原理是数学中的重要研究对象之一,包括抽屉原理、加法原理、乘法原理、容斥原理等,它们为解决很多实际问题提供了思想方法。

1. 抽屉原理(鸽巢原理)

抽屉原理可以描述为:把 $n+1$ 件东西放入 n 个抽屉,则至少有一个抽屉里放了两件或两件以上的东西。从另一个角度说,把 $n-1$ 件东西放入 n 个抽屉,则至少有一个抽屉是空的。

2. 加法原理(分类加法计数原理)

加法原理可以描述为:如果事件 A 有 p 种产生方式,事件 B 有 q 种产生方式,则事件"A 或 B"有 $p+q$ 种产生方式。

使用加法原理要注意事件 A 和事件 B 产生的方式不能重叠,即一种方式只能属于其中的一个事件,而不能同时属于两个事件。

加法原理可以推广到 n 个事件:若事件 A_1 有 p_1 种产生方式,事件 A_2 有 p_2 种产生方式,…事件 A_n 有 p_n 种产生方式,则事件"A_1 或 A_2…或 A_n"有 $p_1+p_2+\cdots+p_n$ 种产生方式。

3. 乘法原理(分步乘法计数原理)

乘法原理可以描述为:如果事件 A 有 p 种产生方式,事件 B 有 q 种产生方式,则事件"A 与 B"有 $p*q$ 种产生方式。

使用乘法原理的条件也是事件 A 与事件 B 必须互相独立,即它们的产生方式彼此无关。类似于加法原理,乘法原理也可以推广到 n 个事件。

4. 容斥原理

DeMorgan 定理:设 A、B 为全集 U 的任意两个子集,则 $\overline{A \cap B} = \overline{A} \cup \overline{B}$,$\overline{A \cup B} = \overline{A} \cap \overline{B}$。

DeMorgan 定理可以推广到 n 个子集:设 A_1、A_2、…A_n 为全集 U 的任意 n 个子集,则:

$$\overline{A_1 \cap A_2 \cap \cdots \cap A_n} = \overline{A_1} \cup \overline{A_2} \cup \cdots \cup \overline{A_n}$$
$$\overline{A_1 \cup A_2 \cup \cdots \cup A_n} = \overline{A_1} \cap \overline{A_2} \cap \cdots \cap \overline{A_n}$$

容斥原理：设 S 为有穷集，P_1、P_2、$\cdots P_n$ 是 n 条性质。S 中的任一元素 x 对于这 n 条性质可能符合其中的 1 种、2 种、$\cdots n$ 种，也可能都不符合。设 A_i 表示 S 中具有 P_i 性质的元素构成的子集。有限集合 A 中的元素个数记为 $|A|$。则：

(1) S 中不具有性质 P_1、P_2、$\cdots P_n$ 的元素个数有：

$$|\overline{A_1} \cap \overline{A_2} \cap \cdots \cap \overline{A_n}|$$
$$= |S| - \sum_i |A_i| + \sum_{i<j} |A_i \cap A_j| - \sum_{i<j<k} |A_i \cap A_j \cap A_k| + \cdots$$
$$+ (-1)^n |A_1 \cap A_2 \cap \cdots \cap A_n|$$

(2) S 中具有性质 P_1、P_2、$\cdots P_n$ 的元素个数为：

$$|A_1| + |A_2| + \cdots + |A_n|$$
$$= \sum_i |A_i| - \sum_{i<j} |A_i \cap A_j| + \sum_{i<j<k} |A_i \cap A_j \cap A_k| - \cdots + (-1)^{n+1} |A_1 \cap A_2 \cap \cdots \cap A_n|$$

【例 3.1-1】 在边长为 2 的等边三角形中放 5 个点，则至少存在两个点，它们之间的距离小于等于 1。

【问题分析】

如图 3.1-1 所示，将等边三角形的 3 条边的中点连接起来，形成 4 个边长为 1 的等边三角形。根据抽屉原理，5 个点放在 4 个三角形中，则至少有 1 个三角形内(包括其边上)有 2 个点，而一个边长为 1 的等边三角形内任两个点之间的距离都小于等于 1。

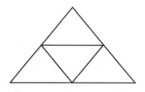

图 3.1-1　抽屉原理举例

【例 3.1-2】 有多少个没有重复数字且能够被 5 整除的四位奇数？

【问题分析】

被 5 整除的奇数个位只可能是 5，只有这一种方案。千位不能是 5 和 0，所以有 8 种方案。十位和百位只要不是 5 和千位上的数字就行。所以，根据乘法原理，共有 $1*8*8*7 = 448$ 个符合条件的数。

【例 3.1-3】 让 8 位同学站成一排，要求 A、B 两位同学互不相邻，有多少种排法？

【问题分析】

先不考虑"不相邻"的限制条件，共有 8! 种排法。再考虑 7 位同学的排法(取 A 不取 B)，则有 7! 种排法，再将 B 排在 A 的左边或右边，所以，A、B 相邻的排法有 $2*7!$ 种。所以，答案为 $8! - 2*7! = 30\,240$ 种排法。

【例 3.1-4】 一个班级中有 20 人学习英语，有 10 人学习德语，有 3 人同时学习英语和德语，问班级中共有几人学习外语？

【问题分析】

用集合 A、B 分别表示学习英语和德语的学生,那么学习外语的学生就可以用集合 $|A \cup B|$ 表示,应用容斥原理,$|A \cup B| = |A| + |B| - |A \cap B| = 20 + 10 - 3 = 27$ 人。

【例 3.1-5】 一个班级有 50 名学生,进行了一次语数外考试,有 9 人语文得满分,12 人数学得满分,14 人英语得满分。又知道有 6 人语文、数学同时得满分,3 人语文、英语同时得满分,8 人英语、数学同时得满分,有 2 人三门课都得了满分。问:没有一门课得满分的有几人?至少一门课得满分的有几人?

【问题分析】

设 S 为班级所有学生的集合,A、B、C 分别表示语文、数学、英语得满分的学生集合。由题意知:$|S| = 50$,而且:

$|A| = 9, |B| = 12, |C| = 14, |A \cap B| = 6, |A \cap C| = 3, |B \cap C| = 8, |A \cap B \cap C| = 2$

没有一门课得满分的学生集合为:$\bar{A} \cap \bar{B} \cap \bar{C}$,至少一门课得满分的学生集合为:$A \cup B \cup C$,应用容斥原理:

$$|\bar{A} \cap \bar{B} \cap \bar{C}| = |S| - (|A| + |B| + |C|) + (|A \cap B| + |A \cap C| + |B \cap C|) - (|A \cap B \cap C|)$$
$$= 50 - (9 + 12 + 14) + (6 + 3 + 8) - 2 = 30$$

$$|A \cup B \cup C| = (|A| + |B| + |C|) - (|A \cap B| + |A \cap C| + |B \cap C|) + (|A \cap B \cap C|)$$
$$= (9 + 12 + 14) - (6 + 3 + 8) + 2 = 20$$

【例 3.1-6】 在 1 到 1 000 这 1 000 个整数中,有多少个数不能被 5、6、8 中任意一个数整除?

【问题分析】

设 $S = \{1..1\,000\}$,A、B、C 分别表示 S 中所有能够被 5、6、8 整除的数的集合,则:

$|A| = \lfloor \frac{1\,000}{5} \rfloor = 200$ 〈$\lfloor x \rfloor$ 表示对 x 下取整。同理,$\lceil x \rceil$ 表示对 x 上取整〉

$|B| = \lfloor \frac{1\,000}{6} \rfloor = 166$

$|C| = \lfloor \frac{1\,000}{8} \rfloor = 125$

$|A \cap B| = \lfloor \frac{1\,000}{LCM(5,6)} \rfloor = \lfloor \frac{1\,000}{30} \rfloor = 33$

$|A \cap C| = \lfloor \frac{1\,000}{LCM(5,8)} \rfloor = \lfloor \frac{1\,000}{40} \rfloor = 25$

$|B \cap C| = \lfloor \frac{1\,000}{LCM(6,8)} \rfloor = \lfloor \frac{1\,000}{24} \rfloor = 41$

$|A \cap B \cap C| = \lfloor \frac{1\,000}{LCM(5,6,8)} \rfloor = \lfloor \frac{1\,000}{120} \rfloor = 8$

应用容斥原理:

$$|\bar{A} \cap \bar{B} \cap \bar{C}| = |S| - (|A| + |B| + |C|) + (|A \cap B| + |A \cap C| + |B \cap C|) - (|A \cap B \cap C|)$$
$$= 1\,000 - (200 + 166 + 125) + (33 + 25 + 41) - 8 = 600$$

【例3.1-7】 取数问题(takenumber.*,64 MB,1秒)

【问题描述】

任意给出正整数n和k,$0 \leq k < n \leq 1\,000\,000$,例如$n=16$,$k=4$,然后按下列方法取数:

第一次取1,取数后的余数为$16-1=15$

第二次取2,取数后的余数为$15-2=13$

第三次取4,取数后的余数为$13-4=9$

第四次取8,取数后的余数为$9-8=1$

当第五次取数时,因为余数为1,不够取(要取16),此时作如下处理:余数$1+k(4)=5$,再从1开始取。

第五次取1,取数后的余数为$5-1=4$

第六次取2,取数后的余数为$4-2=2$

当第七次取数时,因为余数为2,不够取(要取4),此时作如下处理:余数$2+k(4)=6$,再从1开始取。

第七次取1,取数后的余数为$6-1=5$

第八次取2,取数后的余数为$5-2=3$

第九次要取4,但不够取,余数$3+k(4)=7$,继续取。

第九次取1,取数后的余数为$7-1=6$

第十次取2,取数后的余数为$6-2=4$

第十一次取4,取数后的余数为$4-4=0$,正好取完。

由此可见,当$n=16$,$k=4$时,按上面方法11次才能正好取完。

【输入格式】

输入一行两个整数,分别表示n和k。

【输出格式】

若能取完,输出"OK"及取数的次数(中间用一个空格隔开);若永远不能取完,输出"ERROR"。

【输入样例】

54945 36904

【输出样例】

OK 442156

【问题分析】

首先想到直接模拟取数的过程,如果给出的n和k的值恰好能够按规则取完,那么模拟取数的过程很容易实现,只要一个循环语句即可实现。但是,当给出的n和k的值永远不能取完时,就不好处理了。所以,需要找出永远不能取完的条件。从取数规则看,可以把每次从1开始取数直到不够取时看作一个阶段,不妨称之为"一趟"取数。可以证明,如果出现当前一趟取数后的余数与前面某一趟取数后的余数相同,则取数永远不能取完。

要判断当前一趟取数后的余数与前面某一趟取数后的余数是否相同,一个自然的想法是将每趟取数后的余数放在一个线性表中。如果当前一趟取数后的余数已经在线性表中了,则表示这样的n和k是取不完的。

那么,问题是这个线性表要开多大? 假设某一趟取数共取了 m 次,则把一趟取数中取的所有数加起来所对应的二进制数是 $(111\cdots1)_2$,其中 1 的个数等于 m,而余数一定不大于该数,否则的话就可以继续取下去。这说明一个数经过一趟取数后余下的数最多只能达到它的一半,如从 14 中取走 1,2,4 后余下 7,此时不够取 8。对任意给定的 n 和 k,根据以上分析可以知道,第一趟取数后的余数不超过 $n/2$,加上 k 后不超过 $k+n/2$,继续进行第二趟取数,取完后的余数不超过 $k/2+n/4$,加上 k 后不超过 $3k/2+n/4$,如此一直进行下去,假如给定的 n 和 k 的情况是取不完的,则不难证明第 i 趟取数后余下的数不超过 $k-k/q+n/p$,其中: $p=2^i, q=2^{i-1}$。当 n 和 k 都很大且取不完时,按以上分析,每趟取数所余下的数可能要到很多次以后才会出现重复,这就造成了很大的空间浪费。因此,必须对这个算法进行优化。

其实,由于每趟取数所余下的数不会超过 $k+n/2$,根据抽屉原理,如果进行了 $k+n/2+1$ 趟取数后尚未取完,则必有两趟取数所余下的数是相同的,可以判断这种情况下肯定是取不完的。

【参考程序】

```
#include <cstdio>
int b[31],n,k;

int main(){
    b[0]=0;//计算连取 i 次数之总和
    for(int i=1, j=1; i<=30; i++, j*=2)
        b[i]=b[i-1]+j;
    scanf("%d%d", &n, &k);
    int total=0, rest=n;//total 表示取数的次数,rest 表示剩下的数
    for(int sum=0; sum<k+n/2; sum++, rest+=k){  //sum 表示取数的趟数
        for(int i=1; i<=30; i++)//计算本趟取数之总和
            if(b[i]>rest){
                rest-=b[i-1];
                total+=i-1;
                break;
            }
        if(!rest) break;
    }
    if(rest) printf("ERROR\n");
    else printf("OK %d\n", total);
    return 0;
}
```

【例3.1-8】 盒子与球(box.*,64 MB,1秒)

【问题描述】

将 n 个不同颜色的球放入 k 个无标号的盒子中($n \geqslant k$,且盒子不允许为空)的方案数

为 $S(n,k)$，例如 $S(4,3)=6$。编程输入 n 和 k，输出 $S(n,k)$ 的值。

【问题分析】

本题可以分为两种情况讨论：一是第 n 个球单独放在一个盒子中，此时剩下的 $n-1$ 个球有 $S(n-1,k-1)$ 种方案；二是第 n 个球不单独放在一个盒子中，而是和其他若干球合在一起放在一个盒子中，此时我们先将前 $n-1$ 个球放在 k 个盒子中，然后将第 n 个球插入到任意一个盒子中去，对于每一种将前 $n-1$ 个球放在 k 个盒子中的方案，我们都有 k 种插法，因此有 $k*S(n-1,k)$ 种方案。再根据加法原理，$S(n,k)=S(n-1,k-1)+k*S(n-1,k)$，此递归式的边界为：$S(i,1)=1$，而当 $n<k$ 时，$S(n,k)=0$。计算时采用递推的方法实现，如计算 $S(6,3)$ 的过程如下：

$S(n,k)$ \ k n	1	2	3
1	1	0	0
2	1	1	0
3	1	3	1
4	1	7	6
5	1	15	25
6	1	31	90

$S(n,k)$ 是一个很重要的函数。例如，对一个 n 个元素的集合 S，要拆分成 k 个子集，也是 $S(n,k)$。比如，集合 $\{1,2,3,4\}$ 共有 7 个 2 部拆分，即 $S(4,2)=7$，分别为：$\{1\}$ 和 $\{2,3,4\}$，$\{2\}$ 和 $\{1,3,4\}$，$\{3\}$ 和 $\{1,2,4\}$，$\{4\}$ 和 $\{1,2,3\}$，$\{1,2\}$ 和 $\{3,4\}$，$\{1,3\}$ 和 $\{2,4\}$，$\{1,4\}$ 和 $\{2,3\}$。

【参考程序】

```cpp
#include <vector>
#include <cstdio>
#define pb push_back
using namespace std;
vector<int> S[2][101];

vector<int> plus(vector<int> a, vector<int> b){
    vector<int> rst(max(a.size(), b.size()) + 1);
    rst[0] = 0;
    for (int i = 0; i + 1 < rst.size(); i++){
        if (i < a.size()) rst[i] += a[i];
        if (i < b.size()) rst[i] += b[i];
        rst[i + 1] = rst[i] / 10;
        rst[i] %= 10;
    }
    if (!rst.back()) rst.pop_back();
    return rst;
```

```cpp
}

vector<int> mult(vector<int> x, int t){
    vector<int> rst;
    rst.pb(0);
    for (int i = 0; i < x.size(); i++){
        rst[i] += x[i] * t;
        rst.pb(rst[i] / 10);
        rst[i] %= 10;
    }
    while (rst.back()){
        int tmp = rst.back() / 10;
        rst.back() %= 10;
        rst.pb(tmp);
    }
    rst.pop_back();
    return rst;
}

void Print(vector<int> x){
if (x.size())
   for (int i = x.size() - 1; i >= 0; i--)
      printf("%d", x[i]);
      else printf("0");
      printf("\n");
}

int main(){
    int n, k;
    scanf("%d%d", &n, &k);
    for (int j = 0; j <= k; j++) S[0][j].clear();
    S[0][0].pb(1);
    for (int i = 1; i <= n; i++){
      S[i & 1][0].clear();
      for (int j = 1; j <= k; j++)
         S[i & 1][j] = plus(S[i - 1 & 1][j - 1], mult(S[i - 1 & 1][j], j));
    }
    Print(S[n & 1][k]);
    return 0;
}
```

【例3.1-9】 Round Numbers(POJ3252)

【问题描述】

输入两个十进制正整数 a 和 b，求闭区间 $[a,b]$ 内有多少个 Round Number?

所谓的 Round Number 就是把一个十进制数转换为一个无符号二进制数，若该二进制数中 0 的个数大于等于 1 的个数，则它就是一个 Round Number。

注意，转换所得的二进制数，最高位必然是 1，最高位的前面不允许有 0。

【输入格式】

输入一行两个数，表示 a 和 b，$1 \leqslant a < b \leqslant 2*10^9$。

【输出格式】

输出一行一个数，表示答案。

【输入样例】

2 12

【输出样例】

6

【问题分析】

要求闭区间 $[a,b]$ 内有多少个 Round Number，只需要分别求出闭区间 $[0,a]$ 内有 T 个 Round Number 和闭区间 $[0,b+1]$ 内有 S 个 Round Number，再用 $S-T$ 就是闭区间 $[a,b]$ 内的 Round Number 数了。至于为什么是 $b+1$，因为对于闭区间 $[0,k]$，下面的算法求出的是比 k 小的 Round Number 数。

如何求 $[0,k]$ 内的 Round Number 数？首先要把 k 转换为二进制数 bin-k，并记录其位数(长度)len。那么，首先计算长度小于 len 的 Round Number 数有多少(由于这些数长度小于 len，那么他们的值一定小于 k，因此在进行组合时就无需考虑组合所得的数与 k 之间的大小了)。

```
for(i=1;i<bin[0]-1;i++)   //bin[0]记录的是二进制数的长度 len
  for(j=i/2+1;j<=i;j++)
    sum+=c[i][j];
```

之所以"i<len-1"，是因为这些长度比 len 小的数，最高位一定是 1，那么剩下可供放入数字的位数就要再减少一个了。这段程序得到的 sum 为：

$$sum = (C_1^1) + (C_2^2) + (C_3^2 + C_3^3) + (C_4^3 + C_4^4) + (C_5^3 + C_5^4 + C_5^5) + \cdots + \cdots$$

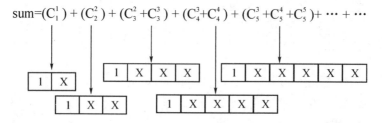

其中：C_n^m 表示在允许放入数字的 n 个位上至少放入 m 个 0 才能够使其成为 Round Number。1 表示当前处理的二进制数的最高位，X 表示该二进制数待放入数字的位。显然这段程序把二进制数 0 排除在外了，这对最终结果没有影响，因为最后要把区间 $[a,b]$ 首尾相减，0 存不存在都一样。

然后计算长度等于 len 的 Round Number 数有多少(由于这些数长度等于 len，他们的值

可能小于 k,也可能大于 k,因此在进行组合时就要考虑组合所得的数与 k 之间的大小了)

```
int zero = 0;      //从高位向低位搜索过程中出现 0 的位的个数
for(i = bin[0] - 1; i >= 1; i - -)
  if(bin[i])       //当前位为 1
    for(j = (bin[0] + 1)/2 - (zero + 1); j <= i - 1; j + +)
      sum + = c[i - 1][j];
  else
    zero + +;
```

之所以初始化"i=bin[0]−1",是因为 bin[] 是逆向存放 k 的二进制的,因此要从高位向低位搜索,就要从 bin[] 后面开始。而要"bin[0]−1",是因为默认以后组合的数长度为 len,且最高位为 1,因此最高位不再搜索了。

现在,问题的关键就是怎样使得以后组合的数小于 k 了。这个很简单:从高位到低位搜索过程中,遇到当前位为 0,则不处理,但要用计数器 zero 累计当前 0 出现的次数。遇到当前位为 1,则先把它看做为 0,zero+1,那么此时当前位后面的所有低位任意组合都会比 k 小,找出这些组合中 Round Number 的个数,统计完毕后把当前位恢复为原来的 1,然后 zero−1,继续向低位搜索。

问题就只剩下:当当前位为 1 时,把它看做 0 之后,怎样去组合后面的数了?

要考虑 2 个方面:

1. 当前位置 i 后面允许组合的低位有多少个,由于 bin 是从 bin[1] 开始存储二进制数的,因此,当前位置 i 后面允许组合的低位有 $i-1$ 个。

2. 组合前必须要除去前面已出现的 0 的个数 zero,程序中初始化 $j=(\text{bin}[0]+1)/2-(\text{zero}+1)$,$j$ 本来初始化为 $(\text{bin}[0]+1)/2$ 就可以了,表示对于长度为 bin[0] 的二进制数,当其长度为偶数时,至少其长度一半的位数为 0,它才是 Round Number,当其长度为奇数时,至少其长度一半+1 的位数为 0,它才是 Round Number。但是现在还必须考虑前面出现了多少个 0,根据前面出现的 0 的个数,j 的至少取值会相应地减少。之所以"−(zero+1)",是因为要把当前位 bin[i] 看做 0。

最后剩下的一个问题,就是怎样得到每一个的值,可以利用组合数和杨辉三角形的关系($C_n^m = C_{n-1}^{m-1} + C_{n-1}^m$)打表做。

【参考程序】

```
#include<iostream>
using namespace std;
int c[33][33] = {0};
int bin[35];      //十进制 n 的二进制数

void play_table(void){    //打表计算 C(n,m)
  for(int i = 0; i <= 32; i + +)
    for(int j = 0; j <= i; j + +)
      if(! j || i = = j)
        c[i][j] = 1;
```

```cpp
            else
                c[i][j] = c[i-1][j-1] + c[i-1][j];    //c[0][0] = 0;
        return;
    }

    void dec_to_bin(int n){//十进制n转换二进制,逆序存放到bin[]
        bin[0] = 0;      //b[0]是二进制数的长度
        while(n){
            bin[++bin[0]] = n%2;
            n/=2;
        }
        return;
    }

    int round(int n){       //计算比十进制数n小的所有RN数
        int i,j,sum = 0;    //sum存储比十进制数n小的所有RN数
        dec_to_bin(n);
        //计算长度小于bin[0]的所有二进制数中RN的个数
        for(i = 1;i<bin[0]-1;i++)
            for(j = i/2+1;j<=i;j++)
                sum += c[i][j];
        //计算长度等于bin[0]的所有二进制数中RN的个数
        int zero = 0;       //从高位向低位搜索过程中出现0的位的个数
        for(i = bin[0]-1;i>=1;i--)
            if(bin[i])      //当前位为1
                for(j = (bin[0]+1)/2-(zero+1);j<=i-1;j++)
                    sum += c[i-1][j];
            else
                zero++;
        return sum;
    }

    int main(void){
        play_table();
        int a,b;
        cin>>a>>b;
        cout<<round(b+1)-round(a)<<endl;
        return 0;
    }
```

3.2 稳定婚姻问题

假如你是一个媒人,有若干个单身男子登门求助,还有同样多的单身女子也前来征婚。如果你已经知道这些女孩儿在每个男孩儿心目中的排名,以及男孩儿们在每个女孩儿心中的排名,你应该怎样为他们牵线配对呢?

最好的配对方案当然是,每个人的另一半正好都是自己的"第一选择"。这虽然很完美,但绝大多数情况下都不可能实现。比方说,男1号最喜欢的是女1号,而女1号的最爱不是男1号,这两个人的最佳选择就不可能被同时满足。如果好几个男孩儿最喜欢的都是同一个女孩儿,这几个男孩儿的首选也不会同时得到满足。当这种最为理想的配对方案无法实现时,怎样的配对方案才能令人满意呢?

其实,找的对象太完美不见得是好事儿,和谐才是婚姻的关键。如果男1号和女1号各有各的对象,但男1号觉得,比起自己现在的,女1号更好一些;女1号也发现,在自己心目中,男1号的排名比现男友更靠前。这样一来,这两人就可能抛弃各自现在的对象——如果出现了这种情况,我们就说婚姻搭配是不稳定的。作为一个红娘,你深知,对象介绍得不好没关系,就怕婚姻关系不稳定。牵线配对时,虽然不能让每个人都得到最满意的,但搭配必须得稳定。换句话说,对于每一个人,在他心目中比他当前伴侣更好的异性,都不会认为他也是一个更好的选择。现在的问题是:稳定的婚姻搭配总是存在吗?应该怎样寻找?

为了便于分析,我们做一些约定,用字母 A、B、C 对男性进行编号,用数字 1、2、3 对女性进行编号。我们把所有男性从上到下列在左侧,括号里的数字表示每个人心目中对所有女性的排名;再把所有女性列在右侧,用括号里的字母表示她们对男性的偏好。图 3.2-1 所示的就是 2 男 2 女的一种情形,每个男的都更喜欢女 1 号,但女 1 号更喜欢男 B,女 2 号更喜欢男 A。若按 A—1、B—2 进行搭配,则男 B 和女 1 都更喜欢对方一些,这样的婚姻搭配就是不稳定的。但若换一种搭配方案(如图 3.2-2),这样的搭配就是稳定的了。

$$A(1, 2) \text{———} 1(B, A)$$
$$B(1, 2) \text{———} 2(A, B)$$

图 3.2-1 一个不稳定的婚姻搭配图

可能很多人会立即想到一种寻找稳定婚姻搭配的策略:不断修补当前搭配方案。如果两个人互相都觉得对方比自己当前的伴侣更好,就让这两个人成为一对,剩下被甩的那两个人组成一对。

$$A(1, 2) \diagdown 1(B, A)$$
$$B(1, 2) \diagup 2(A, B)$$

图 3.2-2 一个稳定的婚姻搭配

如果还有想要私奔的男女对,就继续按照他们的愿望互换情侣,直到最终消除所有的不稳定组合。容易看出,应用这种"修补策略"所得到的最终结果一定满足稳定性,但这种策略的问题在于,它不一定存在"最终结果"。事实上,按照上述方法反复调整搭配方案,最终可能会陷入一个死循环,因此该策略甚至不能保证得出一个确定的方案来,如图 3.2-3 所示。

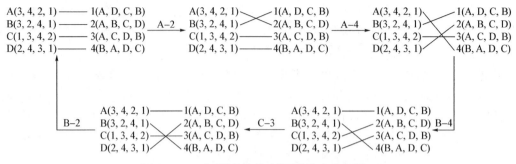

图 3.2-3　应用"修补策略"可能会产生死循环

1962 年,美国数学家 David Gale 和 Lloyd Shapley 发明了一种寻找稳定婚姻的策略。不管男女各有多少人,也不管他们的偏好如何,应用这种策略后总能得到一个稳定的搭配。换句话说,他们证明了稳定的婚姻搭配总是存在的。有趣的是,这种策略反映了现实生活中的很多真实情况。

在这种策略中,男孩儿将一轮一轮地去追求他中意的女子,女子可以选择接受或者拒绝他的追求者。第一轮,每个男孩儿都选择自己名单上排在首位的女孩儿,并向她表白。此时,一个女孩儿可能面对的情况有三种:没有人跟她表白,只有一个人跟她表白,有不止一个人跟她表白。在第一种情况下,这个女孩儿什么都不用做,只需要继续等待;在第二种情况下,接受那个人的表白,答应暂时和他做情侣;在第三种情况下,从所有追求者中选择自己最中意的那一位,答应和他暂时做情侣,并拒绝所有其他追求者。

第一轮结束后,有些男孩儿已经有女朋友了,有些男孩儿仍然是单身。在第二轮追女行动中,每个单身男孩儿都从所有还没拒绝过他的女孩儿中选出自己最中意的那一个,并向她表白,不管她现在是否是单身。和第一轮一样,女孩儿们需要从表白者中选择最中意的一位,拒绝其他追求者。注意,如果这个女孩儿已经有男朋友了,当她遇到了更好的追求者时,她必须拒绝掉现在的男友,投向新的追求者的怀抱。这样,一些单身男孩儿将会得到女友,那些已经有了女友的人也可能重新变成光棍。在以后的每一轮中,单身男孩儿继续追求列表中的下一个女孩儿,女孩儿则从包括现男友在内的所有追求者中选择最好的一个,并对其他人说不。这样一轮一轮地进行下去,直到某个时候所有人都不再单身,下一轮将不会有任何新的表白发生,整个过程自动结束。此时的婚姻搭配就一定是稳定的了。

这个策略会不会像之前的修补法一样,出现永远也无法终止的情况呢?不会。下面我们将说明,随着轮数的增加,总有一个时候所有人都能配对。由于在每一轮中,至少会有一个男孩儿向某个女孩儿告白,因此总的告白次数将随着轮数的增加而增加。倘若整个流程一直没有因所有人都配上对了而结束,最终必然会出现某个男孩儿追遍了所有女孩儿的情况。而一个女孩儿只要被人追过一次,以后就不可能再单身了。既然所有女孩儿都被这个男孩儿追过,就说明所有女孩儿现在都不是单身,也就是说此时所有人都已配对。

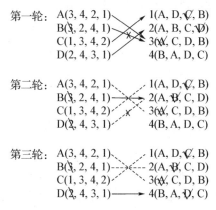

图 3.2-4　应用上述策略,三轮之后将得出稳定的婚姻搭配

接下来,我们还需要证明,这样得出的配对方案确实是稳定的。首先注意到,随着轮数的增加,一个男孩儿追求的对象总是越来越糟,而一个女孩儿的男友只可能变得越来越好。假设男 A 和女 1 各自有各自的对象,但比起现在的对象,男 A 更喜欢女 1。因此,男 A 之前肯定已经跟女 1 表白过。既然女 1 最后没有跟男 A 在一起,说明女 1 拒绝了男 A,也就是说她有了比男 A 更好的男孩儿。这就证明了,两个人虽然不是一对但都觉得对方比自己现在的伴侣好,这样的情况绝不可能发生。

上面这个用来寻找稳定婚姻的策略就叫做"Gale-Shapley 算法",也叫"延迟认可算法"。Gale-Shapley 算法最大的意义就在于,作为一个为这些男女牵线的媒人,你并不需要亲自计算稳定婚姻匹配,甚至根本不需要了解每个人的偏好,只需要按照这个算法组织一个男女配对活动就可以了。你需要做的仅仅是把算法流程当作游戏规则告诉大家,游戏结束后会自动得到一个大家都满意的婚姻匹配。整个算法可以简单地描述为:每个人都去做自己想做的事情。对于男性来说,从最喜欢的女孩儿开始追起是顺理成章的事;对于女性来说,不断选择最好的男孩儿也正好符合她的利益。因此,大家会自动遵守游戏规则,不用担心有人虚报自己的偏好。

历史上,这样的"配对游戏"还真有过实际应用,并且更有意思的是,这个算法的应用居然比算法本身的提出还早 10 年。早在 1952 年,美国就开始用这种办法给医学院的学生安排工作,这被称之为"全国住院医师配对项目"。配对的基本流程就是,各医院从尚未拒绝这一职位的医学院学生中选出最佳人选并发送聘用通知,当学生收到来自各医院的聘用通知后,系统会根据他所填写的意愿表自动将其分配到意愿最高的职位,并拒绝掉其他的职位。如此反复,直到每个学生都分配到了工作。那时人们并不知道这样的流程可以保证工作分配的稳定性,只是凭直觉认为这是很合理的。直到 10 年之后,Gale 和 Shapley 才系统地研究了这个流程,提出了稳定婚姻问题,并证明了这个算法的正确性。

这个算法还有很多有趣的性质。比如说,大家可能会想,这种男追女女拒男的方案对男性更有利还是对女性更有利呢?答案是,这种方案对男性更有利。事实上,稳定婚姻搭配往往不止一种,然而上述算法的结果可以保证,每一位男性得到的伴侣都是所有可能的稳定婚姻搭配方案中最理想的,同时每一位女性得到的伴侣都是所有可能的稳定婚姻搭配方案中最差的。

这个算法会有一些潜在的问题。刚才我们已经说了,对于每位女性来说,得到的结果都是所有可能的稳定搭配中最差的一种。此时,倘若有某位女性知道所有其他人的偏好列表,经过精心计算,她有可能发现,故意拒绝掉本不该拒绝的人(暂时保留一个较差的人在身边),或许有机会等来更好的结果。因而,在实际生活中应用这种算法,不得不考虑一些可能的欺诈与博弈。

这个算法还有一些局限。例如,它无法处理 $2n$ 个人不分男女的稳定搭配问题。一个简单的应用场景便是宿舍分配问题:假设每个宿舍住两个人,已知 $2n$ 个学生中每一个学生对其余 $2n-1$ 个学生的偏好评价,如何寻找一个稳定的宿舍分配?此时,Gale-Shapley 算法就不再有用武之地了。而事实上,宿舍分配问题中很可能根本就不存在稳定的搭配。例如,有 A、B、C、D 四个人,其中 A 把 B 排在第一,B 把 C 排在第一,C 把 A 排在第一,而且他们三人都把 D 排在最后。容易看出,此时一定不存在稳定的宿舍分配方案。倘若 A、D 同宿舍,B、C 同宿舍,那么 C 会认为 A 是更好的室友(因为 C 把 A 排在了第一),同时 A 会认为 C 是更好的室友(因为他把 D 排在了最后)。同理,B、D 同宿舍或者 C、D 同宿舍也都是不行的,因而稳定的宿舍分配是不存在的。此时,重新定义宿舍分配的优劣性便是一个更为基本的问题。

稳定婚姻问题还有很多其他的变种,有些问题甚至是 NP 完全问题,至今仍然没有(也不大可能有)一种有效的算法。在图论、算法和博弈论中,这都是非常有趣的话题。

【例 3.2-1】 The Stable Marriage Problem(POJ3487)

【问题描述】

稳定婚姻系统问题如下:

1. 集合 M 表示 n 个男性;
2. 集合 F 表示 n 个女性;
3. 对于每个人我们都按异性的中意程度给出一份名单(从最中意的到最不中意的)。

如果没有 $(m,f),f \in F, m \in M, f$ 对 m 比对她的配偶中意的同时 m 对 f 比对他的配偶更加中意,那这个婚姻是"稳定"的。如果一个稳定配对不存在另一个稳定婚姻配对,其中所有的男性的配偶都比现在强,那么这个稳定配对称为男性最优配对。

【输入格式】

第一行为一个数,表示测试数据的组数。

对于每组数据,第一行为 $n(0<n<27)$。接下来一行依次为男性的名字(小写字母)和女性的名字(大写字母),接下来 n 行为每个男性的中意程度名单(从大到小),接下来 n 行是女性的中意程度名单(同上)。

【输出格式】

对于每组测试数据输出一组男性最优配对,男性按字典序从小到大排列,每行为"男姓名 女姓名"的形式,每组数据之间输出一空行。

【输入样例】

2
3
a b c A B C
a:BAC
b:BAC

c：ACB
A：acb
B：bac
C：cab
3
a b c A B C
a：ABC
b：ABC
c：BCA
A：bac
B：acb
C：abc

【输出样例】

a A
b B
c C

a B
b A
c C

【问题分析】

直接应用 Gale-Shapley 算法求解。

【参考程序】

```cpp
#include<iostream>
#include<cstring>
#include<queue>
#include<cstdio>
#include<cmath>
#include<algorithm>
#define N 30
#define inf 1<<29
#define MOD 2007
#define LL long long
using namespace std;
int couple;                        //总共多少对
int malelike[N][N],femalelike[N][N];  //男士对女士的喜欢程度,按降序排列,女士对男士的喜欢程度一一对应
int malechoice[N],femalechoice[N]; //男士的选择,女士的选择
int malename[N],femalename[N];     //name 的 HASH
```

```cpp
char str[N];
queue<int>freemale;    //没有配对的男士

int main(){
    int t;
    scanf("%d",&t);
    while(t--){
        scanf("%d",&couple);
        //清空队列
        while(!freemale.empty())
            freemale.pop();
        //将男士的名字存下,初始都没有配对
        for(int i=0;i<couple;i++){
            scanf("%s",str);
            malename[i]=str[0]-'a';
            freemale.push(malename[i]);
        }
        //将名字排序,便于字典序
        sort(malename,malename+couple);
        for(int i=0;i<couple;i++){
            scanf("%s",str);
            femalename[i]=str[0]-'A';
        }
        //男士对女士的印象,按降序排列
        for(int i=0;i<couple;i++){
            scanf("%s",str);
            for(int j=0;j<couple;j++)
                malelike[i][j]=str[j+2]-'A';
        }
        //女士对男士的打分,添加虚拟人物,编号couple,为女士的初始对象,
        for(int i=0;i<couple;i++){
            scanf("%s",str);
            for(int j=0;j<couple;j++)
                femalelike[i][str[j+2]-'a']=couple-j;
            femalelike[i][couple]=0;
        }
        //一开始男士的期望都是最喜欢的女士
        memset(malechoice,0,sizeof(malechoice));
        //女士先初始一个对象
```

```
            for(int i = 0;i<couple;i++)
                femalechoice[i] = couple;
        while(! freemale.empty()){
            //找出一个未配对的男士,注意不要习惯性的POP
            int male = freemale.front();
            //男士心仪的女士
            int female = malelike[male][malechoice[male]];
            //如果当前男士比原来的男友更好
            if(femalelike[female][male]>femalelike[female][femalechoice[female]]){
                //成功脱光
                freemale.pop();
                //如果有前男友,则打回光棍,并且考虑下一个对象
                //不要把虚拟的人物加入队列,否则就死循环或者错误
                if(femalechoice[female]! = couple){
                    freemale.push(femalechoice[female]);
                    malechoice[femalechoice[female]]++;
                }
                //当前男友为这位男士
                femalechoice[female] = male;
            }
            else
                //如果被女士拒绝,则要考虑下一个对象
                malechoice[male]++;
        }
        for(int i = 0;i<couple;i++)
            printf("%c %c\n",malename[i]+'a',
                malelike[malename[i]][malechoice[malename[i]]]+'A');
        if(t) puts("");
    }
    return 0;
}
```

3.3 组合问题分类

组合数学研究的中心问题是如何按照一定的规则来安排一些物体。具体可以分为以下四种问题：
1. 存在性问题:判断满足某种条件的情况或状态是否存在；
2. 计数性问题:存在多少种满足某种条件的情况或状态；

3. 构造性问题:如果已判断出满足某种条件的状态是存在的,那么如何构造出来;
4. 最优化问题:找出某种评价标准下的最佳(或较佳)构造方案。

3.3.1 存在性问题

【例3.3-1】 骑士巡游

【问题描述】

有一个 $n*n(n\leqslant 100)$ 的棋盘,如图3.3-1(左图)所示为一个 $n=5$ 的棋盘。在棋盘的任意一位置上有一匹中国象棋中的马(图中马的位置为 $x=2,y=4$),马可以在棋盘范围内往8个方向跳"日"字。编程输入 n 和马的初始位置 (x,y),判断马能否不重复地走遍棋盘上的每一个点。

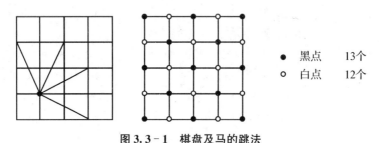

图3.3-1 棋盘及马的跳法

【问题分析】

本题可以采用"搜索"算法做,但时间复杂度很差。注意到本题只要判断是否有解,并不需要构造出解,所以搜索出一个解是没有必要的。我们介绍一种"着色法",将棋盘上的点,间隔着涂成黑白点,若马在黑点出发,跳一步,则下一点必为白点,反之亦然。如图3.3-1(右图)所示,当 $n=5$,共25个点,将左上角着成黑色,所以,黑、白点个数分别是13和12个,则"黑—白—黑—…—黑"是可能的,而"白—黑—白—…—白"一定是不可能的,即从白点出发,问题一定无解。所以,可以初步判断:若 n 是奇数、且出发点的坐标 x,y 之和也是奇数,则问题一定无解。其他情况下的判断请读者思考。

3.3.2 计数性问题

【例3.3-2】 路径问题

【问题描述】

有一个 $m*n$ 的棋盘,如图3.3-2(左图)所示为一个 $3*4$ 的棋盘,有一个中国象棋中的"卒"要从左上角走到右下角,卒每步只能往右或往下走一格,问一共有多少种走法?

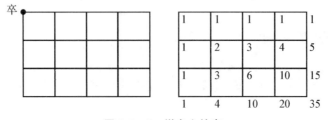

图3.3-2 棋盘上的卒

【问题分析】

卒是如何走到(3,4)的呢？只能从(3,3)或(2,4)移动一格。因此，很容易想到类似杨辉三角形的解法，假设 $f(m,n)$ 表示要求的答案，则应用加法原理得到：$f(m,n)=f(m-1,n)+f(m,n-1)$，其中：$m>0$ 且 $n>0$。当 $m=0$ 或 $n=0$ 时，$f(m,n)=1$。本质上来说，不管卒怎么走，它最终都是往下走了 m 次，往右走了 n 次，至于怎么组合而成的，是先往下再往右，还是先往右再往下，都是可以的。具体计算可以采用"逐行递推"的方法实现，如图 3.3-2(右图)所示。

换一种解法，假设用 0 代表向右走一步，用 1 代表向下走一步，那么从左上角到右下角的一种可能的走法，就唯一地对应了一个由 4 个 0 和 3 个 1 组成的 7 位 01 字符串。反之，给定一个由 4 个 0 和 3 个 1 组成的 7 位 01 字符串，则这个字符串又唯一地对应着一种可能的走法。这样便建立了一种一一对应关系，所求的方案数就是由 4 个 0 和 3 个 1 组成的 7 位"01 字符串"的个数，即 $C(7,4)=35$。一般公式为：$f(m,n)=C(m+n,n)$。

3.3.3 构造性问题

【例 3.3-3】 纵横图问题

【问题描述】

将 $1,2,3,\cdots n^2$ 共 n^2 个自然数排成 n 行 n 列的正方形(数字方阵)，使得每行、每列及两条对角线上的 n 个数之和都相等，问有没有这种可能？如果有是否唯一？你能构造出一个吗？

【问题分析】

当 n 为奇数时，一般称之为"n 阶奇数幻方"，下面我们也只讨论 n 为奇数的情况。首先，n 阶奇数幻方是存在的，如图 3.3-3 就是一个 5 阶奇数幻方，可以验证它满足题目的要求，而且不唯一，因为把这个数字方阵对称、旋转后可得到若干个依然满足题目的方阵。

构造 n 阶奇数幻方的方法一般如下：把 1 放在第 1 行的正中间，对于后面的任意 1 个数 i(i 从 2 到 n^2)，如果它的前一个数是 n 的倍数，则 i 的位置应该在前一个数的正下方；否则，i 的位置应该在前一个数的右上方。当然，如果过程中出现 i 的位置超出了棋盘，则应该把它拉回来(即出现在第 1 行的上面则变成第 n 行，出现在第 n 列的右边则变成第 1 列)。

17	24	1	8	15
23	5	7	14	16
4	6	13	20	22
10	12	19	21	3
11	18	25	2	9

图 3.3-3　5 阶奇数幻方

3.3.4 最优化问题

【例 3.3-4】 运费问题
【问题描述】

产地 $A_1, A_2, \cdots A_m$ 生产某种产品的产量分别为 $a_1, a_2, \cdots a_m$，销地 $B_1, B_2, \cdots B_n$ 对该种产品的需求量分别为 $b_1, b_2, \cdots b_n$，假设从产地 A_i 到销地 B_j 的单位运费为 C_{ij}，产和销是平衡的，即：$\sum_{i=1}^{m} a_i = \sum_{j=1}^{n} b_j$

问：怎样合理安排该种产品的运输方案，能使其总运费 Z 最少呢？

【问题分析】

本题，我们暂且只考虑问题模型的建立。设从 A_i 到 B_j 的运量为 X_{ij}，则该问题相当于求解如下方程：$\min\{Z\} = \min\{\sum_{i=1}^{m}\sum_{j=1}^{n} C_{ij} * X_{ij}\}$，并满足下面两个约束条件：

1. $\sum_{j=1}^{n} X_{ij} = a_i, \sum_{i=1}^{m} X_{ij} = b_j, X_{ij} \geqslant 0$
2. $\sum_{i=1}^{m}\sum_{j=1}^{n} X_{ij} = \sum_{i=1}^{m} a_i = \sum_{j=1}^{n} b_j$

3.4 排列

组合数学的研究对象中，根据有无顺序，一般分为排列问题和组合问题。排列与组合的根本区别在于前者与元素的顺序有关，后者与元素的顺序无关。

在排列与组合的问题中，经常会出现计数问题，解决计数问题的思路一般有以下三种：

1. 只取要的。即把各种符合条件的情形枚举出来，再利用加法原理求和；
2. 先全部取，再减去不要的。即把所有可能的情形枚举出来，再减去不符合条件的情形；
3. 先取后排。即先把各步中符合条件的排列或组合计算出来，再根据乘法原理求积。

3.4.1 选排列

从 n 个元素的集合 S 中，有序选取出 r 个元素，$r \leqslant n$，叫作 S 的一个 r 排列。不同的排列总数记作 $P(n,r)$ 或 P_n^r。

如果两个排列满足下列条件之一，它们就被认为是不同的排列：所含元素不全相同；所含元素相同但顺序不同。

从 n 个不同元素中取出 r 个元素，按照一定顺序排成一列，当 $r<n$ 时，叫做从 n 个不同元素取出 r 个不同元素的一种选排列；当 $r=n$ 时，叫做 n 个不同元素的全排列。

应用乘法原理，可以推导出选排列 $P(n,r)$ 的方案数：

$P(n,r) = n * (n-1) * (n-2) * \cdots (n-r+1) = n!/(n-r)!$

读作"n 的降 r 阶乘"，特别地，$P(n,n) = n!$。

从 n 个不同元素中可以重复地选取出 m 个元素的排列,叫做相异元素可重复排列。其排列方案数为 n^m 种。

例如,从 1、2、3、4、5 五个数字中任取三个出来组成一个三位数,有 $P(5,3)=60$ 种方案,即一般的排列(每位都不许相同)。如果每个数字都可以重复使用(即可以出现 111 这种三位数),则有 $5^3=125$ 种。

如果在 n 个元素中,有 n_1 个元素彼此相同,有 n_2 个元素彼此相同,……又有 n_m 个元素彼此相同,并且 $n_1+n_2+\cdots n_m=n$,则这 n 个元素的全排列叫做不全相异元素的全排列。其排列数计算公式为:$n!/(n_1!*n_2!*\cdots n_m!)$。

如果 $n_1+n_2+\cdots n_m=r$,则从这 n 个元素中选出 r 个($r<n$)的选排列叫不全相异元素的选排列,其排列数计算公式为:$P(n,r)/(n_1!*n_2!*\cdots n_m!)$。

【例 3.4-1】 将 1、2、3、4、5 五个数进行排列,要求 4 一定要排在 2 的前面。问:有多少种排法?

【问题分析】

方法 1:因为 1、3、5 的排列先后无任何要求,所以可以先把 1、3、5 做全排列,有 3! 种。假设 1、3、5 构成的一种排法为 abc,然后我们把 2、4 往其中插,比如先插 4,再插 2,则 4 有 4 种插法($4abc,a4bc,ab4c,abc4$),对于每一种插法,2 又分别有 4、3、2、1 种插法,根据加法原理,2、4 有 $4+3+2+1=10$ 种插法,再根据乘法原理,最后的解为 $3!*10=60$ 种。

方法 2:先不考虑 2、4 的要求,即求 5 个数的全排列,共有 5! 种。2 和 4 的位置先后分布情况各半,所以解为 $5!/2=60$ 种。

【例 3.4-2】 有 3 个相同的黄球、2 个相同的蓝球、4 个相同的白球排成一排,问:有多少种不同的排法?

【问题分析】

根据不全相异元素的全排列公式,解为:$(3+2+4)!/(3!*2!*4!)=1\,260$ 种。

【例 3.4-3】 把两个红球、一个蓝球、一个白球放到 10 个编号不同的盒子中去,每个盒子最多放 1 个球,有多少种放法?

【问题分析】

根据不全相异元素的选排列公式,解为:$P(10,4)/(2!*1!*1!)=2\,520$ 种。

【例 3.4-4】 选排列的生成

【问题描述】

输入两个整数 n 和 r,输出 $P(n,r)$ 的所有方案。

【输入样例】

3 2

【输出样例】

1 2
1 3
2 1
2 3
3 1

3 2

【问题描述】

采用回溯法实现。设递归过程$done(i)$,i表示当前已经生成了排列中第i个位置上的数。首先判断i与r的值是否相等,若相等,表示已经生成了一个排列,则输出并回溯继续找下一种排列;否则($i<r$)继续递归下去。之后再穷举当前位置上可能填写的数$j(1\leqslant j\leqslant n)$,若$j$没有在该排列的前面出现过,则该位置上就选择$j$;若已经出现过,则$j$的值增加1,当$j=n$时回溯。

【参考程序】

```cpp
#include <cstdio>
#include <cstring>
int n, r, data[20];
bool app[20];

void Print(){
    for (int i = 0; i < r-1; i++) printf("%d ", data[i]+1);
    printf("%d\n", data[r-1]+1);
}

void done(int i){
    if (i == r){
        Print();
        return;
    }
    for (int j = 0; j < n; j++)
        if (!app[j]){
            app[j] = true;
            data[i] = j;
            done(i+1);
            app[j] = false;
        }
}

int main(){
    memset(app, false, sizeof(app));
    scanf("%d%d", &n, &r);
    done(0);
    return 0;
}
```

3.4.2 错位排列

设 $(a_1, a_2, \cdots a_n)$ 是 $\{1, 2, \cdots n\}$ 的一个全排列,若对于任意的 $i \in \{1, 2, \cdots n\}$,都有 $a_i \neq i$,则称 $(a_1, a_2, \cdots a_n)$ 是 $\{1, 2, \cdots n\}$ 的一个错位排列。一般用 D_n 表示 $\{1, 2, \cdots n\}$ 的错位排列的个数。

$$D_n = n! * (1 - 1/1! + 1/2! - 1/3! + 1/4! - \cdots (-1)^n/n!)$$

证明:

设 S 是由 $\{1, 2, \cdots n\}$ 构成的所有全排列组成的集合,则 $|S| = n!$。

设 A_i 是在 $\{1, 2, \cdots n\}$ 的所有排列中由第 i 个位置上的元素恰好是 i 的所有排列组成的集合,则有:$|A_i| = (n-1)!$。

同理可得:$|A_i \cap A_j| = (n-2)!$。

……

一般情况下,有:$|A_{i1} \cap A_{i2} \cap \cdots \cap A_{ik}| = (n-k)!$。

因为 D_n 是 S 中不满足性质 $P_1, P_2, \cdots P_n$ 的元素的个数,所以由容斥原理得:

$$D_n = |\overline{A_1} \cap \overline{A_2} \cap \cdots \cap \overline{A_n}|$$
$$= n! - C(n,1) * (n-1)! + C(n,2) * (n-2)! - \cdots (-1)^n c(n,n) * 0!$$
$$= n! * (1 - 1/1! + 1/2! - 1/3! + 1/4! - \cdots (-1)^n/n!)$$

【例 3.4-5】 书架上有 6 本书,编号分别为 1~6,取出来再放回去,要求每本书都不在原来的位置上。问:有多少种排法?

【问题分析】

先尝试从小数据着手,找找规律:

$f(1) = 0$

$f(2) = 1$

$f(3) = 2 = 2 * (0 + 1)$

$f(4) = 9 = 3 * (1 + 2)$

$f(5) = 44 = 4 * (2 + 9)$

……

归纳得到递归公式为:$f(n) = (n-1) * (f(n-1) + f(n-2))$

所以,$f(6) = 5 * (9 + 44) = 265$。

其实,直接用容斥原理,$D_6 = 6! * (1 - 1/1! + 1/2! - 1/3! + 1/4! - 1/5! + 1/6!)$
$$= 6!/2! - 6!/3! + 6!/4! - 6!/5! + 1$$
$$= 360 - 120 + 30 - 6 + 1$$
$$= 265$$

3.4.3 圆排列

从 n 个不同元素中选取出 r 个元素,不分首尾地围成一个圆圈的排列叫做圆排列,其排列方案数为:$P(n,r)/r$。如果 $r = n$,则有 $n!/n = (n-1)!$ 种。

【例 3.4-6】 有男女各 5 人,其中 3 对是夫妻,沿 10 个位置的圆桌就座,若每对夫妻都要坐在相邻的位置,问有多少种坐法?

【问题分析】

先让 3 对夫妻中的妻子和其他 4 人就坐，根据圆排列公式，共有 $7!/7=6!$ 种坐法。然后每位丈夫都可以坐在自己妻子的左右两边，所以，共 $6!*2*2*2=5760$ 种坐法。

【例 3.4-7】 全排列的生成

【问题描述】

编程输入 $N(N<20)$，输出 1 到 N 这 N 个自然数的全排列（一行十个）。

【输入样例】

5

【输出样例】

12345 12354 12435 12453 12534 12543 13245 13254 13425 13452
13524 13542 14235 14253 14325 14352 14523 14532 15234 15243
15324 15342 15423 15432 21345 21354 21435 21453 21534 21543
23145 23154 23415 23451 23514 23541 24135 24153 24315 24351
24513 24531 25134 25143 25314 25341 25413 25431 31245 31254
31425 31452 31524 31542 32145 32154 32415 32451 32514 32541
34125 34152 34215 34251 34512 34521 35124 35142 35214 35241
35412 35421 41235 41253 41325 41352 41523 41532 42135 42153
42315 42351 42513 42531 43125 43152 43215 43251 43512 43521
45123 45132 45213 45231 45312 45321 51234 51243 51324 51342
51423 51432 52134 52143 52314 52341 52413 52431 53124 53142
53214 53241 53412 53421 54123 54132 54213 54231 54312 54321

【问题分析】

可以直接采用选排列的生成方法（回溯法），只要令 $r=n$ 即可。同时，我们再介绍另外一种算法——生成法。

为了输出 $N!$ 种排列，我们可以试着寻找不同排列之间的规律。通过观察 $N=5$ 的排列情况发现：如果把每个排列看作一个自然数，则所有排列对应的数是按从小到大的顺序排列的，从当前排列产生下一个排列时必然会造成某一位置上的数字变大，这一位置显然应该尽量靠右，并且在它左边位置上的数字保持不变，这就意味着这一位置变成的数字来自于它的右边，并且变大的幅度要尽可能小，也就是说在它右边如有几个数同时比它大时，应该用其中最小的来代替它。由于这一位置是满足上述条件的最右边的一位，所以在它右边的所有数字按逆序排列，即在这些数字的右边没有一个大于它的数。

程序实现时，先从右至左找到第一个位置，要求该位置上的数比它右边的数小，这个位置就是所要找的满足上述条件的位置。然后再从右到左找到第一个比该位置上的数字大的数字所在的位置。将这两个位置上的数字交换，再将该位置右边的所有元素颠倒过来，即将它们按从小到大的顺序排列，就得到了下一个排列。

已知排列 A，生成下一个排列 B 的方法如下（设 $n=5$，将 A 写成 $A=P_1P_2P_3P_4P_5$，假如 $A=13452$）：

对于相邻的两项，若 $P_i<P_{i+1}$，则称 P_i,P_{i+1} 为一个正序，P_i 为正序的首位，P_{i+1} 为末位。若 $P_i>P_{i+1}$，则称 P_i,P_{i+1} 为一个逆序，P_i 为逆序的首位，P_{i+1} 为末位。

具体的算法描述如下：

1. 确定要变动的第一位，记为 i 位：P_i，它应为最后一个正序的首位。本例：$i=3$，$P_i=4$。

2. 确定要与第 i 位交换的位，记为 j 位：P_j，它应在第 i 位之后，所以应从第 $i+1$ 位起，向后找到最后一个大于 P_i 的数即可。本例：$j=4$，$P_j=5$。

3. 交换 P_i 与 P_j，生成一个新排列 $C=13\,542$。

4. 将 $P_{i+1},P_{i+2},\cdots P_n$ 从小到大排序，即由逆序转换成正序，便得到 $B=13\,524$。

【参考程序】

```cpp
#include <algorithm>
#include <cstdio>
using namespace std;
int a[20];

int main(){
    int n;
    scanf("%d", &n);
    for (int i = 0; i < n; i++) a[i] = i;
    int total = 1;
    for (int i = 2; i <= n; i++)
        total *= i;    //计算全排列数 n!
    for (int k = 0; k < total-1; k++) {
        for (int i = 0; i < n; i++) printf("%d", a[i]+1);
        printf("\n");
        int L, R;
        for (int i = n-1; i > 0; i--)
            if (a[i-1] < a[i]) {
                L = i-1;
                break;
            }
        for (int i = n-1; i > 0; i--)
            if (a[i] > a[L]) {
                R = i;
                break;
            }
        swap(a[L], a[R]);
        for (int i = L+1; i < n-i+L; i++) swap(a[i], a[n-i+L]);
    }
    for (int i = 0; i < n; i++) printf("%d", a[i]+1);
    printf("\n");
    return 0;
}
```

3.5 组合

从 n 个元素的集合 S 中,无序选取出 r 个元素,叫做 S 的一个 r 组合。所有不同组合的个数,叫做组合数,记做 $C(n,r)$ 或 C_n^r。如果两个组合中,至少有一个元素不同,它们就被认为是不同的组合。

因为每一种组合都可以扩展到 $r!$ 种排列,而总排列为 $P(n,r)$,所以组合数 $C(n,r) = P(n,r)/r! = n!/(r! \times (n-r)!)$,其中:$r \leq n$,特别地,$C(n,0) = 1$。

我们很容易推导出以下几个公式:

1. $C(n,r) = C(n,n-r)$
2. $C(n,r) = C(n-1,r) + C(n-1,r-1)$
3. $C(n,0) + C(n,1) + \cdots + C(n,n-1) + C(n,n) = 2^n$

其中,第 3 个式子称为二项式定理。我们简单地证明以下:等式左边包含了 n 元集的从零个元素到 n 个元素的全部组合,每一种组合与一个 n 位二进制数一一对应。对应方式为:n 位二进制数共有 n 位,每一位对应 n 元集的一个元素,如果 n 位二进制数某一位上为 1,则表示选中该位对应的元素,否则表示未选中该位对应的元素,这样一个 n 位二进制数就对应一种组合;反过来每一种组合同样对应一个 n 位二进制数,而 n 位二进制数的总数为 2^n。

从 n 个不同的元素中,取出 r 个元素组成一个组合,且允许这 r 个元素重复使用(一般 $r \leq n$),则称这样的组合为可重复组合,其组合数记为 $H(n,r)$,$H(n,r) = C(n+r-1,r)$。

证明:从 n 元集中可重复地选取 r 个元素,设第一个元素选了 x_1 个,第二个元素选了 x_2 个,$\cdots$,第 n 个元素选了 x_n 个,则方程 $x_1 + x_2 + \cdots x_n = r$ 的非负整数解的个数,就是 n 元集中的可重复 r 组合的总数。也可以理解为,将 r 个 1 排成一排,插入 $n-1$ 个分隔符,把 r 个 1 分成 n 段,n 段中的 1 的个数即是方程的一个解。插入 $n-1$ 个分隔符的过程,实际上就是从 $n+r-1$ 个位置中选择 $n-1$ 个位置放分隔符,其余 r 个位置放 1,共有 $C(n+r-1,n-1) = C(n+r-1,r)$ 种。

【例 3.5 - 1】 一班有 10 名同学,二班有 8 名同学。要在每个班级选出 2 名学生参加一个座谈会,问有多少种选法?

【问题分析】

运用组合数及乘法原理,共有:$C(10,2) * C(8,2) = 1\ 260$ 种。

【例 3.5 - 2】 某班有 10 名同学,其中有 4 名女同学。要在班级选出 3 名学生参加座谈会,其中至少有 1 名女同学,问有多少种选法?

【问题分析】

运用组合数及加法原理,共有:$C(4,1) * C(6,2) + C(4,2) * C(6,1) + C(4,3) * C(6,0) = 100$ 种。也可以运用"减法原理",即先确定 1 名女同学都不选的方案数为 $C(6,3) * C(4,0) = 20$ 种,而从 10 个人中选 3 个(不分性别)的方案数为 $C(10,3) = 120$ 种,所以,符合题目的方案数为 $120 - 20 = 100$ 种。

【例 3.5 - 3】 仅含有数字 1 和 0 的 10 位正整数中,能被 11 整除的数有多少个?

【问题分析】

一个正整数能被 11 整除的充要条件是其奇数位上数字之和与偶数位上数字之和的差是 11 的倍数。

设仅含有数字 1 和 0 的 10 位十进制正整数是 $n = 1a_8a_7a_6a_5a_4a_3a_2a_1a_0$(最高位必是 1)。

根据上述的充要条件得:
$$a_8 + a_6 + a_4 + a_2 + a_0 = P \qquad (1)$$
$$1 + a_7 + a_5 + a_3 + a_1 = Q \qquad (2)$$

则 $P-Q$ 能被 11 整除,且 $|P-Q| \leq 5$。所以,P 只能等于 Q,设为 K,则 K 可取 1、2、3、4、5 五种方案。对于给定的 K,根据(1)式,a_8、a_6、a_4、a_2、a_0 中应该为 K 个 1,$5-K$ 个 0,共有 $C(5,k)$ 种方案。而 a_7、a_5、a_3、a_1 中应该为 $k-1$ 个 1,$5-K$ 个 0,共有 $C(4,k-1)$ 种方案。所以,根据乘法原、加法原理和排除法,总的方案数 S 为:$C(5,1)*C(4,0) + C(5,2)*C(4,1) + C(5,3)*C(4,2) + C(5,4)*C(4,3) + C(5,5)*C(4,4) = 126$ 个。

【例 3.5-4】 组合数的末十位(lastten.*,64 MB,1 秒)

【问题描述】

输入 n, r,输出 $C(n,r)$ 的最后十位。其中:$0 < r \leq n \leq 30\,000$,输出时不足十位数也按十位输出,此时高位补 0。

【问题描述】

29999 27381

【问题描述】

4531330240

【问题分析】

首先 $C(n,r)$ 的值一定是自然数,因为连续 r 个自然数的积一定被 $r!$ 整除,本题的关键是如何避免做除法,因为如果只做乘法或加法,只要保留最末十位有效数字即可。

避免除法的方法之一是约分,约分之后分母即会变成 1,约分的具体方法是计算 $1 \sim n$ 之间的任意一个质数在 $C(n,r)$ 中的重数。所谓质数 p 在自然数 n 中的重数是指自然数 n 的质因数分解式中质数 p 出现的次数,如 $72 = 2*2*2*3*3$,则质数 2 在 72 中的重数为 3,质数 3 在 72 中的重数为 2。具体做法是对分子分母上的每个数分解质因子,用一个数组 C 记录重数。若分子上的数分解出了一个质因子 p,则 $C[p]$ 增加 1,反之若分母上的数分解出了质因子 p,则 $C[p]$ 减少 1,最后将每个质因子按其重数连乘即可。

方法之二是将计算公式化为 $C(n,r) = n!/(r!*(n-r)!)$,通过直接计算质数 p 在 $n!$ 中的重数而得到数组 c,质数 p 在 $n!$ 中的重数为 $n\ \text{div}\ p + n\ \text{div}\ p^2 + n\ \text{div}\ p^3 + \cdots$,例如 $n = 1\,000, p = 3$ 时,我们有:

$1\,000\ \text{div}\ 3 + 1\,000\ \text{div}\ 9 + 1\,000\ \text{div}\ 27 + 1\,000\ \text{div}\ 81 + 1\,000\ \text{div}\ 243 + 1\,000\ \text{div}\ 729$
$= 333 + 111 + 37 + 12 + 4 + 1 = 498$

所以 $1\,000!$ 能被 3^{498} 所整除,但不能被 3^{499} 所整除。

为证明上述公式的正确性,我们可以考察 $n\ \text{div}\ p^k$,它是代表整数 $\{1,2,\cdots n\}$ 中为 p^k 之倍数者的个数。因此,我们来研究 $n!$ 中的整数,$n!$ 中的整数是指 $1 \sim n$ 之间的所有整数,则任何能被 p^j 但不能被 p^{j+1} 整除的整数,都被精确地算了 j 次,在 $n\ \text{div}\ p$ 中算一次,在 $n\ \text{div}\ p^2$ 中算一次,$\cdots$ 在 $n\ \text{div}\ p^j$ 中算一次。这就是 $n!$ 中 p 作为因子出现的总次数。

另外,根据公式 $n \text{ div } p^{k+1} = n \text{ div } p^k \text{ div } p$ 可以递推地求出 p 在 $n!$ 中的重数。如上例有 $333 \text{ div } 3 = 111, 111 \text{ div } 3 = 37, 37 \text{ div } 3 = 12, 12 \text{ div } 3 = 4, 4 \text{ div } 3 = 1$,类似于秦九韶算法。

程序实现时,先求出 $1 \sim n$ 之间的所有质数,再对每个质数求重数。质数 p 在 $C(n,r)$ 中的重数等于质数 p 在 $n!$ 中的重数－质数 p 在 $r!$ 中的重数－质数 p 在 $(n-r)!$ 中的重数。下面的程序段用于求质数 p 在 $n!$ 的重数:

```
int u(int n, int p) {
    int t = 0, s = n / p;
    while (s) {
        t + = s;
        s / = p;
    }
    return t;
}
```

方法之三是利用公式 $C(n,r) = C(n-1,r) + C(n-1,r-1)$,将计算 $C(n,r)$ 的过程化为加法来做。该方法实质上就是求杨辉三角的第 n 行、第 r 列上的数,行列都从 0 开始。

【参考程序】

```
#include <vector>
#include <cstring>
#include <cstdio>
using namespace std;
const int maxn = 30000;
bool temp[maxn + 1];
vector<int> prime, fac; //fac 表示各个因子出现的次数
int rst[10];//rst 数组保存运算结果

void Add(int x, int t){
    for (int i = 0; i < prime.size() && prime[i] <= x; i++)
        while (!(x % prime[i])){
            x /= prime[i];
            fac[i] + = t;
        }
}

int main(){
    memset(temp, true, sizeof (temp));
    prime.clear();
    fac.clear();
```

```
        for (int i = 2; i <= maxn; i++)
            if (temp[i]){
                prime.push_back(i);
                fac.push_back(0);
                for (int j = i * i; j <= maxn; j += i) temp[j] = false;
            }
    int n, r;
    scanf("%d%d", &n, &r);
    if (r > n - r) r = n - r;
    for (int i = 0; i < r; i++){
        Add(n - i, 1);    //将 n-r+1~n 的因子加到 fac 中
        Add(i + 1, -1);   //将 1~r 的因子从 fac 中减去
    }
    memset(rst, 0, sizeof(rst));  //将 1~r 的因子从 a 数组中减去
    rst[0] = 1;
    for (int i = 0; i < prime.size(); i++)
        for (int j = 0; j < fac[i]; j++) {
            for (int k = 0; k < 10; k++) rst[k] *= prime[i];
            for (int k = 0; k < 10; k++) {
                if (k < 9) rst[k + 1] += rst[k] / 10;
                rst[k] %= 10;
            }
        }
    for (int i = 9; i >= 0; i--) printf("%d", rst[i]);
    printf("\n");
    return 0;
}
```

【例 3.5-5】 堆塔问题(tow.*,64 MB,1 秒)

【问题描述】

设有 n 个边长为 1 的正立方体,在一个宽为 1 的轨道上堆塔,但塔本身不能分离。例如,如图 3.5-1 所示:$n=1$ 时,只有 1 种方案(左图);$n=2$ 时,有 2 种方案(中图)。堆塔的规则为底层必须有支撑,右图的两种堆法是不合法的。

编程要求:输入 $n(n\leqslant 40)$,求两个问题:

1. 总共有多少种不同的方案?
2. 堆成 k 层$(1\leqslant k\leqslant n)$的方案数各是多少?

图 3.5-1 $n=1$、2、3 的情形

【问题分析】

问题 1 要求 n 个边长为 1 的正立方体总共有多少种不同的堆塔方案。首先考虑将 n 个边长为 1 的正立方体排成 $k(1 \leq k \leq n)$ 列的情况,每列的个数依次为 $x_1, x_2, \cdots x_k$,则 $x_1 + x_2 + \cdots x_k = n$,这里按题目要求 $x_1, x_2, \cdots x_k$ 必须为正整数。设 $y_1 = x_1 - 1, y_2 = x_2 - 1, \cdots y_k = x_k - 1$,则原方程可以转化为 $y_1 + y_2 + \cdots y_k = n - k$。该方程的解的个数为:$C(n-k+k-1, k-1) = C(n-1, k-1)$,所以,堆塔方案总数为 $C(n-1, 0) + C(n-1, 1) + \cdots + C(n-1, n-1) = 2^{n-1}$。

关于问题 2,可以这样考虑,将 n 个立方体的第一列去掉的话,则成为一个比 n 小的堆塔问题。这样问题 2 就可以用递推的方法来解。具体方法是从 1 到 n 依次求出堆成各层的方案数,设 $f(n, k)$ 为堆成 k 层的方案数,则递推公式为:$f(n, k) = \sum_{i=1}^{k-1} f(n-i, k) + \sum_{i=1}^{k} f(n-k, i)$。

【参考程序】

```cpp
#include <iostream>
#include <cstring>
using namespace std;
long long f[41][41], n;

int main(){
    cin >> n;
    long long total = 1;
    for (int i = 0; i < n-1; i++) total *= 2;
    cout << "Total = " << total << endl;
    memset(f, 0, sizeof(f));
    f[0][0] = 1;
    for (int i = 1; i <= n; i++)
        for (int j = 1; j <= i; j++){
            for (int k = 1; k < j; k++) f[i][j] += f[i-k][j];
            for (int k = 0; k <= j; k++) f[i][j] += f[i-j][k];
        }
    for (int i = 1; i <= n; i++)
        cout << "Height = " << i << "  Kind = " << f[n][i] << endl;
    return 0;
}
```

【例 3.5-6】 多项式相乘(mult.*,64 MB,1 秒)

【问题描述】

多项式相乘的展开是件相当烦琐的工作,DoubleRun 快要烦死了。他把这个任务交给了你。为了简化,他只要你做一种多项式的展开,该种多项式的格式为:$(x + a_1)(x +$

$a_2)(x+a_3)\cdots(x+a_{n-1})(x+a_n)$，$n$ 的值事先给你。

当 $n=2$ 时，展开式为：$x^2+x(a_1+a_2)+a_1a_2$。

当 $n=3$ 时，展开式为：$x^3+x^2(a_1+a_2+a_3)+x(a_1a_2+a_1a_3+a_2a_3)+a_1a_2a_3$。

每一个字符(包括"x"、"a"、"("、")"、"+")，每一个指数的每一个数字，每一个下标的每一个数字长度都为 1。如 $n=3$ 时，总长度为 40。

【输入格式】

输入文件包含一个整数 $n(0<n\leqslant 10^9)$。

【输出格式】

输出文件若展开式的总长度为 t，则输出 $t \bmod 10\,000$ 的值(t 除 10 000 取余)。

【输入样例】

3

【输出样例】

40

【问题分析】

先看几个例子，$(x+a_1)(x+a_2)=x^2+x(a_1+a_2)+a_1a_2$

$(x+a_1)(x+a_2)(x+a_3)=x^3+x^2(a_1+a_2+a_3)+x(a_1a_2+a_1a_3+a_2a_3)+a_1a_2a_3$

$(x+a_1)(x+a_2)(x+a_3)(x+a_4)=x^4+x^3(a_1+a_2+a_3+a_4)+x^2(a_1a_2+a_1a_3+a_1a_4+a_2a_3+a_2a_4+a_3a_4)+x(a_1a_2a_3+a_1a_2a_4+a_1a_3a_4+a_2a_3a_4)+a_1a_2a_3a_4$

观察得到：$(x+a_1)(x+a_2)\cdots(x+a_n)=x^n+x^{n-1}$(共 $C(n,1)$ 项，每项 1 个系数)+x^{n-2}(共 $C(n,2)$ 项，每项 2 个系数)+$\cdots+x$(共 $C(n,n-1)$ 项，每项 $n-1$ 个系数)+$a_1a_2a_3\cdots a_n$。

然而，当 n 大于 10 时，a_n 所占位数就不再是两位了。于是观察：$C(5,3)$ 的情况：

1 2 3
1 2 4
1 2 5
1 3 4
1 3 5
1 4 5
2 3 4
2 3 5
2 4 5
3 4 5

由此可见，$C(m,n)$ 中每个数字出现的次数为 $C(m,n)*n/m=C(m-1,n-1)$。

于是，如果我们用 S 表示 $123456789101112\cdots n$ 的总位数，刚才的结论变成了：

$x^n+x^{n-1}(C(n,1)*1$ 个字母$+S+$加号个数$)+x^{n-2}(C(n,2)*2$ 个字母$+C(n-1,1)*S$ 位数字$+$加号个数$)+\cdots+x(C(n,n-1)*(n-1)$ 个字母$+C(n-1,n-2)*S$ 位数字$+$加号个数$)+n$ 个字母和 S 位数字。

化简一下，得到最终公式为：$(s+2+n)*2^{n-1}+s+3*n-4$。

【参考程序】

```cpp
#include <cstdio>
const int base = 10000;

int two(int x){
    if (! x) return 1;
    int d = two(x / 2);
    d = d * d % base;
    if (x & 1) return d * 2 % base;
    return d;
}

int f(int x){
    int rst = 0, i, L;
    for (i = 1, L = 1; i <= x / 10; i *= 10, L++)
            rst = (rst + i % base * 9 * L) % base;
    return (rst + (x - i + 1) % base * L) % base;
}

int main(){
    int n;
    scanf("%d", &n);
    printf("%d\n", (n % base + 2 * (n-1) % base + (f(n) + base - 1) % base + two(n-1) * ((n + f(n)) % base) % base + two(n) + base - 1) % base);
    return 0;
}
```

【例3.5-7】 球迷购票问题

【问题描述】

盛况空前的足球赛即将举行。球迷在售票处排起了长龙。按售票处规定,每位购票者限购一张门票,且每张票售价为50元。在排成长龙的球迷中有 n 个人手持50元面值的钱币,另有 n 个人手持100元面值的钱币。假设售票处在开始售票时没有零钱,试问这 $2n$ 个球迷有多少种排队方式可使售票处不会出现找不出钱的尴尬局面。

例如当 $n=2$ 时,用 A 表示手持面值50元钱币的球迷,用 B 表示手持面值100元钱币的球迷,则最多可得到以下2组不同排队方式,使售票处不致出现找不出钱的尴尬局面。

售票处	A	A	B	B
售票处	A	B	A	B

【编程任务】

对于给定的 $n(0 \leq n \leq 20)$,计算 $2n$ 个球迷有多少种排队方式可使售票处不会致出现找不出钱的尴尬局面。

【输入格式】

输入一行一个整数,表示 n 的值。

【输出格式】

输出一行一个整数,表示方案数。

【输入样例】

2

【输出样例】

2

【问题分析】

算法 1:回溯法

设变量 k 表示售票处有 50 元面值的钞票张数,初始时令 $k=0$,若来人手拿 100 元的钞票且 $k=0$,则回溯,否则继续递归。以下程序中的过程 $dfs(i)$ 表示处理第 i 个人购票。若 $i=2n$ 且购票成功,则计数器加 1;若 $i<2n$ 且购票成功,则继续递归。每个人要么手拿 50 元钞票(此时一定购票成功),要么手拿 100 元钞票(此时要看 k 的值是否等于 0)。递归结束后,计数器中的值便为排队方案总数。

【参考程序】

```
#include <cstdio>
long long k, total, n;

void dfs(int dep){
    if (dep == 2 * n){
        if (!k) total++;
        return;
    }
    if (k){
        k--;
        dfs(dep+1);
        k++;
    }
    k++;
    dfs(dep+1);
    k--;
}

int main(){
    scanf("%d", &n);
    k = 0; //售票处当前有的 50 元钞票的张数
    total = 0; //总的方案数
```

```
        dfs(0);
        printf("%d\n", total);
        return 0;
}
```

算法2:栈模型

算法1的实质是模拟,即建立了一棵解答树,共 n 层,除最后一层外的每一层的结点都向下拓展了两个子结点。时间复杂度是指数级的,所以超时得厉害。

通过算法1对问题的分析,我们发现:在任何时刻,若第 n 个人手拿100元的钞票购票,则在此之前,有 m 个人手拿50元钞票购票,则一定有 $m \geq n-m$,购票才能成功。同时,售票处收到的面值为50元的钞票最终必然全部找出,而面值为100元的钞票最终将全部留下,并且一旦收到一张面值为100元的钞票,则一定要找出一张面值为50元的钞票。由此,我们想到了用栈来表示这一过程:若某人手拿一张50元的钞票购票,则相当于一个元素进栈;若某人手拿一张100元的钞票购票,则相当于要一个元素出栈。所以问题就转化为(或者说等价于):若 $1 \sim n$ 共 n 个元素依次进栈,问有多少种出栈顺序?

结论是: $C(2n,n)/(n+1)$,即 Catalan 数,后面的算法中会再深入讲它的本质!

下面,我们讨论这个结论如果不知道,怎么办呢?

其实,我们可以把这个问题与 $1 \sim n$ 的全排列联系起来,$1 \sim n$ 的全排列有 $n!$ 种,其中有些就是我们问题的解,而有些不是!那么,有什么规律呢?结论是:若 $a_1, a_2, \cdots a_n$ 是可能的依次出栈的序列,则一定不存在下面的情况:$i<j<k$,且 $a_j<a_k<a_i$。证明如下:

若 $i<j<k$,则说明 a_i 最先出栈,a_j 次之,a_k 最后出栈,我们根据 a_i 和 a_j 的大小关系,分两种情况讨论。

1. 如果 $a_i>a_j$,那么当 a_j 出栈时,如果 a_k 已在栈中,则 a_k 比 a_j 先进栈,由输入序列知:$a_k<a_j$,所以有 $a_k<a_j<a_i$;而如果 a_k 还未进栈,则由输入序列知:a_k 最大,所以有 $a_j<a_i<a_k$。

2. 如果 $a_i<a_j$,那么当 a_j 出栈时,如果 a_k 已在栈中,则 a_k 比 a_j 先进栈,由输入序列知:$a_k<a_j$,而 a_i 与 a_k 的关系无法确定,所以有 $a_k<a_i<a_j$ 或者 $a_i<a_k<a_j$;而如果 a_k 还未进栈,则由输入序列知:a_k 最大,所以有 $a_i<a_j<a_k$。

综上所述,如果有 $i<j<k$,则一定不会出现 $a_j<a_k<a_i$ 这种情况,而其他情况都是可能的,由此我们得出基于栈和全排列的这个算法:

首先,产生1到 n 的共 n 个数的全排列,对于每种排列,若符合上面讲的5种出栈规则(即只要不符合那一条规则),那么便是一个可能的出栈序列,则计数器加1,当1到 n 的全排列枚举结束时,计数器的值便是问题的解。

具体实现时,可以采用前面讲到的全排列的回溯生成算法,若在每产生一个排列后进行该排列是否为可能的输出栈序列的判定,则与算法1相比,递归的深度降低,栈的使用空间减少,但在构造解答树的过程中,每层扩展的结点数则大大增加,而有些结点的增加是无意义的,所以我们在实际的实现中,可以一边生成排列一边进行可能输出序列的判断性检验,若不满足条件则及时剪枝。

【参考程序】

```cpp
#include <cstdio>
#include <cstring>
long long data[100], total, n;
bool app[100];

bool check(int s){
    for (int i = 0; i < s - 1; i++)
        for (int j = i + 1; j < s; j++)
            if (data[j] < data[s] && data[s] < data[i]) return false;
    return true;
}

void dfs(int dep){
    if (dep == n){
        total++;
        return;
    }
    for (int j = 0; j < n; j++)
        if (!app[j]){
            app[j] = true;
            data[dep] = j;
            if (check(dep)) dfs(dep + 1);
            app[j] = false;
        }
}

int main(){
    scanf("%d", &n);
    total = 0;
    memset(app, false, sizeof(app));
    dfs(0);
    printf("%d\n", total);
    return 0;
}
```

算法3：递归算法

如果不知道 Catalan 数 $C(2n,n)/(n+1)$ 这个结论，算法2的效率还不如算法1。分析算法1和算法2的失败之处在于，算法实现时解答树中的结点数目巨多，结点是栈所存储的信息，大量结点的出现必然影响算法可运行数据的规模。

所以，要想提高效率，必须考虑如何对问题进行更深层次的数学抽象。

令 $f(m,n)$ 表示有 m 个人手拿 50 元的钞票，n 个人手拿 100 元的钞票时共有的方案总数。我们分情况来讨论这个问题。

(1) 当 $n=0$ 时

意味着排列买票的人都手拿 50 元的钞票，则排列方案总数就是 1，即 $f(m,0)=1$

(2) 当 $m<n$ 时

意味着把 m 个人的 50 元钞票都找出去也不够，仍然会出现找不开钱的尴尬局面，所以这时的 $f(m,n)=0$。

(3) 其他情况

一般情况，我们考虑 $m+n$ 个人排列买票的情景，第 $m+n$ 个人站在第 $m+n-1$ 个人的后面，则第 $m+n$ 个人的排列方式可由下列两种情况获得：

①第 $m+n$ 个人手拿的是 100 元的钞票，则在他之前的 $m+n-1$ 个人中有 m 个人手拿 50 元的钞票，有 $n-1$ 个人手拿的是 100 元的钞票，这种情况共有 $f(m,n-1)$ 种。

②第 $m+n$ 个人手拿的是 50 元的钞票，则在他之前的 $m+n-1$ 个人中有 $m-1$ 个人手拿 50 元的钞票，有 n 个人手拿的是 100 元的钞票，这种情况共有 $f(m-1,n)$ 种。

根据加法原理，得 $f(m,n)=f(m,n-1)+f(m-1,n)$。于是得到了一个求 $f(m,n)$ 的递归公式：

$$f(m,n)=\begin{cases} 0 & \{m<n\} \\ 1 & \{n=0\} \\ f(m,n-1)+f(m-1,n) & \{其他情况\} \end{cases}$$

【参考程序】

```cpp
#include <cstdio>

long long fmn(int a, int b){
    if (a < b) return 0;
    else if (b) return fmn(a, b-1) + fmn(a-1, b);
        else return 1;
}

int main(){
    int n;
    scanf("%d", &n);
    printf("%d\n", fmn(n, n));
    return 0;
}
```

算法 4：递推算法

递归算法的效率比起前两个效率高了不少，原因在于所构造的解答树的结点减少了很多，如求 $f(4,4)$ 的解答树如图 3.5-2 所示，结点边的数字表示回溯时得到的该结点的值。

递归算法是由终止条件向初始条件推导,而递推算法是由初始条件向终止条件推导。可以说,本质上是相同的。那么,把递归算法改递推算法的意义何在呢?观察上面求 $f(4,4)$ 的解答树,我们发现,在树中 $f(3,2)$、$f(2,2)$ 等这样的结点出现了多次,实际上是重复计算,也就是说递归算法产生了大量数据冗余,这也是递归算法效率不高的主要因素。如何避免大量的数据冗余呢?很简单的思想就是把计算过的结果保存起来,但第 2 次(以后)用到这些数据时直接调用而不需要重复计算了,显然,求 $f(n,n)$ 的递推算法,时间和空间复杂度都为 $\Theta(n^2)$。

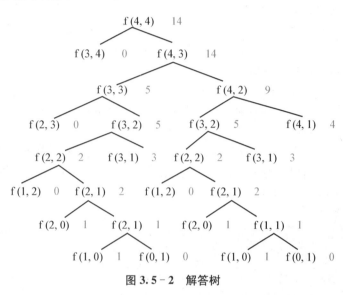

图 3.5-2 解答树

【参考程序】

```
#include <cstdio>
#include <cstring>
long long f[20][20];

int main(){
    int n;
    scanf("%d", &n);
    memset(f, 0, sizeof(f));
    for (int i = 0; i <= n; i++)
        for (int j = 0; j <= i; j++)
            if (j) f[i][j] = f[i-1][j] + f[i][j-1];
            else f[i][j] = 1;
    printf("%d\n", f[n][n]);
    return 0;
}
```

算法 5:组合算法

前面我们讲过本题的结论是 Catalan 数,即 $C(2n,n)/(n+1)$。当时用的是栈模型,下面我们用排列组合的知识来求出这个结果。

我们用 1 表示有一个手拿 50 元钞票的人，用 0 表示一个手拿 100 元钞票的人，那么求解的问题可以转化为：n 个 1 和 n 个 0 组成一个 $2n$ 位的二进制数，要求从左到右扫秒，1 的累计个数不少于 0 的累计个数，求满足这个条件的二进制数的个数？

在 $2n$ 位上填入 n 个 1 的方案数为 $C(2n,n)$，不填 1 的其余 n 位自动填入 0。从 $C(2n,n)$ 中减去不符合要求的方案数就是本题的解。

不符合要求的是指从左到右扫描，出现 0 的累计个数超过 1 的累计个数，这时，必然在某一奇数位(假设为 $2m+1$ 位)上首先出现 $m+1$ 个 0 和 m 个 1；而后的 $2(n-m)-1$ 位上有 $n-m-1$ 个 0 和 $n-m$ 个 1，如果把后面这部分 $2(n-m)-1$ 位中的 0 和 1 互换，使之成为 $n-m$ 个 0 和 $n-m-1$ 个 1，结果得到一个由 $n+1$ 个 0 和 $n-1$ 个 1 组成的 $2n$ 位数。即：一个不符合要求的数对应一个由 $n+1$ 个 0 和 $n-1$ 个 1 组成的 $2n$ 位数。

反之，任何一个由 $n+1$ 个 0 和 $n-1$ 个 1 组成的 $2n$ 位数，因为 0 的个数一定多于 2 个，而 $2n$ 是偶数，所以一定会在某一个奇数位(假设为 $2m+1$)上出现 0 的累计数超过 1 的累计数。同样在后面的部分，把 0 和 1 互换，使之成为一个由 n 个 0 和 n 个 1 组成的 $2n$ 位数，即 $n+1$ 个 0 和 $n-1$ 个 1 组成的 $2n$ 位数，一定对应着一个不符合要求的数。

基于以上两点，所以不符合要求的数的总数为 $C(2n,n+1)$。所以原问题的解即为：$C(2n,n)-C(2n,n+1)=C(2n,n)/(n+1)$。

【参考程序】

```cpp
#include <iostream>
using namespace std;

int main(){
    int n;
    cin>> n;
    long long total = 1;
    for (int i = 0; i < n; i++)
        total = total * (2 * n-i) / (i+1);
    cout<< total / (n+1) << endl;
    return 0;
}
```

【测试分析】

对以上 5 个程序进行测试，结果如下表所示，评测机器配置为：Intel Core i5-3470 CPU 3.20 Ghz/4GB/Windows 2003/Dev-C++4.9.9.2。

数据点	N 的值	运行结果	算法 1	算法 2	算法 3	算法 4	算法 5
T_1	5	42	0 秒	0 秒	0 秒	0 秒	0 秒
T_2	10	16796	0 秒	0.03 秒	0 秒	0 秒	0 秒
T_3	15	9694845	1.36 秒	184.47 秒	0.08 秒	0 秒	0 秒
T_4	18	477638700	79.70 秒	…	3.78 秒	0 秒	0 秒
T_5	19	1767263190	312.81 秒	…	13.84 秒	0 秒	0 秒

算法 5 的时间复杂度为 $\Theta(n)$，而空间复杂度为 $\Theta(1)$。

本题的各种解法正好说明了一个问题，一般而言，数学模型越抽象，则越能抓住问题的本质，算法的实现效率也往往越高。当本题的规模再大一些时，就更能体现出来了，同时还会带来高精度运算。

3.6 母函数

母函数是求解组合数学中计数问题的重要方法，其效率高，编程规范，容易实现。但是，母函数的思想起源和最早应用却是在概率方面。母函数有两种形式：普通型母函数和指数型母函数。

先看下面这个例子：

$(1+a_1x)*(1+a_2x)*\cdots(1+a_nx)$
$=1+(a_1+a_2+\cdots a_n)x+(a_1a_2+a_1a_3+\cdots a_{n-1}a_n)x^2+\cdots(a_1a_2a_3\cdots a_n)x^n$

得到：x 项的系数：$a_1+a_2+\cdots a_n$

x^2 项的系数：$a_1a_2+a_1a_3+\cdots a_{n-1}a_n$

x^3 项的系数：$a_1a_2a_3+a_1a_2a_4+\cdots a_{n-2}a_{n-1}a_n$

……

x^2 项的系数包含了从 n 个元素 $\{a_1,a_2,a_3,\cdots a_n\}$ 中选取两个的组合的全体。

令 $a_i=1$，则有：$a_1a_2+a_1a_3+\cdots a_{n-1}a_n=C(n,2)$

所以：$(1+x)^n=1+C(n,1)x+C(n,2)x^2+\cdots C(n,n)x^n$

再令 $x=1$，则得到：$C(n,0)+C(n,1)+C(n,2)+\cdots C(n,n)=2^n$

这正是我们上一节内容中讲到的二项式定理。下面，我们再看一个式子：$(1+x)^m*(1+x)^n=(1+x)^{m+n}$

左式 $=(C(m,0)+C(m,1)x+C(m,2)x^2+\cdots C(m,m)x^m)$
$\quad *(C(n,0)+C(n,1)x+C(n,2)x^2+\cdots C(n,n)x^n)$
$\quad =C(m,0)*C(n,0)+(C(m,0)*C(n,1)+C(m,1)*C(n,0))x$
$\quad +(C(m,0)*C(n,2)+C(m,1)*C(n,1)+C(m,2)*C(n,0))x^2$
$\quad +\cdots C(m,m)*C(n,n)*x^{m+n}$

右式 $=C(m+n,0)+C(m+n,1)x+C(m+n,2)x^2+\cdots C(m+n,m+n)x^{m+n}$

左式 $=$ 右式，比较 x 的对应系数应该相等，所以又得到了组合中的另一个式子：
$C(m+n,r)=C(m,0)*C(n,r)+C(m,1)*C(n,r-1)+\cdots C(m,r)*C(n,0)$

这一式子的几何意义在组合数学中已经讲的很清楚了。其实，我们还可以通过这些式子推导出很多组合数学中的公式。因此，函数 $(1+x)^n$ 对研究组合序列 $C(n,0),C(n,1),C(n,2),\cdots C(n,n)$ 很有价值，对于其他序列也有类似的作用。

定义 1：对于序列 $a_0,a_1,a_2,\cdots$，定义 $G(x)=a_0+a_1x+a_2x^2+\cdots$ 为序列 $a_0,a_1,a_2,\cdots$ 的母函数。

如 $(1+x)^n$ 就是 $C(n,0),C(n,1),C(n,2),\cdots C(n,n)$ 的母函数。

也就是说，我们可以利用 $(1+x)^n$ 来讨论序列 $\{C(n,k)\}$ 的性质，取得许多很好的效果，还可以引入适当的函数，使问题简化，把复杂的问题变成"形式上"的初等代数运算。

3.6.1 普通型母函数

我们知道,杨辉三角形中第 n 行的数字就是 $(1+x)^n$ 的展开式从低项到高项的各项系数。而:

$$(1+x)^n = C_n^0 1^n x^0 + C_n^1 1^{n-1} x^1 + \cdots + C_n^r 1^{n-r} x^r + \cdots + C_n^{n-1} 1^1 x^{n-1} + C_n^n 1^0 x^n$$
$$= C_n^0 + C_n^1 x + \cdots + C_n^r x^r + \cdots + C_n^{n-1} x^{n-1} + C_n^n x^n$$

所以,有如下形式的杨辉三角形:

```
1                          {第 0 行}
1    1                     {第 1 行}
1    2    1
1    3    3    1
1    4    6    4    1
1    5    10   10   5    1
...
```
$C_n^0 \quad C_n^1 \quad C_n^2 \cdots C_n^{r-1} \quad C_n^r \cdots C_n^{n-1} \quad C_n^n \qquad$ {第 n 行}

那么 $(1+x)$ 有什么物理意义呢?把它和选择物品联系起来。在构造和分析一个母函数时,"1"一般看成 x^0,虽然 $1=x^0$,但是 x^0 比 1 具有更为丰富的物理意义,它可以表示没有选取一件物品,而 x^1 则可以看成选取了一件物品。$(x^0+x^1)^n$ 可对应于从 n 件物品中选取若干件物品的情况,在这 n 件物品中,如果没有选取第 i 件物品,则相当于从第 i 个括号中取出了 x^0,如果选取了第 i 件物品,则相当于从第 i 个括号中取出了 x^1,由于对每一件物品而言,选与不选这两个事件是相互排斥的,也就是说不可能同时选取,也不可能都不选取,所以根据加法原理得到 $(x^0+x^1)=(1+x)$。而 n 个物品的选择是独立的,所以再根据乘法原理,得出 $(1+x)^n$。

这样,在一个具体的物品选择中,如果没有选择第 i 件物品,则相当于从第 i 个括号中选取了 x^0;如果选择了第 i 件物品,则相当于从第 i 个括号中选取了 x^1。这样,在 $(1+x)^n$ 的展开式中,x^i 前面的系数就是从 n 件物品中选取 i 件物品的所有组合情况的总数,即 $C(n,i)$。

下面给出普通型母函数的定义。

定义 2:给定数列 $a_0,a_1,\cdots a_n,\cdots$,构造一个函数 $F(x)=a_0 f_0(x)+a_1 f_1(x)+\cdots a_n f_n(x)+\cdots$,称 $F(x)$ 为数列 $a_0,a_1,\cdots a_n,\cdots$ 的母函数,其中序列 $f_0(x),f_1(x),\cdots f_n(x),\cdots$ 只作为标志用,称为标志函数。

标志函数最重要的形式就是 x^n,这种情况下的母函数一般形式为:
$$F(x)=a_0+a_1 x+a_2 x^2+\cdots+a_n x^n+\cdots$$

这就是我们研究的重点,下面给出最重要的母函数定理。

定理 1:设从 n 元集合 $S=\{a_1,a_2,a_3,\cdots a_n\}$ 中取 k 个元素的组合是 b_k,若限定元素 a_i 出现的次数集合为 $M_i (1 \leqslant i \leqslant n)$,则该组合数序列的母函数为:

$$\prod_{i=1}^{n} \left(\sum_{m \in M_i} x^m \right)$$

【例 3.6-1】 有重量为 1,3,5(克)的砝码各两个,问:

(1) 可以称出多少种不同重量的物品?

(2) 若要称出重量为 7 克的物品,所使用的砝码有多少种本质上不同的情况?

【问题分析】

根据定理 1,构造母函数如下:$G(x)=(1+x+x^2)(1+x^3+x^6)(1+x^5+x^{10})$。其中,第 1 个括号中的 1 表示不用重量为 1 的砝码,x 表示用 1 个重量为 1 的砝码,x^2 表示用 2 个重量为 1 的砝码,第 2、3 个括号中含义类似。我们将上面的多项式展开后,得到诸如 x^2*1*x^5 之类的多项式,它表示用 2 个重量为 1 的砝码、0 个重量为 3 的砝码和 1 个重量为 5 的砝码,可以称出一个重量为 7 的物品,这是一种称 7 克物品的方法。显然,当把 $G(x)$ 这个多项式展开并合并同类项后,有多少个系数非 0 的项,就代表了可以称出多少种不同重量的物品,而相应的 x^i 前面的系数就表明了称出重量为 i 的物品可选砝码的方案数。所以:

$$G(x)=1+x+x^2+x^3+x^4+2x^5+2x^6+2x^7+2x^8+x^9+2x^{10}+2x^{11}+2x^{12}+2x^{13}+x^{14}+x^{15}+x^{16}+x^{17}+x^{18}$$

即:问题(1)的解为 19,问题(2)的解为 2。

下面是几个常见的母函数(n 是正整数):

$$\frac{1}{1-x}=1+x+x^2+x^3+\cdots$$

$$\frac{1}{(1-x)^2}=\frac{1}{1-x}*\frac{1}{1-x}=1+2x+3x^2+\cdots$$

$$\frac{1}{(1-x)^n}=1+nx+\frac{n*(n+1)}{2!}x^2+\frac{n*(n+1)*(n+2)}{3!}x^3+\cdots$$

【例 3.6-2】 求 n 位十进制正数中出现偶数个 5 的数的个数。

【问题分析】

设 $d=d_1d_2d_3\cdots d_{n-1}$ 是 $n-1$ 位十进制数,若 d 含有偶数个 5,则 d_n 取 5 以外的 9 个数字中的任一个,使 $d_1d_2d_3\cdots d_{n-1}d_n$ 构成偶数个 5 的 n 位十进制数;若 d 含有奇数个 5,则取 $d_n=5$,使 $d_1d_2d_3\cdots d_{n-1}d_n$ 构成偶数个 5 的 n 位十进制数。

现在设 a_n 表示 n 位十进制数中出现偶数个 5 的数的个数,b_n 表示 n 位十进制数中出现奇数个 5 的数的个数,则:

$$\left.\begin{array}{l}a_n=9a_{n-1}+b_{n-1}\\b_n=9b_{n-1}+a_{n-1}\\\text{而且满足}:a_1=8,b_1=1\end{array}\right\} \quad (0)$$

即:$a_n-9a_{n-1}-b_{n-1}=0$

$b_n-9b_{n-1}-a_{n-1}=0$

设:序列 $\{a_n\}$、$\{b_n\}$ 的母函数分别为:

$A(x)=a_1+a_2x+\cdots+a_nx^{n-1}+\cdots$ (1)

$B(x)=b_1+b_2x+\cdots+b_nx^{n-1}+\cdots$ (2)

则:(1)式两边同乘以 $-9x$,得到(3)式;

(2)式两边同乘以 $-x$,得到(4)式;

把(1)、(3)、(4)三个等式左右两边都相加,得:

$(1-9x)A(x)-xB(x)=a_1=8$ (5)

同理,(2)式两边同乘以 $-9x$,得到(6)式;

(1)式两边同乘以 $-x$,得到(7)式;

把(2)、(6)、(7)三个等式左右两边都相加,根据(0)式的递推关系得到:
$(1-9x)B(x)-xA(x)=b_1=1$ （8）
由(5)、(8)得到:
$A(x)=(-71x+8)/((1-8x)(1-10x))$
$B(x)=(1-x)/((1-8x)(1-10x))$
设 $A(x)=\dfrac{A}{1-8x}+\dfrac{B}{1-10x}$
得到:$A=7/2$
$B=9/2$
所以:$A(x)=\left(\dfrac{7}{1-8x}+\dfrac{9}{1-10x}\right)/2=(\sum_{n=0}^{\infty}7*(8x)^n+\sum_{n=0}^{\infty}9*(10x)^n)/2$
所以:$a_n=(7*8^{n-1})/2+(9*10^{n-1})/2$

3.6.2 指数型母函数

指数型母函数由如下定理来描述。

定理2:从多重集合 $M=\{\infty*a_1,\infty*a_2,\infty*a_3,\cdots\infty*a_n\}$ 中选取 k 个元素的排列中,若限定元素 a_i 出现的次数集合为 $M_i(1\leqslant i\leqslant n)$,则该组合数序列的母函数为:

$$\prod_{i=1}^{n}\left(\sum_{m\in M_i}\dfrac{x^m}{m!}\right)$$

比较普通型母函数和指数型母函数,可以看出普通型母函数的标志函数为 $1,x,x^2,x^3,\cdots$;而指数型母函数的标志函数为 $1,x/1!,x^2/2!,x^3/3!,\cdots$。指数型母函数的标志函数的物理意义可以这样来理解。对于 $x^j/j!$ 表示在一个方案中某个元素出现了 j 次,而在不同的位置中的 j 次出现是相同的,所以在计算排列总数时,只应算作一次。由排列组合的知识知道,最后的结果应该除以 $j!$。

另外在指数型母函数的使用过程中,一般都会用到高等数学里介绍的 e^x 的 Taylor 展开式:

$$e^x=\sum_{n=0}^{\infty}\dfrac{x^n}{n!}=1+x+\dfrac{x^2}{2!}+\dfrac{x^3}{3!}+\cdots+\dfrac{x^n}{n!}+\cdots$$

$$(e^x+e^{-x})/2=\sum_{n=0}^{\infty}\dfrac{x^{2n}}{2n!}=1+\dfrac{x^2}{2!}+\dfrac{x^4}{4!}+\cdots+\dfrac{x^{2n}}{(2n)!}+\cdots$$

$$(e^x-e^{-x})/2=\sum_{n=0}^{\infty}\dfrac{x^{2n+1}}{(2n+1)!}=x+\dfrac{x^3}{3!}+\dfrac{x^5}{5!}+\cdots+\dfrac{x^{2n+1}}{(2n+1)!}+\cdots$$

指数型母函数应该化简成如下的形式:

$$G_e(x)=b_0+b_1*\left(\dfrac{x}{1!}\right)+b_2*\left(\dfrac{x^2}{2!}\right)+b_3*\left(\dfrac{x^3}{3!}\right)+\cdots$$

只有 b_i 才是我们所需要的结果,下面举例说明。

【例3.6-3】 设有六个数字,其中三个数字1,两个数字6,一个数字8,问能组成多少个四位数?

【问题分析】

这实际上是求 $S=\{3x_1,2x_2,1x_3\}$ 中取四个的多重集排列数问题,其指数型母函数为:

$$G_e(x) = \left(1 + x + \frac{x^2}{2!} + \frac{x^3}{3!}\right) * \left(1 + x + \frac{x^2}{2!}\right) * (1 + x)$$

$$= 1 + 3x + 8\frac{x^2}{2!} + 19\frac{x^3}{3!} + 38\frac{x^4}{4!} + 60\frac{x^5}{5!} + 60\frac{x^6}{6!}$$

所以，可以组成38个四位数。

【例3.6-4】 由1,2,3,4这四个数字能构成多少个五位数,要求这些五位数中1出现两次或三次,2最多出现一次,4出现偶数次。

【问题分析】

1出现两次或三次,对应的母函数为：$\frac{x^2}{2!} + \frac{x^3}{3!}$

2最多出现一次,对应的母函数为：$1 + \frac{x}{1!}$

3的出现次数不作要求,所以对应的母函数为：$1 + \frac{x}{1!} + \frac{x^2}{2!} + \frac{x^3}{3!} + \cdots$

4出现偶数次,所以对应的母函数为：$1 + \frac{x^2}{2!} + \frac{x^4}{4!} + \frac{x^6}{6!} + \cdots$

所以,可得下面的母函数：

$$G(x) = \left(\frac{x^2}{2!} + \frac{x^3}{3!}\right) * \left(1 + \frac{x}{1!}\right) * \left(1 + \frac{x}{1!} + \frac{x^2}{2!} + \frac{x^3}{3!} + \cdots\right) * \left(1 + \frac{x^2}{2!} + \frac{x^4}{4!} + \frac{x^6}{6!} + \cdots\right)$$

$$= \frac{1}{2} * \left(\frac{1}{6} * x^2 * (3 + 4x + x^2)\right) * e^x * (e^x + e^{-x})$$

$$= \frac{1}{12} * (x^2 * (3 + 4x + x^2) * (e^{2x} + 1))$$

所以,满足题意的五位数共有：

$$\frac{1}{12} * 5! * \left(3 * \frac{2^3}{3!} + 4 * \frac{2^2}{2!} + 1 * \frac{2^1}{1!}\right) = 140$$

【例3.6-5】 求1,3,5,7,9这5个数字组成的n位数个数,要求其中3和7出现的次数为偶数,其他数字出现的次数无限制。

【问题分析】

设满足条件的r位数的数目为a_r,则序列$a_0, a_1, a_2, \cdots$的母函数为：

$$G_e(x) = \left(1 + \frac{x^2}{2!} + \frac{x^4}{4!} + \cdots\right)^2 * \left(1 + \frac{x}{1!} + \frac{x^2}{2!} + \frac{x^3}{3!} + \cdots\right)^3$$

由于$e^{-x} = 1 - x + \frac{x^2}{2!} - \frac{x^3}{3!} + \cdots$,则：

$$1 + \frac{x^2}{2!} + \frac{x^4}{4!} + \cdots = (e^x + e^{-x})/2$$

所以,$G_e(x) = \frac{1}{4}(e^x + e^{-x})^2 * e^{3x}$

$$= \frac{1}{4}(e^{5x} + 2e^{3x} + e^x)$$

$$= \frac{1}{4}\sum_{n=0}^{\infty}(5^n + 2 * 3^n + 1) * \frac{x^n}{n!}$$

所以,$a^n = \dfrac{1}{4}(5^n + 2*3^n + 1)$。

【例 3.6-6】 质数分解问题(primedec. *,64 MB,1 秒)

【问题描述】

任何大于 1 的自然数 n 都可以写成若干个大于等于 2 且小于等于 n 的质数之和的表达式(包括只有一个数构成的质数之和的表达式的情况),并且可能有不止一种质数和的形式。例如 9 的质数和表达式就有 4 种本质上不同的形式:

9＝2＋5＋2＝2＋3＋2＋2＝3＋3＋3＝2＋7

这里所谓两个本质相同的表达式是指可以通过交换其中一个表达式中参加和运算的各个数的位置而直接得到另一个表达式。

编程,求解自然数 $n(2<n<200)$ 可以写成多少种本质不同的质数和表达式。

【问题分析】

本题可以用搜索等方法求解,但效率显然不能让人满意,下面我们考虑用母函数的方法求解。

构造如下的普通型母函数:

$G(x) = (1 + x^2 + x^4 + x^6 + \cdots) * (1 + x^3 + x^6 + x^9 + \cdots) * (1 + x^5 + x^{10} + x^{15} + \cdots) * \cdots$

在第一个括号中,x 的指数都是 2 的倍数,其中"1"可以看做 x^0;在第二个括号中,x 的指数都是 3 的倍数,在第三个括号中,x 的指数都是 5 的倍数,……,在任意一个括号中,x 的指数一定都为某一质数的倍数,将多项式展开后,x^n 前面的系数便是我们所求的方案数。例如,对于题目中所给出的式子:9＝2＋5＋2＝2＋3＋2＋2＝3＋3＋3＝2＋7,我们可以写成指数的形式:

$x^9 = x^2 * x^5 * x^2 = x^4 * x^5 = x^2 * x^3 * x^2 * x^2 = x^6 * x^3 = x^3 * x^3 * x^3 = x^9 = x^2 * x^7$

上面式子的第一行表示,在第一个括号中提出 x^4,在第二个括号中提出 1,在第三个括号中提出 x^5,这样便得到了 x^9。对于第二、三、四行的意义也如此。

【参考程序】

```cpp
#include <vector>
#include <cstring>
#include <cstdio>
using namespace std;
bool temp[201];
int pol[201];
vector<int> prime;

int main(){
    memset(temp, true, sizeof(temp));
    prime.clear();
    for (int i = 2; i <= 200; i++)
        if (temp[i]){
            prime.push_back(i);
            for (int j = i * i; j <= 200; j += i) temp[j] = false;
```

```
    int n;
    scanf("%d", &n);
    memset(pol, 0, sizeof(pol));
    pol[0] = 1;
    for (int i = 0; i < prime.size() && prime[i] <= n; i++)
      for (int j = n; j >= 0; j--)
        if (pol[j])
          for (int add = prime[i]; add + j <= n; add += prime[i]) pol[add + j] += pol[j];
    printf("%d\n", pol[n]);
    return 0;
}
```

【例 3.6-7】 红色病毒问题(redvirus. *,64 MB,1 秒)

【问题描述】

最近医学研究者发现了一种新病毒,因为其蔓延速度与最近在 Internet 上传播的"红色代码"不相上下,故被称为"红色病毒"。经研究发现,该病毒及其变种的 DNA 的一条单链中,胞嘧啶、腺嘧啶均是成对出现的。这虽然是一个重大发现,但还不是该病毒的最主要特征,因为这个特征实在太弱。为了搞清楚该病毒的特征,软件工程师 G 对此产生了兴趣。他想知道在这个特征下,可能成为病毒的 DNA 序列的个数。更精确地说,G 需要统计所有满足下列条件的长度为 $n(1 \leqslant n \leqslant 10^9)$ 的字符串个数:

1. 字符串仅由 A、T、C、G 四个大写英文字母组成;
2. A 出现偶数次(也可以不出现);
3. C 出现偶数次(也可以不出现);

当 $n=2$ 时,所有满足条件的字符串有如下六个:TT、TG、GT、GG、AA、CC。

由于这个数可能非常庞大,你只需要给出最后两位数字即可。

【问题分析】

本题的解法很多,在此我们只讨论母函数解法。

由于字符串由 A、T、C、G 四个英文字母组成,且每个字母的出现次数均可多于一次,所以此题可以应用指数型母函数求解。

设 a_n 是满足条件的长度为 n 的字符串个数,则对于数列 $\{a_n\}$ 的指数型母函数为:

$$G_e(x) = (1 + x^2/2! + x^4/4! + \cdots)^2 * (1 + x + x^2/2! + x^3/3! + \cdots)^2$$

其中第一个括号表示 A、C 只能出现偶数次(包括不出现的情况),第二个括号表示 T、G 可以出现任意多次,化简得到:

$$G_e(x) = ((e^x + e^{-x})/2)^2 * e^{2x}$$

$$= ((e^{2x} + 1)/2)^2$$

$$= (e^{4x} + 2e^{2x} + 1)/4$$

$$= \left(\sum_{n=0}^{\infty} 4^n \frac{x^n}{n!} + 2 * \sum_{n=0}^{\infty} \frac{2^n * x^n}{n!} + 1\right)/4$$

$$= 1/4 + \sum_{n=0}^{\infty} \frac{4^n + 2*2^n}{4} * \frac{x^n}{n!}$$

$$= 1 + \sum_{n=1}^{\infty} \frac{4^n + 2*2^n}{4} * \frac{x^n}{n!}$$

所以,有:$a_n = \frac{4^n + 2*2^n}{4}$,其中 $n = 1, 2, 3, \cdots$

a_n 即为满足条件的、长度为 n 的字符串的个数。另 $b_n = a_n \bmod 100$,则 b_n 即为本题的解。因为题目中输入数据的范围是 $1 \leqslant n \leqslant 10^9$,所以需要对 b_n 进行化简。

对于 $n = 1, 2, a_n \equiv 2 \pmod 4$

当 $n > 2$ 时,$a_n = 4^{n-2} * 4 + 2^{n-3} * 4 = (4^{n-2} + 2^{n-3}) * 4$,所以 $a_n \equiv 0 \pmod 4$

因为 $2^{20} \equiv 16 * (16^2)^2 \equiv 16 * 256^2 \equiv 16 * 6^2 \equiv 16 * 36 \equiv 16 * 11 \equiv 176 \equiv 1 \pmod{25}$

所以 $4^{20} \equiv (2^{20})^2 \equiv 1^2 \equiv 1 \pmod{25}$

所以 $4^{m+20} + 2^{m+20} \equiv 4^m * 4^{20} + 2^m * 2^{20} \equiv 4^m * 1 + 2^m * 1 \equiv 4^m + 2^m \pmod{25}$

又因为当 $n > 2$ 时,$a_n \equiv 0 \pmod 4$ 且 $GCD(4, 25) = 1$

所以,对于 $\{b_n\}$,20 是它的一个周期。

【参考程序】

```
#include <cstdio>
int ans[25];

int main(){
    int n;
    scanf("%d", &n);
    for(int j=1; j<=24; j++){ //产生n=1,2时的特殊情况和一个周期的结果
        //本题中公式可以变形为 an = 4^(n-1) + 2^(n-1)
        int a1 = 1, a2 = 1;
        for (int i = 0; i < j-1; i++){
            a1 = a1 * 2 % 100;
            a2 = a2 * 4 % 100;
        }
        ans[j] = (a1 + a2) % 100;
    }
    if (n >= 4) {
        n %= 20;
        if (n < 4) n += 20;
    }
    printf("%d\n", ans[n]);
    return 0;
}
```

【例 3.6-8】 K 阶求和数列(ksum.*,128 MB,3 秒)

【问题描述】

对于一个序列 A,S_1 为 A 一阶求和序列,即,S_1 的一阶求和序列 S_2 则为 A 的二阶

求和序列,…以此类推 S_K 为 A 的 K 阶求和序列。现在要实现以下两个操作:

$C\ L\ R\ D$:在 A 序列的 $[L,R]$ 位置所有数同时加上 D。

$Q\ L\ R$:询问 S_K 序列的 $[L,R]$ 位置所有数的和对 10^9+7 取模的结果。

【输入格式】

第一行是三个正整数 N,M,K。其中 N 表示序列的长度、M 表示操作次数、K 表示询问的序列是 S_K。

接下来 M 行,每行代表一个操作,格式如题目描述。

初始 A 序列中所有数都为 0,序列从 1 开始标号: $A_1, A_2, A_3 \cdots$。

【输出格式】

对于每一个询问输出一行一个整数,表示答案对 10^9+7 取模的结果。

【样例输入】

```
5 5 1
Q 1 5
C 2 3 1
Q 1 5
C 4 5 2
Q 2 5
```

【样例输出】

```
0
7
13
```

【数据说明】

对于 30% 的数据: $N \leqslant 20\ 000, M \leqslant 1\ 000, k \leqslant 10$;

另外 30% 的数据: $N \leqslant 200\ 000, M \leqslant 10\ 000, k = 1$;

另外 20% 的数据: $N \leqslant 200\ 000, M \leqslant 10\ 000, k = 2$;

最后 20% 的数据: $N \leqslant 200\ 000, M \leqslant 200\ 000, k \leqslant 10$。

【问题分析】

算法 1. 暴力修改,暴力查询。时间复杂度 $O(N*M*K)$,空间复杂度 $\Theta(N)$,期望得分 30 分。

算法 2. $K=1$ 时是不是可以单独做? 考虑每一次的修改可以看成是两次对一个前缀的修改,即 $[1,R]$ 同时加上 D,$[1,L-1]$ 同时加上 $-D$。对于询问,也可以用 $S_2[R] - S_2[L-1]$,我们观察一下,每一次修改所产生的影响的。

对于一个修改 $[1, X]$ 同时加 D。

	1	2	~	X	$X+1$	$X+2$	~	$X+k$
A	D	D	~	D	0	0	~	0
S_1	D	$2D$	~	XD	XD	XD	~	XD
S_2	D	$3D$	~	$\dfrac{X*(X+1)*D}{2}$	$\dfrac{X*(X+1)*D}{2}+XD$	$\dfrac{X*(X+1)*D}{2}+2XD$	~	$\dfrac{X*(X+1)*D}{2}+KXD$

我们发现对于一个位置 R，修改 $\{X,D\}$，即 $[1,X]$ 同时加 D，对它的影响是这样的：

$R \leqslant X$ 时，$\Delta S_2[R] = \dfrac{R*(R+1)*D}{2}$

$R > X$ 时，$\Delta S_2[R] = \dfrac{X*(X+1)*D}{2} + (R-X)*X*D$

$\qquad\qquad\qquad\; = D*X*R - \dfrac{X*(X-1)*D}{2}$

那么，对于多个修改 $\{X_n, D_n\}$

$\Delta S_2[R] = \dfrac{R(R+1)}{2}\sum\limits_{X_i \geqslant R}D_i + R*\sum\limits_{X_i < R}D_i*X_i - \dfrac{1}{2}\sum\limits_{X_i < R}D_i*X_i*(X_i-1)$

于是，我们只要维护：

$\sum\limits_{X_i \geqslant R}D_i$、$\sum\limits_{X_i < R}D_i*X_i$、$\dfrac{1}{2}\sum\limits_{X_i < R}D_i*X_i*(X_i-1)$

就可以了，这些都可以用树状数组（或者线段树）实现。这样就可以拿到 60 分！

算法 3. 当 $K=3$ 时是不是也可以用和算法 2 类似的方法来做？答案是肯定的，只是推导比较繁琐。

$\Delta S_3[R] = \dfrac{R(R+1)(R+2)}{6}\sum\limits_{X_i \geqslant R}D_i + R^2*\sum\limits_{X_i < R}D_i*X_i - R*\sum\limits_{X_i < R}D_i*\left(\dfrac{X_i^2}{2} - X_i\right) +$

$\sum\limits_{X_i < R}D_i*\left(\dfrac{X_i^3}{6} - \dfrac{X_i^2}{2} + \dfrac{X_i}{3}\right)$

同样，我们只需要维护：

$\sum\limits_{X_i \geqslant R}D_i$、$\sum\limits_{X_i < R}D_i*X_i$、$\dfrac{1}{2}\sum\limits_{X_i < R}D_i*\left(\dfrac{X_i^2}{2} - X_i\right)$、$\sum\limits_{X_i < R}D_i*\left(\dfrac{X_i^3}{6} - \dfrac{X_i^2}{2} + \dfrac{X_i}{3}\right)$

就可以了，同样可以用树状数组（或者线段树）实现。综合上述 3 个算法，就可以得到 80 分！

算法 4. 对 $K=3、4、5、\cdots 10$，理论上都可以用类似算法 2 的方法求解。但是，对于每一个 K 都要计算一遍维护的所有系数，而且大家也发现 K 越大，要维护的东西越多、越复杂。所以说这是不切实际的！

那么，我们如何才能解决这个问题呢？下面介绍一种用母函数求解的方法。为了方便，我们将所有序列从 0 开始标号，并令 $K=K+1$；

对于一个修改 $\{L-1, D\}$ 的 ΔA 的生成函数是：$g(x) = D*(1+x+x^2\cdots+x^{L-1})$。

每一次求前缀和相当于乘上一个无穷多项式 $(1+x+x^2\cdots)$，那么，ΔS_K 的生成函数就是：

$gK(x) = D*(1+x+x^2\cdots+x^{L-1})*(1+x+x^2\cdots)^{k-1}$

$\qquad\; = D*\left(\dfrac{1-x^L}{1-x}\right)*(1+x+x^2\cdots)^{k-1}$

又因为：$\dfrac{1}{1-x} = 1+x+x^2\cdots$

所以，$gK(x) = D*(1-x^L)*(1+x+x^2\cdots)^k$

而 $\Delta S_K[R]$ 就等于 $gK(x)$ 展开后 x^r 项的系数。所以：

当 $R \leqslant L$ 时：

$$\Delta S_K[R] = \binom{R+K-1}{K} * D$$

当 $R>L$ 时：

$$\Delta S_K[R] = \binom{R+K-1}{K} * D - \binom{R+K-L-1}{K} * D$$

这里有一个小优化：我们发现不管 R 取何值，$\Delta S_K[R]$ 总有一项是 $\binom{R+K-1}{K} * D$，我们再想一想，最原始的修改操作是 $\{l,r,D\}$，我们只不过将它分解为 $\{r,D\}$ 和 $\{l-1,-D\}$，$\{r,D\}$ 操作 $\Delta S_K[R]$ 一定会 $+\binom{R+K-1}{K} * D$，$\{l-1,-D\}$ 操作 $\Delta S_K[R]$ 一定会 $-\binom{R+K-1}{K} * D$，相互抵消。于是，我们只需要进行的操作是：

当 $R>L$ 时：

$$\Delta S_K[R] = -\binom{R+K-L-1}{K} * D$$

这样，我们只需要预处理出 $\binom{R+K-L-1}{K}$ 展开式中 R 的若干次方的系数，再用树状数组（或者线段树）维护这些系数。

【参考程序】

```cpp
#include<iostream>
#include<stdio.h>
#include<stdlib.h>
#include<string.h>
#include<math.h>
#include<algorithm>
#define L long long
using namespace std;
int n,m,p,w[11][11],v[11][11],u[11],a[11],
    f[600000],g[600000][11],s[600000][11],q=1000000007,ans,l,r,x;
char t[10];

inline void add(int i,int j,int k,int l){
    int t;
    if(l<=j){
        for(t=0;t<=p;t++){
            f[i]=(f[i]+(L)u[t]*s[i][t])%q;
            g[i][t]=(g[i][t]+u[t])%q;
        }
    }
```

```
        else{
            for(t=0;t<=p;t++){
                f[i*2]=(f[i*2]+(L)g[i][t]*s[i*2][t])%q;
                g[i*2][t]=(g[i*2][t]+g[i][t])%q;
                f[i*2+1]=(f[i*2+1]+(L)g[i][t]*s[i*2+1][t])%q;
                g[i*2+1][t]=(g[i*2+1][t]+g[i][t])%q;
                g[i][t]=0;
            }
            add(i*2+1,(j+k)/2+1,k,l);
            if(l<=(j+k)/2)
                add(i*2,j,(j+k)/2,l);
            f[i]=(f[i*2]+f[i*2+1])%q;
        }
    }
}

inline int ask(int i,int j,int k,int l,int r){
    if(l<=j && r>=k)
        return f[i];
    else{
        int t;
        for(t=0;t<=p;t++){
            f[i*2]=(f[i*2]+(L)g[i][t]*s[i*2][t])%q;
            g[i*2][t]=(g[i*2][t]+g[i][t])%q;
            f[i*2+1]=(f[i*2+1]+(L)g[i][t]*s[i*2+1][t])%q;
            g[i*2+1][t]=(g[i*2+1][t]+g[i][t])%q;
            g[i][t]=0;
        }
        t=0;
        if(l<=(j+k)/2)
            t+=ask(i*2,j,(j+k)/2,l,r);
        if(r>(j+k)/2)
            t+=ask(2*i+1,(j+k)/2+1,k,l,r);
        return t%q;
    }
}

inline void xds(int l,int x){
    int i,j,k;
    for(i=0;i<=p;i++){
```

```
            u[i] = 0;
            for(j = 0,k = 1;i + j <= p;j + + ,k = (L)k * l % q)
                u[i] = (u[i] + (L)k * w[i][j]) % q;
            u[i] = (L)u[i] * x % q;
        }
        add(1,1,n,l);
}

int main(){
    int i,j,k;
    scanf("%d%d%d",&n,&m,&p);
    w[0][0] = 1;
    for(i = 1;i <= p;i + +){
        for(j = 0;j < i;j + +)
            for(k = 0;j + k < i;k + +){
                v[j + 1][k] = (v[j + 1][k] + w[j][k]) % q;
                v[j][k + 1] = (v[j][k + 1] - w[j][k]) % q;
                v[j][k] = (v[j][k] + (L)w[j][k] * i) % q;
            }
        for(j = 0;j <= i;j + +)
            for(k = 0;j + k <= i;k + +){
                w[j][k] = v[j][k];
                v[j][k] = 0;
            }
    }
    for(i = 1;i <= n;i *= 2);
    n = i;
    for(i = 1;i <= n;i + +){
        s[n + i - 1][0] = 1;
        for(j = 1;j <= p;j + +)
            s[n + i - 1][j] = (L)s[n + i - 1][j - 1] * i % q;
    }
    for(i = n - 1;i > 0;i - -)
        for(j = 0;j <= p;j + +)
            s[i][j] = (s[i * 2][j] + s[i * 2 + 1][j]) % q;
    a[0] = a[1] = 1;
    for(i = 2;i <= p;i + +){
        a[i] = - q/i * (L)a[q % i] % q;
        a[0] = (L)a[0] * a[i] % q;
```

```
        }
        for(i=1;i<=m;i++){
            scanf("%s",&t);
            if(t[0]==C){
                scanf("%d%d%d",&l,&r,&x);
                xds(l,x);
                if(r<n)
                    xds(r+1,-x);
            }
            else{
                scanf("%d%d",&l,&r);
                ans=(L)ask(1,1,n,l,r)*a[0]%q;
                ans=(ans+q)%q;
                printf("%d\n",ans);
            }
        }
    return 0;
}
```

3.7 莫比乌斯反演

莫比乌斯反演在许多情况下能大大简化运算。下面,先介绍莫比乌斯反演公式。

定理:$F(n)$ 和 $f(n)$ 是定义在非负整数集合上的两个函数,并且满足条件 $F(n) = \sum_{d|n} f(d)$。那么,我们得到结论:

$$f(n) = \sum_{d|n} \mu(d) F\left(\frac{n}{d}\right)$$

在上面的公式中有一个 $\mu(d)$ 函数,它的定义如下:

(1) 若 $d=1$,那么 $\mu(d)=1$

(2) 若 $d=p_1 p_2 \cdots p_k$,p_i 均为互异素数,那么 $\mu(d)=(-1)^k$

(3) 其他情况下 $\mu(d)=0$

对于 $\mu(d)$ 函数,它有如下的常见性质:

(1) 对任意正整数 n 有:$\sum_{d|n} \mu(d) = \begin{cases} 1 & n=1 \\ 0 & n>1 \end{cases}$

(2) 对任意正整数 n 有:$\sum_{d|n} \frac{\mu(d)}{d} = \frac{\varphi(n)}{n}$

用线性筛选求莫比乌斯反演函数的代码:

```
void Init(){
    memset(vis,0,sizeof(vis));
```

```
        mu[1] = 1;
        cnt = 0;
        for(int i = 2; i<N; i++){
            if(!vis[i]){
                        prime[cnt++] = i;
                        mu[i] = -1;
            }
            for(int j = 0; j<cnt&&i*prime[j]<N; j++){
                vis[i*prime[j]] = 1;
                if(i%prime[j]) mu[i*prime[j]] = -mu[i];
                else{
                        mu[i*prime[j]] = 0;
                        break;
                }
            }
        }
}
```

有了上面的知识,现在,我们来证明莫比乌斯反演定理。

证明:

$$\sum_{d|n}\mu(d)F\left(\frac{n}{d}\right)=\sum_{d|n}\mu(d)\sum_{d'|\frac{n}{d}}f(d')=\sum_{d'|n}f(d')\sum_{d|\frac{n}{d'}}\mu(d)=f(n)$$

证明完毕!

【例 3.7-1】 最大公约数为质数的数对(gcdprime.*,128 MB,1 秒)

【问题描述】

给定一个正整数 n,其中 $n\leqslant 10^7$,求使得 $gcd(x,y)$ 为质数的 (x,y) 的个数,$1\leqslant x$, $y\leqslant n$。

【问题分析】

对于本题,因为是使得 $gcd(x,y)$ 为质数,所以必然要枚举小于等于 n 的质数,那么对于每一个质数 p_i,只需要求在区间 $[1,n/p_i]$ 中,满足有序对 (x,y) 互质的对数。也就是说,现在问题转化为:在区间 $[1,r]$ 中,存在多少个有序对使得 (x,y) 互质,这个问题就简单啦,因为是有序对,不妨设 $x\leqslant y$,那么我们如果枚举每一个 y,小于 y 有多少个 x 与 y 互素,这正是欧拉函数。所以,我们可以递推法求欧拉函数,将得到的答案乘以 2 即可,但是这里乘以 2 后还有漏计算了的,那么有哪些呢?是 $x=y$ 且为素数的情况,再加上就行了。

【参考程序】

```
#include <iostream>
#include <string.h>
#include <stdio.h>
#include <bitset>
```

```cpp
using namespace std;
typedef long long LL;
const int N = 10000010;
bitset<N> prime;
LL phi[N];
LL f[N];
int p[N];
int k;

void isprime(){
    k = 0;
    prime.set();
    for(int i = 2; i<N; i++){
        if(prime[i]){
            p[k++] = i;
            for(int j = i+i; j<N; j+=i)
                prime[j] = false;
        }
    }
}

void Init(){
    for(int i = 1; i<N; i++) phi[i] = i;
    for(int i = 2; i<N; i+=2) phi[i] >>= 1;
    for(int i = 3; i<N; i+=2){
        if(phi[i] == i){
            for(int j = i; j<N; j+=i)
                phi[j] = phi[j] - phi[j] / i;
        }
    }
    f[1] = 0;
    for(int i = 2;i<N;i++)
        f[i] = f[i-1] + (phi[i]<<1);
}

LL Solve(int n){
    LL ans = 0;
    for(int i = 0; i<k&&p[i]<=n; i++)
        ans += 1 + f[n/p[i]];
```

```
        return ans;
    }

    int main(){
        Init();
        isprime();
        int n;
        scanf("%d",&n);
        printf("%I64d\n",Solve(n));
        return 0;
    }
```

【例 3.7 - 2】 最大公约数为质数的数对 2(gcdprime2. * ,128 MB,1 秒)

【问题描述】

给定两个正整数 n 和 m,其中 $1 \leqslant x \leqslant n, 1 \leqslant y \leqslant m, 1 \leqslant n, m \leqslant 10^7$,求 $gcd(x,y)$ 为质数的 (x,y) 有多少对。注意:本题有多组测试数据。

【问题分析】

本题是例 3.7 - 1 的升级版,不同的是 n 和 m 不一定相同,下面我们用莫比乌斯反演来解决,看看它是如何简化运算的。

我们知道莫比乌斯反演的一般描述为:

$$F(n) = \sum_{d|n} f(d) \Rightarrow f(n) = \sum_{d|n} \mu(d) F\left(\frac{n}{d}\right)$$

其实,它还有另一种描述,本题也是用到这种。那就是:

$$F(n) = \sum_{n|d} f(d) \Rightarrow f(n) = \sum_{n|d} \mu\left(\frac{d}{n}\right) F(d)$$

对于本题,我们设 $f(n)$ 为满足 $gcd(x,y)=d$ 且 $1 \leqslant x \leqslant n$ 和 $1 \leqslant y \leqslant m$ 的 (x,y) 的对数。

$F(d)$ 为满足 $d|gcd(x,y)$ 且 $1 \leqslant x \leqslant n$ 和 $1 \leqslant y \leqslant m$ 的 (x,y) 的对数。

那么,很显然 $F(x) = \frac{n}{x} * \frac{m}{x}$,反演后得到:

$$f(x) = \sum_{x|d} \mu\left(\frac{d}{x}\right) F(d) = \sum_{x|d} \mu\left(\frac{d}{x}\right) \frac{n}{d} * \frac{m}{d}$$

因为题目要求的是 $gcd(x,y)$ 为质数,那么,我们枚举每一个质数 p,然后得到:

$$ans = \sum_{p}^{\min(n,m)} \left(\sum_{d}^{\min(n,m)} \mu(d) \frac{n}{pd} * \frac{m}{pd} \right)$$

如果直接这样做肯定超时,我们必须优化。

我们设 $T = pd$,那么继续得到: $ans = \sum_{i=1}^{\min(n,m)} \frac{n}{T} * \frac{m}{T} \left(\sum_{p|T} \mu\left(\frac{T}{p}\right) \right)$。

可以看出,如果我们可以先预处理出所有的 T 对应的 $\sum_{p|T} \mu\left(\frac{T}{p}\right)$ 的值,那么本题就解决了。

我们设 $g(x) = \sum_{p|x} \mu\left(\dfrac{x}{p}\right)$，$\text{sum}(x)$ 是 $g(x)$ 前缀和。

1. 如果 k 整除 x，那么 $\mu(kx)=0, g(kx)=\mu(x)$；
2. 如果 k 不整除 x，那么 $\mu(kx)=-\mu(x), g(kx)=\mu(x)-g(x)$。

【参考程序】

```cpp
#include <bits/stdc++.h>
using namespace std;
typedef long long LL;
const int N = 10000005;
bool vis[N];
int p[N];
int cnt;
int g[N],u[N],sum[N];

void Init(){
    memset(vis,0,sizeof(vis));
    u[1] = 1;
    cnt = 0;
    for(int i = 2;i<N;i++){
        if(!vis[i]){
            p[cnt++] = i;
            u[i] = -1;
            g[i] = 1;
        }
        for(int j = 0;j<cnt&&i*p[j]<N;j++){
            vis[i*p[j]] = 1;
            if(i%p[j]){
                u[i*p[j]] = -u[i];
                g[i*p[j]] = u[i]-g[i];
            }
            else{
                u[i*p[j]] = 0;
                g[i*p[j]] = u[i];
                break;
            }
        }
    }
    sum[0] = 0;
    for(int i = 1;i<N;i++)
```

```
            sum[i] = sum[i-1] + g[i];
    }

    int main(){
        Init();
        int T;
        scanf("%d",&T);
        while(T--){
            LL n,m;
            cin>>n>>m;
            if(n>m) swap(n,m);
            LL ans = 0;
            for(int i = 1,last; i<= n; i = last+1){
                last = min(n/(n/i),m/(m/i));
                ans += (n/i)*(m/i)*(sum[last]-sum[i-1]);
            }
            cout<<ans<<endl;
        }
        return 0;
    }
```

【例3.7-3】 约数个数和(2015年山东省队选拔,divisor.*,128 MB,2秒)

【问题描述】

设 $d(x)$ 为 x 的约数个数,给定 N、M,求 $\sum_{i=1}^{N}\sum_{j=1}^{M}d(ij)$ 的值。

【输入格式】

输入文件包含多组测试数据。

第一行,一个整数 T,表示测试数据的组数。

接下来的 T 行,每行两个整数 N、M。

【输出格式】

T 行,每行一个整数,表示你所求的答案。

【样例输入】

2
7 4
5 6

【样例输出】

110
121

【数据规模和约定】

测试点编号	N、M 的范围	T 的范围
1	$1 \leqslant N, M \leqslant 100$	$1 \leqslant T \leqslant 50\ 000$
2		
3	$1 \leqslant N, M \leqslant 1\ 000$	$1 \leqslant T \leqslant 10$
4		
5		
6	$1 \leqslant N, M \leqslant 50\ 000$	$1 \leqslant T \leqslant 50\ 000$
7		
8		
9		
10		

【问题分析】

首先证明:$d(nm) = \sum\limits_{i|n} \sum\limits_{j|m} [gcd(i,j)=1]$。

对于 nm 的每个质因数 p,设 $n = n\_ * p\hat{\ }a, m = m\_ * p\hat{\ }b$,那么 $nm = n\_ * m\_ * p\hat{\ }(a+b)$,$p$ 对 $d(nm)$ 的贡献是 $a+b+1$。在等式的右边里,$(i\_ * p\hat{\ }a, j\_)$,$(i\_ * p\hat{\ }(a-1), j\_)$,$\cdots$,$(i\_, j\_)$,$\cdots$,$(i\_, j\_ * p\hat{\ }b)$ 都是可行的数对,共 $a+b+1$ 个,因此上式成立。

那么:

$$\sum_{i=1}^{N} \sum_{j=1}^{M} d(ij)$$

$$= \sum_{i=1}^{N} \sum_{j=1}^{M} \sum_{k|i} \sum_{l|j} [gcd(k,l)=1]$$

$$= \sum_{i=1}^{N} \sum_{j=1}^{M} \sum_{d=1}^{\min(N,M)} \mu(d) \sum_{k|i} \sum_{l|j} [gcd(k,l) \mid d]$$

$$= \sum_{d=1}^{\min(N,M)} \mu(d) \sum_{k=1}^{N} \sum_{l=1}^{M} [gcd(k,l) \mid d] \left\lfloor \frac{N}{k} \right\rfloor \left\lfloor \frac{M}{l} \right\rfloor$$

$$= \sum_{d=1}^{\min(N,M)} \mu(d) \sum_{k=1}^{\lfloor N/d \rfloor} \sum_{l=1}^{\lfloor M/d \rfloor} \left\lfloor \frac{N}{dk} \right\rfloor * \left\lfloor \frac{M}{dl} \right\rfloor$$

$$= \sum_{d=1}^{\min(N,M)} \mu(d) \left(\sum_{k=1}^{\lfloor N/d \rfloor} \left\lfloor \frac{N}{dk} \right\rfloor \right) \left(\sum_{l=1}^{\lfloor M/d \rfloor} \left\lfloor \frac{M}{dl} \right\rfloor \right)$$

记 $f(i) = \sum\limits_{j=1}^{i} \left\lfloor \frac{i}{j} \right\rfloor$,则我们要求的是 $\sum\limits_{i=1}^{\min(N,M)} \mu(i) * f\left(\left\lfloor \frac{N}{i} \right\rfloor\right) * f\left(\left\lfloor \frac{M}{i} \right\rfloor\right)$。

【参考程序】

```
#include<cstdio>
#include<cstring>
#include<iostream>
```

```cpp
using namespace std;
typedef long long ll;
int gcd(int a,int b){return b? gcd(b,a%b):a;}
const int maxn = 50001;
int tot,prime[30001],mu[maxn],c[maxn];
ll d[maxn];
bool isprime[maxn];
ll Ans[101][101];

void genPrime(int n){
    memset(isprime,true,sizeof isprime);
    mu[1] = d[1] = c[1] = 1;
    for(int i = 2;i<= n; ++i){
        if(isprime[i]){
            prime[tot++] = i;
            mu[i] = -1;
            c[i] = 1;
            d[i] = 2;
        }
        for(int j = 0;j<tot&&i*prime[j]<= n; ++j){
            isprime[i*prime[j]] = false;
            if(i%prime[j] == 0){
                d[i*prime[j]] = d[i]/(c[i]+1)*(c[i]+2);
                c[i*prime[j]] = c[i]+1;break;
            }
            mu[i*prime[j]] = -mu[i];
            d[i*prime[j]] = d[i]*d[prime[j]];
            c[i*prime[j]] = 1;
        }
    }
    for(int i = 1;i<= n; ++i) mu[i] += mu[i-1];
    for(int i = 1;i<= n; ++i) d[i] += d[i-1];
}

inline int read(){
    int x = 0;char ch = getchar();
    while(!isdigit(ch)) ch = getchar();
    while(isdigit(ch)) x = x*10+ch-48,ch = getchar();
    return x;
```

```
}
char a[18];
inline void print(ll x){
    a[0] = 0;
    while(x) a[++a[0]] = x%10,x/=10;
    for(;a[0];--a[0])
        putchar(a[a[0]]+48);
    putchar('\n');
}

int main(){
    genPrime(50000);
    int t = read();
    while(t--){
        int n = read(),m = read();
        if(n<=100&&m<=100){
            if(Ans[n][m]){
                print(Ans[n][m]);
                continue;
            }
        }
        if(n>m) swap(n,m);
        ll ans = 0;
        for(int i = 1,nex;i<=n;i = nex+1){
            nex = min(n/(n/i),m/(m/i));
            ans += (mu[nex]-mu[i-1])*d[n/i]*d[m/i];
        }
        if(n<=100&&m<=100) Ans[n][m] = Ans[m][n] = ans;
        print(ans);
    }
    return 0;
}
```

3.8 Lucas 定理

Lucas(卢卡斯)定理是用来求 $C(n,m) \bmod p$ 的值。其中:n 和 m 是非负整数,p 是素数。一般用于 m、n 很大而 p 很小,或者 n,m 不大但大于 p,这样用阶乘就解决不了。

Lucas 定理的结论 1:Lucas$(n,m,p)=cm(n\%p,m\%p)*$Lucas$(n/p,m/p,p)$;

Lucas$(x,0,p)=1$；

其中，$cm(a,b)=a!*(b!*(a-b)!)^\wedge(p-2) \bmod p$
$=(a!/(a-b)!)*(b!)^\wedge(p-2)) \bmod p$

Lucas 定理的结论 2：把 n 写成 p 进制 $a[n]a[n-1]a[n-2]\cdots a[0]$，把 m 写成 p 进制 $b[n]b[n-1]b[n-2]\cdots b[0]$，则 $C(n,m)$ 与 $C(a[n],b[n])*C(a[n-1],b[n-1])*C(a[n-2],b[-2])*\cdots*C(a[0],b[0])$ 模 p 同余。

下面给出 Lucas 定理的实现代码：

```
//注意C(n mod p,m mod p)可能出现n mod p<m mod p,那就直接是0。因为若n<m,
则C(n,m) = 0。
int getc(int n,int m){
    if(n<m)return 0;
    if(m>n-m)m=n-m;
    ll s1 = 1,s2 = 1;
    for(int i = 0;i<m;i++){
        s1 = s1 * (n-i) % p;
        s2 = s2 * (i+1) % p;
    }
    return s1 * qpow(s2,p-2) % p;
//qpow是快速幂,求s2的(p-2)次方,用于求逆元
//如果要大量运用lucas定理,建议用杨辉三角打组合的表或将阶乘(以及阶乘逆
元)打表
}

int lucas(int n,int m){
    if(m = = 0)return 1;
    return getc(n%p,m%p) * lucas(n/p,m/p) % p;
}
```

【例 3.8-1】 Saving Beans(HDU3037)

【问题描述】

题目大意是有 n 个不同的盒子，在每个盒子中放一些球（可以不放），使得总球数小于等于 m，求方案数（$\bmod p$）。

数据范围：$1 \leqslant n,m \leqslant 10^9$，$1<p<10^5$，$p$ 保证是素数。

【输入样例】

2
1 2 5
2 1 5

【输入样例】

3
3

【问题分析】

若最后放了 k 个球 ($k \leq m$),根据"挡板法"有方案数为 $C(k+n-1, n-1)$,则总方数为:

$C(n-1, n-1) + C(n, n-1) + C(n+1, n-1) + \cdots + C(n+m-2, n-1) + C(n+m-1, n-1) = C(n+m, n)$

换一个思路来理解,我们有 $n+1$ 个盒子来放球,使得总个数为 m,这样我前 n 个盒子就当做题目中要的盒子,所以答案就是将 m 个求放入 $n+1$ 个盒子的方案,就是 $C(n+m, n)$。最后就是使用 Lucas 定理编程实现了。

【参考代码】

```cpp
#include<cstdio>
#include<cstring>
#include<iostream>
#include<algorithm>
using namespace std;
const int MAXN = 1e6;
long long a[MAXN],p;
long long qpow(long long x, long long m){
    if (m == 0) return 1;
    long long tmp = qpow(x , m / 2);
    tmp = (tmp * tmp) % p;
    if (m % 2 == 1) tmp = (tmp * x) % p;
    return tmp;
}

long long getc(long long n,long long m){
    if (m > n) return 0;
    return (a[n] * qpow(a[m],p-2)) % p * qpow(a[n-m],p-2) % p;
}

long long lucas(long long n,long long m){
    if(m == 0)return 1;
    return getc(n%p,m%p) * lucas(n/p,m/p) % p;
}

int main(){
    int numcase;
    cin>>numcase;
    while (numcase--){
        int n,m;
```

```
        cin>>n>>m>>p;
        a[0] = 1;
        for (int i = 1; i <= p; i++) a[i] = (a[i-1] * i) % p;
        cout<<lucas(n+m,n)<<endl;
    }
    return 0;
}
```

【例 3.8-2】 Tom and matrix(HDU5226)

【问题描述】

题目大意是给定一个矩阵 a,$a[i][j]=C[i][j](i \geq j)$ or $0(i<j)$,求 (x_1,y_1),(x_2,y_2) 这个子矩阵里面的所有数的和。

数据范围:$0 \leq x_1 \leq x_2 \leq 10^5$,$0 \leq y_1 \leq y_2 \leq 10^5$,$2 \leq p \leq 10^9$,$p$ 保证是素数。

【输入样例】

0 0 1 1 7
1 1 2 2 13
1 0 2 1 2

【输入样例】

3
4
1

【问题分析】

首先用容斥原理,将问题转化为求 $(0,0)$,(x,y) 这个子矩阵里面的所有数的和。然后分析这个矩阵,按列看,第 k 列为:

$C(0,k)+C(1,k)+C(2,k)+\cdots+C(x,k)=C(x+1,k+1)$

因此,答案为:$C(x+1,1)+\cdots+C(x+1,y+1))$。

所以,只要计算每一个 $C(n,m)$,很容易想到 $C(n,m)=n!/m!/(n-m)!$,因此,只要将 $n!$(以及逆元)打表。看似完美但是有问题,若 p 很小,那 $n! \bmod p=0$,$m! \bmod p=0$,$(n-m)! \bmod p=0$,也就是说 $n!$、$m!$、$(n-m)!$ 中都有 p 这个因子,但约分后组合数中却没有,但用之前的算法算出来的是 0,而这时用 Lucas 定理就没这个问题,但 Lucas 定理中 $C(n,m)$ 的 n、m 会达到 p 的级别。怎么办?对 p 较大时,用原始方法(阶乘),p 较小时用 Lucas 定理,可以用 10^5 来界定 p 的大小。

【参考代码】

```
#include<cstdio>
#include<cstring>
#include<iostream>
#include<algorithm>
using namespace std;
const int maxn = 100005;
long long a[maxn], b[maxn], X1, X2, Y1, Y2, P, ans;
```

```
int n;
long long qpow(long long x, long long m){
    if (m==0) return 1;
    long long tmp = qpow(x, m/2);
    tmp = (tmp * tmp) % P;
    if (m%2==1) tmp = (tmp * x) % P;
    return tmp;
}

long long combin(int x, int y){
    if (x>y) return 0;
    return (a[y] * b[x]) % P * b[y-x] % P;
}

long long c(int x, int y){
    if (x>y) return 0;
    if (y>=P) return combin(x%P, y%P) * c(x/P, y/P) % P;
    else return combin(x, y);
}

int main(){
    while (cin >> X1 >> Y1 >> X2 >> Y2 >> P){
        a[0] = b[0] = 1;
        for (int i=1; i<=min(X2+1, P-1); i++){
            a[i] = (a[i-1] * i) % P;
            b[i] = qpow(a[i], P-2);
        }
        ans = 0;
        for (int i=Y1; i<=Y2; i++){
            (ans += c(i+1, X2+1) - c(i+1, X1)) %= P;
        }
        (ans += P) %= P;
        cout << ans << endl;
    }
    return 0;
}
```

3.9 本章习题

1. 有 8 位同学排成一列,其中 4 位女生,要求同性别的人不相邻,问有多少种排法?

2. A,B,C,D,E,F 排在 $1,2,3,4,5,6$ 这六个位置,问 A 不在 1,B 不在 2,C 不在 3 的排列的种数?

3. 6 个身高不同的人分成 2 排,每排 3 人,每排从左到右,由低到高,且后排的人比他身前的人高,问有多少种排法?

4. 从 5 位男同学和 4 位女同学中选出 4 位参加一个座谈会,要求与会成员中既有男同学又有女同学,有几种不同的选法?

5. 晚会上有 5 个不同的唱歌节目和 3 个不同的舞蹈节目,问:分别按以下要求各可排出几种不同的节目单?

(1) 3 个舞蹈节目排在一起;

(2) 3 个舞蹈节目彼此分隔;

(3) 3 个舞蹈节目先后顺序一定;

6. 某保密单位有 m 个人,规定只有当 n 个人到场时才能打开门,$n \leqslant m$,现在有三个问题:

(1) 门上要装多少锁?

(2) 每人分配多少把钥匙?

(3) 如何分配这些钥匙?

例如:$m=4, n=2$,门上应装 4 个锁,每人 3 把钥匙,可以按下面的方法分配钥匙:

人锁	1	2	3	4
1	Key1	Key2	Key3	
2	Key1	Key2		Key4
3	Key1		Key3	Key4
4		Key2	Key3	Key4

7. 现从 A、B、C 这 3 个字母中可重复地抽 7 个出来。若其中规定包含最多 1 个 A、最少 1 个 B、1 到 2 个 C,问有多少种抽法?

8. 如规定 $6 \leqslant a,b,c \leqslant 10$,则方程 $a+b+c=28$ 有多少个解?

9. 一次性投掷两个骰子,问掷出 6 点,有多少种可能法?

10. 求用 1 角、2 角、3 角的邮票贴出不同数值的方案数。

11. 整数 n 拆分成 $1、2、3、\cdots m$ 的和,并允许重复,若其中 m 至少出现一次,其母函数如何构造?

12. Code(POJ1850)

【问题描述】

Transmitting and memorizing information is a task that requires different coding systems for the best use of the available space. A well known system is that one where a number is associated to a character sequence. It is considered that the words are made only of small characters of the English alphabet a,b,c,...,z (26 characters). From all these words we consider only those whose letters are in lexigraphical order (each character is smaller than the next character).

The coding system works like this:

- The words are arranged in the increasing order of their length.
- The words with the same length are arranged in lexicographical order (the order from the dictionary).
- We codify these words by their numbering, starting with a, as follows:

a—1
b—2
...
z—26
ab—27
...
az—51
bc—52
...
vwxyz—83681
...

Specify for a given word if it can be codified according to this coding system. For the affirmative case specify its code.

【输入格式】

The only line contains a word. There are some constraints:

- The word is maximum 10 letters length
- The English alphabet has 26 characters.

【输出格式】

The output will contain the code of the given word, or 0 if the word can not be codified.

【输入样例】
bf
【输出样例】
55

13. Number Sequence(POJ1019)

【问题描述】

A single positive integer i is given. Write a program to find the digit located in the position i in the sequence of number groups $S_1 S_2 \ldots S_k$. Each group S_k consists of a sequence of positive integer numbers ranging from 1 to k, written one after another. For example, the first 80 digits of the sequence are as follows: 11212312341234512

345612345671234567812345678912345678 910123456789101112345678910

【输入格式】

The first line of the input file contains a single integer t(1≤t≤10), the number of test cases, followed by one line for each test case. The line for a test case contains the single integer i(1≤i≤2147483647).

【输出格式】

There should be one output line per test case containing the digit located in the position i.

【输入样例】

2

8

3

【输出样例】

2

2

14. Paths on a Grid(POJ1942)

【问题描述】

Imagine you are attending your math lesson at school. Once again, you are bored because your teacher tells things that you already mastered years ago (this time he's explaining that $(a+b)^2 = a^2 + 2ab + b^2$). So you decide to waste your time with drawing modern art instead.

Fortunately you have a piece of squared paper and you choose a rectangle of size n * m on the paper. Let's call this rectangle together with the lines it contains a grid. Starting at the lower left corner of the grid, you move your pencil to the upper right corner, taking care that it stays on the lines and moves only to the right or up. The result is shown on the left(图 3.9 - 1):

图 3.9 - 1

Really a masterpiece, isn't it? Repeating the procedure one more time, you arrive with the picture shown on the right. Now you wonder: how many different works of art can you produce?

【输入格式】

The input contains several testcases. Each is specified by two unsigned 32-bit integers n and m, denoting the size of the rectangle. As you can observe, the number of lines of the corresponding grid is one more in each dimension. Input is terminated by n=m=0.

【输出格式】

For each test case output on a line the number of different art works that can be generated using the procedure described above. That is, how many paths are there on a grid where each step of the path consists of moving one unit to the right or one unit up? You may safely assume that this number fits into a 32-bit unsigned integer.

【输入样例】

5 4
1 1
0 0

【输出样例】

126
2

15. 盒子与球(box.*)

【问题描述】

现有 r 个互不相同的盒子和 n 个互不相同球,要将这 n 个球放入 r 个盒子中,且不允许有空盒子。问有多少种放法?

例如:有 2 个不同的盒子(分别编为 1 号和 2 号)和 3 个不同的球(分别编为 1、2、3 号),则有如下 6 种不同的方法。

【输入格式】

输入文件一行,两个整数 n 和 r,中间用一个空格分隔($0 \leq n, r \leq 10$)。

【输出格式】

输出文件仅一行,一个整数(保证在长整型范围内),表示 n 个球放入 r 个盒子的方法。

【输入样例】

3 2

1号盒子	2号盒子
1号球	2、3号球
1、2号球	3号球
1、3号球	2号球
2号球	1、3号球
2、3号球	1号球
3号球	1、2球

【输出样例】

6

16. 字母组合(charcom. *)

【问题描述】

字母 A,B,C 的所有可能的组合(按字典顺序排序)是:A,AB,ABC,AC,B,BC,C。
每个组合都对应一个字典顺序的序号,如下所示:

     1 A
     2 AB
     3 ABC
     4 AC
     5 B
     6 BC
     7 C

找出某个字母组合的字典序号。例如,上例中 AC 的字典序号是 4。

注:假设某个字母组合为 $X_1X_2X_3\cdots X_K$,保证 $X_1<X_2<X_3<\cdots<X_K$。

【输入格式】

输入包括 2 行:

第一行:N,表示字母组合由字母表中前 $N(N\leqslant 26)$ 个字母组成;

第二行:某一个字母组合,都是大写字母;

【输出格式】

该字母组合的序号;

【输入样例】

3
AB

【输出样例】

2

17. 字母组合 2(charcom. *)

【问题描述】

字母 A,B,C 的所有可能的组合(按字典顺序排序)是:
     A,AB,ABC,AC,B,BC,C

每个组合都对应一个字典顺序的序号,如下所示:

     1 A
     2 AB
     3 ABC
     4 AC
     5 B

6	BC
7	C

找出编号为 K 的字母组合。例如,上例中编号为 4 的组合为 AC。

注:假设某个字母组合为 $X_1X_2X_3\cdots X_K$,必须保证 $X_1<X_2<X_3<\cdots<X_K$。

【输入格式】

输入包括 2 行:

第一行:N,表示字母组合由字母表中前 $N(N\leqslant 26)$ 个字母组成;

第二行:K,求编号为 K 的字母组合;

【输出格式】

该字母组合;均为大写字母。

【输入样例】

3
2

【输出样例】

AB

18. Magic(SGU109)

【问题描述】

著名魔术师 David Copperfield 喜欢表演下面的把戏:一个包含不同图片的 $N*N$ 的矩阵出现在电视屏幕上,让我们用以下规则给每个图片编号:

1	2	$\cdots$	N
$\cdots$	$\cdots$	$\cdots$	$\cdots$
$N*(N-1)+1$	$N*(N-1)+2$	$\cdots$	$N*N$

每一名观众都被要求把一根手指放在左上角的图片上(也就是 1 号图片),然后魔术开始了:魔术师要求观众沿着上下左右 4 个方向从把手指移动 K_1 次(前提是那里要有图片),然后他轻轻地移除掉若干图片并说:"你不在那里!"。并且,这是真的——你的手指并不会指在他移除掉的图片。然后重复,他会让观众作 K_2 次移动,以此类推。最后当图片仅剩一幅时他会笑着宣布"我抓住你了!"。

刚刚 David 想要重复他的魔术,不幸的是他昨天过得很不好,你得写个程序帮助他完成这个魔术。

【输入格式】

一个整数 N,$1<N<101$。

【输出格式】

你的程序必须按照下面的格式输出:

K_1 $X_{1,1}$ $X_{1,2}\cdots X_{1,m1}$

K_2 $X_{2,1}$ $X_{2,2}\cdots X_{2,m2}$

$\cdots$

K_e $X_{e,1}$ $X_{e,2}$ ··· $X_{e,me}$

K_i 表示第 i 次观众需要移动的次数($N \leqslant K_i < 300$),所有的 K 不能相等。$X_{i,1}$ $X_{i,2}$ ··· $X_{i,mi}$ 表示魔术师在观众作完 K_i 次移动后移除图片的编号(每个图片只能被移除一次并且每次至少要移除一张图片)。

每次移动占一行。同一行的每个数字之间用空格分开。若干次移除后,只剩下一幅图片。

【输入样例】

3

【输出样例】

3 1 3 7 9

5 2 4 6 8

19. Brackets light(SGU179)

【问题描述】

有一个合法的括号序列,它的长度不超过 10 000。你的任务是找到按照字典顺序排序的下一个合法的括号序列,假定"("<")"。

【输入格式】

一行,给定的括号序列。

【输出格式】

如果有解,输入找到的括号序列。如果无解,则输出"No solution"。

【输入样例】

(())()

【输出样例】

()(())

20. 圆的分割(problem4.*)

【问题描述】

一个圆的圆周上有 N 个点($0 < N < 1\,000$)。连接任意多条(可能是 0 条)不相交的弦(共用端点也算相交)共有多少种方案?

【输入格式】

输入一个数 N。

【输出格式】

输出一个数。由于结果可能很大,你只需要输出这个答案 mod 12 345 的值。

【输入样例】

4

【输出样例】

9

21. 完全平方数(BZOJ2440)

【题目大意】

求第 k 个无平方因子数。

22. 数表(BZOJ3529)

【题目大意】

令 $F(i)$ 为 i 的约数和,q 次给定 n,m,a,求:

$$\sum_{\substack{1<=i<=n \\ 1<=j<=m \\ F(gcd(i,j))<=a}} F(gcd(i,j)) \bmod 2^{31}$$

其中:$n,m \leqslant 10^5, q \leqslant 20\,000, a \leqslant 10^9$。

第 4 章 概 率

概率最早出现人类的赌博中。1651 年,赌徒梅雷爵士向法国数学家帕斯卡(Blaise Pascal)提出了"赌金分配"问题:两个赌徒下了相同赌注,约定先获胜 3 局的一方获得全部赌金。在 A 胜 2 局、B 胜 1 局的情况下,由于一方有事,赌局不得不结束,那么赌金该如何分配呢? 随后,帕斯卡与同胞费马(Pierre de Fermat)开始了关于赌博问题的一系列通信。人们通常认为,正是这两个法国人的工作开创了数学中最有趣的分支之一——概率论。

对于"赌金分配"问题,解答是这样的:A 赢得下一局,以 3∶1 获胜的可能性是 50%,赌局结束;B 赢得下一局,双方打成 2∶2 的可能性为 50%,赌局继续进行决胜局,A 和 B 以 3∶2 赢得最终胜利的可能性各为 25%,赌局结束。所以,A 赢得比赛的可能性(概率)是 50%+25%=75%,应该得到赌金的 75%,B 得到 25%。

4.1 事件与概率

某些现象,在个别试验中其结果呈现出不确定性,而在大量重复试验中其结果又具有统计规律性,这些现象称为"随机现象"。

一个试验称为"随机试验",是指它具有以下 3 个特点:
1. 可以在相同条件下重复进行。
2. 每次试验的可能结果可以不止一个,并且能事先明确试验的所有可能结果。
3. 进行一次试验之前不能确定哪一个结果会出现。

某个随机试验所有可能的结果的集合称为"样本空间",一般记为 S。S 的元素即为试验的每个结果,称为"样本点"。一般都假设 S 由有限个元素组成,S 的子集称为"随机事件",简称"事件"。

在每次试验中,当且仅当这一子集中的一个样本点出现时,称这一事件"发生"。由一个样本点组成的单个元素的集合,称为"基本事件"。

S 是自身的一个子集,在每次试验中它是必然发生的,称为"必然事件"。空集$\varnothing$也是 S 的一个子集,它在每次试验中都不可能发生,称为"不可能事件"。

事件 $A \cup B$ 称为事件 A 与事件 B 的和事件,当且仅当事件 A 和事件 B 至少有一个发生时,事件 $A \cup B$ 发生。$A \cup B$ 有时也记作 $A+B$。

事件 $A \cap B$ 称为事件 A 与事件 B 的积事件,当且仅当事件 A 和事件 B 同时发生时,事件 $A \cap B$ 发生。$A \cap B$ 有时也记作 AB 或 $A \cdot B$。

当有多个事件时,和事件和积事件一般可以分别表示成:$\bigcup\limits_{k=1}^{n} A_k$ 或 $\bigcap\limits_{k=1}^{n} A_k$。

如果 $A \cap B = \varnothing$,称事件 A 与事件 B 互不相容(或互斥),即指事件 A 与事件 B 不能

同时发生,基本事件是两两互不相容的。

如果 $A \cup B = S$,且 $A \cap B = \varnothing$,称事件 A 与事件 B 互为对立事件(互为补集),即对每次试验,事件 A 与事件 B 必有一个且仅有一个发生。

如果在相同的条件下进行了 n 次试验,在这 n 次试验中,事件 A 发生了 N_A 次,那么比值 N_A/n 称为事件 A 发生的"频率"。

在大量重复进行同一试验时,事件 A 发生的频率总是在某种意义下接近某个常数(实数),在它附近摆动,这个常数就是事件 A 的概率 $P(A)$。

概率具有以下几个性质:

(1) 非负性:对于每一个事件 A,$0 \leqslant P(A) \leqslant 1$。

(2) 规范性:对于必然事件 S,$P(S) = 1$。对于不可能事件 S,$P(S) = 0$。

(3) 容斥性:对于任意两个事件 A 和 B,$P(A \cup B) = P(A) + P(B) - P(A \cap B)$。

(4) 互斥事件的可加性:设 $A_1, A_2, \cdots A_n$ 是互斥的 n 个事件,则 $P(A_1 \cup A_2 \cup \cdots \cup A_n) = P(A_1) + P(A_2) + \cdots P(A_n)$。如果 A 和 B 互为对立事件,则事件 A 和 B 一定是互斥的,而 $A \cup B$ 为必然事件,所以,$P(A \cup B) = P(A) + P(B) = 1$,即对立事件概率之和为1。

(5) 独立事件的可乘性:如果事件 A 是否发生对事件 B 发生的概率没有影响,同时事件 B 是否发生对事件 A 发生的概率也没有影响,则称 A 与 B 是相互独立的事件。有 $P(A \cap B) = P(A) * P(B)$,即两个相互独立事件同时发生的概率等于每个事件发生的概率的积。推广到 n 个相互独立的事件,$P(A_1 \cap A_2 \cap \cdots A_n) = P(A_1) * P(A_2) * \cdots P(A_n)$。

(6) 独立重复试验的"伯努利大数定理":如果在一次试验中某事件发生的概率为 p,不发生的概率为 q,则在 n 次试验中该事件至少发生 m 次的概率等于 $(p+q)^n$ 的展开式中从 p^n 到包括 $p^m q^{n-m}$ 为止的各项之和。如果在一次试验中某事件发生的概率为 p,那么在 n 次独立重复试验中这个事件恰好发生 k 次 $(0 \leqslant k \leqslant n)$ 的概率为:$P_n(k) = C_n^k * p^k * (1-p)^{n-k}$。

【例4.1-1】 找东西的疑惑

【问题描述】

书桌有8个抽屉,分别用数字1~8编号。每次拿到一个文件后,我都会把这份文件随机地放在某一个抽屉中。但,我非常粗心,有1/5的概率会忘了把文件放进抽屉里,最终把这个文件弄丢。现在,我要找一份非常重要的文件,我将按照顺序打开每一个抽屉,直到找到这份文件为止,或者悲催地发现被我弄丢了。请计算下面3个问题的答案:

1. 假如我打开了第一个抽屉,发现里面没有我要的文件。那么,这份文件在其余7个抽屉里的概率是多少?

2. 假如我翻遍了前4个抽屉,里面都没有我要的文件。那么,这份文件在剩下的4个抽屉里的概率是多少?

3. 假如我翻遍了前7个抽屉,里面都没有我要的文件。那么,这份文件在最后一个抽屉里的概率是多少?

【问题分析】

请猜一下:这3个概率是越来越大、还是越来越小? 答案分别是 7/9,2/3,1/3。也就是说这个概率在不断减小,这个好像与我们的直觉相反,一般会感觉,前面的抽屉里越是没有,在后面抽屉里的概率就越大。所以,有时直觉也是一种错觉,不可靠!

根据 1/5 的"弄丢"概率,也就是平均 10 份文件就有 2 份弄丢,其余 8 份平均到了 8 个抽屉里。假设那 2 份丢掉的文件我找了回来,也分别占用 1 个抽屉,那么什么情况?也就是把问题增加 2 个虚拟的抽屉 9、10,专门放丢掉的文件。那么,题目就等价于:随机把文件放到 10 个抽屉里,但找文件时不允许打开最后 2 个抽屉,现在分别求:找过了 n 个抽屉但没有发现我的文件时,这份文件在其余 $10-n$ 个抽屉里、但是我只能打开其中前 $8-n$ 个抽屉的概率,答案显然为:$(8-n)/(10-n)$。当 $n=1、4、7$ 时,概率分别为 $7/9、2/3、1/3$。进一步,我们把 $(8-n)/(10-n)$ 化简成 $1-2/(10-n)$,就很容易发现,这是一个递减函数(在 $0 \leqslant n \leqslant 8$ 时),所以,概率是越来越小的。

4.2 古典概率

概率依其计算方法不同,可分为古典概率、试验概率和主观概率。古典概率通常又叫事前概率,是指当随机事件中各种可能发生的结果及其出现的次数都可以由演绎或外推法得知,而无需经过任何统计试验即可计算各种可能发生结果的概率。

人们最早研究概率是从掷硬币、掷骰子和摸球等游戏和赌博中开始的。这类游戏有几个共同特点:一是试验的样本空间有限,如掷硬币有正反两种结果,掷骰子有 6 种结果等;二是试验中每个结果出现的可能性相同,如硬币和骰子是均匀的前提下,掷硬币出现正反的可能性各为 1/2,掷骰子出出各种点数的可能性各为 1/6;三是这些随机现象所能发生的事件是互不相容的,比如掷硬币的结果要么是正面、要么是反面,不可能同时发生。具有这几个特点的随机试验称为古典概型或等可能概型。计算古典概型概率的方法称为概率的古典定义或古典概率。

在计算古典概率时,如果在全部可能出现的基本事件范围内构成事件 A 的基本事件有 a 个,不构成事件 A 的事件有 b 个,则出现事件 A 的概率为:$P(A)=a/(a+b)$。

【例 4.2-1】 红色笔

【问题描述】

在 40 支圆珠笔中有 30 支黑色的,另外 10 支是红色的。从中任意取出 4 支,计算其中至少有 1 支红色笔的概率。

【问题分析】

设从 40 支笔中任取 4 支,恰有 1 支、2 支、3 支、4 支红笔的事件分别记为 $A、B、C、D$。则:

$P(A)=C_{10}^{1} * C_{30}^{3}/C_{40}^{4}=40600/91390$

$P(B)=C_{10}^{2} * C_{30}^{2}/C_{40}^{4}=19575/91390$

$P(C)=C_{10}^{3} * C_{30}^{1}/C_{40}^{4}=3600/91390$

$P(D)=C_{10}^{4} * C_{30}^{0}/C_{40}^{4}=210/91390$

根据题意,事件 $A、B、C、D$ 两两互斥,所以 $P(A \cup B \cup C \cup D)=P(A)+P(B)+P(C)+P(D)=63985/91390 \approx 0.7$。

本题也可以从对立事件的概率来分析,设从 40 支笔中取 4 支全是黑色的事件为 A,

则 $P(A) = C_{30}^4 / C_{40}^4 = 27\,405/91\,390 \approx 0.3$。所以，$P(A)$ 的对立事件的概率为 $1 - P(A) \approx 0.7$。

【例 4.2-2】 罚球

【问题描述】

有甲、乙两个篮球运动员，假设他们的罚球命中率分别是 60% 和 50%，现在两人各罚球一次，正常情况下，请计算：

1. 两人都命中的概率。
2. 只有 1 人命中的概率。
3. 至少有 1 人命中的概率。

【问题分析】

两人投篮的事件（假设甲投中的事件用 A 表示、乙投中的事件用 B 表示）是相互独立的，用 $\overline{A}$、$\overline{B}$ 分别表示甲、乙未投中的事件，所以：

1. $P(A \cap B) = P(A) * P(B) = 0.6 * 0.5 = 0.3$
2. $P((A \cap \overline{B}) \cup (\overline{A} \cap B)) = P(A \cap \overline{B}) + P(\overline{A} \cap B)$
$= P(A) * P(\overline{B}) + P(\overline{A}) * P(B)$
$= P(A) * (1 - P(B)) + (1 - P(A)) * P(B)$
$= 0.6 * (1 - 0.5) + 0.5 * (1 - 0.6)$
$= 0.5$
3. 上面两项的和：$0.3 + 0.5 = 0.8$。

【例 4.2-3】 银行密码

【问题描述】

某银行储蓄卡的密码是 6 位数字号码，每位上数字均可取 0 到 9 这 10 个数字。某人忘记了他的确切密码。请计算：

1. 如果他随意按下一组 6 位数字号码，正好按对密码的概率是多少？
2. 如果他记住密码中只含有 1、2、3，那么他按一次密码，正好按对的概率又是多少？
3. 如果他记住密码中只含有一个 1、两个 2、三个 3，那么他按一次密码，正好按对的概率又是多少？

【问题分析】

1. 按对的情况只有一种，总共 10^6 种，所以答案是 $1/10^6$。
2. 因为每次只会去按 1、2、3 三个键了，所以答案是 $1/3^6$。
3. 因为只会去按 1 次 1、2 次 2 和 3 次 3，所以共有 $C_6^1 * C_5^2 * C_3^3 = 60$ 种按法，所以答案是 $1/60$。

【例 4.2-4】 骰子(dice.*,64MB,1 秒)

【问题描述】

众所周知，骰子是一个六面分别刻有一到六点的立方体，每次投掷骰子，从理论上讲得到一点到六点的概率都是 1/6。

今有骰子一颗，连续投掷 N 次，问点数总和大于等于 X 的概率是多少？

【输入格式】

输入文件一行两个整数，分别表示 n 和 x，其中 $1 \leq N \leq 24$，$0 \leq x < 150$。

【输出格式】

输出文件一行一个分数,要求以最简的形式精确地表达出连续投掷 N 次骰子,总点数大于等于 X 的概率。如果是 0/1 就输出 0,如果是 1/1 就输出 1。

【输入样例】

3 9

【输出样例】

20/27

【问题分析】

模拟投掷的过程去递推:从投掷一次开始,将可能出现的点数不断累加。最后再除以每个点数的总和,即为每个点数可能出现的概率。

【参考程序】

```cpp
#include<cstring>
#include<iostream>
using namespace std;
const int maxn = 24;
long long F[2][6 * maxn + 1], total, larger;

long long gcd(long long a, long long b){
    long long r = a % b;
    while (r){
        a = b;
        b = r;
        r = a % b;
    }
    return b;
}

int main(){
    int n, x;
    cin >> n >> x;
    memset(F, 0, sizeof (0));
    F[0][0] = 1;
    total = 1;
    for (int i = 1; i <= n; i++) {
        total *= 6;    for (int j = 0; j <= i * 6; j++) F[i & 1][j] = 0;
        for (int j = 0; j <= (i-1) * 6; j++)
            for (int k = 1; k <= 6; k++)
                F[i & 1][j+k] += F[i-1 & 1][j];
    }
```

```
    larger = 0;
    for (int i = x; i <= 6 * n; i++) larger += F[n & 1][i];
    long long cm = gcd(larger, total);
    if (cm){
        larger /= cm;
        total /= cm;
    }
    if (!larger) cout << 0 << endl;
    else if (total == 1) cout << 1 << endl;
        else cout << larger << "/" << total << endl;
    return 0;
}
```

【例 4.2-5】 三角形的概率(tripro.*,64MB,1 秒)

【问题描述】

随机产生 3 个一定范围内的正整数，作为一个三角形的三条边，求它们能构成一个三角形的概率是多少？你能证明吗？

【问题分析】

答案为 1/2。证明如下：

设产生的三个数分别为 a,b,c，假设 $a \leqslant b \leqslant c$，则只要 $a+b>c$，就能构成一个三角形，也即要求 $a/c+b/c>1$，换言之就是两个纯小数($x=a/c, y=b/c$)的和加起来大于 1，建立一个直角坐标系，x,y 分别对应 x 轴、y 轴，而 x,y 的取值范围都是 0 到 1(不包括 0、包括 1)，在这样一个正方形区域内，直线 $y+x=1$ 把它分成相等的两半，其中一半的区域内 $x+y>1$，而另一半 $x+y<1$。所以概率就是 1/2。下面是一个用来验证的参考程序。

【参考程序】

```
#include<ctime>
#include<cstdio>
#include<cstdlib>
const int times = 100000;

int main(){
    printf("%d\n", RAND_MAX);
    srand(time(NULL));
    int total = 0;
    for (int i = 0; i < times; i++){
        int L = rand(), M = rand(), N = rand(); /* 产生三个 0~32767 之间的整数 */
        if (M+N > L && M+L > N && N+L > M) total++;
    }
    printf("%.3lf\n", total * 1.0 / times);
    return 0;
}
```

【例 4.2-6】 Football(POJ3071)

【问题描述】

Consider a single-elimination football tournament involving 2^n teams, denoted 1, 2, $\cdots 2^n$. In each round of the tournament, all teams still in the tournament are placed in a list in order of increasing index. Then, the first team in the list plays the second team, the third team plays the fourth team, etc. The winners of these matches advance to the next round, and the losers are eliminated. After n rounds, only one team remains undefeated; this team is declared the winner.

Given a matrix $P=[p_{ij}]$ such that p_{ij} is the probability that team i will beat team j in a match determine which team is most likely to win the tournament.

【输入格式】

The input test file will contain multiple test cases. Each test case will begin with a single line containing n ($1 \leq n \leq 7$). The next 2^n lines each contain 2^n values; here, the jth value on the ith line represents p_{ij}. The matrix P will satisfy the constraints that $p_{ij}=1.0-p_{ji}$ for all $i \neq j$, and $p_{ii}=0.0$ for all i. The end-of-file is denoted by a single line containing the number -1. Note that each of the matrix entries in this problem is given as a floating-point value. To avoid precision problems, make sure that you use either the double data type instead of float.

【输出格式】

The output file should contain a single line for each test case indicating the number of the team most likely to win. To prevent floating-point precision issues, it is guaranteed that the difference in win probability for the top two teams will be at least 0.01.

【输入样例】

2
0.0 0.1 0.2 0.3
0.9 0.0 0.4 0.5
0.8 0.6 0.0 0.6
0.7 0.5 0.4 0.0
-1

【输出样例】

2

【样例解释】

In the test case above, teams 1 and 2 and teams 3 and 4 play against each other in the first round; the winners of each match then play to determine the winner of the tournament. The probability that team 2 wins the tournament in this case is:

P(2 wins)=P(2 beats 1)P(3 beats 4)P(2 beats 3)+P(2 beats 1)P(4 beats 3)P(2 beats 4)

$= P_{21}P_{34}P_{23} + P_{21}P_{43}P_{24}$

$= 0.9 \cdot 0.6 \cdot 0.4 + 0.9 \cdot 0.4 \cdot 0.5 = 0.396$.

The next most likely team to win is team 3, with a 0.372 probability of winning the tournament.

【问题分析】

题目大意就是:2^n 支足球队按照竞赛图踢比赛,给你任意两支球队相互之间踢赢的概率,求最后哪支球队最可能夺冠。

设 $dp[j][i]$ 代表第 j 支球队通过第 i 场比赛的概率,则:$dp[j][i]=sum(dp[j][i-1]*dp[j+k][i-1]*p[j][j+k])$,$j+k$ 是它这一场可能面对的对手,实际上就是它上一场比赛的第一支队伍加 $2^{(i-1)}$ 一直加到 2^i。

【参考程序】

```cpp
#include<stdio.h>
#include<iostream>
#include<algorithm>
#include<string.h>
using namespace std;
double dp[8][200];//dp[i][j]表示在第i场比赛中j胜出的概率
double p[200][200];

int main(){
    int n;
    while(scanf("%d",&n)!=EOF){
        if(n==-1)break;
        memset(dp,0,sizeof(dp));
        for(int i=0;i<(1<<n);i++)
          for(int j=0;j<(1<<n);j++)
            scanf("%lf",&p[i][j]);
        for(int i=0;i<(1<<n);i++)dp[0][i]=1;
        for(int i=1;i<=n;i++){//2^n个人要进行n场比赛
            for(int j=0;j<(1<<n);j++){
                int t=j/(1<<(i-1));
                t^=1;
                dp[i][j]=0;
                for(int k=t*(1<<(i-1));k<t*(1<<(i-1))+(1<<(i-1));k++)
                    dp[i][j]+=dp[i-1][j]*dp[i-1][k]*p[j][k];
            }
        }
        int ans;
        double temp=0;
        for(int i=0;i<(1<<n);i++){
            if(dp[n][i]>temp){
```

```
            ans = i;
            temp = dp[n][i];
        }
    }
    printf(" % d\n",ans + 1);
}
return 0;
}
```

4.3 数学期望

我们先来玩一个游戏:如果有 14 张牌,其中有 1 张是 A。现在我来坐庄,一块钱赌一把,如果你抽中了 A,我赔你 10 块钱,如果没有抽中,那么你那一块钱就输给我了。你觉得对谁有利?

这样的一个赌局,对庄家是有利的。因为在抽之前,谁也不知道能抽到什么,但是大家可以判断抽到 A 的可能性要小得多,14 张牌中才有 1 张,换句话说概率是 1/14,而抽不中 A 的概率是 13/14。概率就是这样一个对未发生的事情会不会发生的可能性的一种预测。如果你只玩一把,当然只有两种可能:抽中了赢 10 块钱,没抽中输一块钱。但是,如果你玩上几百几千甚至更多把呢?有的抽中,有的抽不中,几千几百把的总结果是什么样的呢?这就是概率上的一个概念——数学期望,它可以理解成某件事情大量发生之后的平均结果。

数学期望亦称为期望、期望值等。在概率论和统计学中,一个离散型随机变量的期望值是试验中每次可能结果的概率乘以其结果的总和。数学期望在生活中有着十分广泛的应用,经常作为理性决策的基础。我们做任何一项投资、做任何一个决定,都不能只考虑最理想的结果,还要考虑到理想结果出现的概率和其他结果及其出现的概率。否则,如果只考虑最理想的结果,大家都应该从大学里退学,因为从大学退学的最理想结果是成为世界首富,那个叫比尔. 盖茨的家伙。

对于上面那个游戏,抽中的概率是 1/14,结果是赢 10 块钱(+10);抽不中的概率是 13/14,结果是输 1 块钱(-1)。把概率与各自的结果乘起来,然后相加,得到的"数学期望值"是(-3/14)。这就是说,如果你玩了很多很多把,平均下来,你每把会输掉(3/14)块钱。如果抽中 A 赔 13 块钱,那么数学期望值是 0,你玩了很多把之后会发现结果最接近不输不赢。如果抽中 A 赔 14 块钱,那么数学期望值是 1/14,对你有利,大量玩的结果是你会赢钱。赌场的规则设计原则就是这样,无论看起来多么诱人,赌客下注收益的数学期望都是负值,也就是说,总是对赌场有利。因为有大量的人赌,所以赌场的收支结果会很接近这个值。

信息学奥赛中的期望值问题,大多数都是求离散型随机变量的数学期望。如果 X 是一个离散的随机变量,输出值为 $x_1, x_2, \cdots$,和输出值相应的概率为 $p_1, p_2, \cdots$(概率和为 1),那么期望值 $E(X) = \sum_i p_i x_i$。

例如投掷一枚骰子,X 表示掷出的点数,$P(X=1), P(X=2), \cdots P(X=6)$ 均为 $\dfrac{1}{6}$,

那么 $E(X)=1*\frac{1}{6}+2*\frac{1}{6}+3*\frac{1}{6}+4*\frac{1}{6}+5*\frac{1}{6}+6*\frac{1}{6}=3.5$。

对于数学期望，我们还要明确以下几点：

(1) 期望的"线性"性质。对于任意随机变量 X 和 Y 以及常量 a 和 b，有：$E(aX+bY)=aE(X)+bE(Y)$。当两个随机变量 X 和 Y 独立且各自都有一个已定义的期望时，有：$E(XY)=E(X)E(Y)$。

(2) 全概率公式。假设 $\{B_n | n=1,2,3,\cdots\}$ 是一个概率空间的有限或者可数无限的分割，且每个集合 B_n 是一个可测集合，则对任意事件 A 有全概率公式：$P(A)=\sum_n P(A|B_n)P(B_n)$。其中：$P(A|B)$ 是 B 发生后 A 的条件概率。

(3) 全期望公式。$p_{ij}=P(X=x_i,Y=y_j)(i,j=1,2,\cdots)$，当 $X=x_i$ 时，随机变量 Y 的条件期望以 $E(Y|X=x_i)$ 表示。则全期望公式：

$$E(E(Y|X))=\sum_i P(X=x_i)E(Y|X=x_i)$$
$$=\sum_i p_i \sum_k y_k \frac{p_{ik}}{p_i}$$
$$=\sum_i \sum_k p_i y_k \frac{p_{ik}}{p_i}$$
$$=\sum_i \sum_k y_k p_{ik}$$
$$=E(Y)$$

所以：$E(Y)=E(E(Y|X))=\sum_i P(X=x_i)E(Y|X=x_i)$。

例如，一项工作由甲一个人完成，平均需要 4 小时，而乙有 0.4 的概率来帮忙，两个人完成平均只需 3 小时。若用 X 表示完成这项工作的人数，而 Y 表示完成的这项工作的期望时间(单位小时)，由于这项工作要么由一个人完成，要么由两个人完成，那么这项工作完成的期望时间 $E(Y)=P(X=1)E(Y|X=1)+P(X=2)E(Y|X=2)=(1-0.4)*4-0.4*3=3.6$。

对于期望问题，递推是一种快速有效的解决方法。我们不需要将所有可能的情况都枚举出来，而是根据已经求出的期望推出其他状态的期望，亦或根据一些特点和结果相同的情况，求出其概率。对于比较难找到递推关系的期望问题，而枚举又不现实的情况下，可以利用期望的定义即 $E(X)=\sum_i p_i x_i$，根据实际情况以概率或方案数(除以总方案数依旧等于概率)作为状态，而下标直接或间接对应了这个概率下的变量值，将问题变成比较一般的统计方案或者利用全概率公式计算概率的递推问题。对于另外一些带有决策的期望问题，可以使用动态规划来解决，这类题由于要满足最优子结构，一般用期望来表示状态，而期望正或负表现了这个状态的优或劣。对于递推和动态规划都无法有效解决的图模型，由于迭代的效率低，且无法得到精确解，可以建立线性方程组并利用高斯消元的方法来解决。

【例 4.3-1】 百事世界杯之旅(2002 年上海队选拔，pepsi.*，64MB，1 秒)

【问题描述】

"…在 2010 年 6 月之前购买的百事任何饮料的瓶盖上都会有一个百事球星的名字。

只要凑齐所有百事球星的名字,就可参加百事世界杯之旅的抽奖活动,获得球星背包,随声听,更可到现场观看世界杯。还不赶快行动!"

你关上电视,心想:假设有 n 个不同的球星名字,每个名字出现的概率相同,平均需要买几瓶饮料才能凑齐所有的名字呢?

【输入格式】

输入文件是一个整数 n,$2 \leqslant n \leqslant 33$,表示不同球星名字的个数。

【输出格式】

输出凑齐所有的名字平均需要买的饮料瓶数。

"平均"的定义:如果在任意多次随机实验中,需要购买 $k_1, k_2, k_3, \cdots$ 瓶饮料才能凑齐,而 $k_1, k_2, k_3, \cdots$ 出现的概率分别是 $p_1, p_2, p_3, \cdots$,那么,平均需要购买的饮料瓶数应为:$k_1 * p_1 + k_2 * p_2 + k_3 * p_3 + \cdots$

如果是一个整数,则直接输出,否则应按照分数格式输出,例如五又二十分之三应该输出为:

```
    3
5 - -
   20
```

第一行是分数部分的分子,第二行首先是整数部分,然后是由减号组成的分数线,第三行是分母。减号的个数应等于分母的位数。分子和分母的首位都与第一个减号对齐。分数必须是不可约的。

【输入输出样例】

pepsi.in	pepsi.out
2	3
17	340463 58------ 720720

【问题分析】

假设 $f(n,k)$ 为一共有 n 个球星,现在还剩 k 个未收集到,还需购买饮料的平均次数。则有:

$$f(n,k) = \frac{(n-k)f(n,k)}{n} + \frac{kf(n,k-1)}{n} + 1$$

经移项整理,可得:

$$f(n,k) = f(n,k-1) + \frac{n}{k}$$

我们所要求的是 $f(n,n)$,根据 $f(n,k)$ 的递推式,可得:

$$f(n,n) = n \sum_{k=1}^{n} \frac{1}{k} = nH(n)$$

其中,$H(n)$ 表示 Harmonic Number。

还有一种更加容易理解的解题思路：假设现在已经有 k 个球星的名字，那么要使球星的名字达到 $k+1$ 个平均需要买多少瓶饮料？答案是 $n/(n-k)$。所以，我们从没有球星的名字开始，直到把所有的球星名字都凑齐，平均需要的饮料数就可以计算出来：$n\left(\dfrac{1}{1}+\dfrac{1}{2}+\dfrac{1}{3}+\cdots\dfrac{1}{n}\right)$。

【参考程序】

```cpp
#include<iostream>
#include<stdio.h>
#include<stdlib.h>
#include<string.h>
#include<math.h>
#include<algorithm>
using namespace std;
int n;
long long p,q=1,r;

inline long long gcd(long long a,long long b){
    if(b==0)
        return a;
    else
        return gcd(b,a%b);
}
inline int s(long long x){
    int p=0;
    while(x>0){
        x/=10;
        p++;
    }
    return p;
}

int main(){
    int i,j;
    scanf("%d",&n);
    for(i=1;i<=n;i++){
        p=p*i+q*n;
        q*=i;
        r=gcd(p,q);
        p/=r;
```

```
        q/ = r;
    }
    r = p/q;
    p % = q;
    if(p = = 0)
        cout<<r<<"\n";
    else{
        for(i = s(r);i>0;i - -)
            printf(" ");
        cout<<p<<"\n";
        if(r>0)
            cout<<r;
        for(i = s(q);i>0;i - -)
            printf(" - ");
        printf("\n");
        for(i = s(r);i>0;i - -)
            printf(" ");
        cout<<q<<"\n";
    }
    return 0;
}
```

【例 4.3 - 2】 多米诺骨牌(UVA10529)

【问题描述】

你试图把一些多米诺骨牌排成直线,然后推倒它们。但是如果你在放骨牌的时候不小心把刚放的骨牌碰倒了,它就会把相临的一串骨牌全都碰倒,而你的工作也被部分的破坏了。

比如你已经把骨牌摆成了 DD_DxDDD_D 的形状,而想要在 x 这个位置再放一块骨牌。它可能会把左边的一块骨牌或右边的三块骨牌碰倒,而你将不得不重新摆放这些骨牌。

这种失误是无法避免的,但是你可以应用一种特殊的放骨牌方法来使骨牌更多的向一个方向倒下。

给出你要摆放的骨牌数目,以及放骨牌时它向左和向右倒的概率,计算你为完成任务摆放的骨牌数目的平均数。假设你使用了最佳的摆放策略。

【输入格式】

输入文件将包含至多 100 个测试点,每个测试点占一行,包含需要摆放的骨牌数目 n ($1 \leqslant n \leqslant 1000$),以及两个非负实数 Pl, Pr,表示骨牌向左和向右倒的概率。最后一个测试点包含一个数 0。

【输出格式】

对于每个测试点输出一行表示题目要求的数目,保留两位小数。

【输入样例】

10 0.3 0.3
20 0.35 0.27
0

【输出样例】

82.07

296.67

【问题分析】

动态规划是一种应用范围很广的方法,由于概率和期望具有一些性质,如线性性,使我们可以在概率和期望之间建立一定的递推关系,这样就可以通过动态规划来解决一些概率和期望的最值问题。与其他方面的动态规划一样,合理的选择状态以及高效的状态转移方程是应用这种方法的关键,而状态的选择在这类问题中尤为重要。选择合适的状态不仅可以提高效率,而且可以保证动态规划所必须的无后效性。而动态规划的各种优化方法也可以应用。

首先,本题应该明确怎样找到最佳的摆放策略。我们可以考虑在位置 i 放最后一块骨牌。显然,i 前面的 $i-1$ 块骨牌和 i 后面的 $n-i$ 块骨牌是互不影响的。所以我们假设摆放 $i-1$ 块骨牌需要的次数平均是(或说期望是)E_1,摆放 $n-i$ 块骨牌需要的次数平均是 E_2。那么我们摆放了这两段之后,就要把最后一块放上。这时如果把左边的碰倒了,就只好重新摆放。右边的也是同样的道理。所以需要摆放的平均值(E)是:

$$E = \frac{1-Pr}{1-Pl-Pr}E_1 + \frac{1-Pl}{1-Pl-Pr}E_2 + \frac{1}{1-Pl-Pr}$$

得到这个式子后就可以通过动态规划来得到最优的摆放方案。设 E_i 是摆放 i 块骨牌所需要的最少期望次数,那么状态转移方程是:

$$E_i = \min\left\{\frac{1-Pr}{1-Pl-Pr}E_k + \frac{1-Pl}{1-Pl-Pr}E_{i-1-k} + \frac{1}{1-Pl-Pr}\right\} \quad (0 \leqslant k \leqslant i-1)$$

这样就得到了一个 $\Theta(n^2)$ 的算法。根据题目中的数据规模,最大的运算量是 $100 * 1000^2 = 10^8$,虽然可以忍受,但是还是比较慢的,如果数据稍大一点就容易超时。这就需要我们对动态规划进行优化。

这是一个 1D/1D 的动态规划,我们自然希望得到 $\Theta(n)$ 的算法,而这种优化一般都是通过动态规划的方程性质得到的。观察动态规划的方程可以发现,当 k 从 0 变化到 $i-1$ 时第一项是不断增大的,第二项是不断减小的,第三项则是一个常数。因此整个函数一定是单峰的,这样就可以通过二分的方法进行优化,复杂度已经降到了 $\Theta(n\log_2 n)$。而事实上,E 这个数列不但是单增的,而且是凹的(如果 $PlPr=0$ 就不凹也不凸,但是这不影响这里的讨论),通过这个性质我们还可以证明决策使用的 k 一定是不减的。这样通过记录上一次决策使用的 k,就得到了一个均摊复杂度为 $\Theta(n)$ 的算法。

【参考程序】

```
#include<iostream>
#include<stdio.h>
#include<stdlib.h>
```

```
#include<string.h>
#include<math.h>
#include<algorithm>
using namespace std;
int n;
double pl,pr,f[1001];

inline double dp(int i,int j){
    return f[j]+f[i-j-1]+(1+pl*f[j]+pr*f[i-j-1])/(1-pl-pr);
}

int main(){
    int i,j;
    while(1){
      scanf("%d",&n);
      if(n==0)
        break;
      scanf("%lf%lf",&pl,&pr);
      for(i=1,j=0;i<=n;i++){
        while(j<i-1 && dp(i,j)>dp(i,j+1))
          j++;
        f[i]=dp(i,j);
      }
      printf("%.2lf\n",f[n]);
    }
    return 0;
}
```

【例 4.3-3】 有向图的遍历行动(travel.*,256M,1秒)

【问题描述】

给出一个点带权的有向图 $G=(V,E)$，顶点 i 的权值为 W_i。对于每条边 $(u,v) \in E$ 有一个属性 $P_{u,v}$，且 $P_{u,v}$ 为正数，其中 $P_{u,v}$ 表示从顶点 u 经过边 (u,v) 到顶点 v 的概率。若某点 i 发出边概率和为 S_i，即 $S_i = \sum_{(i,j) \in E} p_{i,j}$，那么在顶点 i 时有 $1-S_i$ 的概率停止行动。定义路径 path$=<v_1,v_2,\cdots>$ 的权为 $\sum_i W_{v_i}$，即这条路径上所有点权之和。问从一个顶点 s 开始，在每次按照指定的概率走的前提下，在某一顶点停止行动时所走的路径权的期望值。

如图 4.3-1(左图)所示，$s=1,W_1=W_2=W_3=1,W_4=0$。可以看到从起点到停止行动有两条路径，这两条路径权分别为 3 和 2，而走这两条路径的概率均为 0.5。所以能得到期望值为 $3*0.5+2*0.5=2.5$。

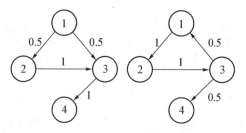

图 4.3-1 有向图的遍历行动举例

若调整一条边的方向并修改相关概率,如图 4.3-1(右图)所示,由于图中出现了环,这样路径就会有无数条。所以我们必须找到一种有效的方法处理一般的情况。

【输入格式】

第一行两个正整数 n 和 m,表示共有 n 个点,m 条边。

第二行 n 个正整数,表示 n 个点的点权。

接下来 m 行,每行三个数 i,j,k 表示一条边由 i 指向 j,概率为 k。数据保证合法且无重边和自环。$1 \leq n \leq 200, 0 \leq m \leq n*(n-1)$。

【输出格式】

输出 n 行,每行一个数,第 i 行的数表示从点出发的路径权的期望值。

你的答案与标准答案的绝对误差或相对误差不超过 0.00001 时视为正确。数据保证从每个点出发最终都会停止。

【输入样例】

4 4
1 1 1 0
1 2 1
2 3 1
3 1 0.5
3 4 0.5

【输出样例】

6
5
4
0

【问题分析】

设 $F_{i,j}$ 为从顶点 i 出发,经过 j 步的权和的期望,那么可以得到:

$F_{i,0}=W_i$,当 $j>0$ 时,可以分成停止行动和走到某一个相邻点这两类情况。若存在一条边 (i,k),走这条边的概率 $P_{i,k}$,那么从顶点 i 出发经过顶点 k 的期望值即为顶点 k 出发 $j-1$ 步的期望 $F_{k,j-1}$ 加上顶点 i 的权值 W_i。当然,在点 i 时还有 $(1-\sum_{(i,k)\in E} P_{i,k})$ 的概率停止行动,而停止行动依然要计算顶点 i 的权值 W_i,所以有:

$$F_{i,j} = \sum_{(i,k)\in E} P_{i,k}(F_{k,j-1}+W_i) + (1-\sum_{(i,k)\in E} P_{i,k})W_i = \sum_{(i,k)\in E} P_{i,k}F_{k,j-1} + W_i$$

若 $F_{i,j}$ 当 $j\to\infty$ 时收敛，设收敛于 F_i，那么答案即为 F_s，可以通过迭代法求出满足精度要求的解。但是显然当精度要求较高或增长速度较慢，程序运行时间就将会很长，并且当极限不存在时也难以判断。

所以可以抛弃步数的思想，设 F_i 为从顶点 i 出发的权和期望，对于每个 F_i 类似地建立这样一个等式 $F_i = \sum_{(i,j)\in E} P_{i,j} F_j + W_i$，那么 F_s 则为所需要的答案。当图不存在环的情况下，那么我们就可以利用拓扑序进行递推以求得一个更好的复杂度。但是对于一般情况，显然按照这个式子递推就不完全可行了。这时利用所有的等式建立线性方程组求解则是成为了一个有效的方法。一般情况下，接下来即为利用高斯消元求解这个线性方程组。这样既得到了一个稳定的复杂度，根据方程组是否有唯一解的情况也能判断极限是否存在。

同一般线性方程组一样，这个方程依然面对着无解或无数组解的问题。而方程组没有唯一解并不代表所有未知数没有唯一解，例如下面这个方程组：

$$\begin{cases} a=1 \\ b=b+1 \end{cases}$$

由于 a 与 b 无关所以 b 无解不影响 a 有唯一解。

由于每个顶点对应了方程组中的一个变量，那么方程组中只需要保留与顶点 s 有关，即 s 到达的顶点即可。实际操作中也可以对高斯消元的过程作一些相关调整。

而若需要求的未知数仍没有唯一解，一般情况下可以认为期望不存在。但是遇到具体问题时，需要根据题目的条件具体分析。

这可以作为绝大多数以期望作为状态的期望问题的模型，而对于无环的情况递推可以得到一个不错的时间复杂度，而对于一般情况高斯消元则成为通常解决这类期望问题的一把利器。

另外，需要注意以下 2 点：

(1) 若权在边上而不在点上的话，即边 (u, v) 的权值为 $W_{u,v}$，那么同理方程即为 $F_i = \sum_{(i,j)\in E} P_{i,j}(F_j + W_{i,j})$。

(2) 可以调整消元顺序让所要求的 E_s 放在最后，这样就可以不用回代，让实现更简洁，并在一些问题上能节省常数时间。

【参考程序】

```
#include<iostream>
#include<stdio.h>
#include<stdlib.h>
#include<string.h>
#include<math.h>
#include<algorithm>
using namespace std;
int n,m;
double f[201];
```

```cpp
struct equation{
    double a[201],p;
    equation operator * (double b){
        equation x;
        int i;
        for(i=1;i<=n;i++)
            x.a[i]=a[i]*b;
        x.p=p*b;
        return x;
    }
    void operator -= (equation b){
        int i;
        for(i=1;i<=n;i++)
            a[i]-=b.a[i];
        p-=b.p;
    }
}x[201]={};

int main(){
    int i,j,k;
    scanf("%d%d",&n,&m);
    for(i=1;i<=n;i++){
        scanf("%lf",&x[i].p);
        x[i].a[i]=1;
    }
    for(i=1;i<=m;i++){
        scanf("%d%d",&j,&k);
        scanf("%lf",&x[j].a[k]);
        x[j].a[k]=-x[j].a[k];
    }
    for(i=j=1;i<n;j=++i){
        if(x[i].a[i]==0)
        {
            for(j=i+1;j<=n && fabs(x[j].a[i])<1e-10;j++);
            if(j<=n)
                swap(x[i],x[j]);
        }
        for(j++;j<=n;j++)
            if(fabs(x[j].a[i])>1e-10)
```

```
      x[j]- = x[i]*(x[j].a[i]/x[i].a[i]);
   }
   for(i = n;i> = 1;i- -){
      for(j = i+1;j< = n;j+ +)
         if(fabs(x[i].a[j])>1e-10)
            x[i].p- = x[i].a[j]*f[j];
      f[i] = x[i].p/x[i].a[i];
   }
   for(i = 1;i< = n;i+ +)
      printf("%.6lf\n",f[i]);
   return 0;
}
```

4.4 随机算法

随机算法是这样的一类算法:它在接受输入的同时,在算法中引入随机因素,即通过随机数选择算法的下一步。也就是说,一个随机算法在不同的运行中对于相同的输入可能有不同的结果,或执行时间有可能不同。

随机算法的特点是简单、快速、灵活和易于并行化。随机算法可以理解为在时间、空间和精度上的一种的平衡。

常见的随机算法有四种:数值概率算法,蒙特卡罗(Monte Carlo)算法,拉斯维加斯(Las Vegas)算法和舍伍德(Sherwood)算法。

数值概率算法常用于数值问题的求解。这类算法所得到的往往是近似解。而且近似解的精度随计算时间的增加不断提高。在许多情况下,要计算出问题的精确解是不可能或没有必要的,因此用数值概率算法可得到满意的解。例如在计算 π 的近似值时,我们可以在单位圆的外接正方形内随机撒 n 个点,设有 k 个点落在单位圆内,可以得到 $\pi \approx \dfrac{4k}{n}$。

通常所说的蒙特卡罗算法分为两类。一是蒙特卡罗判定:蒙特卡罗算法总是能给出问题的解,但是偶尔也可能会产生非正确的解。求得正确解的概率依赖于算法所用的时间。蒙特卡罗判定的错误必须是"单边"的,即实际答案是 YES(NO),算法给出的答案可能是 NO(YES),但是实际答案是 NO(YES),则算法给出的答案一定是 NO(YES)。因此蒙特卡罗算法得到正确解的概率随着计算次数的增加而提高,即在时间和精度上的一种平衡。最常见的蒙特卡罗判定是 Miller - Rabin 素数测试和字符串匹配的 Rabin - Karp 算法。二是蒙特卡罗抽样:基本思想是对于所求的问题,通过试验的方法,通过大样本来模拟,得到这个随机变量的期望值,并用它作为问题的解。它是以一个概率模型为基础,按照这个模型所描绘的过程,通过模拟实验的结果,作为问题的近似解的过程。"模拟退火算法"就使用了蒙特卡罗抽样的思想。

拉斯维加斯算法不会得到不正确的解,也就是说,一旦用拉斯维加斯算法找到一个解,那么这个解肯定是正确的。但是有时候用拉斯维加斯算法可能找不到解。算法所用的时间越多,得到解的概率就越高。

舍伍德算法总能求得问题的一个解,且所求得的解总是正确的。当一个确定性算法在最坏情况下的计算复杂性与其在平均情况下的计算复杂性有较大差别时,可以在这个确定算法中引入随机性将它改造成一个舍伍德算法,消除或减少问题的好坏实例之间的这种差别。舍伍德算法精髓不是避免算法的最坏情况的发生,而是设法消除这种最坏行为与特定实例之间的关联性。舍伍德算法最典型的应用就是快速排序的随机化实现,"随机增量算法"也是舍伍德算法的一种应用。

【例4.4-1】 Jersey Politics(POJ2454)

【问题描述】

给定一长度为$3K(1 \leqslant K \leqslant 60)$的整数序列$S$,将其划分为等长(各为$K$)的三个子序列$S_1$、$S_2$和$S_3$,要求其中至少两个子序列各自的加和大于$500*K$。求满足上述条件的一个划分(所给输入必有解)。

【输入格式】

第1行为K的值;

第2行至第$3K+1$行为序列S的元素值。

【输出格式】

满足条件的序号划分。

【输入样例】

2
510
500
500
670
400
310

【输出样例】

1
2
3
6
5
4

【问题分析】

首先,只要S_1、S_2和S_3中的两个其加和大于$500*K$即可,因此我们采用贪心策略,对输入序列S进行降序排序,将排序后的前$2K$个元素划分给S_1和S_2(假设最终满足条件的就是S_1和S_2),不再考虑S_3。

设$S'=(S_1, S_2)$,现考虑采用随机化算法。第一种策略:循环地随机重排S'中的所有元素,进行条件检测,若满足则退出循环输出结果;否则继续循环。这种策略会造成大量浪费,因为会出现如下情况:随机重排一次后,S_1和S_2各自包含的元素没有发生变化,导致此次重排没有意义。此外对整个S'进行重排也很耗时。第二种策略:每次分别在S_1和S_2中各随机选取一个元素进行互换,进行条件检测。这种策略能保证绝大部分的重排是有效的(除非本次随机选取的两个元素恰好是上次随机选取的那两个元素)。以下参考程序采用第二种策略。

【参考程序】

```c
#include<stdio.h>
#include<time.h>
#include<stdlib.h>
#include<limits.h>
int a[200][2];
int k;

void sort(){
    int n = 3 * k;
    for(int i = 0; i < n-1; i++){
        int max = i;
        for(int j = i+1; j < n; j++){
            if(a[j][0] > a[max][0])
                max = j;
        }
        if(max != i){
            int tmp1 = a[max][0];
            int tmp2 = a[max][1];
            a[max][0] = a[i][0];
            a[max][1] = a[i][1];
            a[i][0] = tmp1;
            a[i][1] = tmp2;
        }
    }
}

int main(){
    scanf("%d", &k);
    int floor = 500 * k;
    for(int i = 0; i < 3*k; i++){
        scanf("%d", &a[i][0]);
        a[i][1] = i;
    }
```

```cpp
        sort();
        int sum1 = 0;
        int sum2 = 0;
        for(int i = 0; i < k; i++){
            sum1 += a[i][0];
            sum2 += a[i+k][0];
        }
        srand((unsigned int)time(0));
        while(!(sum1 > floor && sum2 > floor)){
            int offset1 = rand()%k;
            int offset2 = rand()%k;
            sum1 = sum1 - a[offset1][0] + a[k+offset2][0];
            //注意先更新加和再互换元素
            sum2 = sum2 - a[k+offset2][0] + a[offset1][0];
            int tmp1 = a[offset1][0];
            int tmp2 = a[offset1][1];
            a[offset1][0] = a[k+offset2][0];
            a[offset1][1] = a[k+offset2][1];
            a[k+offset2][0] = tmp1;
            a[k+offset2][1] = tmp2;
        }
        for(int i = 0; i < 3*k; i++){
            printf("%d\n", a[i][1]+1);
        }
        return 0;
}
```

【例4.4-2】 Matrix Multiplication(POJ3318)

【问题描述】

给定 $n*n$ 的矩阵 A,B,C，问 $A*B=C$ 是否成立？由于数据组数比较多，请设计一种时间复杂度低于 $\Theta(n^3)$ 的算法。

【输入格式】

第一行一个整数 $n(n\leqslant 500)$。

以下依次输入3个 $n*n$ 的矩阵 A,B,C。

矩阵 A,B 的元素值不超过100，矩阵 C 的元素值不超过 10^7。

【输出格式】

一行一个字符串，"YES"或者"NO"。

【输入样例】

2

1 0

2 3
5 1
0 8
5 1
10 26

【输出样例】

YES

【问题描述】

首先,我们会想到把 A 和 B 两个矩阵乘起来,看结果是不是 C。但是,直接乘的时间复杂度为 $\Theta(n^3)$,不符合题述要求。

设 v 为一个随机生成的 n 维列向量,其每个元素均独立且等概率地选自 0 或 1。考察 $A*(B*v)$ 和 $C*v$ 是否相等。如果 $A*B=C$ 成立,则它们必然相等。如果 $A*B=C$ 不成立,那它们相等的概率有多高呢?既然 $A*B\neq C$,也就是 $A*B-C\neq 0$,我们知道矩阵 $A*B-C$ 一定有一个元素非零,设它在第 i 行第 j 列。那么第 i 行与列向量相乘时,v_j 取 0 或取 1 一定至少有其一使得 $(A*B-C)*v$ 的第 i 行的元素非零,也就使得最终结果非零。因此,当 $A*B=C$ 不成立时,我们至少有 1/2 的概率验出"不成立"。如果多试几次,或加大 v 中元素的取值范围,将迅速提高正确率。事实上,如果试 60 次,即可将错误率降低到 $2^{-60} \approx 10^{-20}$。

【参考程序】

```cpp
#include<iostream>
#include<stdio.h>
#include<stdlib.h>
#include<string.h>
#include<math.h>
#include<algorithm>
#include<time.h>
using namespace std;
int n,a[501][501],b[501][501],c[501][501],d[501],f[501],g[501];

int main(){
    int i,j,k;
    while(scanf("%d",&n)!=EOF){
        for(i=1;i<=n;i++)
            for(j=1;j<=n;j++)
                scanf("%d",&a[i][j]);
        for(i=1;i<=n;i++)
            for(j=1;j<=n;j++)
                scanf("%d",&b[i][j]);
        for(i=1;i<=n;i++)
```

```
        for(j=1;j<=n;j++)
            scanf("%d",&c[i][j]);
    for(k=1;k<=60;k++){
        for(i=1;i<=n;i++)
            d[i]=(rand()*rand()+rand())%2;
        for(i=1;i<=n;i++){
            g[i]=0;
            for(j=1;j<=n;j++)
                g[i]+=c[i][j]*d[j];
        }
        for(i=1;i<=n;i++){
            f[i]=0;
            for(j=1;j<=n;j++)
                f[i]+=b[i][j]*d[j];
        }
        for(i=1;i<=n;i++)
            d[i]=f[i];
        for(i=1;i<=n;i++){
            f[i]=0;
            for(j=1;j<=n;j++)
                f[i]+=a[i][j]*d[j];
        }
        for(i=1;i<=n;i++)
            if(f[i]!=g[i])
                break;
        if(i<=n)
            break;
    }
    if(k<=60)
        printf("NO\n");
    else
        printf("YES\n");
    return 0;
}
```

【例 4.4-3】 Hit(BZOJ3680)

【问题描述】

gty 又虐了一场比赛,被虐的蒟蒻们决定吊打 gty。gty 见大势不好机智的分出了 n 个分身,但还是被人多势众的蒟蒻抓住了。蒟蒻们将 n 个 gty 吊在 n 根绳子上,每根绳子穿过天台的一个洞。这 n 根绳子有一个公共的绳结 x。吊好 gty 后蒟蒻们发现由于每个 gty 重力不同,绳结 x 在移动。蒟蒻 wangxz 脑洞大开的决定计算出 x 最后停留处的坐标,由于他太弱了决定向你求助。

不计摩擦,不计能量损失,由于 gty 足够矮所以不会掉到地上。

【输入格式】

输入第一行为一个正整数 $n(1 \leqslant n \leqslant 10000)$,表示 gty 的数目。

接下来 n 行,每行三个整数 x_i, y_i, w_i,表示第 i 个 gty 的横坐标、纵坐标和重力。

对于 100% 的数据,$1 \leqslant n \leqslant 10000$,$-100000 \leqslant x_i, y_i \leqslant 100000$。

【输出格式】

输出一行两个浮点数(保留到小数点后 3 位,中间用 1 个空格隔开),表示最终 x 的横、纵坐标。

【输入样例】

3
0 0 1
0 2 1
1 1 1

【输出样例】

0.577 1.000

【问题分析】

模拟退火(Simulated Annealing,简称 SA)是一种通用概率算法,用来在一个大的搜寻空间内找寻命题的最优解。其基本思想如下:

(1) 初始化:初始温度 T(充分大),初始解状态 S(是算法迭代的起点),每个 T 值的迭代次数 L;

(2) 对 $k = 1, \cdots L$ 做第(3)至第(6)步;

(3) 产生新解 S';

(4) 计算增量 $\Delta t' = C(S') - C(S)$,其中 $C(S)$ 为评价函数;

(5) 若 $\Delta t' < 0$,则接受 S' 作为新的当前解,否则以概率 $\exp(-\Delta t'/(KT))$ 接受 S' 作为新的当前解(k 为波尔兹曼常数);

(6) 如果满足终止条件,则输出当前解作为最优解,结束程序。

终止条件通常取为连续若干个新解都没有被接受时终止算法。

(7) T 逐渐减少,且 $T->0$,然后转第(2)步。

爬山算法是一种局部择优的方法,采用启发式方法,是对深度优先搜索的一种改进,它利用反馈信息帮助生成解的决策,属于人工智能算法的一种。其算法思想如下:

从当前的节点开始,和周围的邻居节点的值进行比较。如果当前节点是最大的,那么返回当前节点,作为最大值(既山峰最高点);反之就用最高的邻居节点来,替换当前节点,从而实现向山峰的高处攀爬的目的。如此循环直到达到最高点。

在本题中,我们先估测出一个绳结初始位置,然后让每个质点对绳结产生一个大小正比与重量的拉力来拉动绳结。随着时间推移,这个比例不断减小,即拉力不断减小。当这个比例足够小时,停止并输出答案。

【参考程序】

```cpp
#include<iostream>
#include<cstdio>
#include<cmath>
using namespace std;
int n;
double ansx,ansy;
struct data{double x,y;int w;}p[10005];

inline double sqr(double x){return x*x;}

inline double dis(double x,double y,data p){
    return sqrt(sqr(x-p.x)+sqr(y-p.y));
}

void hillclimb(){
    double t=1000,x,y;
    for(int i=1;i<=n;i++)
        ansx+=p[i].x*p[i].w,ansy+=p[i].y*p[i].w;
    ansx/=n;ansy/=n;
    while(t>0.00000001){
        x=y=0;
        for(int i=1;i<=n;i++){
            x+=(p[i].x-ansx)*p[i].w/dis(ansx,ansy,p[i]);
            y+=(p[i].y-ansy)*p[i].w/dis(ansx,ansy,p[i]);
        }
        ansx+=x*t;ansy+=y*t;
        if(t>0.5)t*=0.5;
        else t*=0.97;
    }
    printf("%.3lf %.3lf",ansx,ansy);
}

int main(){
    freopen("hit.in","r",stdin);
    freopen("hit.out","w",stdout);
    scanf("%d",&n);
    for(int i=1;i<=n;i++)
        scanf("%lf%lf%d",&p[i].x,&p[i].y,&p[i].w);
    hillclimb();
    return 0;
}
```

4.5 概率函数的收敛性

函数在某点"收敛",是指当自变量趋向这一点时,其函数值的极限就等于函数在该点的值,即对任意的 $a>0$,存在 $b>0$,使得对任意的满足 $x_0-b<x<x_0+b$ 的自变量 x,都有 $|f(x)-f(x_0)|<a$,则称 $f(x)$ 在 x_0 处收敛到 $f(x_0)$。

我们知道,动态规划算法要求问题无后效性。如果问题有不可避免的后效性(这里指决策出现环状结构时),一般可以采用"迭代"的方法来进行计算。就是给每个决策点设定"较劣"初值,然后通过转移方程对每个决策点不断进行转移、更新。当然,迭代也不是万能的,它要求问题有"收敛性"而且收敛的速度要足够快,或者要求的结果精度不是特别高。对于同一规模的不同输入,其函数的收敛速度可能相差很大,迭代法的效率也可能存在很大的差别。所以,这种方法的效率有可能因为针对性强的数据而变劣。

一般来说,信息学竞赛中的函数大部分是收敛的,所以,迭代法的应用还是非常广泛的。当然,遇到函数收敛性的问题,也可以通过数学推导来解决。

【例 4.5-1】 Chocolate(ZJU1363)

【问题描述】

2100 年,ACM 牌巧克力将风靡全球。"绿的,橘红的,棕色的,红的……",彩色的糖衣可能是 ACM 牌巧克力最吸引人的地方,你一共见过多少种颜色? 现在,据说 ACM 公司从一个 24 种颜色的调色板中选择颜色来装饰他们的美味巧克力。

有一天,Sandy 用一大包有五种颜色的巧克力玩了一个游戏。每次他从包里拿出一粒巧克力并把它放在桌上。如果桌上有两粒相同颜色的巧克力,他就把他们吃掉。他惊奇的发现大多数时候桌上都有 2 到 3 粒巧克力。

如果 ACM 牌巧克力有 $c(1\leqslant c\leqslant 100)$ 种颜色,在拿出了 $n(1\leqslant n\leqslant 1000000)$ 粒巧克力之后在桌上恰有 $m(1\leqslant m\leqslant 1000000)$ 粒的概率是多少?

【输入格式】

多组测试数据,以一行一个 0 表示结束。

每行为一组测试数据,包括 3 个非负整数:c,n,m。

【输出格式】

对于每组数据输出一行一个实数,四舍五入保留 3 位小数。

【输入样例】

5 100 2
0

【输出样例】

0.625

【问题分析】

如果 n 不是那么大的话,很容易用动态规划来解决,状态转移方程就是:$P_{i+1,k}=P_{i,k-1}*(c-k+1)/c+P_{i,k+1}*(k+1)/c$。其中 $P_{i,k}$ 表示拿出了 i 粒巧克力后桌上剩余 m 粒的概率(当然还要考虑一些边界情况)。但是本题的规模为 $n=1000000$,如果直接动态规划肯定是要超时的。

算法1、把"桌上有 m 粒巧克力"转化成"有 m 种巧克力取了奇数粒,其余的都取偶数粒的取法",推导出生成函数 $\dfrac{(e^x-e^{-x})^m(e^x+e^{-x})^{c-m}}{2^c}$,所以总的取法数就是 x^n 的系数乘以 $n!$ 和 $C(c,m)$。而概率就是总的取法数除以 c^n,然后通过"泰勒展开式"来进一步化简求解。这种方法最优,时间复杂度是 $O(c^2)$。

算法2、由于本题的精度要求很低,迭代的方法也是可以达到目的的,而且复杂度也接近 $O(c^2)$。首先,本题不会出现极大或极小的概率,一般来说这种情况下的收敛是比较快的。我们可以不断的计算 P 的值,当它的变化不足以影响结果时就停止计算。当然,本题的收敛是分奇偶的(显然,桌上剩余的巧克力数和拿出的巧克力数是同奇偶的),所以不能比较 P_i 和 P_{i-1},而要比较 P_i 和 P_{i-2},只要看到 P_i 和 P_{i-2} 差距小于一个定值(比如 $1e-5$),而且 i 和 N 同奇偶,就可以停止动态规划,因为此时继续规划下去所产生的不同已经不可能影响到要输出的结果。经过测试发现,最大的数据也只要经过几百次迭代就稳定了,这样就将效率大大提高,满足了题目的要求,参考程序给出了具体做法。

算法3、对方程直接使用矩阵快速幂优化,参考程序也给出了具体做法。形式上,算法1的结果就是算法3的进一步推导,把矩阵乘法转化为矩阵的特征根求解就得到算法1的结果,但是并不是所有题目都是这样,本质上还是两种方法。算法1对数学功底要求较高,难在推导,适用范围更广。

【参考程序】

```cpp
//算法2
#include<bits/stdc++.h>
#define inf 1e6
using namespace std;
double f[1001][101];
int main(){
    int c,n,m;
    scanf("%d%d%d",&c,&n,&m);
    while(c){
        //初始化
        for (int i=0;i<=c;++i){
            f[0][i]=0;
        }
        f[0][0]=1;
        if (c<m)
            {printf("0.000\n");scanf("%d%d%d",&c,&n,&m);continue;}
        int i;
        for (i=1;i<=n;++i){//转移
            int j;
            for (j=1;j<=c;++j)
                f[i][j] = f[i-1][j-1] * (double)(c-j+1)/
```

```cpp
                (double)c+f[i-1][j+1]*(double)(j+1)/(double)c;
            j=0;
            f[i][0]=f[i-1][j+1]*(double)(j+1)/(double)c;
            j=c;
            f[i][c]=f[i-1][j-1]*(double)(c-j+1)/(double)c;
            double det=0.0;//计算收敛程度
            if (i==1) continue;
            for (j=0;j<=c;++j)
                det=max(det,fabs(f[i][j]-f[i-2][j]));
            if (det<1.0/inf) break;//如果已经足够收敛就退出
        }
        int l=1;
        if ((i<=n)&&((n-i)%2==0)) l+=1;//判断是中断退出还是自然结束
        printf("%.3lf\n",f[i-1][m]);
        scanf("%d%d%d",&c,&n,&m);
    }
    return 0;
}

//算法3
#include<bits/stdc++.h>
//新建矩阵数据类型
#define matrix vector< vector<double>>
using namespace std;
class Matrix//新建矩阵类
{
private:
    int n,m;
    matrix a;
public:
    Matrix(matrix aa,int nn,int mm){
        a=aa;
        n=nn;
        m=mm;
    }
    Matrix operator * (Matrix b) const;//矩阵乘法
    matrix getmatrix();
    int getn();
    int getm();
```

```cpp
        Matrix qsm(int k);//矩阵快速幂
        Matrix I();//构造单位矩阵
};

matrix Matrix::getmatrix(){return a;}
int Matrix::getn() {return n;}
int Matrix::getm() {return m;}

Matrix Matrix::I(){
    matrix c(n,vector<double>(m,0.0));
    for (int i=0;i<n;++i) c[i][i]=1;
    return Matrix(c,n,m);
}

Matrix Matrix::qsm(int k){
    if (k==0) return I();
    if (k==1) return (Matrix(a,n,m));
    Matrix mat=qsm(k/2);
    mat=mat*mat;
    if ((k&1)==1) mat=Matrix(a,n,m)*mat;
    return mat;
}

Matrix Matrix::operator * (Matrix bb) const{
    vector<double> v(bb.getm(),0.0);
    matrix mat(n,v);
    matrix b=bb.getmatrix();
    for (int i=0;i<n;++i)
      for (int j=0;j<bb.getm();++j)
        for (int k=0;k<m;++k)
          mat[i][j]+=a[i][k]*b[k][j];
    Matrix c=Matrix(mat,n,bb.getm());
    return c;
}

int main(){
    int c,n,m;
    scanf("%d%d%d",&c,&n,&m);
    while (c){
```

```
            if (c<m)
              {printf("0.000\n");scanf("%d%d%d",&c,&n,&m);continue;}
         vector<double> v(1,0.0);
         matrix ff(c+1,v);
         ff[0][0]=1;
         Matrix f(ff,c+1,1);//初始矩阵
         matrix mat(c+1,vector<double> (c+1,0.0));
         for (int i=0;i<=c;++i)//构造初始转移矩阵
         {
            if (i!=0){
               mat[i][i-1]=(double)(c-i+1)/(double)c;
            }
            if (i!=c){
               mat[i][i+1]=(double)(i+1)/(double)c;
            }
         }
         Matrix Mat(mat,c+1,c+1);
         Matrix ans = Mat.qsm(n);
         ans = ans * f;
         matrix an = ans.getmatrix();
         printf("%.3lf\n",an[m][0]);
         scanf("%d%d%d",&c,&n,&m);
      }
      return 0;
}
```

【例 4.5-2】 非诚勿扰(2015 年江苏省队选拔,cross.*,512MB,1 秒)

【问题描述】

JYY 赶上了互联网创业的大潮,为非常勿扰开发了最新的手机 App 实现单身大龄青年之间的"速配"。然而随着用户数量的增长,JYY 发现现有速配的算法似乎很难满足大家的要求,因此 JYY 决定请你来调查一下其中的原因。

应用的后台一共有 N 个女性和 N 个男性,他们每个人都希望能够找到自己的合适伴侣。为了方便,每个男性都被编上了 1 到 N 之间的一个号码,并且任意两个人的号码不一样。每个女性也被如此编号。

JYY 应用的最大特点是赋予女性较高的选择权,让每个女性指定自己的"如意郎君列表"。每个女性的如意郎君列表都是所有男性的一个子集,并且可能为空。如果列表非空,她们会在其中选择一个男性作为自己最终接受的对象。

JYY 用如下算法来为每个女性速配最终接受的男性:将"如意郎君列表"中的男性按照编号从小到大的顺序呈现给她。对于每次呈现,她将独立地以 P 的概率接受这个男性(换言之,会以 $1-P$ 的概率拒绝这个男性)。如果她选择了拒绝,App 就会呈现列表中下

一个男性,以此类推。如果列表中所有的男性都已经呈现,那么中介所会重新按照列表的顺序来呈现这些男性,直到她接受了某个男性为止。显然,在这种规则下,每个女性只能选择接受一个男性,而一个男性可能被多个女性所接受。当然,也可能有部分男性不被任何一个女性接受。

这样,每个女性就有了自己接受的男性("如意郎君列表"为空的除外)。现在考虑任意两个不同的、如意郎君列表非空的女性 a 和 b,如果 a 的编号比 b 的编号小,而 a 选择的男性的编号比 b 选择的编号大,那么女性 a 和女性 b 就叫做一对不稳定因素。

由于每个女性选择的男性是有一定的随机性的,所以不稳定因素的数目也是有一定随机性的。JYY 希望你能够求得不稳定因素的期望个数(即平均数目),从而进一步研究为什么速配算法不能满足大家的需求。

【输入格式】

输入第一行包含 2 个自然数 N, M,表示有 N 个女性和 N 个男性,以及所有女性的"如意郎君列表"长度之和是 M。

接下来一行一个实数 P,为女性接受男性的概率。

接下来 M 行,每行包含两个整数 a, b,表示男性 b 在女性 a 的"如意郎君列表"中。

输入保证每个女性的"如意郎君列表"中的男性出现切仅出现一次。

【输出格式】

输出一行包含一个实数,四舍五入后保留到小数点后 2 位,表示不稳定因素的期望数目。

【输入样例】

5 5
0.5
5 1
3 2
2 2
2 1
3 1

【输出样例】

0.89

【数据规模】

对于 30% 的数据满足:$1 \leq n, m \leq 10, p = 0.5$

对于 60% 的数据满足:$1 \leq n, m \leq 5000$

对于 100% 的数据满足:$1 \leq n, m \leq 500000, 0.4 \leq p < 0.6$

【问题分析】

首先,可以利用等比数列求和公式,因为 $0.4 \leq p < 0.6$,删去分子上的 $A(q+1)$ 算出每对女男 (i, j) 在一起的概率。询问时倒序插入并用树状数组维护。

比如对于一个女生 a,有 k 个候选男生编号为 $1..k$,那么对于第 m 个男生,(a, m) 在一起的概率就是:

$(1-p)$^$(m-1) * p + (1-p)$^$k * (1-p)$^$(m-1) * p + (1-p)$^$2k * (1-p)$^$(m-$

$1)*p+\cdots+(1-p)\hat{}(x-1)*(1-p)\hat{}(m-1)*p$

分别对应在第 1 轮、第 2 轮、第 3 轮…第 x 轮选中第 m 个男生的概率,其中 k 需要到正无穷。容易发现,这其实是一个以 $(1-p)\hat{}(m-1)*p$ 为首项,$(1-p)\hat{}*n$ 为公比的等比数列,我们要做的就是对这个数列求和。不妨先利用等比数列求和公式:

$$S_n = a_1 \cdot \frac{1-q^n}{1-q}$$

其中,$a_1=(1-p)\hat{}(m-1)*p$,$q=(1-p)\hat{}k$。瓶颈在于 n 趋向正无穷,无法精确求出。因为 $q=(1-p)\hat{}k$,$0.4<1-p<0.6$,q 不接近 1,那么当 n 很大时,$q\hat{}n$ 非常接近 0,因为只需要保留 2 位小数,不放把 $q\hat{}n$ 当作 0。那么,答案就是 $a_1/(1-q)$。

这样我们就求出了每对男女在一起的概率。

至于统计答案,原始想法是枚举每组不稳定的配对关系,算出概率和累加即可,但是这样只能通过 60% 数据。我们可以倒序枚举女生,使用树状数组或线段树维护后 i 个女生与前 j 个男生配对的概率和。最多操作 M 次插入 M 次询问,可通过全部数据。

【参考程序】

```cpp
#include<bits/stdc++.h>
using namespace std;
int n, m;

struct TA{
    double a[600022];
    double sum(int p){
        double ret = 0;
        for (; p; p-=(p&-p)){
            ret += a[p];
        }
        return ret;
    }
    void modify(int p, double val){
        p++;
        for (;p<=n; p+=(p&-p)){
            a[p] += val;
        }
    }
} ta;

struct Edge{
    int u, v;
    double p;
    Edge() {}
```

```cpp
        Edge(int u, int v, double p): u(u), v(v), p(p) {}
} e[600000];

bool cmp(const Edge &a, const Edge &b){
    if (a.u != b.u)
        return a.u < b.u;
    else
        return a.v < b.v;
}

double p;
double pow_1_p[600001];
int deg[600000], cnt[600000];

int main(){
    scanf("%d%d", &n, &m);
    scanf("%lf", &p);
    for (int i = 0; i < m; i++){
        int u, v;
        scanf("%d%d", &u, &v); u--; v--;
        deg[u] += 1;
        e[i] = Edge(u, v, 0);
    }
    sort(e, e+m, cmp);
    
    pow_1_p[0] = 1.0;
    for (int i = 0; i < n; i++){
        pow_1_p[i+1] = pow_1_p[i] * (1-p);
    }
    memset(cnt, 0, sizeof(cnt));
    for (int i = 0; i < m; i++){
        int u = e[i].u;
        e[i].p = p * (pow_1_p[cnt[u]]) / (1 - pow_1_p[deg[u]]);
        cnt[u] += 1;
    }
    reverse(e, e+m);
    int pointer = 0;
    double ret = 0.0;
    for (int i = n-1; i >= 0; i--){
```

```
      for (int j = pointer; j < m && e[j].u = = i; j + +){
        ret + = ta.sum(e[j].v) * e[j].p;
      }

      for (int j = pointer; j < m && e[j].u = = i; j + +){
        ta.modify(e[j].v, e[j].p);
        pointer = j + 1;
      }
    }
    printf(" %.2lf\n", ret);
    return 0;
}
```

4.6 本章习题

1. 掷一个均匀硬币 $2N$ 次,求出现正面 K 次的概率。

2. 有 5 个白色珠子和 4 个黑色珠子,从中任取 3 个求至少有一个是黑色的概率。

3. 小林的罚球命中率为 60%,现在他罚球 5 次,计算命中 4 次及以上的概率。

4. 在 100 件产品中,有 95 件合格品,5 件次品,从中任取两件,计算:

(1) 两件都是合格品的概率。

(2) 两件都是次品的概率。

(3) 一件是合格品、一件是次品的概率。

5. 集合 A 中有 100 个数,B 中有 50 个数,并且满足 A 中元素于 B 中元素关系 $a+b=10$ 的有 20 对。问任意分别从 A 和 B 中各抽签一个,抽到满足 $a+b=10$ 的 a,b 的概率。

6. 从 5 双不同颜色的袜子中任取两只,正好是一双的概率为多少?

7. 从 0 到 9 中挑出 4 个数编 4 位数的电话号码,求首位不是 0 且数字不重复的概率。

8. 从 3 男生、3 女生中挑出 4 个,计算男女人数相等的概率。

9. 某种动物由出生而活到 20 岁的概率为 0.7,活到 25 岁的概率为 0.56,求现龄为 20 岁的这种动物活到 25 岁的概率。

10. 假设一列火车有编号为 1 到 n 的 n 个位置。所有旅客都依次排队检票进站。突然闯来了一个大猩猩,他的手里也拿了一张票!可是他不认识字,也不按人类规则办事,径直挤了进去,随意找了个位置就坐下了。根据社会的和谐程度,其他的乘客有两种反应:

(1) 大家都义愤填膺,和大猩猩计较起来。"既然他不遵守,为什么要我遵守?",于是每个人都随意抢占一个位置坐下,并且坚决不让座给其他乘客。

(2) 乘客们的素质都比较高,以"社会和谐"为重。如果自己的位置没有被占领,就赶紧坐下。如果自己的位置已经被别人(包括那只大猩猩)占用了,就随意地选择另一个位置坐下,并开始闭目养神,不再挪动位置。

那么,在这两种情况下,第 i 个乘客(除去那只大猩猩)坐到自己原位置上的概率分别是多少?

11. 有一个不透明的桶,里面有 n 个白球、n 个黑球。必须按照以下规则把球取出来:

(1) 每次从桶里面拿出来两个球。

(2) 如果是两个颜色相同的球,就再放进去一个黑球。

(3) 如果是两个颜色不同的球,就再放进去一个白球。

问:(1) 如果 $n=10000$,则最后桶里面只剩下一个黑球的概率是多少?

(2) 如果 $n=9999$,则最后桶里面只剩下一个黑球的概率是多少?

12. 大家都玩过 Windows 自带的挖雷游戏吧! 假设目前的游戏设置了 50 个地雷,你已经点击了两个位置,出现如图 4.6-1 所示情况,请问:A、B、C 三个方块有地雷的概率各是多少?

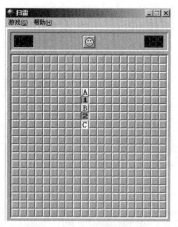

图 4.6-1 挖雷游戏图

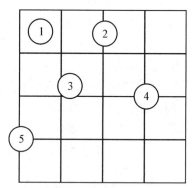

图 4.6-2 硬币覆盖游戏

13. Coin Toss(POJ3440)

【问题描述】

在一个有名的园游会中有这样的一个游戏,将一个硬币投掷到一个被一些正方形方格分割的桌子上。游戏的奖励取决于你投掷的硬币覆盖的方格数,覆盖的方格越多,奖励越高。

图 4.6-2 所示为一种投掷了 5 枚硬币的情形,图中的 1 号硬币覆盖了 1 个方格;2 号硬币覆盖了 2 个方格;3 号硬币覆盖了 3 个方格;4 号方格覆盖了 4 个方格;5 号硬币覆盖了 2 个方格。注意:硬币是可以跨越桌子的边界(图中的硬币 5)。定义硬币覆盖一个方格指的是硬币与方格相交的面积为正,只与某方格边界相切的情况不被认为覆盖了该方格。你可以假定你投掷的硬币一定能够平躺在桌面上,你可以使你的硬币的圆心等概率地落在桌子上(包括桌子的边界)。

硬币覆盖特定数目方格的概率取决于方格的边长,硬币的大小,方格的数目。现在请你写一个程序来根据给定的数据计算硬币覆盖特定数目方格的概率。

【输入格式】

输入文件第一行包括一个整数,表示测试数据的组数。

对于每一组数据,包括 4 个整数,m,n,t,c,表示桌子上有 m 行 n 列方格,每个方格的边长是 t,直径为 c。$1 \leq m,n \leq 5000, 1 \leq c < t \leq 1000$。

【输出格式】

对于每一组输出,首先输出测试数据的组数,接着分 4 行输出硬币覆盖 1,2,3,4 个方格的概率,保留 4 位小数,格式参见样例。

每两组数据之间输出一个空行,最后一组数据之后请不要输出多余的空行。

【输入样例】

```
3
5 5 10 3
7 4 25 20
10 10 10 4
```

【输出样例】

Case 1：

Probability of covering 1 tile ＝57.7600％

Probability of covering 2 tiles＝36.4800％

Probability of covering 3 tiles＝1.2361％

Probability of covering 4 tiles＝4.5239％

Case 2：

Probability of covering 1 tile ＝12.5714％

Probability of covering 2 tiles＝46.2857％

Probability of covering 3 tiles＝8.8293％

Probability of covering 4 tiles＝32.3135％

Case 3：

Probability of covering 1 tile ＝40.9600％

Probability of covering 2 tiles＝46.0800％

Probability of covering 3 tiles＝2.7812％

Probability of covering 4 tiles＝10.1788％

14. 计算概率(calculate.＊,64MB,1 秒)

【问题描述】

小明有 n 个长度不一的小木棍,这些木棍的长度都是正整数。小明的父亲想和小明做一个游戏。他规定一个整数长度 l,让小明闭着眼睛从 n 个木棍中随便拿出两个。如果两个木棍的长度总和小于等于 l,则小明胜,否则小明的父亲胜。小明想知道他胜出的概率究竟有多大。

【输入格式】

输入包含两行。第一行为两个整数 n 和 l，其中 n 和 l 都不超过 100000。第二行包含 n 个整数，分别为 n 个木棍的长度。

【输出格式】

输出包含一个实数，小明胜出的概率，保留两位小数。

【输入样例】

4 5

1 2 3 4

【输出样例】

0.67

15. 聪聪与可可（NOI2005,cchkk.*,64MB,1秒）

【题目大意】

在一个魔法森林里，住着一只聪明的小猫聪聪和一只可爱的小老鼠可可。

整个森林可以认为是一个无向图，图中有 N 个美丽的景点，景点从 1 至 N 编号。在景点之间有一些路连接。

可可正在景点 $M(M \leqslant N)$ 处。以后的每个时间单位，可可都会选择去相邻的景点（可能有多个）中的一个或停留在原景点不动。而去这些地方所发生的概率是相等的。

聪聪是很聪明的，所以，当她在景点 C 时，她会选一个更靠近可可的景点，如果这样的景点有多个，她会选一个标号最小的景点。如果走完第一步以后仍然没吃到可可，她还可以在本段时间内再向可可走近一步。

在每个时间单位，假设聪聪先走，可可后走。在某一时刻，若聪聪和可可位于同一个景点，则可可就被吃掉了。

问平均情况下，聪聪几步就可能吃到可可。对于所有数据：$1 \leqslant N, E \leqslant 1000$。

16. RedIsGood（TopCoder SRM420 Div1）

【题目大意】

桌面上有 R 张红牌和 B 张黑牌，随机打乱顺序后放在桌面上，开始一张一张地翻牌，翻到红牌得到 1 美元，黑牌则付出 1 美元。可以随时停止翻牌，在最优策略下平均能得到多少钱。

17. Highlander（SGU385）

【题目大意】

随机给出 $1, 2, \cdots n$ 个数字的一个错位排列 $i_1 i_2 \cdots i_n$（也就是等概率选择 n 个数字所有错位排列中的一个），对应了一张有向图 $G=(V, E)$，其中 $V=\{1, 2, \cdots n\}$，$E=\{(1, i_1), (2, i_2), \cdots, (n, i_n)\}$。问在所有最长环上的顶点数的期望值。$2 \leqslant n \leqslant 100$。

18. First Knight（SWERC 2008 Problem B）

【题目大意】

一个矩形区域被分成 $m*n$ 个单元编号为 $(1,1)$ 至 (m,n)，左上为 $(1,1)$，右下为 $(m,$

n)。给出 $P_{i,j}^{(k)}$,其中 $1 \leq i \leq m, 1 \leq j \leq n, 1 \leq k \leq 4$,表示了 (i,j) 到 $(i+1,j), (i,j+1)$, $(i-1,j), (i,j-1)$ 的概率。一个骑士在 $(1,1)$,按照给定概率走,每步都于之前无关,问到达 (m,n) 的期望步数。

题目保证对于 $i \neq m$ 或 $j \neq n$,有 $\sum_{k=1}^{4} P_{i,j}^{(k)} = 1$,且 $P_{i,j}^{(1)}$ 和 $P_{i,j}^{(2)}$ 中至少一个不为 0。且保证走出矩形的概率与 $P_{m,n}^{(k)}$ 均为 0,答案不超过 1000000。$1 \leq m, n \leq 40$。

19. 球场上的犯规(foul.*,256MB,1秒)
【题目大意】
球场是一个长 w 宽 h 的矩形,其四个顶点分别为 $(w,0), (w,h), (0,h), (0,0)$,裁判点位于点 $(w_0, 0)$。

场上有 $n(n \leq 1000)$ 名球员,第 i 名球员坐标为 (x_i, y_i),活动区域为半径为 r_i 的圆。球员的活动区域不可能到球场之外且不会有两名球员的活动区域有公共点。现在,球员佩佩会随机在出现在球场的任意位置并且犯规,求他不被裁判看到的概率。

20. 后缀(suffix.*,256MB,1秒)
【题目大意】
给定字符串 S,S 仅有字符 a 和 b 组成,$Len(S) \leq 40$。有一空串 T,每一轮在 T 串末尾随机加上 a 和 b。询问期望几轮以后 S 串为 T 串的后缀。

21. 神奇口袋(NOI2006,bag.*,256MB,1秒)
【问题描述】
Pòlya 获得了一个奇妙的口袋,上面写着人类难以理解的符号。Pòlya 看得入了迷,冥思苦想,发现了一个神奇的模型(被后人称为 Pòlya 模型)。为了生动地讲授这个神奇的模型,他带着学生们做了一个虚拟游戏:

游戏开始时,袋中装入 a_1 个颜色为 1 的球,a_2 个颜色为 2 的球,$\cdots a_t$ 个颜色为 t 的球,其中 a_i 都是自然数。

游戏开始后,每次严格进行如下的操作:
从袋中随机的抽出一个小球(袋中所有小球被抽中的概率相等),Pòly 独自观察这个小球的颜色后将其放回,然后再把个与其颜色相同的小球放到口袋中。

设 c_i 表示第 i 次抽出的小球的颜色($1 \leq c_i \leq t$),一个游戏过程将会产生一个颜色序列 $(c_1, c_2, \cdots c_n \cdots)$。

Pòlya 把游戏开始时 t 种颜色的小球每一种的个数 $a_1, a_2, \cdots a_t$ 告诉了所有学生。然后他问学生:一次游戏过程产生的颜色序列满足下列条件的概率有多大?

$$c_{x_1} = y_1, c_{x_2} = y_2, L, c_{x_i} = y_i, L, c_{x_n} = y_n$$

其中:$0 < x_1 < x_2 < \cdots < x_n, 1 \leq y_i \leq t$。换句话说,已知 $(t, n, d, a_1, a_2, \cdots a_t, x_1, y_1, x_2, y_2, \cdots x_n, y_n)$,你要回答有多大的可能性会发生下面的事件:"对所有 $k, 1 \leq k \leq n$,第 x_k 次抽出的球的颜色为 y_k"。

【输入格式】

第一行有三个正整数 t,n,d;

第二行有 t 个正整数 $a_1,a_2,\cdots a_t$,表示游戏开始时口袋里 t 种颜色的球,每种球的个数。

以下 n 行,每行有两个正整数 x_i,y_i,表示第 x_i 次抽出颜色为的 y_i 球。

【输出格式】

输出文件包含一行,要求用分数形式输出,格式为:分子/分母。同时要求输出最简形式(分子分母互质)。特别的,概率为 0 应输出 0/1,概率为 1 应输出 1/1。

【输入输出样例】

bag.in	bag1.out
2 3 1 1 1 1 1 2 2 3 1	1/12
3 1 2 1 1 1 5 1	1/3

【样例 1 说明】

初始时,两种颜色球数分别为(1,1),取出色号为 1 的球的概率为 1/2;第二次取球之前,两种颜色球数分别为(2,1),取出色号为 2 的球的概率为 1/3;第三次取球之前,两种颜色球数分别为(2,2),取出色号为 1 的球的概率为 1/2,所以三次取球的总概率为 1/12。

【数据规模和约定】

$1 \leqslant t,n \leqslant 1000, 1 \leqslant a_k, d \leqslant 10, 1 \leqslant x_1 < x_2 < \cdots < x_n \leqslant 10000, 1 \leqslant y_k \leqslant t$。

22. Run Away(pku1379)

【题目大意】

平面上有一个矩形,在矩形内有一些陷阱。求得矩形内一个点,该点离与它最近的已知陷阱最远(点的个数 $\leqslant 1000$)。精度要求: $\varepsilon = 10^{-1}$。

第 5 章 计算几何

计算几何是几何学的一个重要分支,也是计算机科学的一个分支,研究解决几何问题的算法,在现代工程与数学、计算机图形学、VLSI 设计、计算机辅助设计等学科领域中都有重要应用。

计算几何问题的输入一般是关于一组几何物体(如点、线)的描述,输出常常是有关这些物体的问题的回答,如直线是否相交、点是否在多边形内等等。计算几何最经典的问题就是平面凸包,即求覆盖平面上 n 个点的最小凸多边形。

信息学竞赛中的计算几何题有一些不同于一般几何题的明显特点。它们一般不会是证明题,依靠计算机进行的证明是极为罕见的。计算机擅长的是高速运算,所以这类题目中一般都有一个(或多个)解析几何中的坐标系,需要大量繁琐的、人力难以胜任的计算工作,这也许正是它们被称为"计算几何"的原因吧!

信息学竞赛中的计算几何题一般有以下几种:

(1) 计算求解题。这类问题需要用解析几何的知识进行求解,要特别注意问题的细节和全面性。比如求过两点的直线斜率时,其值可能为无穷大。

(2) 存在性问题。这类问题可以用计算的方法来直接求解,如果求得了可行解,则说明是存在的,否则就是不存在的。比如给定两个半径分别为 r_1、r_2 的圆和一个边长为 a、b 的矩形,判断两个圆是否能放于该矩形内。

(3) 最佳值问题。这类问题是计算几何中比较难的问题,最常用的是用近似算法去逼近最优解。比如求三角形内周长一定的图形的最大面积。

5.1 解析几何初步

解析几何是由笛卡尔、费马等数学家创立并发展,是指借助笛卡尔坐标系,用代数方法研究几何对象之间的关系和性质的一门几何学分支。解析几何包括平面解析几何和立体解析几何两部分。解析几何通常使用二维的平面直角坐标系研究直线、圆、圆锥曲线等各种一般平面曲线,使用三维的空间直角坐标系来研究平面、球等各种一般空间曲面,同时研究它们的方程,并定义一些图形的概念和参数。

5.1.1 平面直角坐标系

平面直角坐标系由同一个平面上、互相垂直且有公共原点的两条数轴构成,如图 5.1-1 所示。通常,两条数轴(统称为坐标轴)分别置于水平位置(X 轴)与垂直位置(Y 轴),取向右与向上的方向分别为两条数轴的正方向,它们的公共原点 O 称为原点。一般把平面直角坐标系分为四个象限,如图所示,各个象限内的点的坐标有如下关系:第 I 象限:$x>0$且$y>0$;第Ⅱ象限:$x<0$且$y>0$;第Ⅲ象限:$x<0$且$y<0$;第Ⅳ象限:$x>0$且$y<0$。

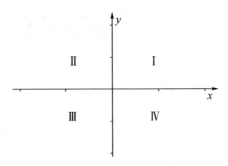

图 5.1-1　平面直角坐标系中及象限

5.1.2　点

平面直角坐标系上的点一般表示成$P(x,y)$,其中x,y为点的坐标。如图 5.1-2 所示,4 个点的坐标分别为:$P_1(3,2)$、$P_2(-2,-2)$、$P_3(2,4)$、$P_4(4,0)$。

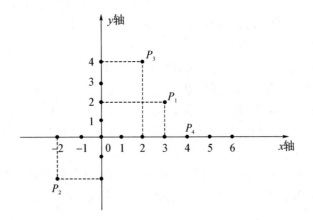

图 5.1-2　平面直角坐标系中的点

任意两点$P_1(x_1,y_1),P_2(x_2,y_2)$之间的距离记为$|P_1P_2|$,由勾股定理可得:
$|P_1P_2|=\sqrt{(x_2-x_1)^2+(y_2-y_1)^2}$。

5.1.3　直线

经过两点有一条直线,并且只有一条直线。从解析几何的角度来看,平面上的直线就是由平面直角坐标系中的一个二元一次方程$ax+by+c=0$所表示的图形,其中a、b不同时为 0。直线方程也可以采用"斜截式",即$y=kx+b$,其中k称为直线的斜率,b称为(y轴上的)截距,k有可能不存在(无穷大),这在编程时要特别小心。如图 5.1-3 所示,3 条直线L_1、L_2、L_3的方程分别为:$0.75x-y+1=0$,$y=3$,$x=4$。

第 5 章　计算几何

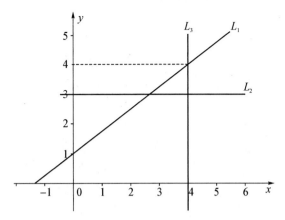

图 5.1-3　平面直角坐标系中的直线

若两条直线互相平行,则它们的斜率相等;若两条直线互相垂直,则它们的斜率乘积等于-1。

5.1.4　线段

两个不同的点 $P_1(x_1,y_1)$、$P_2(x_2,y_2)$ 的凸组合是指满足下列条件的点 $P_3(x_3,y_3)$ 的集合:对某个 $0 \leqslant \sigma \leqslant 1$,有 $x_3 = \sigma x_1 + (1-\sigma)x_2$,$y_3 = \sigma y_1 + (1-\sigma)y_2$。一般也可以写成:$P_3 = \sigma P_1 + (1-\sigma)P_2$。直观上看,$P_3$ 是在直线 $P_1 P_2$ 上,并且处于 P_1 和 P_2 之间(也包括 P_1 和 P_2 两点)的任意点。

两个相异点 P_1 和 P_2 的凸组合的集合成为线段,记为 $\overline{P_1 P_2}$,其中 P_1、P_2 称为线段的端点。

5.1.5　多边形

由三条或三条以上的线段首尾顺次连接所组成的封闭图形叫做多边形(《几何原本》定义为四边以上)。按照不同的标准,多边形可以分为正多边形和非正多边形、凸多边形和凹多边形等。正多边形各边相等且各内角相等。凸多边形又可称为平面多边形,凹多边形又称空间多边形。

多边形的内角和定理:n 边形的内角和等于 $(n-2) * 180°$。

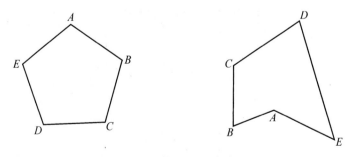

图 5.1-4　凸多边形和凹多边形

5.1.6 圆

当一条线段绕着它的一个端点（称为圆心）在平面内旋转一周时，它的另一个端点的轨迹叫做圆，线段的长度称为圆的半径。设圆心的坐标为(x_0, y_0)，半径为r，则圆的标准方程为：$(x-x_0)^2 + (y-y_0)^2 = r^2$。

如图 5.1-5 所示，点与圆的位置关系有三种：

(1) 若$(x_1-x_0)^2 + (y_1-y_0)^2 > r^2$，则$P(x_1, y_1)$在圆外。

(2) 若$(x_1-x_0)^2 + (y_1-y_0)^2 = r^2$，则$P(x_1, y_1)$在圆上。

(3) 若$(x_1-x_0)^2 + (y_1-y_0)^2 < r^2$，则$P(x_1, y_1)$在圆内。

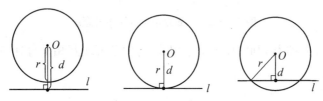

图 5.1-5 点与圆的位置关系

【例 5.1-1】 判断一个矩形是否能容下两个圆（ZOJ1608）

【题目大意】

给定两个圆（半径分别为r_1和r_2）和一个矩形（边长为a和b），判断两个圆是否能放于矩形内。其中，a、b、r_1、r_2都是浮点数。

【问题分析】

考虑两个圆能放入的一个最基本的必要条件就是：半径大的圆先放进去后，半径小的圆还要能放进去，也就是首先要满足：$\min(a,b) \geq \max(r_1,r_2)*2$。接下来就分析能否放入的临界点，假设矩形的长边（假设是下边）是a、短边是b，大圆半径是r_1，小圆半径是r_2，满足上述条件时($b \geq r_1*2$)，r_2很小的情况可以不必考虑。设想右侧短边是一个可以滑动的挡板，从远处向左侧短边滑动。当a非常大时，两个圆靠近成相切状态，两个圆可以同时与底边相切（但这不是最节省空间状态）。当矩形不断向内收缩时，达到如图 5.1-6 所示的临界状态，两个圆分别和矩形相对的边相切，即理想状态下矩形每条边只和一个圆相切，此时不能继续收缩了。

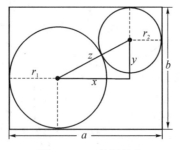

图 5.1-6 临界状态

我们也可以从另一个角度理解，假设图 5.1-6 是一个内壁十分光滑的容器的截面，底部的宽度固定为a，且略大于大圆（表面光滑的球体）直径($2*r_1$)，先把大圆放入容器，再把小圆放入,因为重力作用,小圆必然会把大圆挤向容器的另一侧,稳定于上述临界状态。

设图中直角三角形的两个直角边边长分别为 x,y,斜边为 z,则:
$z=r_1+r_2$;
$x=a-r_1-r_2=a-z$;
$y=b-r_1-r_2=b-z$;

其中斜边 z 是两圆相切时的圆心距离,可看作是固定的,直角边 x、y 主要取决于矩形边长。因此,当 $z^2 \leqslant x^2+y^2$ 时意味着矩形足够大,可以放入矩形内,否则不能放入。

【参考程序】

```cpp
#include<bits/stdc++.h>
using namespace std;

bool judge(double a,double b,double r1,double r2){
    if(a>b)swap(a,b);
    if(r1>r2)swap(r1,r2);
    if(a<r2*2)
        return 0;
    double z = r1 + r2,
           x = a - z,
           y = b - z;
    return x*x + y*y >= z*z;
}

int main(){
    double a,b,r1,r2;
    while(scanf("%lf%lf%lf%lf",&a,&b,&r1,&r2)!=EOF)
        if(judge(a, b, r1, r2))
            printf("Yes\n");
        else
            printf("No\n");
    return 0;
}
```

【例 5.1-2】 求三角形内周长一定的图形的最大面积(POJ1927)

【题目大意】

给定一个三角形的三边边长和一根绳子的长度(都是浮点数),将绳子放在三角形里围起来的面积最大是多少。

【问题分析】

显然,当绳子的长度足够长的时候,绳子能围成的最大面积就是三角形的面积。当绳子的长度比较短,小于三角形的内接圆的长度时,最大面积就是绳子能围成的圆的面积。下面,重点讨论介于这两者之间的情况,如图5.1-7所示。其中的两对三角形是相似的。所以,绳子所围成部分的面积就是大三角形的面积减去小三角形的的面积再加上小三角形内切圆的面积。至于小三角形内切圆的半径,则可以通过小三角形与大三角形相似算出来的比例求得。

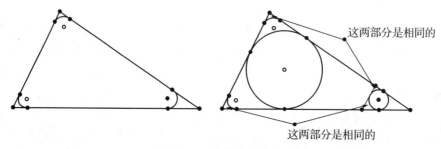

图5.1-7 最大面积示意图

【参考程序】

```cpp
#include<stdio.h>
#include<math.h>
#include<iostream>
using namespace std;

double solve(double a,double b,double c,double d){
    double Pi = acos(-1.0);
    double L = a+b+c,
        cosA = (b*b+c*c-a*a)/(2*b*c),
        S = 0.5*b*c*(sqrt(1-cosA*cosA)),
        r = S*2/L;
    if(d>L)
        return S;
    else
        if(2*Pi*r>=d)
            return d*d/(4*Pi);
        else{
            double t = (L-d)/(L-2*Pi*r),
                rr = r*t;
            return S-S*t*t+Pi*rr*rr;
        }
}
int main(){
    double a,b,c,d;
```

```
    int cas = 0;
    while(scanf("%lf%lf%lf%lf",&a,&b,&c,&d)! = EOF){
       if(a = = 0&&b = = 0&&c = = 0&&d = = 0)break;
        printf("Case %d: %.2lf\n", + + cas,solve(a,b,c,d));
    }
    return 0;
}
```

【例 5.1-3】 求覆盖 n 个点的最小圆（ZOJ1450）

【问题描述】

输入平面上 n 个点的坐标，求能覆盖这 n 个点的最小圆，输出其半径。最小的含义是半径最小，圆周上的点也叫覆盖。

【问题分析】

先画出一些实例，探究一下会出现哪些情况。然后，按照下列步骤求解。

第 1 步：在点集中任取 3 点 A,B,C。

第 2 步：作一个包含 A,B,C 三点的最小圆，圆周可能通过这 3 点，也可能只通过其中两点，但包含第 3 点。后一种情况圆周上的两点一定是位于圆的一条直径的两端。

第 3 步：在点集中找出距离第 2 步所建圆圆心最远的 D 点，若 D 点已在圆内或圆周上，则该圆即为所求的圆，算法结束。否则，执行第 4 步。

第 4 步：在 A,B,C,D 中选 3 个点，使由它们生成的一个包含这 4 个点的圆为最小，这 3 点成为新的 A,B,C，返回执行第 2 步。若在第 4 步生成的圆的圆周只通过 A,B，C,D 中的两点，则圆周上的两点取成新的 A 和 B，从另两点中任取一点作为新的 C。

其实，也可以从另外一个角度思考这个问题。对于一个给定的点集 A，记 $MinCircle(A)$ 为点集 A 的最小外接圆，显然，对于所有情况，$MinCircle(A)$ 都是存在且唯一的。需要特别说明的是，当 A 为空集时，$MinCircle(A)$ 为空集，当 $A=\{a\}$ 时，$MinCircle(A)$ 圆心坐标为 a，半径为 0。显然，$MinCircle(A)$ 可以有 A 边界上最多三个点确定（当 A 中点的个数大于 1 时，有可能两个点确定了 $MinCircle(A)$），也就是说存在着一个点集 B，$|B|\leqslant 3$ 且 B 包含于 A，有 $MinCircle(B)=MinCircle(A)$。所以，如果 a 不属于 B，则 $MinCircle(A-\{a\})=MinCircle(A)$；如果 $MinCircle(A-\{a\})$ 不等于 $MinCircle(A)$，则 a 属于 B。所以，我们可以从一个空集 R 开始，不断把题目中给定点集中的点加入 R，同时维护 R 的外接圆最小，这样就可以解决本题了。

【参考程序】

```
#include<stdio.h>
#include<math.h>
using namespace std;
const double eps = 1e - 10;
struct Point{
    double x,y;
};
double distance(Point p1,Point p2){
```

```cpp
        return sqrt((p1.x-p2.x)*(p1.x-p2.x)+(p1.y-p2.y)*(p1.y-p2.y));
}
int n;
Point a[100005],o;
double r;
void circum(Point p1,Point p2,Point p3){
    double a=2*(p2.x-p1.x),b=2*(p2.y-p1.y),
           c=p2.x*p2.x+p2.y*p2.y-p1.x*p1.x-p1.y*p1.y,
           d=2*(p3.x-p1.x),e=2*(p3.y-p1.y),
           f=p3.x*p3.x+p3.y*p3.y-p1.x*p1.x-p1.y*p1.y;
    o.x=(b*f-e*c)/(b*d-e*a);
    o.y=(d*c-a*f)/(b*d-e*a);
    r=distance(p1,o);
}

int main(){
    while(scanf("%d",&n)!=EOF&&n){
        for(int i=1;i<=n;i++)
        scanf("%lf%lf",&a[i].x,&a[i].y);
        o=a[1],r=0;
        for(int i=2;i<=n;i++)
            if(distance(o,a[i])>r+eps){
                o=a[i];r=0;
                for(int j=1;j<=i-1;j++)
                    if(distance(o,a[j])>r+eps){
                        o.x=(a[i].x+a[j].x)/2;
                        o.y=(a[i].y+a[j].y)/2;
                        r=distance(o,a[j]);
                        for(int k=1;k<=j-1;k++)
                            if(distance(o,a[k])>r+eps)
                                circum(a[i],a[j],a[k]);
                    }
            }
        printf("%.2lf %.2lf %.2lf\n",o.x,o.y,r);
    }
    return 0;
}
```

【例 5.1 - 4】 地图(map.*,64MB,1 秒)
【问题描述】
现代在绘制地图的过程中碰到的最大问题就是在地图上标注名称。如果你把每一个城市、乡镇、村庄的名字简单地都标注在地图上，它们中的很大一部分将会互相重叠，整幅地图也将变得无法阅读。

本题中，你将得到一个二维平面和一组坐标，每个坐标代表一个需要标注的点。所要标注的地名用一个矩形表示，矩形的边与坐标轴平行，其长度恰好为宽度的 3 倍。每个点都与唯一的矩形相对应，且恰好处在该矩形的左上角。任意两个矩形的大小都是相同的，且不允许重叠。请编程计算出矩阵可能的最大宽度。

【输入格式】
输入文件的第一行是正整数 N，表示平面上点的个数，$2 \leqslant N \leqslant 100000$；

接下来的 N 行，每行有两个用空格隔开的整数，分别代表每个点的 X 坐标和 Y 坐标，$0 \leqslant X, Y \leqslant 1000000$。任意两个点都不相同。

【输出格式】
输出一行一个数，表示矩形最大可能的宽度，精确到小数点后两位。

【输入样例】
3
0 0
5 4
3 7

【输出样例】
3.00

【问题分析】
将所有点 Y 坐标乘以 3 之后，问题转化为正方形。问题也就是任意两点间 x 坐标与 y 坐标的差中最大的一个的最小值是多少。

对于一个点 (x_0, y_0) 来说，根据点对的双向选择性，可只考虑 $y - x > y_0 - x_0$ 的点。接下来对于 $\Delta x > \Delta y$ 和 $\Delta x < \Delta y$ 分别讨论，发现可将点分为 $x + y > x_0 + y_0$ 和 $x + y \leqslant x_0 + y_0$。对于 $x + y \leqslant x_0 + y_0$，按照 $y - x$ 排序，从小到大枚举点插入点集。将 $y + x$ 离散，建立树状数组，维护 x 坐标最大值。而对于 $x + y > x_0 + y_0$，只要把点关于 $x + y = 0$ 翻转即可。算法的时间复杂度为 $\Theta(n \log_2 n)$。

【参考程序】

```
#include<stdio.h>
#include<algorithm>
using namespace std;
int n;
struct point{
    int x,y;
}a[100005];
int ans = 200000000;
```

```cpp
bool cmp1(point a,point b){
    return a.y-a.x>b.y-b.x||(a.y-a.x==b.y-b.x&&a.x<b.x);
}
int num[100005],t[100005];
int pos(int s){
    return lower_bound(&num[1],&num[n+1],s)-num;
}

void solve(){
    sort(&a[1],&a[n+1],cmp1);
    for(int i=1;i<=n;i++)
        t[i]=0;
    for(int i=1;i<=n;i++)
        num[i]=a[i].y+a[i].x;
    sort(&num[1],&num[n+1]);
    for(int i=1;i<=n;i++){
        int Pos=pos(a[i].y+a[i].x);
        for(int x=Pos;x>=1;x-=x&-x)
            if(t[x])
                ans=min(ans,a[i].x-a[t[x]].x);
        for(int x=Pos;x<=n;x+=x&-x)
            if(a[t[x]].x<a[i].x||t[x]==0)
                t[x]=i;
    }
}

int main(){
    scanf("%d",&n);
    for(int i=1;i<=n;i++)
        scanf("%d%d",&a[i].x,&a[i].y),
        a[i].y*=3;
    solve();
    for(int i=1;i<=n;i++)
        swap(a[i].x,a[i].y);
    solve();
    printf("%.2lf\n",double(ans)/3);
    return 0;
}
```

5.2 矢量及其运算

矢量是指有方向的线段,也称向量,即线段的两个端点 P_1 和 P_2 的顺序是有关系的,记为 $\overrightarrow{P_1P_2}$。设 $\boldsymbol{a}=\overrightarrow{P_1P_2}$,则有向线段的长度称为矢量的模,记作 $|a|$。如果 P_1 是坐标原点,则 $\overrightarrow{P_1P_2}$ 又称为矢量 $\boldsymbol{P}_2$。矢量的斜率 k 有正负之分,如图 5.2-1 所示。

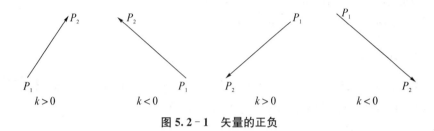

图 5.2-1 矢量的正负

矢量的分解定理:如果空间上的三个矢量 $\boldsymbol{a}$、$\boldsymbol{b}$、$\boldsymbol{c}$ 不共面,那么对任一矢量 $\boldsymbol{p}$,一定存在一个且仅一个有序实数组 x、y、z,使得:$\boldsymbol{p}=x\boldsymbol{a}+y\boldsymbol{b}+z\boldsymbol{c}$。

矢量分析是高等数学的一个分支,主要应用于物理学,如力学分析。在一些计算几何问题中,矢量和矢量运算的一些独特性质往往能发挥出十分突出的作用,使问题的求解过程变得简洁而高效。

5.2.1 矢量的加减法

以原点 O 为起点、点 A 为端点作矢量 $\boldsymbol{a}$,再以点 A 为起点、点 B 为端点作矢量 $\boldsymbol{b}$,则以点 O 为起点、点 B 为端点的矢量称为矢量 $\boldsymbol{a}$ 与 $\boldsymbol{b}$ 的和,记为 $\boldsymbol{a}+\boldsymbol{b}$,如图 5.2-2(中)所示。

若从点 A 作 $\overrightarrow{AB'}$,要求 $\overrightarrow{AB'}$ 的模等于 $|b|$,方向与 $\boldsymbol{b}$ 相反,即 $\overrightarrow{AB'}=-\boldsymbol{b}$,则以点 O 为起点、点 B' 为端点的矢量称为矢量 $\boldsymbol{a}$ 与 $\boldsymbol{b}$ 的差,记为 $\boldsymbol{a}-\boldsymbol{b}$,如图 5.2-2(右)所示。

显然,$\boldsymbol{a}+\boldsymbol{b}=\boldsymbol{b}+\boldsymbol{a}$,$\boldsymbol{a}-\boldsymbol{b}=-(\boldsymbol{b}-\boldsymbol{a})$。

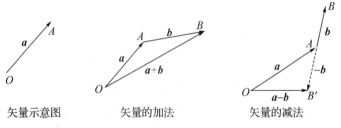

矢量示意图　　矢量的加法　　矢量的减法

图 5.2-2 矢量的加减法

5.2.2 矢量的数量积

两个矢量的数量积,又称"点乘",其结果是一个数,大小等于这两个矢量的模的乘积再乘以它们夹角的余弦,即:$\boldsymbol{a}\cdot\boldsymbol{b}=|a||b|\cos<\boldsymbol{a},\boldsymbol{b}>$。

根据矢量的分解定理,数量积等于两个矢量的对应支量乘积之和。

$$a \cdot b = a_x b_x + a_y b_y + a_z b_z$$

矢量的数量积有如下的性质：

① $a \cdot e = |a||e|\cos<a,e> = |a|\cos<a,e>$
② $a \perp b$ 等价于 $a \cdot b = 0$，即 $a_x b_x + a_y b_y + a_z b_z = 0$
③ 自乘：$|a|^2 = a \cdot a$
④ 结合律：$(\lambda \cdot a) \cdot b = \lambda(a \cdot b)$
⑤ 交换律：$a \cdot b = b \cdot a$
⑥ 分配律：$a \cdot (b+c) = a \cdot b + a \cdot c$

5.2.3 矢量的矢量积

严格地说，两个矢量 $a = x_1 i + y_1 j + z_1 k$、$b = x_2 i + y_2 j + z_2 k$ 的矢量积是三维矢量的二元运算，记作 $a \times b$，又称为"叉乘"、"叉积"。定义为：

$$a \times b = \begin{vmatrix} i & j & k \\ x_1 & y_1 & z_1 \\ x_2 & y_2 & z_2 \end{vmatrix} = (y_1 z_2 - y_2 z_1)i + (x_2 z_1 - x_1 z_2)j + (x_1 y_2 - x_2 y_1)k$$

其结果仍然是一个三维向量，其中 i,j,k 是空间的三个基底。

矢量 a 和矢量 b 叉乘的几何意义为：它的模等于由 a 和 b 作成的平行四边形的面积，方向与平行四边形所在平面垂直，当站在这个方向观察时，a 转过一个小于 π 的角到达 b 的方向。这个方向也可以用物理上的右手螺旋定则判断：右手四指弯向由 a 转到 b 的方向（转过的角小于 π），拇指指向的就是矢量积的方向，如图 5.2-3（左）所示。

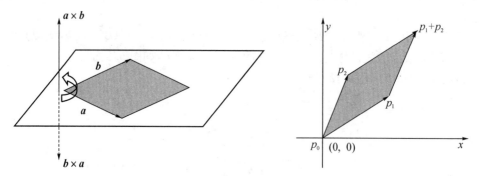

图 5.2-3 矢量积的几何意义

叉积还有一个等价的、更有用的定义，把叉积定义为一个矩阵的行列式：

$$p_1 \times p_2 = \det \begin{bmatrix} x_1 & x_2 \\ y_1 & y_2 \end{bmatrix}$$
$$= x_1 y_2 - x_2 y_1$$
$$= -p_2 \times p_1$$

如图 5.2-3(右)所示，如果 $p_1 \times p_2$ 为正数，则相对原点(0,0)来说，p_1 在 p_2 的顺时针方向；如果 $p_1 \times p_2$ 为负数，则 p_1 在 p_2 的逆时针方向。如果 $p_1 \times p_2 = 0$，则 p_1 和 p_2

共线,方向相同或相反。

矢量的叉积对于计算几何有着重要的意义,是很多算法的核心。用叉积可以判断从一个矢量到另一个矢量的旋转方向,可以求同时垂直于两个矢量的矢量方向,还能用来计算任意多边形的面积等等。

【例 5.2-1】 两个矢量的位置关系(pos. *,64MB,1 秒)

【题目大意】

给定两个有公共端点的矢量 $\overrightarrow{P_0P_1}$ 和 $\overrightarrow{P_0P_2}$,判断 $\overrightarrow{P_0P_1}$ 是否在 $\overrightarrow{P_0P_2}$ 的顺时针方向。

【问题分析】

如图 5.2-4 所示,把 p_0 作为原点,得出矢量 $\boldsymbol{P_1}'=p_1-p_0$ 和 $\boldsymbol{P_2}'=p_2-p_0$,它们的叉积 $t=(p_1-p_0)\times(p_2-p_0)=(x_1-x_0)(y_2-y_0)-(x_2-x_0)(y_1-y_0)$,如果 $t>0$,则 $\overrightarrow{P_0P_1}$ 在 $\overrightarrow{P_0P_2}$ 的顺时针方向;如果 $t<0$,则 $\overrightarrow{P_0P_1}$ 在 $\overrightarrow{P_0P_2}$ 的逆时针方向;如果 $t=0$,则 p_0、p_1、p_2 三点共线。

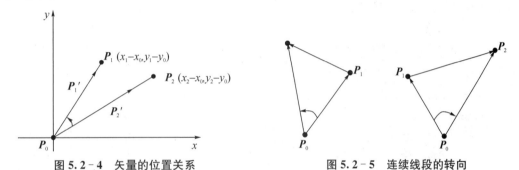

图 5.2-4 矢量的位置关系　　　图 5.2-5 连续线段的转向

同样,也可以利用叉积判断"连续线段是向左转还是向右转",如图 5.2-5 所示,即两条连续线段 $\overrightarrow{P_0P_1}$ 和 $\overrightarrow{P_1P_2}$ 在点 P_1 是向左转还是向右转,也即 $\angle P_1P_0P_2$ 的转向。

【参考程序】

```c
#include<stdio.h>
#include<algorithm>
using namespace std;
struct point{
    double x,y;
}p0,p1,p2;

int main(){
    scanf("%lf%lf %lf%lf %lf%lf",&p0.x,&p0.y,&p1.x,&p1.y,&p2.x,&p2.y);
    double t = (p1.x-p0.x)*(p2.y-p0.y)-(p2.x-p0.x)*(p1.y-p0.y);
    if(t>0)
        printf("Yes\n");
    else
        printf("No\n");
    return 0;
}
```

【例5.2-2】 Toy Storage(POJ2398)

【题目大意】

如图5.2-6所示,给定一个盒子,其中有隔板将其分成多个格子。然后给出若干个点,肯定在这些格子中(在边上也算),问各个格子中点的个数。

图5.2-6 盒子分格

【问题分析】

把隔板排序以后,l 和 r 表示可能存在范围的左右隔板,每次取 $mid = (l+r)/2$ 缩小可能范围,l 和 r 相邻时停止。

【参考程序】

```
#include<stdio.h>
#include<algorithm>
using namespace std;
const double eps = 1e-10;
struct point{
    double x,y;
    point operator - (point &s)
        {return (point){x-s.x,y-s.y};}
}a[1005],b[1005];
double operator * (point a,point b){
    return a.x*b.y-b.x*a.y;
}
struct line{
    double u,l;
}l[1005];
int n,m;
bool cmp(line a,line b){
    return a.u<b.u;
}
int cnt[1005],ans[1005];

int main(){
    while(scanf("%d",&n)!=-1&&n){
        scanf("%d",&m);
        scanf("%lf%lf%lf%lf",&b[0].x,&b[0].y,&a[n+1].x,&a[n+1].y);
```

```
        a[0].x=b[0].x,a[0].y=a[n+1].y;
        b[n+1].x=a[n+1].x,b[n+1].y=b[0].y;
        for(int i=1;i<=n;i++)
            scanf("%lf%lf",&l[i].u,&l[i].l);
        sort(&l[1],&l[n+1],cmp);
        for(int i=1;i<=n;i++)
            {a[i].x=l[i].l;a[i].y=a[n+1].y;
            b[i].x=l[i].u;b[i].y=b[0].y;}
        for(int i=1;i<=n+1;i++)cnt[i]=0;
        for(int i=0;i<=m;i++)ans[i]=0;
        for(int i=1;i<=m;i++){
            point c;
            scanf("%lf%lf",&c.x,&c.y);
            if(!(a[n+1].y<=c.y&&c.y<=b[0].y&&b[0].x<=c.x&&c.x<=a[n+1].x))continue;
            int l=0,r=n+1;
            while(l+1!=r){
                int mid=(l+r)/2;
                if((b[mid]-a[mid])*(c-a[mid])>0)
                    r=mid;
                else
                    l=mid;
            }
            cnt[l+1]++;
        }
        printf("Box\n");
        for(int i=1;i<=n+1;i++)
            if(cnt[i])
                ans[cnt[i]]++;
        for(int i=1;i<=m;i++)
            if(ans[i])
                printf("%d: %d\n",i,ans[i]);
    }
    return 0;
}
```

【例5.2-3】 Stacking Cylinders(POJ2194)

【问题描述】

Cylinders (e.g. oil drums) (of radius 1 foot) are stacked in a rectangular bin. Each cylinder on an upper row rests on two cylinders in the row below. The cylinders in the bottom row rest on the floor. Each row has one less cylinder than the row below.

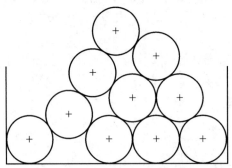

图 5.2-7 Stacking Cylinders

This problem is to write a program to compute the location of the center of the top cylinder from the centers of the cylinders on the bottom row. Computations of intermediate values should use double precision.

【输入格式】

Each data set will appear in one line of the input. An input line consists of the number, n, of cylinders on the bottom row followed by n floating point values giving the x coordinates of the centers of the cylinders (the y coordinates are all 1.0 since the cylinders are resting on the floor (y＝0.0)). The value of n will be between 1 and 10 (inclusive). The end of input is signaled by a value of n＝0. The distance between adjacent centers will be at least 2.0 (so the cylinders do not overlap) but no more than 3.4 (cylinders at level k will never touch cylinders at level k－2).

【输出格式】

The output for each data set is a line containing the x coordinate of the topmost cylinder rounded to 4 decimal places, a space and the y coordinate of the topmost cylinder to 4 decimal places. Note: To help you check your work, the x－coordinate of the center of the top cylinder should be the average of the x－coordinates of the leftmost and rightmost bottom cylinders.

【输入样例】

4 1.0 4.4 7.8 11.2
1 1.0
6 1.0 3.0 5.0 7.0 9.0 11.0
10 1.0 3.0 5.0 7.0 9.0 11.0 13.0 15.0 17.0 20.4
5 1.0 4.4 7.8 14.6 11.2
0

【输出样例】

6.1000 4.1607
1.0000 1.0000
6.0000 9.6603
10.7000 15.9100

7.8000 5.2143

【问题分析】

如图5.2-8所示，考虑 n 个圆向 $n+1$ 个圆扩展的情况。在左下角加入一个圆，并依次叠放新圆。发现图示阴影区域为菱形，边长为 $2r$，线段 a 和线段 b 左右对称，线段 b 和线段 c 平行，由此可得顶端圆心的 X 坐标减小 $\frac{x[n]-x[n+1]}{2}$，Y 坐标增加 $\sqrt{2^2-\left(\frac{x[n]-x[n+1]}{2}\right)^2}$。经过简单变换可得：$X=\frac{x[1]+x[n]}{2}, Y=1+\sum_{i=1}^{n-1}\sqrt{2^2-\left(\frac{x[i+1]-x[i]}{2}\right)^2}$。

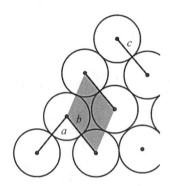

图 5.2-8 扩展情况

【参考程序】

```
#include<stdio.h>
#include<algorithm>
#include<math.h>
using namespace std;
int n;
double x[11],X,Y;

int main(){
    while(scanf("%d",&n)!=EOF&&n){
        for(int i=1;i<=n;i++)
            scanf("%lf",&x[i]);
        sort(&x[1],&x[n+1]);
        X=(x[1]+x[n])/2;Y=1;
        for(int i=1;i<n;i++)
            Y+=sqrt(4-(x[i+1]-x[i])*(x[i+1]-x[i])/4);
        printf("%.4f %.4f\n",X,Y);
    }
    return 0;
}
```

5.3 计算几何的基本算法

任何复杂的算法都是由许多简单的算法组合而成的,计算几何也同样如此,比如求两点间的线段长度、求两点所连直线的斜率或者方程、求两条直线的交点坐标、求一个点关于一条直线的对称点坐标等等。这些基本算法是求解计算几何问题的基础,下面仅选择几个典型的问题来分析,更多的基本问题和算法请读者自主研究学习。

【例 5.3-1】 判断点是否在线段上(pointonseg. *,64MB,1 秒)

【问题描述】

输入一个点 Q 和一条线段 P_1P_2 的坐标,判断这个点是否在该线段上。

【输入格式】

一行,依次表示 Q、P_1 和 P_2 的坐标。

【输出格式】

一行一个字符串,"YES"或者"NO"分别表示改点在或者不在线段上。

【输入和输出样例】

样例输入	样例输出
3 3 1 2 7 5	YES
3 3 2 1 2 5	NO

【问题分析】

判断点 Q 在线段 P_1P_2 上的依据是:$(Q-P_1)\times(P_2-P_1)=0$,且 Q 在以 P_1、P_2 为对角顶点的矩形内。前者保证 Q 点在直线 P_1P_2 上(利用叉积为 0 判断三点共线),后者保证 Q 点不在线段 P_1P_2 的延长线或反向延长线上,对于这一步骤的判断可以用以下语句实现:$(\min(P_1.x,P_2.x)\leq Q.x\leq \max(P_1.x,P_2.x))$ and $(\min(P_1.y,P_2.y)\leq Q.y\leq \max(P_1.y,P_2.y))$。

【参考程序】

```cpp
#include<stdio.h>
#include<algorithm>
#include<math.h>
using namespace std;
const double eps = 1e-10;
struct point{
    double x,y;
    point operator - (point &s)
        {return (point){x-s.x,y-s.y};}
}Q,P1,P2;
double operator * (point a,point b){
    return a.x*b.y-b.x*a.y;
}
```

```
int main(){
    scanf(" % lf % lf % lf % lf % lf % lf",&Q.x,&Q.y,&P1.x,&P1.y,&P2.x,&P2.y);
    if(fabs((Q-P1)*(P2-P1))<eps
        && min(P1.x,P2.x)-eps<=Q.x && Q.x-eps<=max(P1.x,P2.x)
        && min(P1.y,P2.y)-eps<=Q.y && Q.y-eps<=max(P1.y,P2.y))
        printf("YES\n");
    else
        printf("NO\n");
    return 0;
}
```

【例 5.3-2】 点与三角形的关系(pointinstr.*,64MB,1秒)

【问题描述】

已知一个平面坐标系中三角形三个点 A、B、C 的坐标,判断另外一个点 D 是否在三角形内(点在三角形边上也认为在三角形内)。

【输入格式】

输入共四行,每行两个数,前三行表示 A、B、C 的坐标,第四行为 D 的坐标。

【输出格式】

输出一个字符串,"in"表示点 D 在三角形 ABC 内,"out"表示点 D 在三角形 ABC 外。

【输入和输出样例】

样例输入	样例输出
1 2 7 1 7 5 5 3	in
2 1 1 5 7 1 5 3	out

【问题分析】

如图 5.3-1 所示,很容易想到利用三角形面积的比较来判断点 D 与三角形 ABC 的位置关系。即:通过比较三角形 ABC 的面积与三角形 ABD、BCD、CAD 面积之和的大小来判断点是否在三角形内。设 S 为三角形 ABC 的面积,S_1 为三角形 ABD 的面积,S_2 为三角形 BCD 的面积,S_3 为三角形 CAD 的面积。如果 $S=S_1+S_2+S_3$,那么点 D 在三角形 ABC 内部或边上。如果 $S<S_1+S_2+S_3$,则点 D 在三角形 ABC 外部。

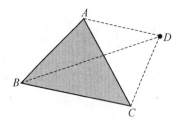 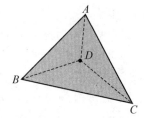

图 5.3－1　点与三角形的位置关系

本题更简单的做法是采用矢量的叉积做。因为三角形是凸多边形，所以如果点 D 在三角形 ABC 内，则沿着三角形的边界逆时针走，点 D 一定保持在边界的左边，如图 5.3－2 所示。也就是说，点 D 在边 AB、BC、CA 的左边。判断一个点 P_3 是否在一条射线 P_1P_2 的左边，可以通过 P_1P_2、P_1P_3 两个矢量的叉积的正负来判断。如果叉积为正，则 P_3 在射线 P_1P_2 的左边；如果叉积为负，则 P_3 在射线 P_1P_2 的右边；如果叉积为 0，则 P_3 在射线 P_1P_2 上。

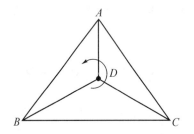 

图 5.3－2　三角形内的矢量旋转

【参考程序】

```
#include<stdio.h>
#include<algorithm>
#include<math.h>
using namespace std;
const double eps=1e-10;
struct point{
    double x,y;
    point operator-(point &s)
        {return (point){x-s.x,y-s.y};}
}A,B,C,D;
double operator*(point a,point b){
    return a.x*b.y-b.x*a.y;
}

bool inside(){
    if((B-A)*(C-A)<0)swap(B,C);
    if((B-A)*(D-A)<-eps)return 0;
```

```
        if((C-B)*(D-B)<-eps)return 0;
        if((A-C)*(D-C)<-eps)return 0;
        return 1;
}

int main(){
    scanf("%lf%lf%lf%lf%lf%lf%lf%lf",&A.x,&A.y,&B.x,&B.y,&C.x,&C.y,&D.x,&D.y);
    if(inside())
        printf("in\n");
    else
        printf("out\n");
    return 0;
}
```

【例 5.3-3】 判断点是否在多边形中(pointinpol.*,64MB,1秒)

【问题描述】

输入多边形的边数 n 以及按顺时针方向给出的 n 个点的坐标,再输入一个点 P 的坐标。判断点 P 在该 n 边形的内部、外部还是边上。

【输入格式】

第一行一个整数 n。

接下来 n 行,每行 2 个实数,表示 x,y 坐标。

接下来一行,表示 P 坐标。

【输出格式】

一行一个字符串,"BIAN"、"NEIBU"或者"WAIBU"依次表示点在多边形边上、内部或者外部。

【输入和输出样例】

样例输入	样例输出
8 2 2 3 6 3 2 6 3 6 4 4 3 7 6 7 1 5 2	NEIBU

续表

样例输入	样例输出
8 2 2 3 6 3 2 6 3 6 4 4 3 7 6 7 1 5 3	WAIBU
8 2 2 3 6 3 2 6 3 6 4 4 3 7 6 7 1 5 4	BIAN

【问题分析】

判断点 P 是否在多边形的边上比较容易,可以逐一对每条边进行检查,判断 P 是否在多边形的边上。关键问题在于解决点 P 在多边形的内部还是外部。

任意画一些多边形,尝试从 P 点画一些足够长的射线,研究发现:如果这条射线与多边形的交点个数为奇数,那么 P 点在多边形的内部;如果交点数为偶数(包括 0 个),那么 P 点在多边形的外部。

当然,可能会出现如图 5.3-3 所示的一些特殊情况。左图中 P 点与多边形其中的一个点相交,右图中 P 点与多边形的一条边重合。对这两种特殊情况往往有以下两种处理方法:

方法1、再任意画一条射线,判断 P 点与多边形的交点个数,直到不出现特殊情况为止。

方法2、对两种情况另作处理:

(1) 交点在 A_i 点上:如果 A_{i-1}、A_{i+1} 在射线的同侧,则这点不算;如果 A_{i-1}、A_{i+1} 在射线的两侧,则这点要算。

(2) 和多边形一条边 A_i、A_{i+1} 重合:再反向作一条射线,找交点情况(其实并不能完全解决出现的问题)。

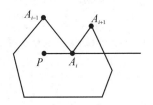 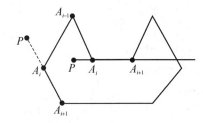

图 5.3-3　射线与多边形相交的特殊情况

在实际应用时,出现特殊情况的可能性很小。因此,第一种方法用的比较多,本质上是一种"随机化"算法。下面给出主要算法流程:

(1) 输入数据。

(2) 逐一判断点 P 是否在多边形的边上,如果是,则输出"BIAN",退出。

(3) 随机产生多边形外一点 Q,作出射线 PQ,直到射线 PQ 不过多边形的任意一点且不与多边形的任意一边共线为止。

(4) 计算射线 PQ 与多边形边的交点数,如果交点数为奇数,则点 P 在多边形的内部,否则点 P 在多边形的外部。

【参考程序】

```cpp
#include<stdio.h>
#include<stdlib.h>
#include<algorithm>
#include<math.h>
using namespace std;
const double eps = 1e-10;
struct point{
    double x,y;
    point operator -(point &s)
        {return (point){x-s.x,y-s.y};}
}a[100005],P,Q;
double operator *(point a,point b){
    return a.x*b.y-b.x*a.y;
}
int n;

bool bian(point Q,point P1,point P2){
    return fabs((Q-P1)*(P2-P1))<eps
        && min(P1.x,P2.x)-eps<=Q.x && Q.x-eps<=max(P1.x,P2.x)
        && min(P1.y,P2.y)-eps<=Q.y && Q.y-eps<=max(P1.y,P2.y);
}

bool cros(point P1,point P2,point P3,point P4){
```

```cpp
        if(!(max(P1.x,P2.x)>=min(P3.x,P4.x)+eps&&max(P3.x,P4.x)>=min(P1.x,P2.x)+eps
            &&max(P1.y,P2.y)>=min(P3.y,P4.y)+eps&&max(P3.y,P4.y)>=min(P1.y,P2.y)+eps))
            return 0;
        if(((P3-P1)*(P2-P1))*((P4-P1)*(P2-P1))>eps)
            return 0;
        if(((P1-P3)*(P4-P3))*((P2-P3)*(P4-P3))>eps)
            return 0;
        return 1;
    }

    int main(){
        scanf("%d",&n);
        for(int i=1;i<=n;i++)
            scanf("%lf%lf",&a[i].x,&a[i].y);
        scanf("%lf%lf",&P.x,&P.y);
        for(int i=1;i<=n;i++)
            if(bian(P,a[i],a[i==n?1:i+1]))
                {printf("BIAN\n");return 0;}
        bool cont=1;
        while(cont){
            cont=0;
            Q.x=(rand()<<15)+rand()+10000000;
            Q.y=(rand()<<15)+rand()+10000000;
            for(int i=1;i<=n;i++)
                if(bian(a[i],P,Q))
                    {cont=1;break;}
            if(cont)
                continue;
            int sum=0;
            for(int i=1;i<=n;i++)
                sum+=cros(P,Q,a[i],a[i==n?1:i+1]);
            if(sum&1)
                printf("NEIBU\n");
            else
                printf("WAIBU\n");
        }
        return 0;
    }
```

【例 5.3-4】 判断线段是否在多边形中(segmentinpol.*,64MB,1 秒)

【问题描述】

输入多边形的边数 n 以及按顺时针方向给出的 n 个点的坐标,再输入一个条线段的两个端点坐标。判断线段是否在该多边形中。

【输入格式】

第一行一个整数 n。

接下来 n 行,每行 2 个实数,表示 x,y 坐标。

接下来一行,4 个实数,表示线段 2 个端点的坐标。

【输出格式】

一行一个字符串,"YES"或者"NO"分别表示线段是否在多边形中。

【输入和输出样例】

样例输入	样例输出
6 1 1 2 4 5 5 2 2 5 4 3 1 2 1 2 4	YES
6 1 1 2 4 5 5 2 2 5 4 3 1 3 2 3 4	NO

【问题分析】

如果多边形是凸多边形,则问题很简单,只要判断两个端点是否都在多边形中。如果是一般的简单多边形内,则需要满足下面 2 个必要条件:线段的两个端点都在多边形内;线段和多边形的所有边都不内交。

根据本题的思路,读者可以自己思考如何判断折线、多边形、矩形是否在多边形中。

【参考程序】

```
#include<stdio.h>
#include<stdlib.h>
#include<algorithm>
```

```cpp
#include<vector>
#include<math.h>
using namespace std;
const double eps=1e-10;
struct point{
    double x,y;
    point operator-(point &s)
        {return (point){x-s.x,y-s.y};}
}a[100005],P,Q,q[100005];
int top;

double operator*(point a,point b){
    return a.x*b.y-b.x*a.y;
}

bool cmp(const point &a,const point &b){
    return a.x<b.x||(a.x==b.x&&a.y<b.y);
}

int n;
bool bian(point Q,point P1,point P2){
    return fabs((Q-P1)*(P2-P1))<eps
        &&min(P1.x,P2.x)-eps<=Q.x&&Q.x-eps<=max(P1.x,P2.x)
        &&min(P1.y,P2.y)-eps<=Q.y&&Q.y-eps<=max(P1.y,P2.y);
}

bool cros(point P1,point P2,point P3,point P4){
    if(!(max(P1.x,P2.x)>=min(P3.x,P4.x)+eps&&max(P3.x,P4.x)>=min(P1.x,P2.x)+eps
        &&max(P1.y,P2.y)>=min(P3.y,P4.y)+eps&&max(P3.y,P4.y)>=min(P1.y,P2.y)+eps))
        return 0;
    if(((P3-P1)*(P2-P1))*((P4-P1)*(P2-P1))>eps)
        return 0;
    if(((P1-P3)*(P4-P3))*((P2-P3)*(P4-P3))>eps)
        return 0;
    return 1;
}

bool pointinside(point P){
```

```
    for(inti = 1;i<= n;i++)
       if(bian(P,a[i],a[i= = n? 1 : i+1]))
          return 1;
    boolcont = 1;
    while(cont){
       cont = 0;
       Q.x = (rand()<<15) + rand() + 10000000;
       Q.y = (rand()<<15) + rand() + 10000000;
       for(inti = 1;i<= n;i++)
          if(bian(a[i],P,Q))
             {cont = 1;break;}
       if(cont)
          continue;
       int sum = 0;
       for(inti = 1;i<= n;i++)
          sum+ = cros(P,Q,a[i],a[i= = n? 1 : i+1]);
       return sum&1;
    }
}

boolseginside(point P,point Q){
    if(! pointinside(P))return 0;
    if(! pointinside(Q))return 0;
    a[0] = a[n];a[n+1] = a[1];
    top = 2;
    q[1] = P;q[2] = Q;
    for(inti = 1;i<= n;i++){
       if(cros(P,Q,a[i-1],a[i])){
          if(bian(a[i],P,Q)){
             q[++top] = a[i];
             continue;
          }
          if(bian(a[i-1],P,Q))continue;
          if(bian(P,a[i-1],a[i]))continue;
          if(bian(Q,a[i-1],a[i]))continue;
          return 0;
       }
    }
    sort(&q[1],&q[top+1],cmp);
```

```
            for(int i = 2;i<= top;i++)
                if(!pointinside((point){(q[i-1].x+q[i].x)/2,(q[i-1].y+q[i].y)/2}))
                    return 0;
        return 1;
    }

    int main(){
        scanf("%d",&n);
        for(int i = 1;i<= n;i++)
            scanf("%lf%lf",&a[i].x,&a[i].y);
        scanf("%lf%lf%lf%lf",&P.x,&P.y,&Q.x,&Q.y);
        if(seginside(P,Q))
            printf("YES\n");
        else
            printf("NO\n");
        return 0;
    }
```

【例5.3-5】 判断两线段是否相交(segmentcross.*,64MB,1秒)
【问题描述】
输入两条线段 P_1P_2 和 P_3P_4 的坐标,判断它们是否相交。
【输入格式】
共四行,每行2个整数,依次表示4个点 P_1、P_2、P_3 和 P_4 的坐标。
【输出格式】
一行一个字符串,"YES"或者"NO"分别表示线段是否相交。
【输入和输出样例】

样例输入	样例输出
1 1 6 4 2 2 4 2	YES
0 2 0 2 -1 4 1 1	NO

【问题分析】
判断两条直线相交是很容易的,只要将两条直线的方程连列成方程组求解。但是,判断两条线段是否相交要复杂的多。一般通过"快速排斥试验"和"跨立试验"两步完成。

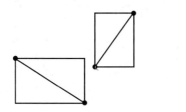
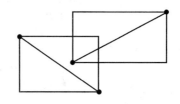

图 5.3-4　两个矩形的位置关系

第 1 步、快速排斥试验

如果以 P_1P_2 和 P_3P_4 为对角线分别作矩形，而这两个矩形不相交，则这两条线段肯定不相交，如图 5.3-4(左)所示。即使两个矩形相交，这两条线段也不一定相交，如图 5.3-4(右)所示，这时再通过第 2 步来进一步判断。

快速排斥试验(两个矩形相交)表示成语句，当且仅当下列式子为真：

$(\max(x_1,x_2) \geqslant \min(x_3,x_4))$ and $(\max(x_3,x_4) \geqslant \min(x_1,x_2))$ and $(\max(y_1,y_2) \geqslant \min(y_3,y_4))$ and $(\max(y_3,y_4) \geqslant \min(y_1,y_2))$

式子的前半部分判断在 x 方向上是否相交，后半部分判断在 y 方向上是否相交。只有在两个方向上都相交，两个矩形才相交。

第 2 步、跨立试验

如果点 P_1 处于直线 P_3P_4 的一边，而 P_2 处于该直线的另一边，则说成线段 $\overline{p_1p_2}$ "跨立"直线 P_3P_4。如果 P_1 或 P_2 在直线 P_3P_4 上，也算跨立。两条线段相交当且仅当它们能够通过第 1 步的快速排斥试验，并且每一条线段都跨立另一条线段所在的直线。

具体实现用叉积去做。如图 5.3-5 所示，判断矢量 $\overline{p_1p_3}$ 和 $\overline{p_1p_4}$ 是否在 $\overline{p_1p_2}$ 两边相对的位置上，如果这样，则线段 $\overline{p_1p_2}$ 跨立直线 P_3P_4。也即检查叉积 $(P_3-P_1)\times(P_2-P_1)$ 与 $(P_4-P_1)\times(P_2-P_1)$ 的符号是否相同，相同则不跨立，线段也就不相交，否则相交。

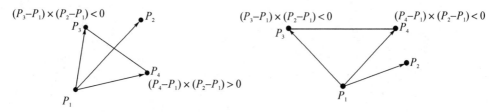

图 5.3-5　跨立试验

当然也有一些特殊情况需要处理，如任何一个叉积为 0，则 P_3 或 P_4 在直线 P_1P_2 上，又因为通过了快速排斥试验，所以如图 5.3-6(左)的情况是不可能出现的，只会出现右边的两种情况。当然，还会出现一条或两条线段的长度为 0，如果两条线段的长度都是 0，则只要通过快速排斥试验就能确定；如果仅有一条线段的长度为 0，如 $\overline{p_3p_4}$ 的长度为 0，则线段相交当且仅当叉积 $(P_3-P_1)\times(P_2-P_1)=0$。

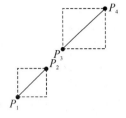 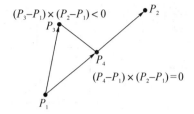 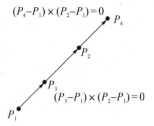

图 5.3－6 跨立试验的特例

【参考程序】

```cpp
#include<stdio.h>
#include<algorithm>
#include<math.h>
using namespace std;
const double eps = 1e-10;
struct point{
    double x,y;
    point operator - (point &s)
        {return (point){x-s.x,y-s.y};}
};
double operator * (point a,point b){
    return a.x*b.y-b.x*a.y;
}

bool cros(point P1,point P2,point P3,point P4){
    if(!(max(P1.x,P2.x)>=min(P3.x,P4.x)+eps&&max(P3.x,P4.x)>=min(P1.x,P2.x)+eps
        &&max(P1.y,P2.y)>=min(P3.y,P4.y)+eps&&max(P3.y,P4.y)>=min(P1.y,P2.y)+eps))
        return 0;
    if(((P3-P1)*(P2-P1))*((P4-P1)*(P2-P1))>eps)
        return 0;
    if(((P1-P3)*(P4-P3))*((P2-P3)*(P4-P3))>eps)
        return 0;
    return 1;
}

int main(){
    point P1,P2,P3,P4;
    scanf("%lf%lf%lf%lf%lf%lf%lf%lf",&P1.x,&P1.y,&P2.x,&P2.y,&P3.x,&P3.y,&P4.x,&P4.y);
```

```
    if(cros(P1,P2,P3,P4))
        printf("YES\n");
    else
        printf("NO\n");
    return 0;
}
```

【例5.3-6】 求任意多边形面积(polygonarea.*,64MB,1秒)

【问题描述】

输入多边形的边数 N 以及按逆时针方向给出的 N 个点的坐标,求该多边形的面积。坐标均为整数,且绝对值小于等于1000。

【输入和输出样例】

样例输入	样例输出
5 2 1 3 -2 4 2 1 2 2 -1	6.0

【问题分析】

因为任意一个 n 边形都可以分割为$(n-2)$个三角形,找出这些三角形,把面积相加是一种解决问题的办法。但是这样免不了要用繁琐的算法,编程复杂度和时间复杂度很差。

根据矢量叉乘的几何意义,矢量 A 和 B 的矢量积是一个矢量,其模等于由 A 和 B 作成的平行四边形的面积。求多边形面积就变得非常轻松了。设顶点序列为 $P_1, P_2, \cdots P_n$,则多边形的面积可以用以下公式求出:

$$A = \frac{1}{2} \mid \sum_{i=1}^{n} \overrightarrow{OP_i} \times \overrightarrow{OP_{i+1}} \mid \quad (P_{n+1} = P_1)$$

这个公式对无论什么形状的多边形都成立。如图5.3-7所示,它同样是把图形分割为三角形,但分割的方法与上面的方法大相径庭,图中已经清楚地显示了这一点。按照这个方法分出的三角形中,有的面积是负的。由矢量积的定义,矢量 A 逆时针转过一个小于 π 的角到 B,则 $A \times B$ 的模等于 A、B 形成的三角形面积的 2 倍(平行四边形面积),方向同 z 轴;如果旋转方向为顺时针,则矢量积的方向与 z 轴相反。因此,按上述公式,矢量的端点沿着多边形转一圈,多边形内的区域被矢量扫过奇数次,面积被记入总和,形外的区域被扫过偶数次,两个相反方向的矢量积相互抵消,于是就得到了多

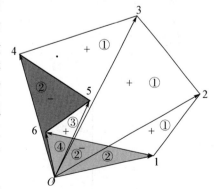

图5.3-7 任意多边形的面积

边形的面积。上图圆圈内的数字为扫描过的次数,两个阴影部分为减去的面积。

【参考程序】

```
#include<stdio.h>
#include<algorithm>
#include<math.h>
using namespace std;
const double eps=1e-10;
struct point{
    double x,y;
    point operator-(point &s)
        {return (point){x-s.x,y-s.y};}
}a[100005];
double operator*(point a,point b){
    return a.x*b.y-b.x*a.y;
}
int n;
double area;

int main(){
    scanf("%d",&n);
    for(int i=1;i<=n;i++)
        scanf("%lf%lf",&a[i].x,&a[i].y);
    for(int i=1;i<=n;i++)
        area+=(a[i]*a[i+1==n+1?1:i+1])/2;
    printf("%.1lf\n",area);
    return 0;
}
```

【例5.3-7】 求凸多边形的重心(cenpolygon.*,64MB,1秒)

【问题描述】

输入一个凸多边形的边数 N 以及按逆时针方向给出的 N 个点的坐标,求该凸多边形的重心。坐标均为整数,且绝对值小于等于1000。

【输入和输出样例】

样例输入	样例输出
5 2 −3 3 −2 4 2 1 2 2 −1	2.40 −0.40

【问题分析】

带权点集重心：设 G_n 为 $1-n$ 号点的重心，x_i 表示 i 号点的横坐标，y_i 表示 i 号点的纵坐标，m_i 表示 i 号点的权重，由加权平均值可知：

$$X_{G_n}=\frac{X_{G_{n-1}}*(\sum_{i=1}^{n-1}m_i)+x_n*m_n}{\sum_{i=1}^{n}m_i}=\frac{\sum_{i=1}^{n}x_im_i}{\sum_{i=1}^{n}m_i}$$

$$Y=\frac{Y_{G_{n-1}}*(\sum_{i=1}^{n-1}m_i)+y_n*m_n}{\sum_{i=1}^{n}m_i}=\frac{\sum_{i=1}^{n}y_im_i}{\sum_{i=1}^{n}m_i}$$

多边形质心：可以对这个多边形进行三角剖分，以每个三角形的重心为质点，面积为权重，得到一个规模为 $n-2$ 的点集，求带权点集重心即为多边形质心。

【参考程序】

```cpp
#include<stdio.h>
#include<algorithm>
#include<math.h>
using namespace std;
const double eps = 1e-10;
struct point{
    double x,y;
    point operator - (point &s)
        {return (point){x-s.x,y-s.y};}
}a[100005];
double operator * (point a,point b){
    return a.x*b.y-b.x*a.y;
}
int n;
double X,Y,sumarea,area;

int main(){
    scanf("%d",&n);
    for(int i=1;i<=n;i++)
        scanf("%lf%lf",&a[i].x,&a[i].y);
    for(int i=2;i<n;i++){
        int S3 = (a[i]-a[1]) * (a[i+1]-a[1]);
        X += (a[1].x+a[i].x+a[i+1].x) * S3;
        Y += (a[1].x+a[i].y+a[i+1].y) * S3;
        sumarea += S3;
    }
    printf("%.2lf %.2lf\n",X/sumarea/3,Y/sumarea/3);
    return 0;
}
```

5.4 平面凸包

平面凸包是指覆盖平面上 n 个点的最小的凸多边形,如图 5.4-1 所示。形象地描述一下,就是平面上有 n 根柱子,把一条封闭的弹性绳套上这些柱子,绳子绷紧后形成的多边形就是我们所求的凸包。具体描述就是输入 N 及 N 个点的坐标,输出其凸包上的顶点数 M 及每个顶点的坐标。

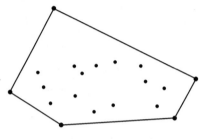

图 5.4-1 平面凸包

一种容易想到的算法称之为"斜率逼近法"。

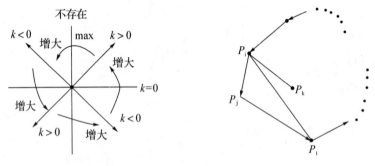

图 5.4-2 斜率逼近法

(1) 首先,在所有的点中找出一个 $y=\min\{y_1,y_2,\cdots y_n\}$ 的点,记为 P_1;
(2) 从 P_1 出发,按照图 5.4-2(左)示意的顺序找 P_2。
首先在 $k>0$ 同时$(x_2>x_1,y_2>y_1)$中找出最小的 k 的点 P_2,
若没有,则再在 $k<0$ 内同时$(x_2<x_1,y_2>y_1)$中找出最小的 k 的点 P_2,
若还没有,则再在 $k>0$ 同时$(x_2<x_1,y_2<y_1)$中找出最小的 k 的点 P_2,
若还没有,则再在 $k<0$ 内同时$(x_2>x_1,y_2<y_1)$中找出最小的 k 的点 P_2;
如果在找 P_2 时,存在多个点同时满足一个要求,则取距离 P_1 最远的一个点作 P_2。
(3) 从 P_2 出发,用第 2 步同样的方法找到点 P_3;
(4) 依次类推,直到 $P_j=P_1$ 为止,如图 5.4-2(右)。
可以证明,一定能保证找到最后一个满足要求的 P_j,使得 $P_j=P_1$,形成的 $P_1P_2P_3\cdots P_j$ 即为所求的凸包。本算法的时间复杂度为 $\Theta(mn)$,m 表示凸包上的点数,时间主要花在求斜率上。

对于以上算法,如果出现一些 $\overrightarrow{P_{i-1}P_i}$ 的斜率趋于无穷大,如何解决呢?这时,有人提出了一种"数学构造法",我们称之为"Jarvis 算法"。

形成凸包的数学构造法是这样描述的：如图 5.4-3 所示，找一条直线 l 过其中一点（记为 A）并且所有其他点都在 l 的同侧（显然这样的直线一定可以找到），则 A 必为凸包上的一点。让 l 以 A 为轴点向一个方向（如：顺时针方向）不断旋转，直至 l 碰到除 A 以外的第一个点（记为 B）。如果同时碰到多于一个点，则取与 A 点距离最大的。再以 B 为轴点，向相同的方向旋转 l，重复上述过程，直至 l 回到 A 点。开始时找出的 A 点和旋转过程中找出的 B、C 等点就构成了凸包的顶点序列。

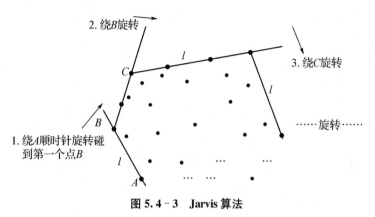

图 5.4-3　Jarvis 算法

我们无法在计算机上实现直线的旋转，因而不能直接套用数学构造法，但是可以通过对点的扫描达到同样的目的。其实，绕着 A 旋转 l 找到的是与 l 夹角最小的一条边，也是必然在凸包上的边。

以图 5.4-4 为例，轴点为 A，l 向顺时针方向旋转，目标点放在点变量 P 中。P 的初始值可以是除 A 以外任意一点。然后对每一个点 P_i，根据矢量的叉积和定向旋转，如果 $(\overrightarrow{AP} \times \overrightarrow{AP_i})z > 0$，即 $\overrightarrow{AP}$ 转到 $\overrightarrow{AP_i}$ 为逆时针，$\overrightarrow{AP_i}$ 与 l 的夹角小于 $\overrightarrow{AP}$ 与 l 的夹角；或者 $((\overrightarrow{AP} \times \overrightarrow{AP_i})z = 0)$ and $(|AP_i| > |AP|)$，即 A, P, P_i 三点共线，P_i 离 A 点更远，则 $P := P_i$。这样，找到一个逆时针方向的 $\Delta \phi$，AP 就转过去。把所有的点都扫描一遍之后，AP 就转到了与 l 夹角最小的边上，也就是凸包上的一条边了，该过程记为 PROC1。

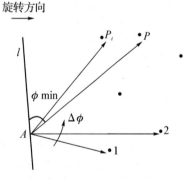

图 5.4-4　直线的旋转

Jarvis 算法的核心部分就是上面的 PROC1，主要流程如下：

```
PointOnHull ← S 中最左边的点
i ← 0
repeat
    P[i] ← PointOnHull
    endpoint ← S[0]        // 初始化 endpoint 为一个候选解
    for j from 1 to |S|-1
        if (S[j] 在 P[i] 至 endpoint 的向量的左侧)
            endpoint ← S[j]    // 找到一个更左的候选解
    i ← i+1
```

    PointOnHull ← endpoint
  until endpoint = = P[0] // 直到包到最初的点

矢量定向旋转的引入使算法变得十分简洁,编程复杂度很低。如果设凸包上点的个数为 m,则 Jarvis 算法的时间复杂度同样为 $\Theta(nm)$。

【参考程序】

```cpp
#include<stdio.h>
#include<algorithm>
#include<math.h>
#include<iostream>
using namespace std;
const double eps = 1e-10;
int n;
struct point{
    double x,y;
    point operator - (point &s)
        {return (point){x-s.x,y-s.y};}
}a[100051];
int p[100051];
point point_IN(double x,double y){
    point s;
    s.x = x;s.y = y;
    return s;
}
double operator * (point a,point b){
    return a.x*b.y-b.x*a.y;
}
double dist2(point P1,point P2){
    return (P1.x-P2.x)*(P1.x-P2.x)+(P1.y-P2.y)*(P1.y-P2.y);
}
bool judgeOnLeft(point p0,point p1,point p2){
    double s = (p1-p0)*(p2-p0);
    return s<0||(s= =0&&dist2(p1,p0)>=dist2(p2,p0));
}

int main(){
    scanf("%d",&n);
    int First = 1;
    for(int i = 1;i<=n;i++){
        scanf("%lf%lf",&a[i].x,&a[i].y);
```

```
      if(a[i].x<a[First].x||(a[i].x==a[First].x&&a[i].y<a[First].y))
        First = i;
    }
    int top = 0;
    p[++top] = First;
    do{
      int ep = 1;
      for(int i = 2;i<=n;i++)
        if(judgeOnLeft(a[p[top]],a[i],a[ep]))
          ep = i;
      p[++top] = ep;
    }while(p[top]!=First);
    top--;
    printf("%d\n",top);
    for(int i = 1;i<=top;i++)
      printf("%.2lf %.2lf\n",a[p[i]].x,a[p[i]].y);
    return 0;
}
```

如果 Jarvis 算法的时间效率不够高，我们还可以选择另一种更高效的算法——Graham 算法。这个算法在找凸包的边之前先作如下的预处理：首先，找一个凸包上的点（这一步与 Jarvis 算法相同），把这个点放到第一个点的位置 P_1。然后把 $P_2 \sim P_n$ 按照 P_1P_i 的方向排序，排序时元素的前后顺序由旋转方向（方向相同时由长度）决定，可以用矢量积判定。比如当 $((\overrightarrow{P_1P_i} \times \overrightarrow{P_1P_j})z > 0)$ or $((\overrightarrow{P_1P_i} \times \overrightarrow{P_1P_j})z = 0)$ and $(|P_1P_i| > |P_1P_j|)$ 时，P_i 在 P_j 之后（按顺时针方向排序）。预处理完成后，P 序列的点如果顺次连起来，可以连成一条不自交的封闭曲线，于是凸包顶点序列 V 就包含于 P 序列中了（V 序列的元素顺序与在 P 序列中的顺序相同）。剩下的问题就是：P 序列中哪些点才是凸包上的点呢？即应该跳过哪些点呢？

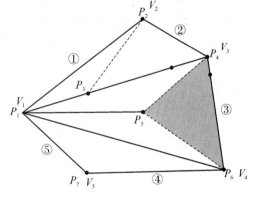

图 5.4-5 Graham 算法

当 $\overrightarrow{V_1P_j}$ 和 $\overrightarrow{V_1P_{i+1}}$ 方向相同时，P_i（与 V_1 距离较小）一定不是凸包的顶点，应跳过，如图 5.4-5 中的 P_3。

当 $\overrightarrow{V_{j-1}V_j}$ 到 $\overrightarrow{V_jP_i}$ 为逆时针或 0 角度旋转时，V_{j-1},V_j,P_i 呈凹形，V_j 一定不是凸包的顶点，退出 V 序列，如图 5.4-5 中的 P_5。

由此得到 Graham 算法的框架如下：
$V_1 \leftarrow P_1$; $j \leftarrow 1$;
For I←2 to n do {这里的 P 序列是按顺时针排序的，按顺序扫描每个点}

```
begin
    While (i<n)and((V₁Pⱼ × V₁Pᵢ₊₁)z = 0) do   i ← i+1;
    While(j>1)and(Vj−1Vⱼ × VⱼPᵢ)z≥0) do j ← j−1;
    j←j+1;  Vj ← Pi    {Pᵢ 进入 V 序列}
End;
```

Graham 算法也可以通过设置一个关于候选点的堆栈 S 来解决凸包问题,设输入点集 Q 中的每个点都被压入堆栈一次,不是凸包中的点最终将被弹出堆栈。当算法终止时,堆栈 S 中仅包含凸包中的顶点,其从下往上的顺序为各点在边界上出现的逆时针方向排列的顺序。

下列过程要求$|Q|\geq 3$,它调用函数 TOP(S) 返回处于堆栈 S 顶部的点,并调用函数 NEXT−TO−TOP(S) 返回处于堆栈顶部下面的那个点。

```cpp
int First = 1;//找到左下角的点
for (int i = 2; i <= n; i++)
    if (P[i].y < P[First].y || (P[i].y == P[First].y && P[i].x < P[First].x))
        First = i;
Point_swap(P[First], P[1]);
std::sort(P + 2, P + n + 1, Point_cmp);//按照角度排序
sta[1] = 1; sta[2] = 2;
top = 2;
for (int i = 3; i <= n; i++) {
    while (top > 1 && Area2(P[sta[top − 1]], P[sta[top]], P[i]) <= 0)
    //通过三角形有向面积判断是否在两点范围内
        top−−;//弹出不符合条件的点
    sta[++top] = i;
}
printf("%d\\n", top);
for (int i = 1; i <= top; i++)
    printf("%.2lf %.2lf\\n", P[sta[i]].x, P[sta[i]].y);
```

举例如下:

输入18个点

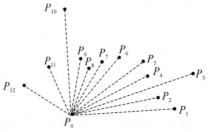

找到y值最小的点作为P_0,如果有多个,则选择最左边的那个;按逆时针方向相对于P_0的极角进行排序,依次编上号P_1~P_m, m=12,如果有多个极角相同,则去掉其余的点,只留下与P_0最远的那个点

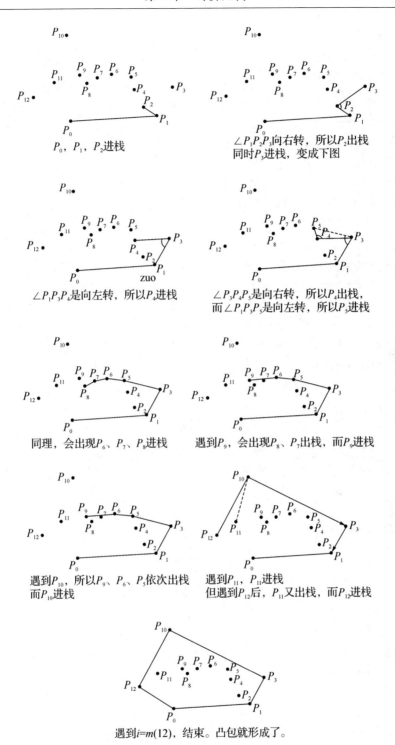

图 5.4-6 Graham 算法举例

用栈逐个判断一遍,这个算法框架的时间复杂度为 $\Theta(n)$。而 Graham 算法的时间复杂度主要在快速排序上,所以总的时间复杂度为 $\Theta(n\log_2 n)$。优点是由于有排序的预处理,找边时就省去了盲目的扫描,虽然排序过程要花费时间,总的时间效率还是提高了许多。

【参考程序】

```cpp
#include<stdio.h>
#include<algorithm>
using namespace std;
const int maxn = 10005;
const double eps = 1e-10;
struct point{
    double x,y;
    point operator -(point &s)
        {return (point){x-s.x,y-s.y};}
}P[maxn];
double operator *(point a,point b){
    return a.x*b.y-b.x*a.y;
}
int n;
int sta[maxn],top;
double dist2(point P1,point P2){
    return (P1.x-P2.x)*(P1.x-P2.x)+(P1.y-P2.y)*(P1.y-P2.y);
}
bool judgeOnLeft(int p0, int p1, int p2){
    double s = (P[p1]-P[p0]) * (P[p2]-P[p0]);
    return s<0||(s==0&&dist2(P[p1],P[p0])>=dist2(P[p2],P[p0]));
}
bool cmp(point P1,point P2){
    double s = (P1-P[1]) * (P2-P[1]);
    return s<0||(s==0&&dist2(P1,P[0])>=dist2(P2,P[0]));
}

int main(){
    scanf("%d",&n);
    for(int i=1;i<=n;i++)
        scanf("%lf%lf",&P[i].x,&P[i].y);
    int First = 1;
    for(int i=2;i<=n;i++)
        if(P[i].x<P[First].x||(P[i].x==P[First].x&&P[i].y<P[First].y))
            First = i;
    swap(P[First],P[1]);
    sort(&P[2],&P[n+1],cmp);
```

```
    P[n+1] = P[1];
    sta[1] = 1;sta[2] = 2;
    top = 2;
    for(int i = 3;i<= n+1;i++){
      while(top>1&&judgeOnLeft(sta[top-1],i,sta[top]))
        top--;
      sta[++top] = i;
    }
    top--;
    printf("%d\n",top);
    for(int i = 1;i<= top;i++)
      printf("%.2lf %.2lf\n",P[sta[i]].x,P[sta[i]].y);
    return 0;
}
```

5.5 旋转卡壳

旋转卡壳可以用于求凸包的直径、宽度，以及两个不相交凸包间的最大距离和最小距离等。下面先给出两个重要的概念：切线和对踵点对。

给定一个凸多边形 P，切线 l 是一条与 P 相交并且 P 的内部在 l 的一侧的线。

如果属于 P 的两个点 p 和 q，在凸多边形 P 的两条平行切线上，那么它们就形成了一个对踵点对。

两条不同的平行切线总是确定了至少一对的对踵点对。根据线与多边形的相交方式，如图 5.5-1 所示，呈现出三种情况："点-点"对踵点对（左图）、"点-边"对踵点对（中图）、"边-边"对踵点对（右图）。

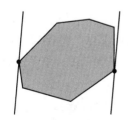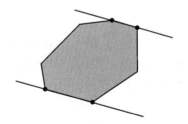

图 5.5-1 线与多边形的相交方式

"点-点"对踵点对发生在切线对与多边形只有两个交点的时候，图中的黑点构成了一个对踵点对。

"点-边"对踵点对发生在其中一条切线与多边形交集为其一条边，并且另一条切线与多边形的切点唯一的时候。此处注意这种切线的存在必然包含两个不同"点-点"对踵点对的存在。

"边-边"对踵点对发生在切线与多边形交于平行边的时候。这种情况下，切线同样确定了四个不同的"点－点"对踵点对。

1978年,Shamos发表了一个"寻找凸多边形直径"的简单算法,即根据多边形的一对点距离的最大值来确定。后来,直径演化为由一对"对踵点对"来确定。Shamos提出了一个简单的$\Theta(n)$时间的算法来确定一个凸n边形的对踵点对。因为它们最多只有$3n/2$对,直径可以在$\Theta(n)$时间内算出。如同Toussaint后来提出的,Shamos的算法就像绕着多边形旋转一对卡壳,因此就有了术语"旋转卡壳"。1983年,Toussaint发表了一篇论文,其中用同样的技术来解决许多问题。从此,基于此模型的新算法就确立了。

5.5.1 计算距离

1. 凸多边形的直径

我们将一个凸多边形上任意两点间的距离的最大值定义为多边形的"直径"。确定这个直径的点对数可能多于一对。事实上,对于拥有n个顶点的凸多边形,就可能有n对"直径点对"存在。

一个凸多边形直径的简单例子如图5.5-2所示。直径点对在图中显示为被平行线穿过的黑点。显然,确定一个凸多边形P直径的点对不可能在多边形P内部。故搜索应该在边界上进行。事实上,由于直径是由多边形的平行切线的最远距离决定的,所以只需要查询对踵点。

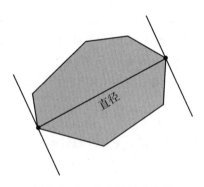

图5.5-2 凸多边形的直径

Shamos提供了一个$\Theta(n)$时间复杂度计算n点凸包对踵点对的算法。直接通过遍历顶点列表,得到最大距离即可。如下是1985年发表于Preparata和Shamos文章中的Shamos算法的伪代码。

```
//设多边形P={p1,p2,...,pn},Print(p,q)为输出(p,q)的对踵点,Area(p,q,r)
表示求p,q,r为顶点的三角形面积
struct Point{int x, y;};
Point cull[MAX];
int n;
int dis2(Point& a, Point& b){ //距离平方
    return (a.x - b.x) * (a.x - b.x) + (a.y - b.y) * (a.y - b.y);
}
int Area2(int p, int q, int r){ //三角形面积的2倍
```

```
        return abs((cull[r].x - cull[p].x) * (cull[q].y - cull[p].y) -
(cull[q].x - cull[p].x) * (cull[r].y - cull[p].y));
    }
    int NEXT(int p) {return (p + 1) % n;}
    int rotating_calipers() {
        if (n = = 2) return dis2(cull[0], cull[1]);
        int p0 = 0;
        int p = 0;
        int distance = 0;
        int q = NEXT(p);
        while (Area2(p, NEXT(p), NEXT(q)) > Area2(p, NEXT(p), q))
            q = NEXT(q);
        int q0 = q;
        distance = max(dis2(cull[p], cull[q]), distance);
        while (q ! = p0 || p ! = q0) {
            p = NEXT(p);
            if (q = = p0 && p = = q0) break;
            distance = max(dis2(cull[p], cull[q]), distance);
            while (Area2(p, NEXT(p), NEXT(q)) > Area2(p, NEXT(p), q)) {
                q = NEXT(q);
                if (p ! = q0 || q ! = p0)
                    distance = max(dis2(cull[p], cull[q]), distance);
                else
                    return distance;
            }
            if (Area2(p, NEXT(p), NEXT(q)) = = Area2(p, NEXT(p), q))
                if (p ! = q0 || q ! = p0)
                    distance = max(dis2(cull[p], cull[NEXT(q)]), distance);
                else
                    distance = max(dis2(cull[NEXT(p)], cull[q]), distance);
        }
        return distance;
    }
```

此处的 Print(p,q) 表示将 (p,q) 作为一个对踵点对输出，Area(p,q,r) 表示三角形 pqr 的有向面积。虽然直观上看这个过程与常规旋转卡壳算法不同，但它们在本质上是相同的，并且避免了所有角度的计算。

如下是一个更直观的算法：

(1) 计算多边形 y 方向上的端点。我们称之为 y_{min} 和 y_{max}。

(2) 通过 y_{min} 和 y_{max} 构造两条水平切线。由于它们已经是一对对踵点，计算它们之间的距离并维护为一个当前最大值。

(3) 同时旋转两条线直到其中一条与多边形的一条边重合。

(4) 一个新的对踵点对此时产生。计算新的距离，并和当前最大值比较，大于当前最大值则更新。

(5) 重复步骤(3)和步骤(4)的过程直到再次产生对踵点对(y_{min}, y_{max})。

(6) 输出确定最大直径的对踵点对。

2. 凸多边形的宽度

凸多边形的宽度定义为平行切线间的最小距离。这个定义从宽度这个词中已经略有体现。虽然凸多边形的切线有不同的方向，并且每个方向上的宽度通常是不同的。但幸运的是，不是每个方向上都必须被检测。

我们假设存在一个线段$[a, b]$，以及两条通过 a 和 b 的平行线。通过绕着这两个点旋转这两条线，使它们之间的距离递增或递减。特别地，总存在一个特定旋转方向使得两条线之间的距离通过旋转变小。

这个简单的结论可以被应用于宽度的问题中：不是所有的方向都需要考虑。假设给定一个多边形，同时还有两条平行切线。如果它们都未与边重合，那么我们总能通过旋转来减小它们之间的距离。因此，两条平行切线只有在其中至少一条与边重合的情况下才可能确定多边形的宽度，这就意味着对踵点对"点-边"以及"边-边"需要在计算宽度过程中被考虑。如图5.5-3是一个凸多边形宽度的示意图，直径对由平行切线穿过的黑点所示，直径如高亮的淡蓝色线所示。

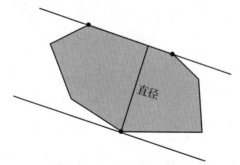

图 5.5-3 凸多边形的宽度

一个与计算直径问题非常相似的算法可以通过遍历多边形对踵点对列表得到，确定"点-边"对以及"边-边"对来计算宽度。过程如下：

(1) 计算多边形 y 方向上的端点。我们称之为 y_{min} 和 y_{max}。

(2) 通过 y_{min} 和 y_{max} 构造两条水平切线。如果一条(或者两条)线与边重合，那么一个对踵点"点-边"对或者"边-边"对已经确立了。此时，计算两线间的距离，并且存为当前最小距离。

(3) 同时旋转两条线直到其中一条与多边形的一条边重合。

(4) 一个新的对踵点"点-边"对(或者当两条线都与边重合，"边-边"对)此时产生。计算新的距离，并和当前最小值比较，小于当前最小值则更新。

(5) 重复步骤(3)和步骤(4)(卡壳)的过程直到再次达到最初平行边的位置。

(6) 将获得的最小值的对作为确定宽度的对输出。

更为直观的算法再次因为需要引进角度的计算而体现出其不足。然而,就如在凸多边形间最大距离问题中一样,有时候更为简单、直观的旋转卡壳算法必须被引入计算。

3. 凸多边形间的最大距离

给定两个凸多边形 P 和 Q,目标是需要找到点对(p,q),p 属于 P 且 q 属于 Q,使得他们之间的距离最大。

很直观地,这些点不可能属于他们各自多边形的内部。这个条件事实上与直径问题非常相似:两凸多边形 P 和 Q 间最大距离由多边形间的对踵点对确定。虽然说法一样,但是这个定义与给定凸多边形的对踵点对的不同。与凸多边形间的对踵点对本质上的区别在于切线是有向且反向的,图 5.5-4 展示了一个例子。

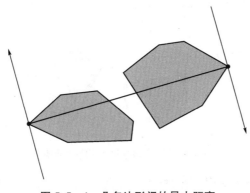

图 5.5-4　凸多边形间的最大距离

上述结论暗示,仅仅是特定的顶点对需要被考虑到。事实上他们只检测一个基于旋转卡壳模式的算法确立的平行切线。

考虑如下的算法,算法的输入是两个分别有 m 和 n 个顺时针给定顶点的凸多边形 P 和 Q。

(1) 计算 P 上 y 坐标值最小的顶点(称为 $y_{\min}P$)和 Q 上 y 坐标值最大的顶点(称为 $y_{\max}Q$)。

(2) 为多边形在 $y_{\min}P$ 和 $y_{\max}Q$ 处构造两条切线 LP 和 LQ 使得它们对应的多边形位于他们的右侧。此时 LP 和 LQ 拥有不同的方向,并且 $y_{\min}P$ 和 $y_{\max}Q$ 成为了多边形间的一个对踵点对。

(3) 计算距离$(y_{\min}P, y_{\max}Q)$并且将其维护为当前最大值。

(4) 顺时针同时旋转平行线直到其中一个与其所在的多边形的边重合。

(5) 一个新的对踵点对产生了。计算新距离,与当前最大值比较,如果大于当前最大值则更新。如果两条线同时与边发生重合,此时总共三个对踵点对(先前顶点和新顶点的组合)需要考虑在内。

(6) 重复执行步骤(4)和步骤(5),直到新的点对为$(y_{\min}P, y_{\max}Q)$。

(7) 输出最大距离。

旋转卡壳模式确保了所有的对踵点对都被考虑到。此外,整个算法拥有线性的时间复杂度(除了初始化),因为执行步数与顶点数相同。

4. 凸多边形间的最小距离

给定两个非连接(比如不相交)的凸多边形 P 和 Q,目标是找到拥有最小距离的点对

(p,q)，p 属于 P 且 q 属于 Q。

事实上，多边形非连接十分重要，因为我们所说的多边形包含其内部。如果多边形相交，那么最小距离就变得没有意义了。然而，这个问题的另一个版本，凸多边形顶点对间最小距离对于相交和非相交的情况都有解存在。

回到我们的主问题：直观地，确定最小距离的点不可能包含在多边形的内部。与最大距离问题相似，我们有如下结论：

两个凸多边形 P 和 Q 之间的最小距离由多边形间的对踵点对确立。存在凸多边形间的三种多边形间的对踵点对，因此就有三种可能存在的最小距离模式："点-点"的情况、"点-边"的情况、"边-边"的情况。换句话说，确定最小距离的点对不一定必须是顶点，图 5.5-5 的三个图例表明了以上结论。

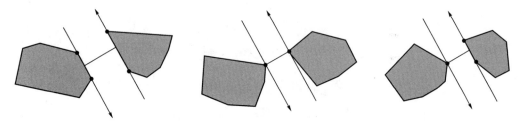

图 5.5-5 凸多边形间的最小距离

给定结果，一个基于旋转卡壳的算法自然而然的产生了。考虑如下的算法，算法的输入是两个分别有 m 和 n 个顺时针给定顶点的凸多边形 P 和 Q。

（1）计算 P 上 y 坐标值最小的顶点（称为 $y_{min}P$）和 Q 上 y 坐标值最大的顶点（称为 $y_{max}Q$）。

（2）为多边形在 $y_{min}P$ 和 $y_{max}Q$ 处构造两条切线 LP 和 LQ 使得他们对应的多边形位于他们的右侧。此时 LP 和 LQ 拥有不同的方向，并且 $y_{min}P$ 和 $y_{max}Q$ 成为了多边形间的一个对踵点对。

（3）计算距离$(y_{min}P, y_{max}Q)$并且将其维护为当前最小值。

（4）顺时针同时旋转平行线直到其中一个与其所在的多边形的边重合。

（5）如果只有一条线与边重合，那么只需要计算"点-边"对踵点对和"点-点"对踵点对距离。都将它们与当前最小值比较，如果小于当前最小值则进行替换更新。如果两条切线都与边重合，那么情况就更加复杂了。如果边"交叠"，也就是可以构造一条与两条边都相交的公垂线（但不是在顶点处相交），那么就计算"边-边"距离。否则计算三个新的"点-点"对踵点对距离。所有的这些距离都与当前最小值进行比较，若小于当前最小值则更新替换。

（6）重复执行步骤（4）和步骤（5），直到新的点对为$(y_{min}P, y_{max}Q)$。

（7）输出最大距离。

旋转卡壳模式保证了所有的对踵点对（和所有可能的子情况）都被考虑到。此外，整个算法拥有现行的时间复杂度，因为（除了初始化），只有与顶点数同数量级的操作步数需要执行。

最小距离和最大距离的问题表明了旋转卡壳模型可以用在不同的条件下（与先前的直径和宽度问题比较）。这个模型可以应用于两个多边形的问题中。

"最小盒子"问题(最小面积外接矩形)通过同一多边形上两个正交切线集合展示了另一种条件下旋转卡壳的应用。

5.5.2 外接矩形

1. 凸多边形最小面积外接矩形

给定一个凸多边形 P,面积最小的能装下 P(就外围而言)的矩形是怎样的呢?从技术上说,给定一个方向,能计算出 P 的端点并且构由此造出外接矩形。但是我们需要测试每个情形来获得每个矩形从而计算最小面积吗?对于多边形 P 的一个外接矩形存在一条边与原多边形的边共线。

上述结论有力地限制了矩形的可能范围。我们不仅不必去检测所有可能的方向,而且只需要检测与多边形边数相等数量的矩形。如图 5.5-6 所示的四条切线中有一条与多边形一条边重合,确定了外接矩形。

一个简单的算法是依次将每条边作为与矩形重合的边进行计算。但是这种构造矩形的方法涉及到计算多边形每条边端点,一个花费 $\Theta(n)$ 时间(n 条边)的计算,整个算法将有二次时间复杂度。

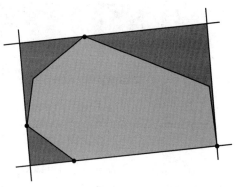

图 5.5-6 凸多边形最小面积外接矩形

一个更高效的算法是利用旋转卡壳,在常数时间内实时更新,而不是重新计算端点。实际上,考虑一个凸多边形,拥有两对和 x、y 方向上四个端点相切的切线。四条线已经确定了一个多边形的外接矩形。但是除非多边形有一条水平的或是垂直的边,这个矩形的面积就不能算入最小面积中。

然而,可以通过旋转线直到条件满足。这个过程是以下算法的核心。假设按照顺时针顺序输入一个凸多边形的 n 个顶点。

(1) 计算全部四个多边形的端点,称之为 $x_{\min}P, x_{\max}P, y_{\min}P, y_{\max}P$。

(2) 通过四个点构造 P 的四条切线。它们确定了两个"卡壳"集合。

(3) 如果一条(或两条)线与一条边重合,那么计算由四条线决定的矩形的面积,并且保存为当前最小值。否则将当前最小值定义为无穷大。

(4) 顺时针旋转线直到其中一条和多边形的一条边重合。

(5) 计算新矩形的面积,并且和当前最小值比较。如果小于当前最小值则更新,并保存确定最小值的矩形信息。

(6) 重复步骤(4)和步骤(5),直到线旋转过的角度大于 90 度。

(7) 输出外接矩形的最小面积。

因为两对的"卡壳"确定了一个外接矩形,这个算法考虑到了所有可能算出最小面积的矩形。进一步,除了初始值外,算法的主循环只需要执行顶点总数多次。因此,算法是线性时间复杂度的。

一个相似但是鲜为人知的问题是最小周长外接矩形问题。有趣的是这两个问题是完全不同的问题,因为存在(尽管极少)最小面积外接矩形和最小周长外接矩形多边形不重合的多边形。

2. 凸多边形最小周长外接矩形

这个问题和最小面积外接矩形相似。我们的目标是找到一个最小盒子(就周长而言)外接多边形 P。

有趣的是,通常情况下最小面积的和最小周长的外接矩形是重合的。有人不禁会问这个结论是不是总成立的。如图 5.5-7 所示的例子回答了这个问题:多边形及其最小面积外接矩形(左边的)和最小周长外接矩形(右边的)。

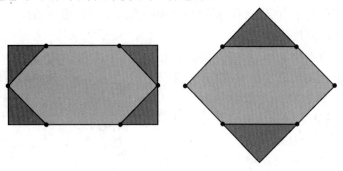

图 5.5-7 凸多边形最小周长外接矩形

现在,给定一个方向,我们可以算出 P 的端点,以此来确定一个外接矩形。但是,就如同面积问题中一样,由于有下面的结论,我们不必检测每个状态来获得拥有最小周长的矩形:凸多边形 P 的最小周长外接矩形存在一条边和多边形的一条边重合。

这个结论通过枚举多边形的一条重合边有力地限制了矩形的可能范围。如图 5.5-8 所示,四条切线(其中一条与多边形边重合)确定了外接矩形。因为与其面积问题相当,这个问题可以通过一个基于旋转卡壳的相似算法来解决。

下列算法的输入是顺时针顺序给定的一个凸多边形的 n 个顶点。

(1) 计算全部四个多边形的端点,称之为 $x_{\min}P$,$x_{\max}P$,$y_{\min}P$,$y_{\max}P$。

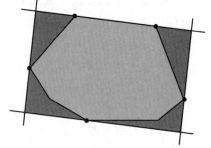

图 5.5-8 凸多边形一条边与外接矩形一条边重合

(2) 通过四个点构造 P 的四条切线。它们确定了两个"卡壳"集合。

(3) 如果一条(或两条)线与一条边重合,那么计算由四条线决定的矩形的周长,并且保存为当前最小值。否则将当前最小值定义为无穷大。

(4) 顺时针旋转线直到其中一条和多边形的一条边重合。

(5) 计算新矩形的周长,并且和当前最小值比较。如果小于当前最小值则更新,并保存确定最小值的矩形信息。

(6) 重复步骤(4)和步骤(5),直到线旋转过的角度大于 90 度。

(7) 输出外接矩形的最小周长。

因为两对的"卡壳"确定了一个外接矩形,这个算法考虑到了所有可能算出最小周长的矩形。进一步,除了初始值外,算法的主循环只需要执行顶点总数多次。因此,算法是线性时间复杂度的。问题处理同样包含三角形。有两个特例,具体参见洋葱三角剖分和螺旋三角剖分。

5.5.3 三角剖分

1. 洋葱三角剖分

给定一个平面上的点集,目标是构造一个点集的三角剖分。

已经有很多人做了关于提高三角剖分算法效率的研究。下面是一种特殊的三角剖分,一种基于对点集进行"剥洋葱皮"的操作。

考虑平面上一个有 n 个点的集合 S。计算 S 的凸包,并且设 S' 为在凸包内的点集。然后计算 S' 的凸包并且反复执行这个操作直到没有点剩下。最后剩下了一个像鸟巢一样层层覆盖的凸包序列,称为洋葱皮集合 S。Chazelle 提出了一种算法,能够让这个结构在 $\Theta(n\log_2 n)$ 时间操作内实现。

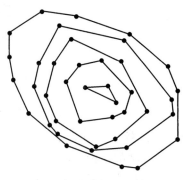

图 5.5-9 "剥洋葱皮"操作示意

如图 5.5-9 所示,是一个点集的洋葱皮,注意除了凸多边形外,最里面的结构可能是一条线段或者是一个单一点。这个图给出了点的层次信息,比如点间哪个相对更"深"。

两个嵌套的凸包间的区域称为一个环面。Toussaint 在 1986 年发表了一个利用旋转卡壳计算环面三角剖分的简单算法。利用这个方法,一旦构造出洋葱皮,就能在线性时间内构造出三角剖分。进一步,这个三角剖分有两个特点:它的子图仍然是洋葱皮,并且它是一个哈密尔顿图,即三角剖分图的顶点可以是链状的。

一个环面的三角剖分算法是非常简单的。算法输入一个被凸包 P 包裹的凸包 Q,它们的顶点都是顺时针序的。

(1) 将凸包的边作为三角剖分的边插入。

(2) 计算 P 和 Q 的 x 坐标最小的点,分别称为 $x_{\min}(P)$ 和 $x_{\min}(Q)$。

(3) 在 $x_{\min}(P)$ 和 $x_{\min}(Q)$ 处构造两条铅垂切线,称之为 LP 和 LQ。

(4) 将 $(x_{\min}(P), x_{\min}(Q))$ 作为三角剖分的一条边插入。

(5) 当前 LP 和 LQ 对应的 p 和 q 点分别是 $x_{\min}(P)$ 和 $x_{\min}(Q)$。

(6) 将线顺时针旋转直到其中一个与一条边重合。一个新的顶点由此被一条线"击"出。

(6.1) 如果他属于 P(称为 p'),插入 (p', q) 到三角剖分中。更新当前的点为 p' 和 q。

(6.2) 如果他属于 Q(称为 q'),插入 (p, q') 到三角剖分中。更新当前的点为 p 和 q'。

(6.3) 对于平行边的情况,两条切线都和边重合,并且两个新的顶点被"击"出(称他们为 p' 和 q')。然后插入 (p', q'),以及 (p, q') 和 (p', q) 到三角剖分中。更新当前的点为 p' 和 q'。

(7) 重复执行上述步骤直到达到开始的最小点。

一个环面的三角剖分如图 5.5-10 所示。当对于一个点集进行三角剖分的时候，一个凸包在整个过程中遍历(最多)两次，最里面和最外部的凸包都只执行遍历一次。因此，对于一个 n 个点的三角剖分，总的时间复杂度为 $\Theta(n)$。

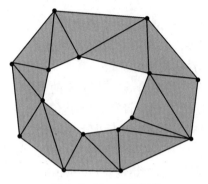

图 5.5-10 三角剖分

2. 螺旋三角剖分

点集的螺旋三角剖分是基于集合螺旋凸包的三角剖分图。

凸螺旋线可以通过如下方法构造：

(1) 从一个特定的端点开始(比如给定方向上的最小点)，这里取有最小 x 坐标的点。

(2) 通过那个点构造一条铅垂线。

(3) 按照一个给定的方向旋转线(总保持顺时针或者是逆时针方向)，直到线"击"出另一个顶点。

(4) 将两个点用一条线段连接。

(5) 重复步骤(3)和步骤(4)，但是总忽略已经击出的点。

大体上，这个过程类似于计算凸包的"卷包裹"算法，但是不同在于其循环永远不会停止。对于一个凸包上有 h 个点的点集，存在 $2h$ 个凸螺旋线：对于每个起点有顺时针和逆时针螺旋线两种。如图 5.5-11 所示，是一个点集及其顺时针凸螺旋线，以最小的 x 坐标点作为初始点。

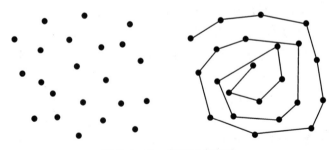

图 5.5-11 螺旋三角剖分

有趣的是，一个点集的凸螺旋线和洋葱皮可以在线性时间内相互转换。进一步的，类似于洋葱三角剖分，我们可以定义一个点集的子图为凸螺旋线的螺旋三角剖分。

构造螺旋三角剖分的算法,虽然是基于环面三角剖分的,但是却更为复杂,因为螺旋线必须被分割为合适的凸包链。假设输入是一个点集的顺时针凸螺旋线 C,且有 $C = \{p_1, p_2, \cdots p_n\}$。

(1) 将凸螺旋线的边作为三角剖分的边插入。

(2) 从 p_1 开始,寻找点集凸螺旋线上的最后一个点 p_h。

(3) 延长凸螺旋线上的最后一条边$[p_{(n-1)}, p_n]$直到其与凸螺旋线相交。标记交点为 q'。

(4) 构造与 C 切于点 q' 的切线。逆时针旋转那条线直到它与 C 相交于一点 q 并且平行于$[p_{(n-1)}, p_n]$。

(5) 将$[p_{(n-1)}, q]$插入三角剖分中。

(6) 此操作后将凸螺旋链分割称了两个部分:链外的部分和链内的多边形区域。设 $C_o = \{p_1, \cdots q\}$ 且 $C_i = \{p_h, \cdots q, \cdots p_n\}$。这个构造过程如下图所示,其中左上角是构造过程,右上角是螺旋外和内部的多边形区域。底部是外部和内部的凸链 C_o 和 C_i。

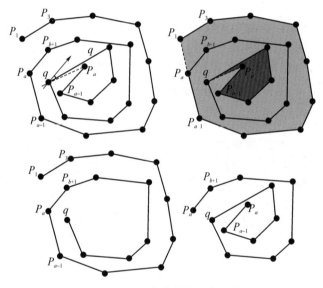

图 5.5-12 构造螺旋三角剖分

(7) 外部螺旋区域可以如环面一样进行三角剖分。C_o 和 C_i 此时可以被看成一个嵌套凸包。

(8) 内部的多边形区域可以很容易的在 p_n 处星型划分形成三角剖分。

(9) 这两个三角剖分的组合构成了整个螺旋三角剖分的结构。

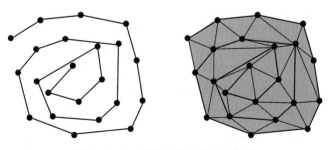

图 5.5-13 螺旋凸包及其三角剖分

一个螺旋凸包的例子及其三角剖分如图 5.5-13 所示。上述算法是线性时间复杂度，算法的时间依赖于环面剖分的运行时间。

3. 四边形剖分

虽然三角剖分是一个更常用的结构，但四边形剖分在某些特定条件下显得更适用。一个四边形剖分实际上是一个点集的四边形分割。一些与三角剖分本质上的区别（除了特别明显的）需要注意。首先，不是所有的点集都存在四边形剖分。事实上，只有偶数点集才有。对于奇数点集，有时需要附加点（称为 Steiner 点）到原集合中，从而构造一个四边形剖分。同时，人们经常期望四边形剖分构造拥有一些"好的"性质，比如凸的。这个与三角剖分是不同的。

有许多简单的四边形剖分算法，比如 DeBerg 提出的一种：首先考虑点集的三角剖分，然后加入一个 Steiner 点到每个三角形内部，以及每条边的中间，连接这些新点构成了四边形剖分。

Bose 和 Toussaint 在 1997 年提出从一个点集的螺旋三角剖分开始，来构造一个四边形剖分。

如果点集是偶数的，那么每隔一个的对角线（在螺旋三角剖分算法中加入的）移除，构造了一个四边形剖分。如果是奇数个点，那么从最后一条对角线开始每个隔一条对角线（比如最后一个，倒数第三个等）进行移除，在被移除的第一条对角线附近加入一个 Steiner 点。如图 5.5-14，展示了第一种情况（偶数个点的点集）。螺旋三角剖分（左边）和最终的四边形剖分（右边）。

图 5.5-14　螺旋三角剖分及四边形剖分

因为对角线的移除过程（和必要的更新）花费 $\Theta(n)$ 的时间，这个四边形剖分算法与螺旋三角剖分有相同的时间复杂度。这个算法的优点在于便于理解与实现（一旦凸螺旋线建立），并且事实上其产生了一个比许多竞争者"更好的"四边形剖分算法。

5.5.4　凸多边形属性

1. 合并凸包

考虑如下问题：给定两个凸多边形，包含他们并的最小凸多边形是怎样的？答案即合并凸包后得到的凸多边形。

合并凸包可以通过一个低效的方式实现：给定两个多边形的所有顶点，计算这些点对应的凸包。更高效的方法是存在的，他依赖于多边形间的桥的查找。如图 5.5-15 描述了这个概念。

第5章 计算几何

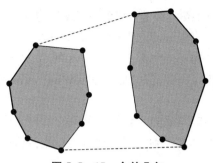

图 5.5-15 合并凸包

两个不相交的凸多边形。合并后的凸包包含两个多边形中的凸包链,通过多边形间的桥进行连接。

给定两个不相交的多边形,在多边形间存在两条桥。多边形相交时,拥有和顶点数同样数量的桥,如图 5.5-16 所示。

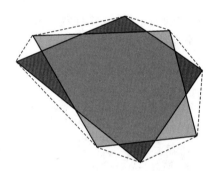

图 5.5-16 两个相交的凸多边形

两个相交的凸多边形。合并凸包只包含多边形间的桥(图中虚线所示)。存在连接八个顶点的八个桥。

合并操作的核心是分治方法,它同样用于多边形中。一个获取凸包的十分简单的方法是将点集分为两部分,分别计算两个较小点集的凸包,并且将它们合并。每个集合再次被分割,直到元素的个数足够小(比如说三个或者更少),因此,凸包就能被很容易获得了。

Toussaint 提出利用旋转卡壳来寻找两个凸多边形间的桥,这个方法的主要优点在于其利用回溯,并且多边形可以交叠(其他算法要求多边形不相交)。下述结论是它的算法的主要过程:

给定凸多边形 $P=\{p(1),\cdots p(m)\}$ 和 $Q=\{q(1),\cdots q(n)\}$,一个点对 $(p(i),q(j))$ 形成 P 和 Q 之间的桥当且仅当:

(1) $(p(i),q(j))$ 形成一个并踵点对。

(2) $p(i-1),p(i+1),q(j-1),q(j+1)$ 都位于由 $(p(i),q(j))$ 组成的线的同一侧。

假设多边形以标准形式给出并且顶点是以顺时针序排列,算法如下:

(1) 分别计算 P 和 Q 拥有最大 y 坐标的顶点。如果存在不止一个这样的点,取 x 坐标最大的。

(2) 构造这些点的遂平切线,以多边形处于其右侧为正方向(指向 x 轴正方向)。

(3) 同时顺时针旋转两条切线直到其中一条与边相交,得到一个新的并踵点对 $(p(i),q(j))$。对于平行边的情况,得到三个并踵点对。

(4) 对于所有有效的并踵点对 $(p(i),q(j))$:判定 $p(i-1),p(i+1),q(j-1),q(j+1)$ 是否都位于连接点 $(p(i),q(j))$ 形成的线的同一侧。如果是,这个并踵点对就形成了一个桥,并标记它。

(5) 重复执行步骤(3)和步骤(4)直到切线回到它们原来的位置。

(6) 所有可能的桥此时都已经确定了。通过连续连接桥间对应的凸包链来构造合并凸包。

上述的结论确保了算法的正确性。运行时间受步骤(1)、(5)、(6)的约束,他们都需要 $\Theta(n)$ 的运行时间(n 是顶点总数),因此,总的算法时间复杂度也是 $\Theta(n)$。

一个凸多边形间的桥实际上确定了另一个有用的概念:多边形间公切线。同时,桥也是计算凸多边形交的算法核心。

2. 找共切线

公切线是同时与多边形相切的简单直线,并且两个多边形都位于线的同一侧。换句话说,一条公切线是一条与两个多边形都相切的线。一个例子如图 5.5-17 所示:两个不相交的凸多边形和一条他们的公切线。

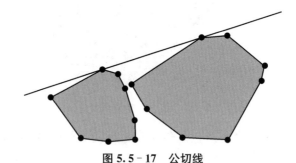

图 5.5-17 公切线

事实上,公切线可以通过多边形间的一些确定桥的点对来确立。因此,给定两个不相交的多边形,就存在两个多边形间两条公切线,并且当多边形相交时,还有可能存在与顶点数一样多的公切线。用来计算两多边形间桥的算法(如归并算法)同样可以用来确定公切线。另一个"版本"的两多边形的公切线是关键切线。那种情况下多边形分立于线的两侧。桥可以用来计算多边形的交。

3. 凸多边形交

给定两个多边形,请问它们相交吗?Chazelle 和 Dobkin 在 1980 年的论文"Detection is easier than computation"中发表了一个对数时间级的算法。对于多边形的交,许多算法能计算出交集。有趣的是 Guibas 提出的一个结论证明了多边形交点和和它们之间的桥是一一对应关系。如图 5.5-18 所示,是两个多边形和它们的交集,共 4 个交点,每个交点与一个多边形之间的桥(标记为点划线)有关。

Toussaint 在 1985 年的文献中利用 Guibas 的结论,加上他先前的关于查找桥的算法来计算交点集。他的算法利用桥来计算交点集,一旦它们被找到,与合并凸包的操作类似,凸链以及交点集形成了多边形的交集。

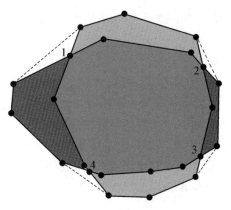

图 5.5-18 凸多边形交

4. 临界切线

两个凸多边形间的临界切线(一般被叫做 CS 线)是使得两个多边形分居线不同侧的切线。换句话说,它们分隔了多边形。图 5.5-19 所示,是关于两个多边形和它们的两条临界切线。

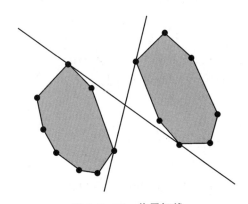

图 5.5-19 临界切线

这里需要注意的一点是,假设数据是以标准形式给出的,CS 线只会在两个顶点处与两个多边形相交。因此,一条 CS 线由多边形间顶点对确定。如下的结论描述了这个点对:

给定两个凸多边形 P,Q,两个顶点 $p(i),q(j)$ 分别属于 P 和 Q,确定一条 CS 线当且仅当:

(1) $p(i),q(j)$ 构成多边形间对踵点对。

(2) $p(i-1),p(i+1)$ 位于线 $(p(i),q(j))$ 一侧,同时 $q(j-1),q(j+1)$ 位于另一侧。

利用这个结论,CS 线可以很容易地确定。只有多边形间的对踵点对才需要进行测试。因此,Toussaint 建议使用旋转卡壳。假设多边形是以标准形式给出并且是顺时针序排列顶点,考虑如下过程:

(1) 计算 P 上 y 坐标值最小的顶点(称为 $y_{\min}P$)和 Q 上 y 坐标值最大的顶点(称为 $y_{\max}Q$)。

(2) 为多边形在 $y_{\min}P$ 和 $y_{\max}Q$ 处构造两条切线 LP 和 LQ 使得他们对应的多边形

位于他们的右侧。此时 LP 和 LQ 拥有不同的方向,并且 $y_{\min}P$ 和 $y_{\max}Q$ 成为了多边形间的一个对踵点对。

(3) 令 $p(i)=y_{\min}P, q(j)=y_{\max}Q$。$(p(i),q(j))$ 构成了多边形间的一个对踵点对。检测是否有 $p(i-1), p(i+1)$ 在线 $(p(i),q(j))$ 的一侧,并且 $q(j-1),q(j+1)$ 在另一侧。如果成立,$(p(i),q(j))$ 确定了一条 CS 线。

(4) 旋转这两条线,直到其中一条和其对应的多边形的边重合。

(5) 一个新的对踵点对确定了。如果两条线都与边重合,总共三对对踵点对(原先的顶点和新的顶点的组合)需要考虑。对于所有的对踵点对,执行上面的测试。

(6) 重复执行步骤(4)和步骤(5),直到新的点对为 $(y_{\min}P, y_{\max}Q)$。

(7) 输出 CS 线。

这个算法基本通过绕着多边形旋转切线,顺序查找所有多边形间的对踵点对。每次一对对踵点确定后,执行所有必要的测试。在上述过程执行完后,所有的临界切线都被找到了。

算法的运行时间由步骤(1)和步骤(6)决定,它们都花费 $\Theta(n)$ 的时间(所有的检测都花费常数时间。因为有 n 个对踵点对,总的时间复杂度也是 $\Theta(n)$。

5. 凸多边形矢量和

给定平面上两个凸多边形 P 和 Q,P 和 Q 的矢量和,记为 $P+Q$ 定义如下:

$P+Q=\{p+q\}$ 所有的分别属于 P 和 Q 的 p 和 q。

考虑上述的定义,许多问题可以通过询问集合 $P+Q$ 的组成,它拥有的性质等等。下列结论帮助我们描述多边形矢量和。

(1) $P+Q$ 是一个凸多边形。

(2) 顶点集 $P+Q$ 是顶点集 P 和 Q 的和。

(3) 顶点集 $P+Q$ 是 P 和 Q 间的并踵点对集。

(4) 给定分别有 m 和 n 个顶点的 P 和 Q,$P+Q$ 有不多于 $m+n$ 个顶点。

最后,下面的这个结论不仅仅描述了这个问题,同时也提供了一个一个顶点的增量式计算矢量和的计算方法。

给定 $P+Q$ 集合的第 k 个向量 $z(k)$,满足 $z(k)=p(i)+q(j)$。构造在 $p(i)$ 和 $q(j)$ 处构造两条平行切线,使得多边形同时位于各自线的右侧。两条线分别在 $p(i)$ 和 $q(j)$ 处确定了角 $\theta(i)$ 和 $\phi(j)$,如图 5.5-20 所示。

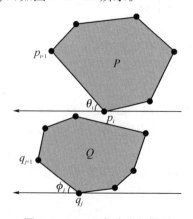

图 5.5-20 凸多边形矢量和

因此,下一个向量 $z(k+1)$ 等于:

(1) $p(i+1)+q(j)$,若 $\theta(i)<\phi(j)$;

(2) $p(i)+q(j+1)$,若 $\theta(i)>\phi(j)$;

(3) $p(i+1)+q(j+1)$,若 $\theta(i)=\phi(j)$。

如图 5.5-21 所示,是两个凸多边形和它们的矢量和的例子。左图是两个凸多边形,右图是上述多边形的矢量和,其边的数量与原多边形的一致。

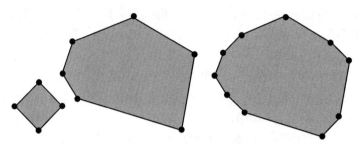

图 5.5-21 两个凸多边形及其矢量和

用上述结果,很容易就能构造出一个算法来计算矢量和。第一个向量可以是在给定方向上边界向量的和(如 y 轴负方向)。切线构造后,在计算角度时候更新,下一个点就很明确了。我们需要做的只是同时旋转两条线到新的位置来确定新的角度。

算法的时间复杂度是线性的,因为每一步只有一个所要求的向量和集合中的向量被确定,并且它们只有 $m+n$ 个,因此,总运行时间是 $\Theta(m+n)$。

【例 5.5-1】 Triangle(POJ2079)

【题目大意】

给出一个点集,求这个点集所组成的三角形的面积最大。

【输入格式】

多组测试数据,以一个 0 表示结束。

每组数据先输入 n,表示点的个数。然后是 n 个点的坐标 x_i 和 y_i。

$1\leqslant n\leqslant 50000, -10^4\leqslant x_i, y_i\leqslant 10^4$。

【输出格式】

对于每组测试数据,输出一行一个实数,保留小数点后两位,你可以认为一定有大于 0 的解。

【输入样例】

3

3 4

2 6

2 7

5

2 6

3 9

2 0

8 0

6 5
-1

【输出样例】

0.50

27.00

【问题分析】

求出凸包(不共线)后,顺时针枚举凸包的每个点 i 作为为三角形的第一个顶点,然后按凸包的顺序(顺时针),依次为第二个点 b 和第三个点 c。利用叉积的性质可以快速求得面积。

步骤1、按照面积的大小固定 i,b 顺时针移动 c,直到新三角形面积减去 eps 小于当前三角形面积时停止(可能出现 c 与下一个点的连线平行于 ib 的情况,所以要加 eps)。

步骤2、固定 i,c 顺时针移动 b,与步骤1同理。

对于相同的 i 重复步骤1、步骤2,直到所有点不再移动为止。

由于所有点只会向一个方向移动且不会改变相对顺序,时间复杂度为凸包的时间复杂度 $\Theta(n\log_2 n)$ 加上旋转卡壳的时间复杂度 $\Theta(n)$,即 $\Theta(n\log_2 n)$。

【参考程序】

```cpp
#include<stdio.h>
#include<algorithm>
using namespace std;
const int maxn = 50005;
const double eps = 1e-10;
struct point{
    double x,y;
    point operator-(point &s)
      {return (point){x-s.x,y-s.y};}
}p[maxn],sta[maxn];
int top;

double operator*(point a,point b){
    return a.x*b.y-b.x*a.y;
}

double dist2(point P1,point P2){
    return (P1.x-P2.x)*(P1.x-P2.x)+(P1.y-P2.y)*(P1.y-P2.y);
}

bool judgeOnLeft(point p0,point p1,point p2){
    double s = (p1-p0)*(p2-p0);
    return s<0||(s==0&&dist2(p1,p0)>=dist2(p2,p0));
```

```
}
int n;
bool cmp(const point &a,const point &b){
    return a.y<b.y||(a.y==b.y&&a.x<b.x);
}

int Graham(){
    sort(&p[1],&p[n+1],cmp);
    sta[1]=p[1];sta[2]=p[2];
    top=2;
    for(int i=3;i<=n;i++){
        while(top>1&&judgeOnLeft(sta[top-1],p[i],sta[top]))
            top--;
        sta[++top]=p[i];
    }
    for(int i=n-1;i>=1;i--){
        while(top>1&&judgeOnLeft(sta[top-1],p[i],sta[top]))
            top--;
        sta[++top]=p[i];
    }
    top--;
    return top;
}
double solve(){
    if(n<3)return 0;
    double ans=0,s;
    int b=2,c=3;
    sta[n+1]=sta[1];
    for(int i=1;i<=n+1;i++)p[i]=sta[i];
    for(int i=1;i<=n;i++){
        if(i==b)b=(b==n? 1:b+1);
        if(b==c)c=(c==n? 1:c+1);
        s=(p[c]-p[i])*(p[b]-p[i])/2;
        ans=max(ans,s);
        bool con=1;
        while(con){
            con=0;
            if((p[c+1]-p[i])*(p[b]-p[i])/2-s>-eps&&(c==n? 1:c+1)!=i)
```

```
                c = (c = = n? 1 : c + 1),
                ans = max(ans,s = (p[c] - p[i]) * (p[b] - p[i])/2),
                con = 1;
                if((p[c] - p[i]) * (p[b+1] - p[i])/2 - s > - eps&&(b = = n? 1 : b + 1)! = i)
                b = (b = = n? 1 : b + 1),
                ans = max(ans,s = (p[c] - p[i]) * (p[b] - p[i])/2),
                con = 1;
            }
        }
        return ans;
}

int main(){
    while(scanf("%d",&n)! = -1&&n! = -1){
        for(int i = 1;i< = n;i + +)
            scanf("%lf%lf",&p[i].x,&p[i].y);
        n = Graham();
        printf("%.2lf\n",solve());
    }
    return 0;
}
```

【例5.5-2】 最大土地面积(2007年四川省队选拔,large.*,1秒,128MB)

【问题描述】

某块平面土地上有 N 个点,$N \leqslant 2000$,每个点的坐标绝对值小于等于100000。你可以选择其中的任意四个点,将这片土地围起来,当然,你希望这四个点围成的多边形面积最大。

【输入格式】

输入第一行一个正整数 N;

接下来 N 行,每行 2 个数 x 和 y,表示该点的横坐标和纵坐标。

【输出格式】

输出一行一个数表示最大的多边形面积,答案精确到小数点后 3 位。

【输入样例】

5
0 0
1 0
1 1
0 1
0.5 0.5

【输出样例】
1.000
【问题分析】
先求凸包,然后枚举点 i,然后对于点 j 得到的 i 与 j(有序)中间的点,以及 j 与 i(有序)中间的点,都是单调的。
【参考程序】

```
#include<stdio.h>
#include<algorithm>
#include<math.h>
using namespace std;
const int maxn = 50005;
const double eps = 1e-10;
struct point{
    double x,y;
    point operator - (point &s)
        {return (point){x-s.x,y-s.y};}
}p[maxn],sta[maxn];
int top;
double operator * (point a,point b){
    return a.x*b.y-b.x*a.y;
}
double dist2(point P1,point P2){
    return (P1.x-P2.x)*(P1.x-P2.x)+(P1.y-P2.y)*(P1.y-P2.y);
}
bool judgeOnLeft(point p0,point p1,point p2){
    double s = (p1-p0)*(p2-p0);
    return s<0||(s==0&&dist2(p1,p0)>=dist2(p2,p0));
}
int n;
bool cmp(const point &a,const point &b){
    return a.y<b.y||(a.y==b.y&&a.x<b.x);
}

int Graham(){
    sort(&p[1],&p[n+1],cmp);
    sta[1]=p[1];sta[2]=p[2];
    top=2;
    for(int i=3;i<=n;i++){
        while(top>1&&judgeOnLeft(sta[top-1],p[i],sta[top]))
```

```
            top--;
            sta[++top]=p[i];
        }
        for(int i=n-1;i>=1;i--){
            while(top>1&&judgeOnLeft(sta[top-1],p[i],sta[top]))
                top--;
            sta[++top]=p[i];
        }
        top--;
        return top;
}

double solve(){
    if(n<2)return 0;
    double ans=0;
    sta[n+1]=sta[1];
    for(int i=1;i<=n+1;i++)p[i]=sta[i];
    for(int i=1;i<=n;i++){
        int a=i,b=i+1;
        for(int j=i;j<=n;j++){
            while((p[j]-p[i])*(p[a+1]-p[i])-(p[j]-p[i])*(p[a]-p[i])>0)
                a=(a==n? 1:a+1);
            while((p[b+1]-p[i])*(p[j]-p[i])-(p[b]-p[i])*(p[j]-p[i])>0)
                b=(b==n? 1:b+1);
            ans=max(ans,(p[j]-p[i])*(p[a]-p[i])+(p[b]-p[i])*(p[j]-p[i]));
        }
    }
    return ans/2;
}

int main(){
    scanf("%d",&n);
    for(int i=1;i<=n;i++)
        scanf("%lf%lf",&p[i].x,&p[i].y);
    n=Graham();
    printf("%.3lf\n",solve());
    return 0;
}
```

5.6 半平面交

众所周知,直线常用二元一次方程 $ax+by+c=0$ 表示。我们把平面上的直线及其一侧的部分叫"半平面"。半平面在直角坐标系中可由不等式 $ax+by+c\geqslant 0$ 确定(或 $ax+by+c\leqslant 0$)。

给定 n 个形如 $a_ix+b_iy+c_i\leqslant 0$ 的半平面,找到所有满足它们的点所组成的点集,称为"半平面交"。

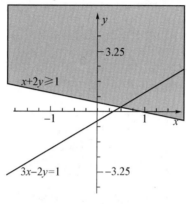

图 5.6-1 半平面

半平面或半平面交具有以下几个性质:

(1) 半平面或半平面的交是一个凸多边形区域,可能无界,此时增加 4 个半平面保证面积有界。

(2) n 个半平面的交 $H_1 \cap H_2 \cap \cdots \cap H_n$ 是一个至多 n 条边的凸多边形。

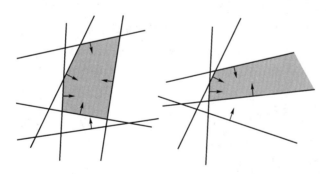

图 5.6-2 半平面交

注意相交后的区域,有可能是一个直线、射线、线段或者点,当然也可能是空集。

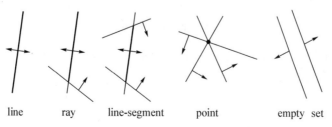

图 5.6-3 半平面交的结果

下面，我们先来研究两个凸多边形交的问题，如图 5.6-4(左)所示。首先，任意两个凸多边形的交一定还是一个凸多边形。一般采用"平面扫描法(Plane Sweep Method)"求两个凸多边形的交，其主要思想是：以两个凸边形边的交点为分界点，将边分为内、外两种，内边互相连接，成为所求多边形(右图中粗线条)。

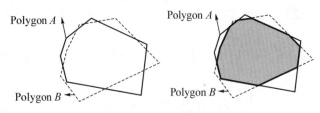

图 5.6-4 凸多边形交

假设有一个垂直的扫描线，从左向右扫描。任何时刻，扫描线和两个多边形最多 4 个交点(如图 5.6-5)。其中，Au、Bu 中靠下的和 Al、Bl 中靠上的，组成了当前多边形的内部区域。

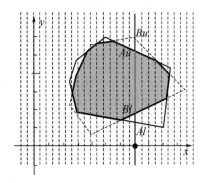

图 5.6-5 扫描法

我们称被扫描到的 x 坐标为"x 事件"。当然，我们不能扫描所有有理数。称 Au，Al，Bu，Bl 所在的边叫做 e_1，e_2，e_3，e_4，下一个 x 事件将在这四条边的端点，以及两两交点中选出，如图 5.6-6(右)所示。整个扫描的时间复杂度为 $\Theta(n)$。

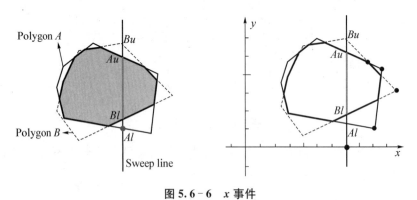

图 5.6-6 x 事件

求 n 个半平面的交，通常使用基于分治思想的"D&C 算法(Divide-and-Conquer Algorithm)"。分为 3 个步骤：

(1) 分:将 n 个半平面分成两个 $n/2$ 的集合;
(2) 治:对两子集合递归求解半平面交;
(3) 合:将前一步算出来的两个交(凸多边形)利用平面扫描法求解。

D&C 算法总的时间复杂度可以用递归分析法得到,为 $\Theta(n\log_2 n)$。

2006 年,信息学中国国家队的朱泽园同学提出的一种新算法"排序增量算法",简称 S&I 算法(Sort-and-Incremental Algorithm)。

先定义一个半平面的极角:比如"$x\text{-}y \geqslant$常数"的半平面,定义它的极角为 $\pi/4$。

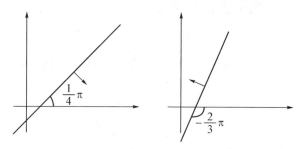

图 5.6-7 半平面的极角

S&I 算法一共分为以下 4 个步骤:

Step1、将半平面分成两部分,一部分极角范围($-\frac{1}{2}\pi, \frac{1}{2}\pi$),另一部分范围$(-\pi, -\frac{1}{2}\pi) \cup (\frac{1}{2}\pi, \pi)$。以上 3 个区间都是左开右闭(以下同)。

Step2、考虑$(-\frac{1}{2}\pi, \frac{1}{2}\pi)$的半平面(另一个集合类似地做 Step3、Step4),将它们按极角排序。对极角相同的半平面,根据常数项保留其中之一。

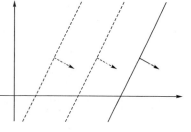

图 5.6-8 极角排序

Step3、从排序后极角最小的两个半平面开始,求出它们的交点并且将它们压入一个栈。每次按照极角从小到大顺序增加一个半平面,算出它与栈顶半平面的交点。如果当前的交点在栈顶两个半平面交点的右边,则出栈。注意出栈不是只需要一次,要继续交点检查,如果还在右边要继续出栈,直到当前交点在栈顶交点的左边。

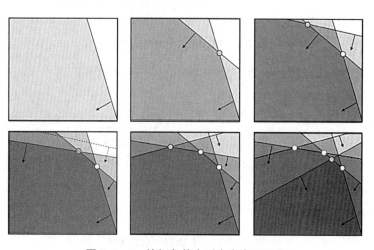

图 5.6-9 按极角从小到大求半平面交

Step4、相邻半平面的交点组成半个凸多边形。我们有两个点集：$(-\frac{1}{2}\pi, \frac{1}{2}\pi)$ 给出上半个，$(-\pi, -\frac{1}{2}\pi) \cup (\frac{1}{2}\pi, \pi)$ 给出下半个。

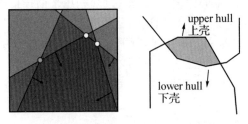

图 5.6-10　凸多边形交的点集

初始的时候，四个指针 p_1、p_2、p_3、p_4 指向上/下凸壳的最左最右边。p_1、p_3 向右走，p_2、p_4 向左走。

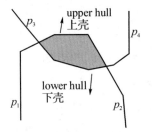

图 5.6-11　上壳下壳

任意时刻，如果最左边的交点不满足 p_1/p_3 所在半平面的限制，这个交点需要删除，p_1 或 p_3 走向它右边的相邻边。

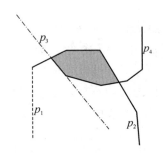

图 5.6-12　左边部分点的删除

类似地，我们可以处理最右边的交点。

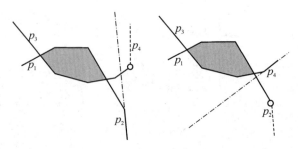

图 5.6-13　右边部分点的删除

重复运作直到不再有更新出现——迭代。

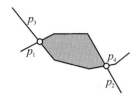

图 5.6-14　壳的形成

下面,我们对 S&I 算法进行复杂度分析。除了 Step2 中的排序以外,S&I 算法的每一步都是线性的。通常用快速排序实现 Step2,总的时间复杂度为 $\Theta(n\log_2 n)$,也可以将快速排序替换成基数排序,降低程序渐进时间复杂度到线性。S&I 算法似乎和 D&C 算法时间复杂度相同,但是系数要小的多,因为不再需要 $\Theta(n\log_2 n)$ 次交点运算。一般来讲,S&I 程序比 D&C 快五倍。而且,S&I 算法代码容易编写,相对于 D&C 算法已大大简化。如果给定半平面均在 $(-\frac{1}{2}\pi, \frac{1}{2}\pi)$,或任意一个跨度为 π 的区间,S&I 算法可被显著缩短。

【例 5.6-1】　凸多边形的交(2006 年重庆队选拔,data.*,1 秒,128MB)

【问题描述】

逆时针给出 n 个凸多边形的顶点坐标,求它们交的面积。

【输入格式】

第一行有一个整数 n,表示凸多边形的个数,$n \leqslant 10$。

以下依次描述各个多边形。第 i 个多边形的第一行包含一个整数 m_i,表示多边形的边数,$m_i \leqslant 100$。以下 m_i 行每行两个整数,逆时针给出各个顶点的坐标,每个坐标的绝对值均小于等于 1000。

【输出格式】

输出一行一个实数,表示相交部分的面积,保留三位小数。

【输入样例】

```
2
6
-2 0
-1 -2
1 -2
2 0
1 2
-1 2
4
0 -3
1 -1
2 2
-1 0
```

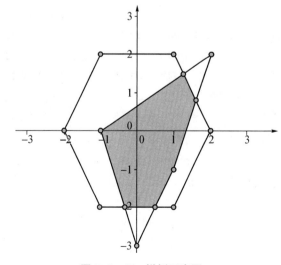

图 5.6-15　样例示意图

【输出样例】
5.233
【问题分析】
把每条边当作半平面,做半平面交即可。
【参考程序】

```cpp
#include<stdio.h>
#include<algorithm>
#include<math.h>
using namespace std;
const double eps=1e-13;
struct point{
    double x,y;
    point operator - (point &s)
        {return (point){x-s.x,y-s.y};}
};
double operator * (point a,point b){
    return a.x*b.y-b.x*a.y;
}
struct line{
    double d;point a,b;
}l[1005];
bool cmpd(line a,line b){
    return a.d<b.d;
}

bool bian(point Q,point P1,point P2){
    return fabs((Q-P1)*(P2-P1))<eps
        &&min(P1.x,P2.x)-eps<=Q.x&&Q.x-eps<=max(P1.x,P2.x)
        &&min(P1.y,P2.y)-eps<=Q.y&&Q.y-eps<=max(P1.y,P2.y);
}

point crosp(line a,line b){
    double s1=(b.a-a.a)*(a.b-a.a),s2=(a.b-a.a)*(b.b-a.a);
    return (point){(b.a.x*s2+s1*b.b.x)/(s1+s2),(b.a.y*s2+s1*b.b.y)/(s1+s2)};
}
int n,m;
int sta[2005];

int main(){
```

```
        freopen("data.in","r",stdin);
        freopen("data.out","w",stdout);
        scanf("%d",&n);
        for(inti=1;i<=n;i++){
            int mm;
            scanf("%d",&mm);
            for(int j=1;j<=mm;j++)
                m++,scanf("%lf%lf",&l[m].a.x,&l[m].a.y),
                l[j==1?m+mm-1:m-1].b=l[m].a;
        }
        n=m;
        for(inti=1;i<=n;i++)
            l[i].d=atan2(l[i].b.y-l[i].a.y,l[i].b.x-l[i].a.x);
        sort(&l[1],&l[n+1],cmpd);
        for(inti=1;i<=n;i++){
            for(;sta[0]>=1;sta[0]--)
                if(fabs(l[i].d-l[sta[sta[0]]].d)<eps){
                    if((l[sta[sta[0]]].b-l[sta[sta[0]]].a)*(l[i].a-l[sta[sta[0]]].a)<eps)
                        break;
                }
                else
                    break;
            for(;sta[0]>=2;sta[0]--)
                if((l[i].b-l[i].a)*(crosp(l[sta[sta[0]]],l[sta[sta[0]-1]])-l[i].a)>eps)
                    break;
            if(fabs(l[i].d-l[sta[sta[0]]].d)>=eps)
                sta[++sta[0]]=i;
        }
        int L=1,R=sta[0];
        while(L<R){
            if((l[sta[L]].b-l[sta[L]].a)*(crosp(l[sta[R]],l[sta[R-1]])-l[sta[L]].a)
                <eps)
                R--;
            else
                if((l[sta[R]].b-l[sta[R]].a)*(crosp(l[sta[L]],l[sta[L+1]])-l[sta[R]].a)
```

```
            <eps)
            L++;
        else
            break;
    }
    if(R-L<=1)
        {printf("0.000\n");return 0;}
    double ans = 0;
    sta[R+1]=sta[L];sta[R+2]=sta[L+1];
    for(int i=L;i<=R;i++)
        ans+=crosp(l[sta[i]],l[sta[i+1]])*crosp(l[sta[i+1]],l[sta[i+2]])/2;
    printf("%.3lf\n",ans);
    return 0;
}
```

5.7 离散化

离散化是程序设计中一个非常常用的技巧,它可以有效的降低时间复杂度。其基本思想就是在众多可能的情况中"只考虑我需要用的值"。下面通过几个例子说明,如何运用离散化改进一个低效的,甚至根本不可能实现的算法。

【例 5.7-1】 矩形面积(VOJ1056)

【问题描述】

桌面上放了 N 个平行于坐标轴的矩形,这 N 个矩形可能有互相覆盖的部分,求它们组成的图形的面积。

【输入格式】

输入第一行为一个数 $N(1 \leqslant N \leqslant 100)$,表示矩形的数量。

下面 N 行,每行四个整数,分别表示每个矩形的左下角和右上角的坐标,坐标范围为 -10^8 到 10^8 之间的整数。

【输出格式】

输出只有一行,一个整数,表示图形的面积。

【输入样例】

3
1 1 4 3
2 -1 3 2
4 0 5 2

【输出样例】

10

【问题分析】

本题是离散化的经典问题。对于某些坐标虽然已经是整数(已经是离散的了)但范

第 5 章 计算几何

围极大的问题，我们可以用离散化的思想缩小这个规模。

平常的想法就是开一个与二维坐标规模相当的二维 Boolean 数组模拟矩形的"覆盖"（把矩形所在的位置填上 True）。可惜这个想法在这里有些问题，因为这个题目中坐标范围相当大（坐标范围为 -10^8 到 10^8 之间的整数）。但我们发现，矩形的数量 n≤100 远远小于坐标范围。每个矩形会在横纵坐标上各"使用"两个值，100 个矩形的坐标也不过用了 -10^8 到 10^8 之间的 200 个值。也就是说，实际有用的值其实只有这么几个。这些值将作为新的坐标值重新划分整个平面，省去中间的若干坐标值没有影响。我们可以将坐标范围"离散化"到 1 到 200 之间的数，于是一个 200 * 200 的二维数组就足够了。实现方法就是所谓的"排序后处理"。对横坐标（或纵坐标）进行一次排序并映射为 1 到 $2n$ 的整数，同时记录新坐标的每两个相邻坐标之间在离散化前实际的距离是多少，如图 5.7 - 1 所示。

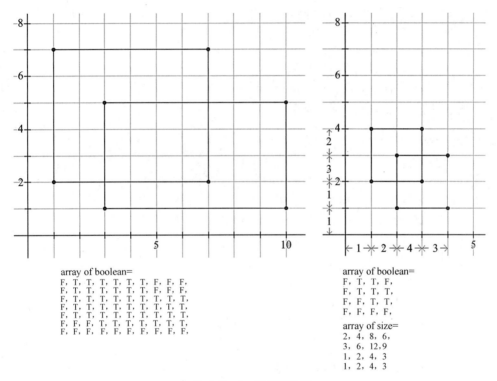

图 5.7 - 1　坐标离散化

具体离散化实现，就是把矩形离散成 200×200 二维数组，然后可以不用考虑重复面积，累加即可得到最后结果。

【参考程序】

```
#include<iostream>
#include<stdio.h>
#include<algorithm>
#include<math.h>
using namespace std;
struct Trect{
```

```
        int x1,y1,x2,y2;
}rect[105];
int n;
long long ans;
int X[205],Y[205];
bool p[205][205];

int main(){
    scanf("%d",&n);
    for(int i=1;i<=n;i++){
        scanf("%d%d%d%d",&rect[i].x1,&rect[i].y1,&rect[i].x2,&rect[i].y2);
        X[i*2]=rect[i].x1;
        X[i*2-1]=rect[i].x2;
        Y[i*2]=rect[i].y1;
        Y[i*2-1]=rect[i].y2;
    }
    sort(&X[1],&X[n*2+1]);
    sort(&Y[1],&Y[n*2+1]);
    for(int i=1;i<=n;i++)
        for(int x=1;x<n*2;x++){
            if(rect[i].x2<=X[x])break;
            if(rect[i].x1>=X[x+1])continue;
            for(int y=1;y<n*2;y++){
                if(rect[i].y2<=Y[y])break;
                if(rect[i].y1>=Y[y+1])continue;
                p[x][y]=1;
            }
        }
    for(int x=1;x<n*2;x++){
        long long s=X[x+1]-X[x];
        for(int y=1;y<n*2;y++)
            if(p[x][y])
                ans+=s*(Y[y+1]-Y[y]);
    }
    cout<<ans<<endl;
    return 0;
}
```

矩形的边界是折线，用折线的转折点作为分界点进行离散化很容易想到和理解。如果需要处理的是某些曲线图形(圆)，怎么办？

如图 5.7-2 所示，左图图形被划分为 5 部分，初看特征不明显。但如果增加一些其他的分割线（右图），则发现整个图形由若干梯形和弓形构成，而梯形和弓形的面积很容易求出。

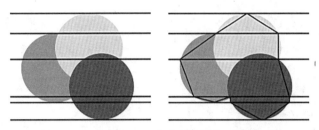

图 5.7-2 曲线的离散化

圆的离散化算法一般步骤为：根据问题将平面中的圆分割成若干区域，使每个区域具有一定简单的粗粒属性，一般可用直线分割；根据属性确定区域内圆的具体算法，计算每个区域中结果；综合每个区域的结果，给出问题的最终答案。圆的离散化算法关键在于保证区域内数据在整体上易于处理。

【例 5.7-2】 圆的并面积

【题目大意】

求平面上 n 个圆的并的面积。

【问题分析】

考虑"竖直离散化"，如图 5.7-3（左）所示，则每个长条内为曲边梯形的并，可以用扫描法求这些区间的并。

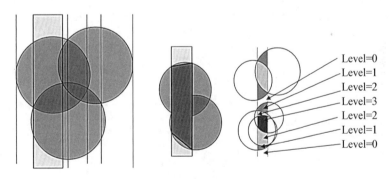

图 5.7-3 圆的竖直离散化

每个圆和竖直条的相交部分由若干不相交的曲边梯形组成，称为一个连通块。注意每个连通块的上弧和下弧可能不是同一个圆贡献出来的。如上右图。每个与竖直条切割的圆都被切出了一条上弧和一条下弧，所有这些弧都是不相交的。把它们从上到下排序（按左右端点为主次关键字即可），然后从上到下扫描。初始 level 为 0，见上弧就加 1，见下弧就减 1，好比处理括号一样：level 第一次从 0 变 1 的时候意味着发现新连通快，记录此上弧为上边界；level 第一次从 1 变 0 时意味着连通块结束，计算面积。

分析一下时间复杂度。求交点为 $\Theta(n^2)$，离散化为 $\Theta(n^2 * \log_2 n)$。而每个竖直条内求所有圆被切割的上下弧为 $\Theta(n)$，给 n 对上下弧排序为 $\Theta(n * \log_2 n)$，再从上到下扫

描和计算面积为 $\Theta(n)$，一共有 n^2 个竖直条，因此，总的时间复杂度为 $\Theta(n^3 * \log_2 n)$，实际上远没有这么大。

本题还可以用"切割法"求解，时间复杂度为 $\Theta(n^2 * \log_2 n)$。

【参考程序】

```cpp
#include<stdio.h>
#include<algorithm>
#include<math.h>
using namespace std;
const double eps = 1e-10;
struct circle{
    double x,y,r;
}o[3005];
int n;
int ls;double xl[1000005];

void ccpoint(circle a,circle b){
    if((a.x-b.x)*(a.x-b.x)+(a.y-b.y)*(a.y-b.y)>(a.r+b.r)*(a.r+b.r))return;
    if((a.x-b.x)*(a.x-b.x)+(a.y-b.y)*(a.y-b.y)<(a.r-b.r)*(a.r-b.r))return;
    double A = 2*(a.x-b.x),B = 2*(a.y-b.y),
        C = -(a.x*a.x+a.y*a.y-b.x*b.x-b.y*b.y-a.r*a.r+b.r*b.r);
    double y;
    if(fabs(A)<eps&&fabs(B)<eps)
        return;
    if(fabs(A)<eps){
        y = -C/B;
        double xa1 = sqrt(a.r*a.r-(y-a.y)*(y-a.y))+a.x,
            xa2 = -xa1+2*a.x,
            xb1 = sqrt(b.r*b.r-(y-b.y)*(y-b.y))+b.x,
            xb2 = -xb1+2*b.x;
        xl[++ls] = (xa1+xb1)/2;
        xl[++ls] = (xa2+xb2)/2;
        return;
    }
    if(fabs(B)<eps){
        xl[++ls] = -C/A;
        return;
    }
    double AA = A*A/B/B+1,BB = -2*a.x+2*(A/B)*(C/B+a.y),
        CC = (a.x*a.x+(C/B+a.y)*(C/B+a.y)-a.r*a.r);
```

```
    double xa1 = ( - BB + sqrt(BB * BB - 4 * AA * CC))/(2 * AA),
        xa2 = ( - BB - sqrt(BB * BB - 4 * AA * CC))/(2 * AA);
    AA = A * A/B/B + 1,BB = - 2 * b.x + 2 * (A/B) * (C/B + b.y),
    CC = (b.x * b.x + (C/B + b.y) * (C/B + b.y) - b.r * b.r);
    double xb1 = ( - BB + sqrt(BB * BB - 4 * AA * CC))/(2 * AA),
        xb2 = ( - BB - sqrt(BB * BB - 4 * AA * CC))/(2 * AA);
    xl[ + + ls] = (xa1 + xb1)/2;
    xl[ + + ls] = (xa2 + xb2)/2;
}

struct arc{
    double mid,S;
    int w;
}a[2005];
int as,lev;
bool cmp(arc a,arc b){
    return a.mid<b.mid||(fabs(a.mid-b.mid)<eps&&a.w>b.w);
}
bool cmpr(arc a,arc b){
    return a.r>b.r;
}
double ans;

int main(){
    scanf(" % d",&n);
    for(int i = 1;i< = n;i + + )
        scanf(" % lf % lf % lf",&o[i].x,&o[i].y,&o[i].r);
    for(int i = 1;i< = n;i + + )
        for(int j = i + 1;j< = n;j + + )
            ccpoint(o[i],o[j]);
    for (int i = 1;i< = n;i + + )
        xl[ + + ls] = o[i].x - o[i].r,
        xl[ + + ls] = o[i].x,
        xl[ + + ls] = o[i].x + o[i].r;
    sort(&xl[1],&xl[ls + 1]);
    for (int i = 1;i<ls;i + + ){
        as = 0;
        double X1 = xl[i],X2 = xl[i + 1];
        for(int j = 1;j< = n;j + + ){
```

```
            if(fabs(X1-o[j].x)>o[j].r)continue;
            if(fabs(X2-o[j].x)>o[j].r)continue;
            double ay1=sqrt(o[j].r*o[j].r-(X1-o[j].x)*(X1-o[j].x))+o[j].y,
                   ay2=-ay1+2*o[j].y;
                   by1=sqrt(o[j].r*o[j].r-(X2-o[j].x)*(X2-o[j].x))+o[j].y,
                   by2=-by1+2*o[j].y;
            double s1=fabs((X1-o[j].x)*(by1-o[j].y)-(X2-o[j].x)*(ay1-o[j].y)),
                   s2=asin(s1/(o[j].r*o[j].r))*o[j].r*o[j].r*0.5;
            a[++as]=(arc){(ay1+by1)/2,s2-s1/2,-1};
            a[++as]=(arc){(ay2+by2)/2,s2-s1/2,1};
        }
        sort(&a[1],&a[as+1],cmp);
        double midd;bool pmid=0;
        for(int j=1;j<=as;j++){
            if(!lev){
                ans+=a[j].S;
                if(!pmid)
                    pmid=1,midd=a[j].mid;
            }
            lev+=a[j].w;
            if(!lev){
                ans+=a[j].S;
                pmid=0;
                ans+=(a[j].mid-midd)*(X2-X1);
            }
        }
    }
    printf("%.5lf\n",ans);
    return 0;
}
```

5.8 本章习题

1. 蚂蚁搬家(ant.*,1秒,256MB)

【问题描述】

一个单位正方体(即边长为1的正方体),有一只蚂蚁要从上表面上的一点出发爬往下表面的某一点,规定蚂蚁只能沿正方体表面爬行,要求编程求出一条从起点到终点的最短距离。

【输入格式】

输入一行 4 个实数(−0.5 到 0.5 之间),分别表示起点和终点的坐标,设定上下两个表面的坐标原点均为正方形的中心,且两个表面的坐标系的 X 轴和 Y 轴方向一致。

【输出格式】

输出一行一个实数,表示起点到终点的最短距离,保留三位小数。

【输入样例】

0.26 0.50 0.50 0.18

【输出样例】

1.146

2. 相交问题(cross.*,1 秒,256MB)

【问题描述】

一个二维平面上有若干矩形,以及一条线段。线段可能穿过某些矩形。你的任务是统计线段穿过的矩形数目。

一条线段穿过一个矩形是指,线段和矩形具有公共部分,哪怕仅仅是一个点。例如,一个矩形$((0,0),(0,1),(1,1),(1,0))$,则线段$(−1,−1)—(2,2)$穿过该矩形,线段$(0,−1)—(2,1)$穿过该矩形,线段$(1,−1)—(3,1)$不穿过该矩形。

【输入格式】

输入文件的第一行是一个整数 $n(n \leqslant 10000)$,表示矩形的个数。

第二行有 4 个整数 x_0, y_0, x_1, y_1,中间用一个空格隔开,描述一条线段$(x_0, y_0)—(x_1, y_1)$。

以下的 n 行,每行都包含用空格分隔的 4 个整数 x_0, y_0, x_1, y_1,描述了一个矩形,其中(x_0, y_0)和(x_1, y_1)分别表示矩形的左下角和右上角。

所有的坐标都在−20000 到 20000 之间。

【输处格式】

输出文件只有一个整数,表示与线段相交的矩形数。

【输入样例】

1

0 0 5 5

0 1 6 6

【输出样例】

1

3. 不穿越圆的最短路

【题目大意】

平面上若干个圆,任意两个不相交、不包含,任意给出两个点(不在圆内),求这两个点之间的最短距离,注意不能穿过任一圆内。

4. 线段与圆的交点

【题目大意】

平面上若干个圆,任意两个不相交、不相切,给出一根线段的两个端点,求出这根线段与所有圆的交点数。

5. The Fortified Forest(POJ1873)

【问题描述】

Once upon a time, in a faraway land, there lived a king. This king owned a small collection of rare and valuable trees, which had been gathered by his ancestors on their travels. To protect his trees from thieves, the king ordered that a high fence be built around them. His wizard was put in charge of the operation.

Alas, the wizard quickly noticed that the only suitable material available to build the fence was the wood from the trees themselves. In other words, it was necessary to cut down some trees in order to build a fence around the remaining trees. Of course, to prevent his head from being chopped off, the wizard wanted to minimize the value of the trees that had to be cut. The wizard went to his tower and stayed there until he had found the best possible solution to the problem. The fence was then built and everyone lived happily ever after.

You are to write a program that solves the problem the wizard faced.

【输入格式】

The input contains several test cases, each of which describes a hypothetical forest. Each test case begins with a line containing a single integer n, $2 \leqslant n \leqslant 15$, the number of trees in the forest. The trees are identified by consecutive integers 1 to n. Each of the subsequent n lines contains 4 integers x_i, y_i, v_i, l_i that describe a single tree. (x_i, y_i) is the position of the tree in the plane, v_i is its value, and l_i is the length of fence that can be built using the wood of the tree. v_i and l_i are between 0 and 10000.

The input ends with an empty test case (n=0).

【输出格式】

For each test case, compute a subset of the trees such that, using the wood from that subset, the remaining trees can be enclosed in a single fence. Find the subset with minimum value. If more than one such minimum-value subset exists, choose one with the smallest number of trees. For simplicity, regard the trees as having zero diameter.

Display, as shown below, the test case numbers (1, 2, ⋯), the identity of each tree to be cut, and the length of the excess fencing (accurate to two fractional digits).

Display a blank line between test cases.

【输入样例】

6
0 0 8 3
1 4 3 2
2 1 7 1

```
4   1   2   3
3   5   4   6
2   3   9   8
3
3   0   10   2
5   5   20   25
7  -3   30   32
0
```

【输出样例】

Forest 1

Cut these trees: 2 4 5

Extra wood: 3.16

Forest 2

Cut these trees: 2

Extra wood: 15.00

6. The Doors(POJ1556)

【问题描述】

You are to find the length of the shortest path through a chamber containing obstructing walls. The chamber will always have sides at $x=0$, $x=10$, $y=0$, and $y=10$. The initial and final points of the path are always (0, 5) and (10, 5). There will also be from 0 to 18 vertical walls inside the chamber, each with two doorways. The figure below illustrates such a chamber and also shows the path of minimal length.

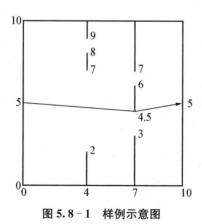

图 5.8-1 样例示意图

【输入格式】

The input data for the illustrated chamber would appear as follows.

```
2
4 2 7 8 9
7 3 4.5 6 7
```

The first line contains the number of interior walls. Then there is a line for each such wall, containing five real numbers. The first number is the x coordinate of the wall ($0 < x < 10$), and the remaining four are the y coordinates of the ends of the doorways in that wall. The x coordinates of the walls are in increasing order, and within each line the y coordinates are in increasing order. The input file will contain at least one such set of data. The end of the data comes when the number of walls is -1.

【输出格式】

The output should contain one line of output for each chamber. The line should contain the minimal path length rounded to two decimal places past the decimal point, and always showing the two decimal places past the decimal point. The line should contain no blanks.

【输入样例】

```
1
5 4 6 7 8
2
4 2 7 8 9
7 3 4.5 6 7
-1
```

【输出样例】

```
10.00
10.06
```

7. Space Ant(POJ1696)

【问题描述】

The most exciting space discovery occurred at the end of the 20th century. In 1999, scientists traced down an ant-like creature in the planet Y1999 and called it M11. It has only one eye on the left side of its head and just three feet all on the right side of its body and suffers from three walking limitations:

(1) It can not turn right due to its special body structure.

(2) It leaves a red path while walking.

(3) It hates to pass over a previously red colored path, and never does that.

The pictures transmitted by the Discovery space ship depicts that plants in the Y1999 grow in special points on the planet. Analysis of several thousands of the pictures have resulted in discovering a magic coordinate system governing the grow points of the plants. In this coordinate system with x and y axes, no two plants share the same x or y.

An M11 needs to eat exactly one plant in each day to stay alive. When it eats one plant, it remains there for the rest of the day with no move. Next day, it looks for another plant to go there and eat it. If it can not reach any other plant it dies by the end of the day. Notice that it can reach a plant in any distance.

The problem is to find a path for an M11 to let it live longest.

Input is a set of (x, y) coordinates of plants. Suppose A with the coordinates (xA, yA) is the plant with the least y—coordinate. M11 starts from point (0, yA) heading towards plant A. Notice that the solution path should not cross itself and all of the turns should be counter—clockwise. Also note that the solution may visit more than two plants located on a same straight line.

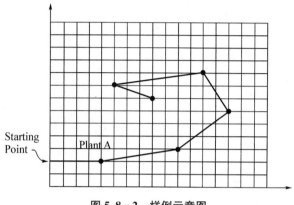

图 5.8-2 样例示意图

【输入格式】

The first line of the input is M, the number of test cases to be solved ($1 \leqslant M \leqslant 10$). For each test case, the first line is N, the number of plants in that test case ($1 \leqslant N \leqslant 50$), followed by N lines for each plant data. Each plant data consists of three integers: the first number is the unique plant index (1..N), followed by two positive integers x and y representing the coordinates of the plant. Plants are sorted by the increasing order on their indices in the input file. Suppose that the values of coordinates are at most 100.

【输出格式】

Output should have one separate line for the solution of each test case. A solution is the number of plants on the solution path, followed by the indices of visiting plants in the path in the order of their visits.

【输入样例】

```
2
10
1 4 5
2 9 8
3 5 9
4 1 7
5 3 2
6 6 3
7 10 10
8 8 1
9 2 4
```

10 7 6
14
1 6 11
2 11 9
3 8 7
4 12 8
5 9 20
6 3 2
7 1 6
8 2 13
9 15 1
10 14 17
11 13 19
12 5 18
13 7 3
14 10 16

【输出样例】

10 8 7 3 4 9 5 6 2 1 10
14 9 10 11 5 12 8 7 6 13 4 14 1 3 2

8. Atlantis(POJ1151)

【问题描述】

There are several ancient Greek texts that contain descriptions of the fabled island Atlantis. Some of these texts even include maps of parts of the island. But unfortunately, these maps describe different regions of Atlantis. Your friend Bill has to know the total area for which maps exist. You (unwisely) volunteered to write a program that calculates this quantity.

【输入格式】

The input consists of several test cases. Each test case starts with a line containing a single integer n (1≤n≤100) of available maps. The n following lines describe one map each. Each of these lines contains four numbers x1; y1; x2; y2 (0≤x1＜x2≤100000;0≤y1＜y2≤100000), not necessarily integers. The values (x1; y1) and (x2; y2) are the coordinates of the top-left resp. bottom-right corner of the mapped area.

The input file is terminated by a line containing a single 0. Don't process it.

【输出格式】

For each test case, your program should output one section. The first line of each section must be "Test case ♯k", where k is the number of the test case (starting with 1). The second one must be "Total explored area: a", where a is the total explored area (i. e. the area of the union of all rectangles in this test case), printed exact to two digits to the right of the decimal point. Output a blank line after each test case.

【输入样例】

2
10 10 20 20
15 15 25 25.5
0

【输出样例】

Test case #1
Total explored area: 180.00

9. Picture(POJ1177)

【问题描述】

A number of rectangular posters, photographs and other pictures of the same shape are pasted on a wall. Their sides are all vertical or horizontal. Each rectangle can be partially or totally covered by the others. The length of the boundary of the union of all rectangles is called the perimeter.

Write a program to calculate the perimeter. An example with 7 rectangles is shown in Figure 1.

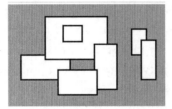   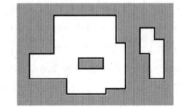

Figure 1. A set of 7 rectangles   Figure 2. The boundary of the set of rectangles

图 5.8-3　样例示意图

The corresponding boundary is the whole set of line segments drawn in Figure 2. The vertices of all rectangles have integer coordinates.

【输入格式】

Your program is to read from standard input. The first line contains the number of rectangles pasted on the wall. In each of the subsequent lines, one can find the integer coordinates of the lower left vertex and the upper right vertex of each rectangle. The values of those coordinates are given as ordered pairs consisting of an x—coordinate followed by a y—coordinate. 0≤number of rectangles<5000. All coordinates are in the range [−10000,10000] and any existing rectangle has a positive area.

【输出格式】

Your program is to write to standard output. The output must contain a single line with a non—negative integer which corresponds to the perimeter for the input rectangles.

【输入样例】

7

−15 0 5 10
−5 8 20 25
15 −4 24 14
0 −6 16 4
2 15 10 22
30 10 36 20
34 0 40 16

【输出样例】

228

10. A Star not a Tree(POJ2420)

【问题描述】

Luke wants to upgrade his home computer network from 10mbs to 100mbs. His existing network uses 10base2 (coaxial) cables that allow you to connect any number of computers together in a linear arrangement. Luke is particulary proud that he solved a nasty NP-complete problem in order to minimize the total cable length.

Unfortunately, Luke cannot use his existing cabling. The 100mbs system uses 100baseT (twisted pair) cables. Each 100baseT cable connects only two devices: either two network cards or a network card and a hub. (A hub is an electronic device that interconnects several cables.) Luke has a choice: He can buy 2N−2 network cards and connect his N computers together by inserting one or more cards into each computer and connecting them all together. Or he can buy N network cards and a hub and connect each of his N computers to the hub. The first approach would require that Luke configure his operating system to forward network traffic. However, with the installation of Winux 2007.2, Luke discovered that network forwarding no longer worked. He couldn't figure out how to re-enable forwarding, and he had never heard of Prim or Kruskal, so he settled on the second approach: N network cards and a hub.

Luke lives in a loft and so is prepared to run the cables and place the hub anywhere. But he won't move his computers. He wants to minimize the total length of cable he must buy.

【输入格式】

The first line of input contains a positive integer $N \leqslant 100$, the number of computers. N lines follow; each gives the (x,y) coordinates (in mm.) of a computer within the room. All coordinates are integers between 0 and 10000.

【输出格式】

Output consists of one number, the total length of the cable segments, rounded to the nearest mm.

【输入样例】

4
0 0

0 10000
10000 10000
10000 0
【输出样例】
28284

11. Dolphin Pool(TEHRAN2000)

【题目大意】

给定 $N(N \leqslant 20)$ 个圆的圆心坐标 (x_i, y_i) 和半径 R_i,求平面内在圆外的封闭区域的个数。保证没有任何两个圆相切,且没有任何一个圆的圆心在另一个圆内。例如下面的 4 个圆构成 1 个圆外的封闭区域。

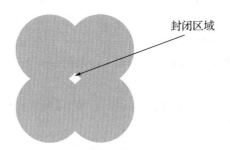

图 5.8-4 样例示意图

12. Empire strikes back(URAL1520)

【题目大意】

平面中有 1 个大圆和 $N(N \leqslant 300)$ 个小圆,大圆圆心为 $(0,0)$,小圆圆心都在大圆内,所有小圆半径相同。求使所有小圆能覆盖整个大圆的小圆最小半径。

13. feng_shui(PKU3384)

【题目大意】

给出一个凸多边形,要在这个凸多边形范围内(包括边)作两个指定半径的圆,使得这两个圆的总覆盖面积最大(即使得两圆重叠部分面积尽量小)。

保证能做出符合条件的圆,且两个圆可以完全重叠(即为同一个圆)。

【输入格式】

第一行给出凸多边形的顶点数 $n(3 \leqslant n \leqslant 100)$ 和圆的半径 R。

接下来 n 对整数,描述凸多边形的顶点,其中第 i 对整数 (a,b) 表示第 i 个顶点的坐标为 (a,b)。

【输出格式】

一行 4 个实数 a,b,c,d,表示所求的两个圆的圆心坐标分别为 (a,b),(c,d)。

可能有多个答案,输出其中一个即可。

【输入样例】

4 3

0 0
0 8
10 8
10 0
【输出样例】
3 5 7 3

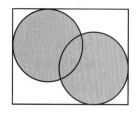

图 5.8-5 样例示意图

14. 矩形覆盖(rect.*,1秒,256MB)

【题目大意】

有一正 N 边形,给定它的三个顶点(not colinear)。求一面积最小的且边均平行于 x,y 轴的矩形,它能完全盖住这个正 N 边形。输出这一矩形的最小面积。

【输入格式】

有多组数据组成,以一个 0 表示结束。

每组数据第一行是 N,$N \leqslant 10^7$,接下来三行每行是一个顶点的坐标(实数)。

【输出格式】

最小面积,一行一个实数,精确到小数点后 3 位。【输入样例】

4
10.00000 0.00000
0.00000 −10.00000
−10.00000 0.00000
6
22.23086 0.42320
−4.87328 11.92822
1.76914 27.57680
23
156.71567 −13.63236
139.03195 −22.04236
137.96925 −11.70517
0

【输出样例】

400.000
1056.172
397.673

15. 枪手(gunman.*,1秒,256MB)

【问题描述】

有一个三维直角坐标系 $OXYZ$,OX 轴向右,OY 轴向上,OZ 轴向外。在坐标系中,有一些矩形的窗口。窗口所在的平面平行于 OXY 平面,边分别平行于 OX 轴和 OY 轴。每一个窗口被放置于坐标系的不同的深度(每个窗口的 Z 轴坐标不同,并且大于 0)。

一个枪手拿着步枪在 OX 轴上移动 ($y=0,z=0$)。他可以延一条直线射出一颗子弹。他的目标是射出一颗可以通过所有窗口的子弹。子弹擦过窗口边缘也是可以的。你的任务是求出怎么打出这样一颗子弹。

【输入格式】

输入文件的第一行包含一个整数 n——坐标系中窗口的数量(不超过 100)。

接下来 n 行,每一行包含 5 个整数 $x_{1i},y_{1i},x_{2i},y_{2i},z_i$ ($0 < x_{1i},y_{1i},x_{2i},y_{2i},z_i <1000$)。这里 (x_{1i},y_{1i},z_i) 是窗口左下角的坐标,(x_{2i},y_{2i},z_i) 是窗口右上角的坐标 ($x_{1i} < x_{2i}, y_{1i} < y_{2i}$),窗口以 z 坐标排序 (对于 $2 \leqslant i \leqslant n, z_i > z_{i-1}$)。

【输出格式】

如果枪手不能射出一颗通过所有窗口的子弹,那么输出"UNSOLVABLE";

否则,第一行输出"SOLUTION"。接下来一行输出枪手射击的 X 轴坐标。接下来 n 行输出子弹穿过相应的窗口的位置。输出的所有坐标保留 6 位小数。

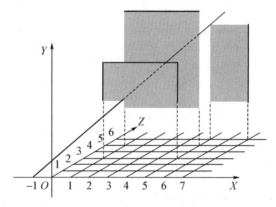

图 5.8-6　样例示意图

【输入样例】

3
1 3 5 5 3
1 2 5 7 5
5 2 7 6 6

【输出样例】

−1.000000
2.000000 3.000000 3.000000
4.000000 5.000000 5.000000
5.000000 6.000000 6.000000

16. 长方形覆盖(rect1.*,1 秒,256MB)

【问题描述】

N 个不同颜色的不透明的长方形 ($1 \leqslant N \leqslant 1000$) 被放置在一张横宽为 A 竖长为 B 的白纸上。这些长方形被放置时,保证了它们的边与白纸的边缘平行。所有的长方形都放置在白纸内,所以我们会看到不同形状的各种颜色。坐标系统的原点(0,0)设在这张白纸的左下角,而坐标轴则平行于边缘。

【输入格式】

按顺序输入放置长方形的方法。第一行输入的是那个放在底的长方形(即白纸)。

第 1 行:A,B 和 N,$1 \leqslant A,B \leqslant 10000$。

第 2 到 $N+1$ 行:为五个整数 llx,lly,urx,ury,color,这是一个长方形的左下角坐标、右上角坐标$(x+1,y+1)$和颜色。

颜色 1 和底部白纸的颜色相同,$1 \leqslant color \leqslant 2500$。

【输出格式】

输出所有能被看到颜色和该颜色的总面积(可以由若干个不连通的色块组成),按 color 增序排列。

【输入样例】

20 20 3
2 2 18 18 2
0 8 19 19 3
8 0 10 19 4

【输出样例】

1 91
2 84
3 187
4 38

【样例解释】

请注意:被(0,0)和(2,2)所描绘的是 2 个单位宽、2 个单位高的区域。这里有一个示意图输入:

11111111111111111111
33333333443333333331
33333333443333333331
33333333443333333331
33333333443333333331
33333333443333333331
33333333443333333331
33333333443333333331
33333333443333333331
33333333443333333331
33333333443333333331
33333333443333333331
11222222442222222211
11222222442222222211
11222222442222222211
11222222442222222211

11222222442222222211
11222222442222222211
11111111441111111111
11111111441111111111

'4'在(8,0)与(10,19)形成的是宽为 2 的区域,而不是 3。也就是说,4 形成的区域包含(8,0)和(8,1),而不是(8,0)和(8,2)。

17. 绳子(rope.*,1 秒,256MB)

【问题描述】

一个绘图员在桌上钉了 n 个钉子,由这些钉子作为顶点,组成了一个凸多边形。出于某种原因,他用绳子将饶在钉子上,围成一个凸多边形,如图 5.8-7 所示。

你的任务是计算绳子的长度。(所有的钉子可以看成半径相同的圆)

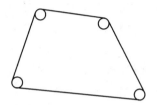

图 5.8-7　样例示意图

【输入格式】

输入文件的第一行两个数:第一个整数 n 表示钉子数($1 \leqslant n \leqslant 100$);第二个实数 r 表示钉子的半径。中间用一个空格隔开。

此后的 n 行,每行两个实数(中间用一个空格隔开),描述了一个钉子的坐标(圆心坐标)。钉子的坐标按它在凸多边形上的位置顺时针或逆时针列出。

【输出格式】

一个实数(保留两位小数),表示绳子的长度。

【输入样例】

4 1
0.0 0.0
2.0 0.0
2.0 2.0
0.0 2.0

【输出样例】

14.28

18. 网络游戏(VOJ1238)

【问题描述】

现在网络游戏一款接一款地推出,佳佳和他的同学们也迷上了网络游戏。他们最近在玩 N 款不同的网络游戏。

一些网络游戏允许玩家购买双倍经验卡。拥有双倍经验卡的玩家可以在有效期内获得更多的经验值。佳佳和他的同学们有着丰富的网游经验,对于任何一款网络游戏,只要是在双倍经验的条件下,无论谁玩都可以在单位时间内轻松获得一个单位的经验值。

国庆节马上到了,网游公司不会错过这难得的机会大捞一把。中国网游常用的赚钱手段便是免费提供双倍经验(因为如果玩家再买一张双倍卡,便可获得4倍经验)。

在9、10、11月份,佳佳和他的同学们玩的N个网络游戏中每一个都会有一段开放免费双倍经验的时间。佳佳事先作了调查,他已经把每一款网游的双倍经验开放时间都记了下来。佳佳是不会乱用自己的零花钱购买双倍经验卡的,他决定在免费双倍经验时叫同学到家里一起玩;同时,他们也不会浪费自己的时间,为了提高效率,他们只玩处于免费双倍经验开放时期的游戏。

我们假定,每台电脑最多只能有一人操作,一个人最多只能操作一台电脑;并且每款游戏最多只能在一台电脑上玩,每台电脑最多运行一个游戏。我们忽略开始游戏和结束游戏时所消耗的时间。

现在佳佳想知道,假如佳佳共有M台电脑,且佳佳一共叫来了P个同学,那么他和他的同学们最多能得到多少单位的经验呢?

【输入格式】

第一行有三个用空格隔开的整数N,M和P,它们表示的意义如题目描述。

以下N行,每行有两个用空格隔开的整数$X_i,Y_i(X_i \leqslant Y_i)$,表示从$X_i$单位时间到$Y_i$单位时间为第$i$款游戏开放双倍经验的时间。

对于70%数据,$0 \leqslant X_i, Y_i \leqslant 10000$;

对于100%数据,$0 \leqslant X_i, Y_i \leqslant 5\,000\,000$,$0 \leqslant P \leqslant 2\,147\,483\,647$,$1 \leqslant N \leqslant 1\,000$,$1 \leqslant M \leqslant 1000$。

【输出格式】

一个整数,表示佳佳和他的同学们能获得的最大经验值。

【输入样例】

1 1 1
0 100

【输出样例】

101

19. Diamond Dealer(diamond.*,1秒,256MB)

【问题描述】

周先生是钻石商。为成为成功商人,知道钻石价值是很重要的。周先生疲于手算,你必须帮他写程序来计算。

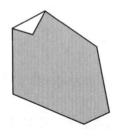

图 5.8-8 样例示意图

钻石价值由表面的光滑度决定。这又由表面的面数决定,面数越多越光滑。如果表面有凹痕(如上图红色区域),钻石价值下降。设钻石表面凹痕数(a)和无凹痕的面数(b),则钻石价值有下列公式计算:$v=-a\times p+b\times q$。当 v 是负数,钻石无价值(即 0 价值)。

【输入格式】

第一行一个整数 $t(t\leqslant 3)$,代表测试数据的组数。对于每个测试数据:

一行包含:

◎修补一个凹痕的花费 p,$0\leqslant p\leqslant 100$;

◎一个光滑面的价值 q,$0\leqslant q\leqslant 100$;

◎用来描述钻石形状的顶点数 n,$3\leqslant n\leqslant 30$。

n 行,每行一对整数 x_i,y_i,$-1000\leqslant x_i,y_i\leqslant 1000$),以顺时针方向描述钻石的顶点。在钻石边界上,任意三个点不共线。

【输出格式】

对于每个测试数据,输出一行一个整数,代表该钻石的价值。

【输入样例】

```
1
10 5 7
0 10
8 4
10 −7
6 −9
−5 −4
−5 7
−2 6
```

【输出样例】

```
15
```

20. 铁路连线问题(railway.*,1 秒,256MB)

【问题描述】

皮亚琴查是意大利一个美丽的城市,有着丰富的旅游资源。该地的旅游景点又被分为 N 个自然景观和 N 个人文景观,为了方便游客,当地政府决定在每两个自然景观和人文景观之间增设一条铁路,也就是增加 N 条铁路。为了降低工程难度,他们要求铁路之间不能相交,现在你的手边有每个自然景观和人文景观的坐标。市长要求你的程序给出一个可行的铁路连线方案。

【输入格式】

第 1 行为一个数字 $N(0<N<10000)$;

第 2——$N+1$ 行为 N 个自然景观的坐标(编号按顺序为 $1\sim N$),两个数字之间用一个空格隔开;

第 $N+2$——$2N+1$ 行为 N 个人文景观的坐标(编号按顺序为 $1\sim N$),两个数字之间也用一个空格隔开；

坐标值为整数，范围是[－10000,10000]。输入数据保证有解。

【输出格式】

输出数据包括 N 行，为一种可行解的方案。

每行包括两个数据，之间用一个空格隔开，即两个连线的景观的编号，前一个数为自然景观，后一个数为人文景观。

【输入样例】

3
1 1
2 5
6 3
5 5
3 3
2 2

【输出样例】

1 3
2 2
3 1

21. 找边界(find.*,1秒,256MB)

【问题描述】

一些闭合的折线(这些折线可能相交)将平面分成一些区域。其中有个区域是没有边界的——就是折线的外部区域。所有的有边界的区域和折线本身构成了内部区域(图中的阴影部分)。内部区域的边界也是一个折线(图中的粗线)。你的任务就是找到给定折线的边界。

在确立了起始点以后，为了保证解的唯一，我们要求输出满足：

● 不会出现两条线段相交(有公共的端点除外)。
● 相邻的两个节点不重合。
● 相邻的两条边不在同一条直线上。
● 当你沿着边界前进时，内部区域总是在你的左边。
● 起始点为横坐标最小的点，若这样的点不止一个，则选其中纵坐标最小的点。

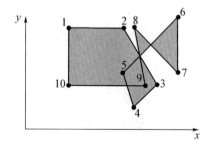

图 5.8-9 样例示意图

【输入格式】

输入文件的第一行包含一个整数 $n(3 \leqslant n \leqslant 100)$——在原折线中的节点数。以下的 n 行,每行有两个整数 $x_i, y_i (0 \leqslant x_i, y_i \leqslant 100)$,表示该点的坐标。所有的点都是不同的并且没有三点共线的情况。所有的相临边不在同一条直线上。

【输出格式】

输出文件第一行是整数 m——边界上的点数。以下的 m 行都是点的坐标。所有的坐标精确到小数点后 4 位。

【输入样例】

```
10
4 9
9 9
12 4
10 2
9 5
14 10
14 5
10 9
11 4
4 4
```

【输出样例】

```
13
4.0000 4.0000
9.3333 4.0000
10.0000 2.0000
12.0000 4.0000
10.5000 6.5000
11.5000 7.5000
14.0000 5.0000
14.0000 10.0000
11.5000 7.5000
10.0000 9.0000
10.5000 6.5000
9.0000 9.0000
4.0000 9.0000
```

22. 奶牛的位置(enemy.*,1 秒,256MB)

【题目大意】

一个农夫在一个 $x*y$ 的矩形田地上放牧 n 头奶牛($n \leqslant 25$),它们互相之间都非常仇视,所以都希望能够离其他奶牛尽量的远,它们有它们自己的标准,就是离其他奶牛的距离的倒数和越小越好,因为农夫想让它们尽量高兴,所以他必须找到一种使所有的奶牛之间的距离的倒数和尽量小,不过学历不高的农夫觉得自己很难做到,请你来为他找到这种方案,他将按照方案的解和最优解的差距来决定付给你的酬劳的多少。(他知道最优解还叫你求什么呢?)

输入 x,y,n,输出你的解的 n 头奶牛的位置。

23. 好大的内存(wasai.*,1秒,256MB)

【问题描述】

"CMC 的笔记本内存非常大!"大家说。

让我们来看看大家是怎么测试内存大小的吧。

先让计算机在内存中申请一块 size * size 的布尔类型的二维数组(下标都是从 1 到 n)。我们可以把这个数组叫做"01 方阵"。初始时所有单元都是 false。

每次,对计算机发出命令:把左上角为(r_1,c_1),右下角为(r_2,c_2)的这块矩形区域中所有的单元都变成 true。

这样执行了 n 次之后,询问计算机:这个数组中是 true 的单元一共有多少? 如果计算机得出了正确的结论,则大家就认为计算机刚才的确在执行命令,而不是根本没有开大数组。

由于每条命令都是人发的,而人的耐心是有限的,所以命令数不会超过 100。

CMC 的笔记本很神奇地通过了所有这样的测试! 你能让评测你程序的电脑通过测试吗?

【输入格式】

第一行一个整数 size,$1 \leqslant$ size $\leqslant 10^9$。

第二行一个整数 n,$1 \leqslant n \leqslant 100$。

下面 n 行,每行 4 个整数 r_1、c_1、r_2、c_2,$1 \leqslant r_1 \leqslant r_2 \leqslant$ size,$1 \leqslant c_1 \leqslant c_2 \leqslant$ size。

【输出格式】

一行一个整数 sum,表示为 true 的单元格个数。

【输入样例】

10
2
1 1 5 5
2 2 5 5

【输出样例】

25

24. 平面最远点对(POJ2187)

【问题描述】

求 $N(2 \leqslant N \leqslant 50000)$ 个点平面最远点对距离的平方。

【输入格式】

第 1 行一个整数 N。

接下来每行为点的坐标 x 和 y,$-10000 \leqslant x,y \leqslant 10000$,都是整数。

【输出格式】

输出一行一个整数,为平面最远点对距离平方。

【输入样例】

4
0 0
0 1
1 1
1 0

【输出样例】

2

第 6 章 矩 阵

在数学中,矩阵(Matrix)是一个按照长方阵列排列的实数或复数集合,最早来自于方程组的系数及常数所构成的方阵。

矩阵的研究历史悠久,拉丁方阵和幻方在史前年代已有人研究。在东汉前期的《九章算术》中,用分离系数法表示线性方程组,得到了其增广矩阵(线性方程组中未知量的系数加上常数项排列成的一个矩阵)。在消元过程中,使用的把某行乘以某一非零实数、从某行中减去另一行等运算技巧,相当于矩阵的初等变换。矩阵的一个重要用途就是解线性方程组。另外,矩阵还可以用来表示线性变换,以及图论模型及算法中关联矩阵的二元运算等方面。

矩阵正式作为数学中的研究对象出现,是在行列式的研究发展起来后。逻辑上,矩阵的概念先于行列式,但实际上恰好相反。矩阵的概念由 19 世纪英国数学家凯利首先提出,他也被公认为矩阵论的奠基人。他开始将矩阵作为独立的数学对象研究时,许多与矩阵有关的性质已经在行列式的研究中被发现了。他说:"我决然不是通过四元数而获得矩阵概念的;它或是直接从行列式的概念而来,或是作为一个表达线性方程组的方便方法而来的。"他从 1858 年开始,发表了《矩阵论的研究报告》等一系列关于矩阵的专门论文,研究了矩阵的运算律、矩阵的逆以及转置和特征多项式方程。凯利还提出了凯利—哈密尔顿定理,并验证了 3×3 矩阵的情况,又说进一步的证明是不必要的。哈密尔顿证明了 4×4 矩阵的情况,而一般情况下的证明是德国数学家弗罗贝尼乌斯于 1898 年给出的。1854 年时法国数学家埃尔米特使用了"正交矩阵"这一术语,但他的正式定义直到 1878 年才由弗罗贝尼乌斯发表。1879 年,弗罗贝尼乌斯引入"矩阵秩"的概念。至此,矩阵的体系基本上建立起来了。

矩阵是高等代数学中的常见工具,也常见于统计分析等应用数学学科中,矩阵的运算是数值分析领域的重要问题。在物理学中,矩阵在电路学、力学、光学和量子物理中都有应用。在计算机科学中,三维动画制作也需要用到矩阵。

6.1 矩阵及其运算

由 $m\times n$ 个数 a_{ij} 排成的 m 行 n 列的数表称为 m 行 n 列的矩阵,简称 $m\times n$ 矩阵。记作:

$$A = \begin{bmatrix} a_{11} & a_{12} & \cdots & a_{1n} \\ a_{21} & a_{22} & \cdots & a_{2n} \\ a_{31} & a_{32} & \cdots & a_{3n} \\ \cdots & \cdots & \cdots & \cdots \\ a_{m1} & a_{m2} & \cdots & a_{mn} \end{bmatrix}$$

这 $m\times n$ 个数称为矩阵 A 的元素,简称为元。数 a_{ij} 位于矩阵 A 的第 i 行第 j 列,称为矩阵 A 的 (i,j) 元,以数 a_{ij} 为 (i,j) 元的矩阵可记为 (a_{ij}) 或 $(a_{ij})_{m\times n}$,$m\times n$ 矩阵 A 也记作 A_{mn}。

元素是实数的矩阵称为实矩阵,元素是复数的矩阵称为复矩阵。而行数与列数都等于 n 的矩阵称为 n 阶矩阵或 n 阶方阵。n 阶方阵中所有 $i=j$ 的元素 a_{ij} 组成的斜线称为(主)对角线,所有 $i+j=n+1$ 的元素 a_{ij} 组成的斜线称为辅对角线。

6.1.1 矩阵的基本运算

矩阵的基本运算包括加法、减法、数乘、转置、共轭和共轭转置等。

1. 加法与减法

对于两个同型(行列数一样)矩阵 A 和 B,加法就是把对应 (i,j) 元做加法运算。例如:

$$\begin{bmatrix} 1 & 4 & 2 \\ 2 & 0 & 0 \end{bmatrix} + \begin{bmatrix} 0 & 0 & 5 \\ 7 & 5 & 0 \end{bmatrix} = \begin{bmatrix} 1+0 & 4+0 & 2+5 \\ 2+7 & 0+5 & 0+0 \end{bmatrix} = \begin{bmatrix} 1 & 4 & 7 \\ 9 & 5 & 0 \end{bmatrix}$$

矩阵的加法运算满足结合律和交换律,即:

$$A+B=B+A$$
$$(A+B)+C=A+(B+C)$$

矩阵的减法与加法运算类似,例如:

$$\begin{bmatrix} 1 & 4 & 2 \\ 2 & 0 & 0 \end{bmatrix} - \begin{bmatrix} 0 & 0 & 5 \\ 7 & 5 & 0 \end{bmatrix} = \begin{bmatrix} 1-0 & 4-0 & 2-5 \\ 2-7 & 0-5 & 0-0 \end{bmatrix} = \begin{bmatrix} 1 & 4 & -3 \\ -5 & -5 & 0 \end{bmatrix}$$

2. 数乘

矩阵的数乘是指一个数乘以一个矩阵,只要把这个数乘到每一个 (i,j) 元上。例如:

$$2\times \begin{bmatrix} 1 & 8 & -3 \\ 4 & -2 & 5 \end{bmatrix} = \begin{bmatrix} 2\times 1 & 2\times 8 & 2\times(-3) \\ 2\times 4 & 2\times(-2) & 2\times 5 \end{bmatrix} = \begin{bmatrix} 2 & 16 & -6 \\ 8 & -4 & 10 \end{bmatrix}$$

矩阵的数乘运算满足结合律和分配律,即:

$$(\lambda\mu)A=\lambda(\mu A)$$
$$(\lambda+\mu)A=\lambda A+\mu A$$
$$\lambda(A+B)=\lambda A+\lambda B$$

矩阵的加法、减法和数乘运算合称为矩阵的"线性"运算。

3. 转置

把矩阵 A 的行换成同序数的列所得到的新矩阵称为 A 的转置矩阵,这一过程称为矩阵的转置。例如:

$$\begin{bmatrix} 2 & 4 & 3 \\ 0 & -2 & 8 \end{bmatrix}^T = \begin{bmatrix} 2 & 0 \\ 4 & -2 \\ 3 & 8 \end{bmatrix}$$

矩阵的转置运算满足以下运算律：

$$(A^T)^T = A$$
$$(\lambda A)^T = \lambda A^T$$
$$(AB)^T = B^T A^T$$

4. 共轭

对于复矩阵，其共轭矩阵定义为：$(A)_{i,j} = \overline{A_{i,j}}$。例如，一个 2×2 复矩阵的共轭如下所示：

$$A = \begin{bmatrix} 3+i & 5 \\ 2-2i & i \end{bmatrix} \qquad \overline{A} = \begin{bmatrix} 3-i & 5 \\ 2+2i & -i \end{bmatrix}$$

5. 共轭转置

矩阵的共轭转置定义为：$(A^*)_{i,j} = \overline{A_{j,i}}$，也可以写成：$A^* = (\overline{A})^T = \overline{A^T}$。例如，一个 2×2 复矩阵的共轭转置如下所示：

$$A = \begin{bmatrix} 3+i & 5 \\ 2-2i & i \end{bmatrix} \qquad A^* = \begin{bmatrix} 3-i & 2+2i \\ 5 & -i \end{bmatrix}$$

6.1.2　矩阵的乘法运算

两个矩阵的乘法仅当第一个矩阵 A 的列数和第二个矩阵 B 的行数相等时才能定义。如 A 是 $m\times n$ 矩阵、B 是 $n\times p$ 矩阵，它们的乘积 C 是一个 $m\times p$ 矩阵 $C=(c_{ij})$，它的任意一个元素值为：

$$c_{i,j} = a_{i,1}b_{1,j} + a_{i,2}b_{2,j} + \cdots + a_{i,n}b_{n,j} = \sum_{r=1}^{n} a_{i,r}b_{r,j}$$

并将此乘积记为：$C=AB$。例如：

$$\begin{bmatrix} 1 & 0 & 2 \\ -1 & 3 & 1 \end{bmatrix} \times \begin{bmatrix} 3 & 1 \\ 2 & 1 \\ 1 & 0 \end{bmatrix} = \begin{bmatrix} (1\times 3+0\times 2+2\times 1) & (1\times 1+0\times 1+2\times 0) \\ (-1\times 3+3\times 2+1\times 1) & (-1\times 1+3\times 1+1\times 0) \end{bmatrix} = \begin{bmatrix} 5 & 1 \\ 4 & 2 \end{bmatrix}$$

矩阵的乘法运算满足结合律、左分配律、右分配律，但是不满足交换律。即：

$$(AB)C = A(BC)$$
$$(A+B)C = AC+BC$$
$$C(A+B) = CA+CB$$

6.1.3　矩阵的行列式

一个 $n\times n$ 的方阵 A 的行列式记为 $\det(A)$ 或者 $|A|$，一个 2×2 矩阵的行列式可表示如下：

$$\det\begin{pmatrix} a & b \\ c & d \end{pmatrix} = ad - bc$$

把一个 n 阶行列式中的元素 a_{ij} 所在的第 i 行和第 j 列划去后，留下来的 $n-1$ 阶行列式叫做元素 a_{ij} 的余子式，记作 M_{ij}。记 $A_{ij}=(-1)^{i+j}M_{ij}$，叫做元素 a_{ij} 的代数余子式。例如：

$$D=\begin{vmatrix} a_{11} & a_{12} & a_{13} & a_{14} \\ a_{21} & a_{22} & a_{23} & a_{24} \\ a_{31} & a_{32} & a_{33} & a_{34} \\ a_{41} & a_{42} & a_{43} & a_{44} \end{vmatrix} \quad M_{23}=\begin{vmatrix} a_{11} & a_{12} & a_{14} \\ a_{31} & a_{32} & a_{34} \\ a_{41} & a_{42} & a_{44} \end{vmatrix}$$

$A_{23}=(-1)^{2+3}M_{23}=-M_{23}$。

一个 $n \times n$ 矩阵的行列式等于其任意行（或列）的元素与对应的代数余子式乘积之和，即：

$$\det(\boldsymbol{A})=a_{i1}\boldsymbol{A}_{i1}+\cdots a_{in}\boldsymbol{A}_{in}=\sum_{j=1}^{n} a_{ij}(-1)^{i+j}\det(\boldsymbol{A}_{ij})$$

6.1.4 矩阵的特殊类别

对角矩阵（Diagonal Matrix）是一个主对角线之外的元素皆为 0 的矩阵，记为 $\mathrm{diag}(a_{11},a_{22},\cdots,a_{nn})$。

三角矩阵分上三角矩阵和下三角矩阵两种。上三角矩阵的对角线左下方的系数全部为零（如下矩阵 U），下三角矩阵的对角线右上方的系数全部为零。三角矩阵可以看做是一般方阵的一种简化情形。比如，由于带三角矩阵的矩阵方程容易求解，在解多元线性方程组时，总是将其系数矩阵通过初等变换化为三角矩阵来求解；又如三角矩阵的行列式就是其对角线上元素的乘积，很容易计算。有鉴于此，在数值分析等分支中三角矩阵十分重要。

$$U=\begin{bmatrix} u_{1,1} & u_{1,2} & u_{1,3} & \cdots & u_{1,n} \\ 0 & u_{2,2} & u_{2,3} & \cdots & u_{2,n} \\ 0 & 0 & \ddots & \ddots & \vdots \\ \vdots & \vdots & 0 & \ddots & u_{n-1,n} \\ 0 & 0 & \cdots & 0 & u_{n,n} \end{bmatrix}$$

对称矩阵是一个方阵，其转置矩阵和自身相等，即 $\boldsymbol{A}=\boldsymbol{A}^T$。对称矩阵中关于主对角线对称的每一对元素均相等。如果 $\boldsymbol{A}=-\boldsymbol{A}^T$，则称为反对称矩阵。

n 阶复方阵 $\boldsymbol{A}$ 的对称单元互为共轭，即 $\boldsymbol{A}$ 的共轭转置矩阵等于它本身，则 $\boldsymbol{A}$ 是厄米特矩阵（Hermitian Matrix）。例如：矩阵 $\boldsymbol{A}=\begin{pmatrix} 3 & 2+\mathrm{i} \\ 2-\mathrm{i} & 1 \end{pmatrix}$ 就是一个自共轭矩阵。显然，埃尔米特矩阵主对角线上的元素都是实数，其特征值也是实数。对于只包含实数元素的矩阵（实矩阵），如果它是对称阵，即所有元素关于主对角线对称，那么它也是埃尔米特矩阵。也就是说，实对称矩阵是埃尔米特矩阵的特例。如果埃尔米特矩阵的特征值都是正数，那么这个矩阵是正定矩阵，若它们是非负的，则这个矩阵是半正定矩阵。

$\boldsymbol{A}$ 是一个 n 阶实矩阵，若 $\boldsymbol{A}^T\boldsymbol{A}=\boldsymbol{E}$（或 $\boldsymbol{A}\boldsymbol{A}^T=\boldsymbol{E}$），则称 $\boldsymbol{A}$ 为正交矩阵。如果 $\boldsymbol{A}$ 是一

个正交矩阵,则$|A|=+1$或-1;A可逆,且其逆A^{-1}也是正交矩阵;A^T和A^*也是正交矩阵;A^m(m为自然数)也是正交矩阵。

范德蒙矩阵(Vandermonde 矩阵)是一个各列呈现出几何级数关系的矩阵。例如:

$$V=\begin{bmatrix} 1 & \alpha_1 & \alpha_1^2 & \cdots & \alpha_1^{n-1} \\ 1 & \alpha_2 & \alpha_2^2 & \cdots & \alpha_2^{n-1} \\ 1 & \alpha_3 & \alpha_3^2 & \cdots & \alpha_3^{n-1} \\ \vdots & \vdots & \vdots & \ddots & \vdots \\ 1 & \alpha_m & \alpha_m^2 & \cdots & \alpha_m^{n-1} \end{bmatrix}$$

或以第 i 行第 j 列的关系写作:$V_{i,j}=\alpha_i^{j-1}$。范德蒙矩阵的重要应用就是纠错编码,例如常用的纠错码 Reed-Solomon 编码中冗余块的编码采用的即为范德蒙矩阵。

【例 6.1-1】 普通递推数列(recurrence.*,128MB,1秒)

【问题描述】

给出一个 k 阶齐次递推数列 $\{f_i\}$ 的通项公式 $f_i=a_1 f_{i-1}+a_2 f_{i-2}+\cdots+a_k f_{i-k}$($i \geqslant k$),以及初始值 $f_0,f_1,\cdots,f_{k-1}$,求 f_n。

【输入格式】

第 1 行 2 个整数:n($0 \leqslant n \leqslant 1000000$)和 k($1 \leqslant k \leqslant 100$)。

第 2 行 k 个整数:$a_1,a_2,\cdots,a_k$($0 \leqslant a_i \leqslant 10000,1 \leqslant i \leqslant k$)。

第 3 行 k 个整数:$f_0,f_1,\cdots,f_{k-1}$($0 \leqslant f_i < 10000,0 \leqslant i < k$)。

【输出格式】

一行一个整数 p,是 f_n 除以 10000 的余数。

【输入样例】

10 2
1 1
1 1

【输出样例】

89

【问题分析】

从 n 和 k 的数据规模可以判断,逐项递推是要超时的。下面,我们从一个最简单的特例 Fibonacci 数列着手,看看如何进行递推优化。

Fibonacci 数列的递推公式为:

$$f_i=f_{i-1}+f_{i-2}$$

我们令:

$$F=\begin{bmatrix} f_{i-1} \\ f_{i-2} \end{bmatrix}, F'=\begin{bmatrix} f_i \\ f_{i-1} \end{bmatrix}$$

另外,再设一个矩阵 A,使得:

$$F'=A \cdot F$$

很容易，找出以下矩阵 $\boldsymbol{A}$ 满足要求：

$$\boldsymbol{A} = \begin{bmatrix} 1 & 1 \\ 1 & 0 \end{bmatrix}$$

进而，若有：

$$\boldsymbol{F}_0 = \begin{bmatrix} f_1 \\ f_0 \end{bmatrix} = \begin{bmatrix} 1 \\ 0 \end{bmatrix}$$

则：

$$\boldsymbol{F}_i = \boldsymbol{A}^i \cdot \boldsymbol{F}_0 = \begin{bmatrix} f_{i+1} \\ f_i \end{bmatrix}$$

经过这样的变换，尽管从表面上看仍然需要 n 步的计算才能得到 $\boldsymbol{F}_n$，但由于矩阵乘法满足结合律，我们可以像计算一个整数的非负整数次幂那样，通过分治来计算一个矩阵的非负整数次幂，从而求出 $\boldsymbol{F}_n$。

扩展至一般情况，若：

$$f_i = a_1 f_{i-1} + a_2 f_{i-2} + \cdots + a_k f_{i-k}$$

同样地，我们令：

$$\boldsymbol{F} = \begin{bmatrix} f_{i-1} \\ f_{i-2} \\ \vdots \\ f_{i-k} \end{bmatrix}, \boldsymbol{F}' = \begin{bmatrix} f_i \\ f_{i-1} \\ \vdots \\ f_{i-k+1} \end{bmatrix}$$

另外，再设一个矩阵 $\boldsymbol{A}$，使得 $\boldsymbol{F}' = \boldsymbol{A} \cdot \boldsymbol{F}$。通过比较，我们可以得出：

$$\boldsymbol{A} = \begin{bmatrix} a_1 & a_2 & a_3 & \cdots & a_k \\ 1 & 0 & 0 & \cdots & 0 \\ 0 & 1 & 0 & \cdots & 0 \\ \vdots & \vdots & \vdots & \ddots & \vdots \\ 0 & 0 & \cdots & 1 & 0 \end{bmatrix}$$

于是，若有：

$$\boldsymbol{F}_0 = \begin{bmatrix} f_{k-1} \\ f_{k-2} \\ \vdots \\ f_0 \end{bmatrix}$$

则：

$$\boldsymbol{F}_i = \boldsymbol{A}^i \cdot \boldsymbol{F}_0 = \begin{bmatrix} f_{i+k-1} \\ f_{i+k-2} \\ \vdots \\ f_i \end{bmatrix}$$

这样,我们同样也能用分治的方法来求得 F_n。

通过使用矩阵乘法,整个算法的时间复杂度为 $\Theta(k^3 \log_2 n)$,空间复杂度为 $\Theta(k^2)$。如果在矩阵相乘时使用 Strassen 算法,时间复杂度还可以进一步降为 $\Theta(k^{2.81} \log_2 n)$。

【参考程序】

```cpp
#include<bits/stdc++.h>
using namespace std;

int read(){
    int s=0,f=1;char ch=getchar();
    while(ch<'0'||ch>'9'){if(ch=='-')f=-1;ch=getchar();}
    while(ch>='0'&&ch<='9'){s=(s<<1)+(s<<3)+ch-'0';ch=getchar();}
    return s*f;
}

const int max_n=100,max_m=100;
int mod=10000;
struct matrix{
    int n,m;
    long long s[max_n][max_m];
    matrix(){clean();}
    void clean(){
        n=max_n,m=max_m;
        for(int i=0;i<max_n;i++)
            for(int j=0;j<max_m;j++)
                s[i][j]=0;
    }
}A,F0;

long long ss[max_n];
matrix operator*(matrix a,matrix b){
    matrix c;
    if(a.m!=b.n){return c;}
    c.n=a.n,c.m=b.m;
    for(int j=0;j<c.m;j++){
        for(int i=0;i<c.n;i++)ss[i]=b.s[i][j];
        for(int i=0;i<c.n;i++){
            for(int k=0;k<a.m;k++)
                c.s[i][j]+=a.s[i][k]*ss[k];
            c.s[i][j]%=mod;
```

```
        }
    }
    return c;
}

matrix pow(matrix a,int b){
    matrix ans;ans.n = ans.m = a.n;
    for(int i = 0;i<a.n;i++)
        for(int j = 0;j<a.n;j++)
            ans.s[i][j] = (i = = j);
    for(;b;b>> = 1,a = a*a)
        if(b&1)
            ans = ans*a;
    return ans;
}

int n,k;
int main(){
    n = read(),k = read();
    for(int i = 0;i<k;i++)
        A.s[0][i] = read();
    for(int i = 1;i<k;i++)
        A.s[i][i-1] = 1;
    for(int i = 0;i<k;i++)
        F0.s[k-i-1][0] = read();
    A.n = A.m = k;F0.n = k,F0.m = 1;
    if(n<k)
        {printf("%d\n",int(F0.s[k-n-1][0]));
        return 0;
        }
    matrix dd = pow(A,1);
    printf("%d\n",int((pow(A,n-k+1)*F0).s[0][0]));
    return 0;
}
```

【例 6.1-2】 染色(color.*,256MB,1秒)

【问题描述】

最近小 x 很 happy,她制作了一些小旗,小旗都排成一列。现在她有四种颜色分别为 $R、B、W、Y$。突发奇想的小 x 决定出个问题考考你。她想知道,n 面小旗染色有多少种不同的方案数。这样太简单了,答案不就是 4^n 吗! 于是,她加了 5 个限制条件,分别要求:

1. 相邻两面旗染色不相同;
2. R,B 两种颜色不能相邻;
3. Y,W 两种颜色不能相邻;
4. R,W,B 不能在一起。即不能出现连续三个是 RWB 的排列;
5. 正反一样的算一种。

但是,小 x 觉得这样还是太简单了,于是她定义 $f(n)$ 为 n 面红旗的方案数,她给你 L 和 R 两个正整数,让你计算以下式子:

$$\sum_{i=L}^{R} f(i)$$

由于答案太大,你只需要 mod 1000000007 即可。

【输入格式】

输入文件一行两个正整数 L 和 R,保证 $L \leqslant R$。

【输出格式】

输出文件只有一行一个整数。

【输入输出样例】

color. in	color. out
3 4	23
5 6	64

【解释样例】

对于样例 1 的解释:

3 面小旗: $BWB,BYB,BYR,RWR,RYR,WBW,WBY,WRW,WRY,YBY,YRY$(11 种)。

4 面小旗: $BWBW,BWBY,BYBW,BYBY,BYRW,BYRY,RWRW,RWRY,RYBW,RYBY,RYRW,RYRY$(12 种)。

所以答案为 11+12=23 种。

【数据范围】

对于 10% 的数据满足: $1 \leqslant L \leqslant R \leqslant 10$;

另有 40% 的数据满足: $R-L+1 \leqslant 10$;

对于 100% 的数据满足: $1 \leqslant L \leqslant R \leqslant 10^9$。

【问题分析】

先不考虑 $L \sim R$,只考虑长度为 len 的。设 $a[i]$ 表示位置 i 的方案,$a[i][j]$ 表示 $i \sim j$ 的方案。可以设计出一个状态压缩的动态规划方程来,设 $F[i][j]$ 表示长度为 i、状态为 j 的方案种数,因为只和目前最后的两个 $flag$ 有关,因此,j 只要表示最后两个 $flag$ 的状态即可,一共只有 8 种。这样,限制条件 1、2、3、4 都能解决,如何满足条件 5 呢? 分析发现,偶数无论如何都不会形成回文的(相邻不同)。考虑奇数,回文的方案数就是 DP 算长度为 $(len+1)/2$ 时的方案数(若 $a[k]=a[len-k+1](1 \leqslant k \leqslant len/2)$,则当前串满足条件 5,$a[1][(len+1)/2]$ 和 $a[(len+1)/2][len]$ 满足条件 1—4,则当前串满足条件 1—3,又因为 $flag[(len+1)/2-1]=flag[(len+1)/2+1]$,则当前串满足条件 4)。综上所述,长度为 len 答案就是 $(f[len]+f[(len+1)/2])/2$(len 是奇数)或者 $f[len]$(len 是偶数)。因为 $L, R \leq 10^9$,所以,要使用矩阵乘法来实现。

设 $S_k = \sum_{i=2}^{k} f[k]$,那么答案就是 $(S_R + S_{(R+1)/2} - S_{L-1} - S_{L/2})/2$

$$f[len] = F_0 * A^{len-2}$$
$$S_{k+2} = F_0 * \sum_{i=0}^{k} A^i$$
$$\text{设 } D_k = \sum_{i=0}^{k-1} A^i$$
$$D_{k*2} = D_k + A^k D_k$$

至此,可以对 A、D 预处理后,用类似快速幂的方法求出 S。

【参考程序】

```cpp
#include<bits/stdc++.h>
using namespace std;

int read(){
    int s=0,f=1;char ch=getchar();
    while(ch<'0'||ch>'9'){if(ch=='-')f=-1;ch=getchar();}
    while(ch>='0'&&ch<='9'){s=(s<<1)+(s<<3)+ch-'0';ch=getchar();}
    return s*f;
}

const int max_n=8,max_m=8;
int mod=1000000007;
struct matrix{
    int n,m;
    long long s[max_n][max_m];
    matrix(){clean();}
    void clean(){
        n=max_n,m=max_m;
        for(int i=0;i<max_n;i++)
            for(int j=0;j<max_m;j++)
                s[i][j]=0;
    }
}A[30],D[30],F0;

long long ss[max_n];
matrix operator * (matrix a,matrix b){
    matrix c;
```

```cpp
        if(a.m!=b.n){return c;}
        c.n=a.n,c.m=b.m;
        for(int j=0;j<c.m;j++){
            for(int i=0;i<c.n;i++)ss[i]=b.s[i][j];
            for(int i=0;i<c.n;i++){
                for(int k=0;k<a.m;k++)
                    c.s[i][j]+=a.s[i][k]*ss[k];
                c.s[i][j]%=mod;
            }
        }
        return c;
    }
    
    matrix operator+(matrix a,matrix b){
        matrix c;
        c.n=a.n,c.m=a.m;
        for(int i=0;i<c.n;i++)
            for(int j=0;j<c.m;j++)
                c.s[i][j]=a.s[i][j]+b.s[i][j],
                c.s[i][j]-=(c.s[i][j]>=mod?mod:0);
        return c;
    }
    
    matrix pow(matrix a,int b){
        matrix ans;ans.n=ans.m=a.n;
        for(int i=0;i<a.n;i++)
            for(int j=0;j<a.n;j++)
                ans.s[i][j]=(i==j);
        for(;b;b>>=1,a=a*a)
            if(b&1)
                ans=ans*a;
        return ans;
    }
    
    int pow2(long long a,int b){
        long long ans=1;
        for(;b;b>>=1,a=a*a%mod)
            if(b&1)
                ans=ans*a%mod;
```

```
    return ans;
}

int L,R;
matrix S(int k){
    matrix AA,DD;AA.n = AA.m = 8;
    for(int i = 0;i<8;i++)AA.s[i][i] = 1;
    DD.n = DD.m = 8;
    for(int i = 29;i>= 0;i--)
      if((k>>i)&1)
        DD = DD + AA * D[i],
        AA = AA * A[i];
    return DD;
}

int calc(int len){
    if(len = = 1)return 4;
    long long sum = 0;
    matrix Fn = S(len-1) * F0;
    for(int i = 0;i<8;i++)
      sum+ = Fn.s[i][0];
    return (sum+4)%mod;
}

int main()
{  //     0 1 2 3 4 5 6 7
    A[0].n = A[0].m = 8;//RBWY   RW RY BW BY WR WB YR YB
    A[0].s[0][4] = 1,A[0].s[0][6] = 1;
    A[0].s[1][4] = 1,A[0].s[1][6] = 1;
    A[0].s[2][5] = 1,A[0].s[2][7] = 1;
    A[0].s[3][5] = 1,A[0].s[3][7] = 1;
    A[0].s[4][0] = 1,A[0].s[4][2] = 0;
    A[0].s[5][0] = 0,A[0].s[5][2] = 1;
    A[0].s[6][1] = 1,A[0].s[6][3] = 1;
    A[0].s[7][1] = 1,A[0].s[7][3] = 1;
    for(int i = 1;i<30;i++)
      A[i] = A[i-1] * A[i-1];
    F0.n = 8,F0.m = 1;
    for(int i = 0;i<8;i++)
```

```
            F0.s[i][0] = 1;
        D[0].n = D[0].m = 8;
        for(int i = 0;i<8;i++)
            D[0].s[i][i] = 1;
        for(int i = 1;i<30;i++)
            D[i] = D[i-1] + A[i-1] * D[i-1];
        L = read(),R = read();
        printf("%d\n",int(((long long)calc(R) + calc((R+1)/2) - calc(L-1) - calc(L/2) + mod) * pow2(2,mod-2) % mod));
        return 0;
}
```

6.2 数字方阵

在信息学奥赛中,常常遇到各种形式的 N 阶数字方阵问题。从数据结构角度看,方阵是二维数组。从数学角度看,方阵中的元素可看作函数 $f(i,j)$ 的值。解决这类问题通常有两种方法,一种是模拟法,按照自然数(或符号)递增(或递减)排列的顺序控制下标,逐一填入自然数(或符号)。另一种是归纳法(或函数法),通过归纳类比来发现方阵排列的规律,找出方阵中元素与下标的对应关系,建立函数。模拟法与归纳法各有优劣。为了方便阐述,我们约定 $f(i,j)$ 表示方阵中的 (i,j) 元。首先,可以归纳出一些 N 阶方阵的基本变化规律:

(1) 垂直对称 $f'(i,j)=f(i,n+1-j)$;
(2) 水平对称 $f'(i,j)=f(n+1-i,j)$;
(3) 对角线对称(主对角线) $f'(i,j)=f(j,i)$;
(4) 对角线对称(辅对角线) $f'(i,j)=f(n+1-i,n+1-i)$;

将以上基本变化合并后,可以产生其他对称旋转等变化。例如:

(1) 中心对称:将水平变化和垂直变化合并,$f'(i,j)=f(n+1-i,n+1-j)$
(2) 顺时针旋转 90 度:将水平对称和对角线对称合并,$f'(i,j)=f(n+1-j,i)$
(3) 逆时针旋转 90 度:将垂直对称和对角线对称合并,$f'(i,j)=f(j,n+1-i)$

【例 6.2-1】 N 阶奇数幻方(njjshf.*,128MB,1 秒)

【问题描述】

输入 $N(N\leqslant 20,奇数)$,输出一个"N 阶奇数幻方"。如 $N=5$,输出如下:

```
17 24  1  8 15
23  5  7 14 16
 4  6 13 20 22
10 12 19 21  3
11 18 25  2  9
```

【问题分析】

分析"5 阶奇数幻方",发现每一行 5 个数字的和、每一列 5 个数字的和、两条对角线的 5 个数字都等于(1+2+3+…+25)/5=65。

如何生成"N 阶奇数幻方"呢？归纳法一时难于找到函数 $f(i,j)$ 的规律，于是尝试采用模拟法。模拟法的一般结构如下：

```
第 1 个数的位置[i,j]初始化;
穷举 step(1 到 N²),每次做:
{
    将 step 填到 a[i,j];
    inc(step);
    根据规律找到下个数所在的位置,即修改 i,j 的值;
}
```

【参考程序】

```cpp
#include<bits/stdc++.h>
using namespace std;
int n;
int f[20][20];
void solve(int step,int i,int j){
    if(step==n*n+1)return;
    f[i][j]=step;
    if(f[(i-1+n)%n][(j+1)%n])
        solve(step+1,(i+1)%n,j);
    else
        solve(step+1,(i-1+n)%n,(j+1)%n);
}

int main(){
    scanf("%d",&n);
    solve(1,0,n/2);
    for(int i=0;i<n;i++,puts(""))
        for(int j=0;j<n;j++)
            printf("%4d",f[i][j]);
    return 0;
}
```

【例 6.2-2】 N 阶斜线方阵(njxxfz.*,128MB,1 秒)

【问题描述】

输入 $N(N \leqslant 20)$，输出一个"斜线方阵"。如 $N=5$，输出如下：

```
 1   2   4   7  11
 3   5   8  12  16
 6   9  13  17  20
10  14  18  21  23
```

15 19 22 24 25

【问题分析】

本题可以采用模拟法。把整个方阵看成 $2n-1$ 条"从右上到左下的斜线",然后按顺序逐条斜线逐个数的去填,具体实现详见"参考程序1"。

本题也可以采用归纳法。观察发现,此方阵按斜线方向分布,共 $2n-1$ 个斜行,斜行号为:$i+j-1$。每一斜行数的个数分别为:$1,2,3\cdots n-1,n,n-1\cdots3,2,1$。为了计算 $f(i,j)$,可将方阵分为两部分:左上部分和右下部分。左上部分每一斜行的自然数个数即为斜行号,计算 $f(i,j)$ 只需将前 $i+j-2$ 斜行的元素个数相加(即 $\sum_{k=1}^{i+j-2} k$),再加上 (i,j) 在斜行中的位置(即 i)。右下部分直接计算比较复杂,可以根据对称性来计算。综合以上分析可以得到以下 $f(i,j)$:

$$f(i,j)=\begin{cases} \dfrac{(i+j-1)(i+j-2)}{2}+i & (\text{当}\ i+j\leqslant n+1,\text{即左上角}) \\ n^2-\dfrac{(2n+1-i-j)(2n-i-j)}{2}-n+i & (\text{当}\ i+j>n+1,\text{即右下角}) \end{cases}$$

或把右下角改成:$f(i,j)=n*n+1-f[n+1-i,n+1-j]$。

【参考程序1】

```cpp
#include<bits/stdc++.h>
using namespace std;
int n,step;
int f[21][21];
int main(){
    scanf("%d",&n);
    for(int i=1;i<=n;i++)
        for(int j=1;j<=i;j++)
            f[j][i+1-j]=++step;
    for(int i=2;i<=n;i++)
        for(int j=i;j<=n;j++)
            f[j][i+n-j]=++step;
    for(int i=1;i<=n;i++,puts(""))
        for(int j=1;j<=n;j++)
            printf("%4d",f[i][j]);
    return 0;
}
```

【参考程序2】

```cpp
#include<bits/stdc++.h>
using namespace std;
int n,step;
int f[21][21];
```

```
int main(){
    scanf("%d",&n);
    for(int i=1;i<=n;i++)
      for(int j=1;j<=n;j++)
         if(i+j<=n+1)
            f[i][j]=(i+j-1)*(i+j-2)/2+i;
         else
            f[i][j]=n*n-(2*n+1-i-j)*(2*n-i-j)/2-n+i;
    for(int i=1;i<=n;i++,puts(""))
       for(int j=1;j<=n;j++)
          printf("%4d",f[i][j]);
    return 0;
}
```

【例 6.2-3】 N 阶螺旋方阵(njlxfz.*,128MB,1 秒)

【问题描述】

输入 $N(N \leqslant 20)$,输出一个"螺旋方阵"。如 $N=5$,输出如下:

```
 1  2  3  4  5
16 17 18 19  6
15 24 25 20  7
14 23 22 21  8
13 12 11 10  9
```

【问题分析】

观察可发现,此方阵的规律为由外向内逐层螺旋填数,不妨设由外向内依次为第 1 层,第 2 层,…。可以发现以下规律:

(1) 每层均为正方形,螺旋方向为顺时针;

(2) 第 1 层边长为 n,第 2 层边长为 $n-2$,…,第 p 层边长为 $n-2p$;

(3) 第 1 层数字个数为 $4(n-1)$,第 2 层数字个数为 $4(n-3)$,…,第 p 层数字个数为 $4(n-2p+1)$。

这些都是比较直观的规律,由此可以推导出,前 $p-1$ 层共有数字 $4\sum_{i=1}^{p-1}(n-2i+1)$,第 p 层第一个数字(下标 (p,p))为 $\left[4\sum_{i=1}^{p-1}(n-2i+1)\right]+1$,为了输出这个方阵,需要考虑更一般的问题:对任意下标 (i,j) 对应什么数字?

首先考察 (i,j) 位于第几层(记为 p)。观察发现,(i,j) 位于最靠近外围的那一层上,即 $p=\min(i,j,n+1-i,n+1-j)$。

其次考察 (i,j) 位于该层第几个数字?为了方便,将方阵分为四个区(如图 6.2-1 所示),直线 $L_1:i=j$;$L_2:i+j=n+1$;

(1) 位于 L_1 右方,L_2 左方,第 $j-p+1$ 个数字;

(2) 位于 L_1 右方,L_2 右方,第 $n-2p+i-p+2$ 个数字;

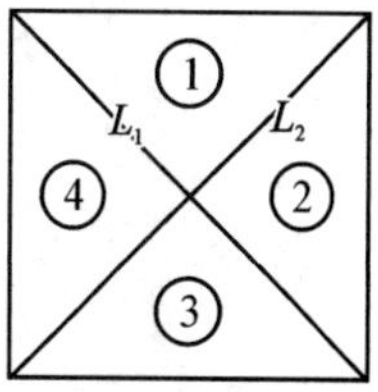

图 6.2-1 方阵分区

(3) 位于 L_1 左方，L_2 右方，第 $2(n-2p+1)+n-j-p+2$ 个数字；

(4) 位于 L_1 左方，L_2 左方，第 $3(n-2p+1)+n-i-p+2$ 个数字。

【参考程序1】

```cpp
#include<bits/stdc++.h>
using namespace std;
int n,step,x,y,dir;
int dx[4]={0,1,0,-1},dy[4]={1,0,-1,0};
int f[22][22];
int main(){
    scanf("%d",&n);
    for(int i=0;i<=n+1;i++)
        for(int j=0;j<=n+1;j++)
            if(i==0||j==0||i==n+1||j==n+1)
                f[i][j]=-1;
    x=1,y=1,dir=0;
    f[x][y]=1;
    for(int i=2;i<=n*n;i++){
        for(;f[x+dx[dir]][y+dy[dir]];dir++,dir&=3);
        x+=dx[dir],y+=dy[dir];
        f[x][y]=i;
    }
    for(int i=1;i<=n;i++,puts(""))
        for(int j=1;j<=n;j++)
            printf("%4d",f[i][j]);
    return 0;
}
```

【参考程序2】

```cpp
#include<bits/stdc++.h>
using namespace std;
int n;
int f[22][22];
int main(){
    scanf("%d",&n);
    for(int i=1;i<=n;i++)
        for(int j=1;j<=n;j++){
            int p=min(min(i,j),min(n+1-j,n+1-i));
            f[i][j]=4*((n-p+1)*(p-1));
            if(j>=i)
                if(i+j<=n+1)
```

```
                    f[i][j]+=j-p+1;
                else
                    f[i][j]+=n-3*p+i+2;
            else
                if(i+j<=n+1)
                    f[i][j]+=4*n-i-7*p+5;
                else
                    f[i][j]+=3*n-j-5*p+4;
        }
    for(int i=1;i<=n;i++,puts(""))
        for(int j=1;j<=n;j++)
            printf("%4d",f[i][j]);
    return 0;
}
```

6.3 线性方程组及其解法

一般来说,线性方程组形式如下:

$$\begin{cases} a_{11}x_1+a_{12}x_2+\cdots a_{1n}x_n=b_1 \\ a_{21}x_1+a_{22}x_2+\cdots a_{2n}x_n=b_2 \\ \vdots \qquad \vdots \qquad \vdots \\ a_{n1}x_1+a_{n2}x_2+\cdots a_{nn}x_n=b_n \end{cases}$$

常记为以下矩阵形式:

$$\boldsymbol{A}x=\boldsymbol{B}$$

其中:

$$\boldsymbol{A}=\begin{bmatrix} a_{11} & a_{12} & \cdots & a_{1n} \\ a_{21} & a_{22} & \cdots & a_{2n} \\ \vdots & \vdots & & \vdots \\ a_{n1} & a_{n2} & \cdots & a_{nn} \end{bmatrix} \qquad \boldsymbol{B}=\begin{bmatrix} b_1 \\ b_2 \\ \vdots \\ b_n \end{bmatrix}$$

在工程技术和工程管理中有许多问题经常可以归结为线性方程组类型的数学模型,这些模型中方程和未知量个数常常有多个,而且方程个数与未知量个数也不一定相同。那么这样的线性方程组是否有解呢? 如果有解,解是否唯一? 若解不唯一,解的结构如何呢? 利用矩阵来讨论线性方程组的解的情况或求线性方程组的解是很方便的。

6.3.1 高斯消元法

高斯(Gauss)消元法的基本思想是:通过一系列的加减"消元"运算,也就是代数中的加减消去法,将方程组化为"上三角"矩阵。然后,再逐一回代求解出 x 向量。例如,要求以下线性方程组的解。

$$\begin{cases} 3x_1+2x_2+x_3=6 & \cdots(1) \\ 2x_1+2x_2+2x_3=4 & \cdots(2) \\ 4x_1-2x_2-2x_3=2 & \cdots(3) \end{cases}$$

1. 消元过程

消元过程可以分 3 步实现。第 1 步将(1)式除以 3,把 x_1 的系数化为 1。再将(2)式、(3)式中 x_1 的系数都化为零,即(2)式$-2\times(1)^{(1)}$式、(3)式$-4\times(1)^{(1)}$式得:

$$x_1+\frac{2}{3}x_2+\frac{1}{3}x_3=2\cdots(1)^{(1)}$$

$$\frac{2}{3}x_2+\frac{4}{3}x_3=0\cdots(2)^{(1)}$$

$$-\frac{14}{3}x_2-\frac{10}{3}x_3=-6\cdots(3)^{(1)}$$

第 2 步将$(2)^{(1)}$式除以 2/3,把 x_2 系数化为 1。再将$(3)^{(1)}$式中 x_2 的系数化为零,即$(3)^{(1)}$式$-(-14/3)*(2)^{(2)}$式得:

$$x_2+2x_3=0\cdots(2)^{(2)}$$

$$\frac{18}{3}x_3=-6\cdots(3)^{(2)}$$

第 3 步将$(3)^{(2)}$式除以 18/3,把 x_3 系数化为 1,得:

$$x_3=-1\cdots(3)^{(3)}$$

经消元后,得到如下三角代数方程组:

$$\begin{cases} x_1+\frac{2}{3}x_2+\frac{1}{3}x_3=2\cdots(1)^{(1)} \\ x_2+2x_3=0\cdots(2)^{(2)} \\ x_3=-1\cdots(3)^{(3)} \end{cases}$$

2. 回代过程

由$(3)^{(3)}$式得 $x_3=-1$,再将 x_3 代入$(2)^{(2)}$式得 $x_2=2$,再将 x_2 和 x_3 代入$(1)^{(1)}$式得 $x_1=1$。

3. 用矩阵运算实现消元过程

用矩阵运算实现消元过程分为 3 步。第 1 步将方程组写成增广矩阵的形式。

$$[A \quad B] = \begin{bmatrix} a_{11} & a_{12} & \cdots & a_{1n} & b_1 \\ a_{21} & a_{22} & \cdots & a_{2n} & b_2 \\ \vdots & \vdots & & \vdots & \vdots \\ a_{n1} & a_{n2} & \cdots & a_{nn} & b_n \end{bmatrix}$$

第 2 步对矩阵进行初等行变换,初等行变换包含如下操作:
(1) 将某行同乘或同除一个非零实数;
(2) 将某行加到另一行;
(3) 将任意两行互换;

第 3 步将增广矩阵变换成上三角矩阵,即主对角线全为 1,左下三角矩阵全为 0。形式如下:

$$[\boldsymbol{A}^{(n)} \quad \boldsymbol{B}^{(n)}] = \begin{bmatrix} 1 & a_{12}^{(1)} & a_{13}^{(1)} & \cdots & \cdots & a_{1n}^{(1)} & b_1^{(1)} \\ 0 & 1 & a_{23}^{(2)} & \cdots & \cdots & a_{2n}^{(2)} & b_2^{(2)} \\ 0 & 0 & 1 & \ddots & \cdots & a_{3n}^{(3)} & b_3^{(3)} \\ 0 & 0 & 0 & \ddots & \ddots & \vdots & \vdots \\ \vdots & \vdots & \vdots & \ddots & 1 & a_{n-1n}^{(n-1)} & \vdots \\ 0 & 0 & 0 & \cdots & 0 & 1 & b_n^{(n)} \end{bmatrix}$$

用矩阵运算实现消元过程举例如下:

$$\begin{bmatrix} 3 & 2 & 1 & 6 \\ 2 & 2 & 2 & 4 \\ 4 & -2 & -2 & 2 \end{bmatrix} \xrightarrow{(1)/3} \begin{bmatrix} 1 & \frac{2}{3} & \frac{1}{3} & 2 \\ 2 & 2 & 2 & 4 \\ 4 & -2 & -2 & 2 \end{bmatrix} \xrightarrow{(2)-(1)*2} \begin{bmatrix} 1 & \frac{2}{3} & \frac{1}{3} & 2 \\ 0 & \frac{2}{3} & \frac{4}{3} & 0 \\ 4 & -2 & -2 & 2 \end{bmatrix}$$

$$\xrightarrow{(3)-(1)*4} \begin{bmatrix} 1 & \frac{2}{3} & \frac{1}{3} & 2 \\ 0 & \frac{2}{3} & \frac{4}{3} & 0 \\ 0 & -\frac{14}{3} & -\frac{10}{3} & -6 \end{bmatrix} \xrightarrow{(2)*\frac{3}{2}} \begin{bmatrix} 1 & \frac{2}{3} & \frac{1}{3} & 2 \\ 0 & 1 & 2 & 0 \\ 0 & -\frac{14}{3} & -\frac{10}{3} & -6 \end{bmatrix} \xrightarrow{(3)(2)*\frac{14}{3}}$$

$$\begin{bmatrix} 1 & \frac{2}{3} & \frac{1}{3} & 2 \\ 0 & 1 & 2 & 0 \\ 0 & 0 & \frac{18}{3} & -6 \end{bmatrix} \xrightarrow{(2)\div\frac{18}{3}} \begin{bmatrix} 1 & \frac{2}{3} & \frac{1}{3} & 2 \\ 0 & 1 & 2 & 0 \\ 0 & 0 & 1 & -1 \end{bmatrix}$$

4. 高斯消元的公式

综合以上讨论,不难看出,高斯消元法解方程组的公式为:

(1) 消元

令: $a_{ij}^{(1)} = a_{ij}, (i, j = 1, 2, 3, \cdots, n)$

$b_i^{(1)} = b_i, (i = 1, 2, 3, \cdots, n)$

对 $k=1$ 到 $n-1$,若 $a_{kk}^{(k)} \neq 0$,进行:

$l_{ik} = a_{ik}^{(k)} / a_{kk}^{(k)}, (i = k+1, k+2, \cdots, n)$

$a_{ij}^{(k+1)} = a_{ij}^{(k)} - l_{ik} * a_{kj}^{(k)}, (i, j = k+1, k+2, \cdots, n)$

$b_i^{(k+1)} = b_i^{(k)} - l_{ik} * b_k^{(k)}, (i = k+1, k+2, \cdots, n)$

(2) 回代

若 $a_{mn}^{(n)} \neq 0$

则：$x_n = b_n^{(n)} / a_{mn}^{(n)}$

$x_i = (b_i^{(i)} - sgm(a_{ij}^{(i)} * x_j)) / - a_{ii}^{(i)}, i = n-1, n-2, \cdots, 1), (j = i+1, i+2, \cdots, n)$

5. 高斯消元法的条件

消元过程要求 $a_{ii}^{(i)} \neq 0 \ (i=1,2,\cdots,n)$，回代过程则进一步要求 $a_{mn}^{(n)} \neq 0$，但就方程组 $Ax = b$ 而言，$a_{ii}^{(i)}$ 是否等于 0 是无法事先看出来的。

注意 A 的顺序主子式 $D_i (i=1,2,\cdots,n)$，在消元的过程中不变，这是因为消元所作的变换是"将某行的若干倍加到另一行"。若高斯消元法的过程进行了 $k-1$ 步 ($a_{ii}^{(i)} \neq 0$, $i < k$)，这时计算的 $A^{(k)}$ 顺序主子式：

$D_1 = a_{11}^{(1)}$

$D_2 = a_{11}^{(1)} a_{22}^{(2)}$

…

$D_k = a_{11}^{(1)} a_{22}^{(2)} \cdots a_{k,k}^{(k)}$

有递推公式：

$D_1 = a_{11}^{(1)}$

$D_i = D_{i-1} a_{ii}^{(i)} (i=2,3,\cdots,n)$

定理：高斯消元法消元过程能进行到底的充要条件是系数阵 A 的 1 到 $n-1$ 阶的顺序主子式不为 0。

6. 选主消元

因为在高斯消元的过程中，要做乘法和除法运算，因此会产生误差。当 $|a_{kk}^{(k)}|$ 很小时，此时用它作除数会导致其他元素数量级严重增加，带来误差扩散，使结果严重失真。例如：

$$\begin{cases} 0.00001x_1 + x_2 = 1.00001 \\ 2x_1 + x_2 = 3 \end{cases}$$

$$\begin{pmatrix} 0.00001 & 1 & 1.00001 \\ 2 & 1 & 3 \end{pmatrix} \xrightarrow{(1)*100000} \begin{pmatrix} 1 & 100000 & 100001 \\ 2 & 1 & 3 \end{pmatrix} \xrightarrow{(1)*(2)-(2)}$$

$$\begin{pmatrix} 1 & 100000 & 100001 \\ 0 & 199999 & 199999 \end{pmatrix} \xrightarrow{(2) \div 199999} \begin{pmatrix} 1 & 100000 & 100001 \\ 0 & 1 & 1 \end{pmatrix}$$

代入得到 $x_1 = 0, x_2 = 1$。显然，严重失真。换主元，将两行交换，如下：

$$\begin{pmatrix} 2 & 1 & 3 \\ 0.00001 & 1 & 1.00001 \end{pmatrix} \xrightarrow{(1) \div 2} \begin{pmatrix} 1 & 0.5 & 1.5 \\ 0.00001 & 1 & 0.00001 \end{pmatrix} \xrightarrow{(2)-(1)*0.00001} \begin{pmatrix} 1 & 0.5 & 1.5 \\ 0 & 1 & 1 \end{pmatrix}$$

代入得到 $x_1 = 1, x_2 = 1$，答案正确。

所以，在消元的过程中，如果出现主元相差比较大的情况，应选择最大数作为主元（如图 6.3 - 1 所示方框中的最大数），甚至可以在整个矩阵中找最大数作为主元，但此时需要做列变换，要记住个分量的顺序。

$$[A^{(k)}\ B^{(k)}] = \begin{bmatrix} a_{11}^{(1)} & a_{12}^{(1)} & \cdots & \cdots & \cdots & b_1^{(1)} \\ & a_{22}^{(2)} & \cdots & \cdots & \cdots & b_2^{(2)} \\ & & \cdots & \cdots & \cdots & \vdots \\ & & a_{kk}^{(k)} & \cdots & a_{kn}^{(k)} & b_k^{(k)} \\ & & \vdots & & \vdots & \vdots \\ & & a_{nk}^{(k)} & \cdots & a_{nn}^{(k)} & b_n^{(k)} \end{bmatrix}$$

图 6.3-1 主元的选择

7. 解的判断

设方程组的增广矩阵记为 $\overline{A}$，则 $\overline{A}$ 经过初等行变换可化为如下的阶梯形矩阵（必要时可重新排列未知量的顺序）：

$$\overline{A} = \begin{bmatrix} c_{11} & c_{12} & \cdots & c_{1r} & c_{1r+1} & \cdots & c_{1n} & d_1 \\ 0 & c_{22} & \cdots & c_{2r} & c_{2r+1} & \cdots & c_{2n} & d_2 \\ \cdots & \cdots & \cdots & \cdots & \cdots & \cdots & \cdots & \cdots \\ 0 & 0 & \cdots & c_{rr} & c_{rr+1} & \cdots & c_{rn} & d_r \\ 0 & 0 & \cdots & 0 & 0 & \cdots & 0 & d_{r+1} \\ 0 & 0 & \cdots & 0 & 0 & \cdots & 0 & 0 \\ \cdots & \cdots & \cdots & \cdots & \cdots & \cdots & \cdots & \cdots \\ 0 & 0 & \cdots & 0 & 0 & \cdots & 0 & 0 \end{bmatrix}$$

其中：$c_{ii} \neq 0 (i=1,2,\cdots,r)$。于是可知：

(1) 当 $d_{r+1}=0$，且 $r=n$ 时，原方程组有唯一解；

(2) 当 $d_{r+1}=0$，且 $r<n$ 时，原方程组有无穷多解；

(3) 当 $d_{r+1}\neq 0$，原方程组无解。

6.3.2 LU 分解法

求解线性代数方程组除了高斯消元法外，还常用 LU 分解法（三角形分解法）。LU 分解法的优点是当方程组左端系数矩阵不变，仅仅是方程组右端列向量改变，即外加激励信号变化时，能够方便地求解方程组。

设 n 阶线性方程组 $Ax=b$。假设能将方程组左端系数矩阵 A，分解成两个三角方阵的乘积，即 $A=LU$。其中，L 为主对角线以上的元素均为零且主对角线元素均为 1 的矩阵，U 为主对角线以下的元素均为零。

$$\begin{bmatrix} a_{11} & a_{12} & \cdots & a_{1n} \\ a_{21} & a_{21} & \cdots & a_{2n} \\ \vdots & \vdots & & \vdots \\ a_{n1} & a_{n2} & \cdots & a_{nn} \end{bmatrix} = \begin{bmatrix} 1 & 0 & \cdots & 0 \\ l_{21} & 1 & \ddots & \vdots \\ \vdots & \ddots & \ddots & 0 \\ l_{n1} & l_{n2} & \cdots & 1 \end{bmatrix} \begin{bmatrix} u_{11} & u_{12} & \cdots & u_{1n} \\ 0 & u_{22} & \cdots & u_{2n} \\ \vdots & \ddots & \ddots & \vdots \\ 0 & \cdots & 0 & u_{nn} \end{bmatrix}$$

所以有：$LUx=b$

令：$Ux=y$

则：$Ly=b$

由 $A=LU$，矩阵的乘法公式：

$a_{1j} = u_{1j}, j = 1, 2, \cdots, n$

$a_{i1} = l_{i1} u_{11}, i = 1, 2, \cdots, n$

推出：

$u_{1j} = a_{1j}, j = 1, 2, \cdots, n$

$l_{i1} = a_{i1}/u_{11}, i = 1, 2, \cdots, n$

这样就定出了 U 的第一行元素和 L 的第一列元素。

设已定出了 U 的前 $k-1$ 行和 L 的前 $k-1$ 列，现在确定 U 的第 k 行和 L 的第 k 列。由矩阵乘法：

$$a_{kj} = \sum_{r=1}^{n} l_{kr} u_{rj}$$

当 $r > k$ 时，$l_{kr} = 0$，且 $l_{kk} = 1$，因为：$a_{kj} = u_{kj} + \sum_{r=1}^{k-1} l_{kr} u_{rj}$

所以，$u_{kj} = a_{kj} - \sum_{r=1}^{k-1} l_{kr} u_{rj} \quad j = k, k+1, \cdots, n$

同理，可推出计算 L 的第 k 列的公式：

$$l_{ik} = (a_{ik} - \sum_{r=1}^{k-1} l_{ir} u_{rk})/u_{kk} \quad i = k, k+1, \cdots, n$$

因此，得到如下"杜利特(Doolittle)算法"：

1. 将矩阵分解为 $\boldsymbol{A} = LU$，对 $k = 1, 2, \cdots, n$

公式 1：$\begin{cases} u_{kj} = a_{kj} - \sum_{r=1}^{k-1} l_{kr} u_{rj} & j = k, k+1, \cdots, n \\ l_{ik} = (a_{ik} - \sum_{r=1}^{k-1} l_{ir} u_{rk})/u_{kk} & i = k, k+1, \cdots, n \\ l_{kk} = 1 \end{cases}$

2. 解 $Ly = b$

公式 2：$y_k = b_k - \sum_{r=1}^{k-1} l_{kr} y_r \quad k = 1, 2, \cdots, n$

3. 解 $Ux = y$

公式 3：$x_k = (y_k - \sum_{r=k+1}^{n} u_{kr} x_r)/u_{kk} \quad k = n, n-1, \cdots, 1$

【例 6.3‐1】 求解如下方程组：

$$\begin{pmatrix} 2 & 4 & 2 & 6 \\ 4 & 9 & 6 & 15 \\ 2 & 6 & 9 & 18 \\ 6 & 15 & 18 & 40 \end{pmatrix} \begin{pmatrix} \boldsymbol{x}_1 \\ \boldsymbol{x}_2 \\ \boldsymbol{x}_3 \\ \boldsymbol{x}_4 \end{pmatrix} = \begin{pmatrix} 9 \\ 23 \\ 22 \\ 47 \end{pmatrix}$$

【问题分析】
由公式1得出：

$$L=\begin{pmatrix}1&&&\\2&1&&\\1&2&1&\\3&3&2&1\end{pmatrix}, U=\begin{pmatrix}2&4&2&6\\&1&2&3\\&&3&6\\&&&1\end{pmatrix}$$

于是化为两个方程组：

$$\begin{pmatrix}1&&&\\2&1&&\\1&2&1&\\3&3&2&1\end{pmatrix}\begin{pmatrix}y_1\\y_2\\y_3\\y_4\end{pmatrix}=\begin{pmatrix}9\\23\\22\\47\end{pmatrix}$$

$$\begin{pmatrix}2&4&2&6\\&1&2&3\\&&3&6\\&&&1\end{pmatrix}\begin{pmatrix}x_1\\x_2\\x_3\\x_4\end{pmatrix}=\begin{pmatrix}y_1\\y_2\\y_3\\y_4\end{pmatrix}$$

利用公式2,3,可解得：$y=(9,5,3,-1)^T, x=(0.5,2,3,-1)^T$。

【例 6.3-2】 维他命的配方(vitamin.*,128MB,1秒)
【问题描述】
维他命是一种好的药品,人们都需要摄入一定量的各种维生素,现在有若干种维他命,问能否利用这些维他命配制出适合人需求的各种维生素。
【输入格式】
第一行：人们需补充的 $V(1\leqslant V\leqslant 25)$ 种维生素。
第二行：V 个数,第 i 个数为 V_i,表示人体对第 i 种维生素的需求量。$(1\leqslant V_i\leqslant 1000)$
第三行：已知的 $G(1\leqslant G\leqslant 15)$ 种维他命。
以下 $G*V$ 的整数矩阵：第 i 行第 j 个数为 A_{ij},表示第 i 种维他命中所含的第 j 种维生素的含量 $(1\leqslant A_{ij}\leqslant 1000)$。
【输出格式】
第一行：输出能否配制,若能输出 Yes,否则输出 No
第二行：若能配制,则输出 G 个整数,其中第 i 个整数 Gi,表示第 i 种维他命所取的数量,若有多种配置方案,输出一种即可。若不能配制,则第二行为空。
【输入样例】
4
100 200 300 400
4
50 50 50 50
30 100 100 100
20 50 150 250

50 100 150 200

【输出样例】

Yes

1 1 1 0

【问题分析】

因为不知道每种维他命的数量,如果采用枚举,很难估计每种维他命的上界,而且时间复杂度很高,下面我们尝试用解方程的方法。

设需要配制的维他命每种数量分别为 $x_1, \cdots, x_n$,其中 $n \leqslant 15$,根据题意,可列出如下方程。

$$\begin{pmatrix} 50 & 30 & 20 & 50 \\ 50 & 100 & 50 & 100 \\ 50 & 100 & 150 & 150 \\ 50 & 100 & 250 & 200 \end{pmatrix} \begin{pmatrix} x_1 \\ x_2 \\ x_3 \\ x_4 \end{pmatrix} = \begin{pmatrix} 100 \\ 200 \\ 300 \\ 400 \end{pmatrix}$$

用高斯消元法求解:这里,虽然 x_4 可取任意值,显然,表示 x_4 的数量与答案无关,因此 $x_4 = 0$,代入,可得 $x_3 = 1$,$x_2 = 1$,$x_1 = 1$,因此,原问题的解为 $(1, 1, 1, 0)$。

$$\begin{pmatrix} 50 & 30 & 20 & 50 & 100 \\ 50 & 100 & 50 & 100 & 200 \\ 50 & 100 & 150 & 150 & 300 \\ 50 & 100 & 250 & 200 & 400 \end{pmatrix} \xrightarrow{\begin{array}{c} (1) \div 10 \\ (2) \div 50 \\ (3) \div 50 \\ (4) \div 50 \end{array}} \begin{pmatrix} 5 & 3 & 2 & 5 & 10 \\ 1 & 2 & 1 & 2 & 4 \\ 1 & 2 & 3 & 3 & 6 \\ 1 & 2 & 5 & 4 & 8 \end{pmatrix} \xrightarrow{\begin{array}{c} (3)-(2) \\ (4)-(2) \\ (2)\times 5-(1) \end{array}}$$

$$\begin{pmatrix} 0 & 7 & 3 & 5 & 10 \\ 1 & 2 & 1 & 2 & 4 \\ 0 & 0 & 2 & 1 & 2 \\ 0 & 0 & 4 & 2 & 4 \end{pmatrix} \xrightarrow{\begin{array}{c} \text{change}(1)(2) \\ (4)-(3)*2 \end{array}} \begin{pmatrix} 1 & 2 & 1 & 2 & 4 \\ 0 & 7 & 3 & 5 & 10 \\ 0 & 0 & 2 & 1 & 2 \\ 0 & 0 & 0 & 0 & 0 \end{pmatrix} \xrightarrow{\begin{array}{c} (2) \div 7 \\ (3) \div 2 \end{array}} \begin{pmatrix} 1 & 2 & 1 & 2 & 4 \\ 0 & 1 & 3/7 & 5/7 & 10/7 \\ 0 & 0 & 1 & 1/2 & 1 \\ 0 & 0 & 0 & 0 & 0 \end{pmatrix}$$

【参考程序】

```cpp
#include<bits/stdc++.h>
using namespace std;
int n,a[200][200],m,v[30];
double d[200][200];
int main(){
    scanf("%d",&n);
    for (int i = 1; i<= n; i++) {
        scanf("%d",&v[i]);
    }
    scanf("%d",&m);
    for (int i = 1; i<= m; i++){
        for (int j = 1; j<= n; j++) {
            scanf("%d",&a[j][i]); d[j][i] = (long double)a[j][i];
        }
```

```
    }
    for (int i = 1; i <= n; i++) d[i][m+1] = v[i];
    for (int i = 1; i <= n; i++){
        if (fabs(d[i][i]) <= 1e-5 && fabs(d[i][m+1]) > 1e-5){
            printf("No\\n");
            return 0;
        }
        if (fabs(d[i][m+1]) < 1e-5) continue;
        for (int j = i+1; j <= m+1; j++) d[i][j] /= d[i][i];
        d[i][i] = 1;
        for (int j = 1; j <= n; j++)
            if (j != i){
                for (int k = i+1; k <= m+1; k++) d[j][k] -= d[j][i]*d[i][k];
                d[j][i] = 0;
            }
    }
    printf("Yes\\n");
    for (int i = 1; i <= n; i++) printf("%.0lf ", d[i][m+1]);
    return 0;
}
```

【例 6.3-3】 化学方程式配平(chemeq.*,128MB,1 秒)

【问题描述】

给出一个未配平的化学方程式,要求根据质量守恒定律对其进行配平,不需要考虑化合价问题。

【输入格式】

一行一个字符串,由字母、数字、加号、等号以及左右小括号组成,表示一个未配平的化学方程式。元素由一个大写字母紧跟若干个(可以为 0 个)小写字母构成,括号可以嵌套,数字只出现在元素名或右小括号的后面。整个字符串不超过 200 个字符,一包含的数字不超过 1,000,并保证在语法上是合法的。

【输出格式】

一行一个字符串,为配平后的方程式。各项的系数也都保证不超过 1,000,且所有系数的最大公约数必须为 1,其中系数 1 必须省略。如果方程式无解,则输出"No solution";如果有多组不成比例关系的解,则输出"Solution not unique"。

【输入样例】

Cu+HNO3=Cu(NO3)2+NO+H2O

【输出样例】

3Cu+8HNO3=3Cu(NO3)2+2NO+4H2O

【问题分析】

我们知道,化学反应遵循质量守恒定律,即反应前后原子的种类和数量保持不变。

根据这一定律,采用"待定系数法"来配平化学方程式。

具体操作的过程中,我们需要给方程式中的每一项设一个待定系数,然后列出方程组。例如,对于样例中的方程式,我们分别设 Cu、HNO_3、$Cu(NO_3)_2$、NO、H_2O 的系数为 x_1, x_2, x_3, x_4, x_5,由元素 Cu、H、N、O 的守恒,我们可以得到方程组

$$\begin{cases} x_1 = x_3 \\ x_2 = 2x_5 \\ x_2 = 2x_3 + x_4 \\ 3x_2 = 6x_3 + x_4 + x_5 \end{cases}$$

但这时我们发现方程组中有 5 个未知数却只有 4 个方程,无法求出唯一确定的一组解。这是因为化学方程式中这些系数之间只是一种比例关系,我们可以令 $x_5 = 1$,进而求得:

$$\begin{cases} x_1 = \dfrac{3}{4} \\ x_2 = 2 \\ x_3 = \dfrac{3}{4} \\ x_4 = \dfrac{1}{2} \end{cases}$$

对各项系数都乘以 4,就可以得到最后的结果。

一般地,我们设各项的系数分别为 $x_1, x_2, \cdots, x_n$,得到线性方程组:

$$\begin{cases} a_{11}x_1 + a_{12}x_2 + \cdots + a_{1n}x_n = 0 \\ a_{21}x_1 + a_{22}x_2 + \cdots + a_{2n}x_n = 0 \\ \vdots \\ a_{m1}x_1 + a_{m2}x_2 + \cdots + a_{mn}x_n = 0 \end{cases}$$

我们把这些未知数的系数写成一个矩阵,即:

$$A = \begin{bmatrix} a_{11} & a_{12} & \cdots & a_{1n} \\ a_{21} & a_{22} & \cdots & a_{2n} \\ \vdots & \vdots & \ddots & \vdots \\ a_{m1} & a_{m2} & \cdots & a_{mn} \end{bmatrix}$$

我们可以对这个矩阵进行这样三种基本操作:

1. 交换矩阵的第 i 行和第 j 行($1 \leqslant i, j \leqslant m, i \neq j$);
2. 对矩阵第 i 行中的每一项都乘以一个实数 λ($1 \leqslant i \leqslant m, \lambda \neq 0$);
3. 把矩阵第 i 行中每一项的 λ 倍加到第 j 行的对应项上($1 \leqslant i, j \leqslant m, i \neq j, \lambda \neq 0$)。

通过这些基本操作,我们可以把矩阵转化为如下形式:

$$\begin{bmatrix} 1 & 0 & 0 & \cdots & \lambda_1 \\ 0 & 1 & 0 & \cdots & \lambda_2 \\ 0 & 0 & 1 & \cdots & \lambda_3 \\ \vdots & \vdots & \vdots & \ddots & \ddots \\ 0 & 0 & 0 & \cdots & 0 \end{bmatrix}$$

令 $x_n=1$，这时，$(-\lambda_1,-\lambda_2,\cdots,-\lambda_{n-1},1)$ 就是我们所要求的解。一旦出现 [0 0 0 $\cdots$ 1] 这样的行就说明无解，如果 $-\lambda_1,-\lambda_2,\cdots,-\lambda_{n-1}$ 这 $n-1$ 个数中有负数，则也是无解，而如果矩阵 $(i,i)(i<m)$ 为 0，则说明解不唯一。

其实，在进行以上这些操作的过程中，我们采用的思想就是初中时学过的加减消元法，这个过程的时间复杂度是 $\Theta(n^3)$。本题还需要注意的地方是矩阵中的元素必须用分数来表示，这样才能保证计算是精确的。另外，本题还需要把化学方程式转化为线性方程组，难点在于如何去掉括号。实现的方法有很多，可以用递归的方式来去掉括号，也可以通过一个堆栈来实现。

【参考程序】

```cpp
#include<bits/stdc++.h>
using namespace std;
const double eps = 1e-10;
int n,m,hash[1<<20];
double a[205][205];
char z[205];
int anw,now;

int getnumber(int&i){
    int s = 0;
    while('0'<=z[i]&&z[i]<='9')
        s = (s<<3) + (s<<1) + z[i++]-'0';
    return max(s,1);
}

int getstr(int&i){
    if(z[i]>'Z'||z[i]<'A')
        return -1;
    int s = z[i++];
    while('a'<=z[i]&&z[i]<='z')
        s = s * 10007 + z[i++];
    return s&((1<<20)-1);
}

void countt(int l,int r, int f){
```

```
    if(l==r)return;
    int i=l,j=r;
    while(i<r-1&&z[i]!='(')    i++;
    while(j>l&&z[j]!=')')    j--;
    if(z[i]=='('){
        countt(l,i,f);
        int w=j+1,s=getnumber(w);
        countt(i+1,j,f*s);
        countt(w,r,f);
        return;
    }
    for(i=l;i<r;){
        int str=getstr(i);
        if(!hash[str])
            hash[str]=++n;
        int hs=hash[str];
        a[hs][m]+=f*getnumber(i);
    }
}

void init(){
    scanf("%s",z);
    int l=strlen(z),f=1;
    z[l]='#';
    for(int i=0;i<l;){
        int j=i;
        while(z[j]!='+'&&z[j]!='='&&z[j]!='#')    j++;
        m++;
        countt(i,j,f);
        if(z[j]=='=')
            f*=-1;
        i=j+1;
    }
}

void gs(){
    for(int j=1,i;j<m;j++){
        for(i=now+1;fabs(a[i][j])<eps&&i<=n;i++);
        if(i>n){
```

```
            anw = -1;
            continue;
        }
        now++;
        for(int k = 1;k<= m;k++)
            swap(a[i][k],a[now][k]);
        double ss = a[now][j];
        for(int k = 1;k<= m;k++)
            a[now][k]/= ss;
        for(i = 1;i<= n;i++)
            if(fabs(a[i][j])>eps&&i!= now){
                double s = a[i][j];
                for(int k = 1;k<= m;k++)
                    a[i][k]-= a[now][k]*s;
            }
    }
}

int ans[205];
void solve(){
    for(int i = now+1;i<= n;i++)
        if(fabs(a[i][m])>eps){
            printf("No solution\n");
            return;
        }
    if(anw == -1)printf("Solution not unique\n");
    for(int i = 1;i<= 1000;i++){
        int p = 1;
        for(int j = 1;j<m;j++){
            if(fabs(int(a[j][m]*i*-1+0.5)-a[j][m]*i*-1)>eps)
                p = 0;
        }
        if(p == 0)continue;
        for(int j = 1;j<m;j++)
            ans[j] = int(a[j][m]*i*-1+0.5);
        ans[m] = i;
        if(ans[1]!= 1)printf("%d",ans[1]);
        int l = strlen(z),k = 1;
        for(int j = 0;j<l-1;j++){
            putchar(z[j]);
```

```
            if(z[j]= ='='||z[j]= ='+')
                printf(" %d",ans[+ +k]);
        }
        break;
    }
}

int main(){
    init();
    gs();
    solve();
    return 0;
}
```

6.4 Matrix-Tree 定理

给定一个无向图 G，如何求它的生成树的个数 $t(G)$ 呢？Matrix－Tree 定理是解决生成树计数问题最有力的武器之一。它首先于 1847 年被 Kirchhoff 证明。在介绍定理之前，我们首先明确几个概念：

1. G 的度数矩阵 $D[G]$ 是一个 $n*n$ 的矩阵，并且满足：当 $i\neq j$ 时，$d_{ij}=0$；当 $i=j$ 时，d_{ij} 等于 v_i 的度数。

2. G 的邻接矩阵 $A[G]$ 也是一个 $n*n$ 的矩阵，并且满足：如果 v_i、v_j 之间有边直接相连，则 $a_{ij}=1$，否则为 0。

定义 G 的 Kirchhoff 矩阵（也称为拉普拉斯算子）$C[G]$ 为 $C[G]=D[G]-A[G]$，则 Matrix-Tree 定理可以描述为：

G 的所有不同的生成树的个数等于其 Kirchhoff 矩阵 $C[G]$ 任何一个 $n-1$ 阶主子式的行列式的绝对值。所谓 $n-1$ 阶主子式，就是对于 $r(1\leqslant r\leqslant n)$，将 $C[G]$ 的第 r 行、第 r 列同时去掉后得到的新矩阵，用 $C_r[G]$ 表示。

下面，举例解释 Matrix-Tree 定理。如下图 6.4－1 所示，G 是一个由 5 个点组成的无向图。

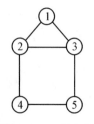

图 6.4－1 无向图

根据定义，它的 Kirchhoff 矩阵 $C[G]$ 为：

$$\begin{pmatrix} 2 & -1 & -1 & 0 & 0 \\ -1 & 3 & -1 & -1 & 0 \\ -1 & -1 & 3 & 0 & -1 \\ 0 & -1 & 0 & 2 & -1 \\ 0 & 0 & -1 & -1 & 2 \end{pmatrix}$$

我们取 $r=2$,则有:

$$|C_2[G]| = \begin{vmatrix} 2 & -1 & 0 & 0 \\ -1 & 3 & 0 & -1 \\ 0 & 0 & 2 & -1 \\ 0 & -1 & -1 & 2 \end{vmatrix} = 2 \cdot \begin{vmatrix} 3 & 0 & -1 \\ 0 & 2 & -1 \\ -1 & -1 & 2 \end{vmatrix} - (-1) \cdot$$

$$\begin{vmatrix} -1 & 0 & -1 \\ 0 & 2 & -1 \\ 0 & -1 & 2 \end{vmatrix} + 0 \cdot \begin{vmatrix} -1 & 3 & -1 \\ 0 & 0 & -1 \\ 0 & -1 & 2 \end{vmatrix} - 0 \cdot \begin{vmatrix} -1 & 3 & 0 \\ 0 & 0 & 2 \\ 0 & -1 & -1 \end{vmatrix}$$

$$= 2 \left(3 \cdot \begin{vmatrix} 2 & -1 \\ -1 & 2 \end{vmatrix} - 0 \cdot \begin{vmatrix} 0 & -1 \\ -1 & 2 \end{vmatrix} + (-1) \cdot \begin{vmatrix} 0 & 2 \\ -1 & -1 \end{vmatrix} \right) -$$

$$(-1) \left((-1) \cdot \begin{vmatrix} 2 & -1 \\ -1 & 2 \end{vmatrix} - 0 \cdot \begin{vmatrix} 0 & -1 \\ 0 & 2 \end{vmatrix} + (-1) \cdot \begin{vmatrix} 0 & 2 \\ 0 & -1 \end{vmatrix} \right)$$

$$= 2(3(4-1) - 0 + (-1)(0 - (-2))) - (-1)((-1)(4-1) - 0 + (-1)(0-0)) + 0 - 0$$

$$= 2(9-2) - (-1)(-1)(3) = 11$$

这 11 棵生成树如图 6.4-2 所示:

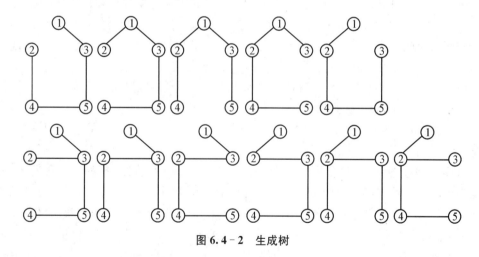

图 6.4-2 生成树

这个定理看起来非常"神奇",只需要计算一个矩阵的行列式,就可以得到这个图不同的生成树的个数!这是为什么呢?让我们尝试着来证明一下吧。

不难看出,这个定理的关键是图的 Kirchhoff 矩阵。这个矩阵有什么特殊的性质呢?经过分析,我们可以发现:

1. 对于任何一个图 G,它的 Kirchhoff 矩阵 C 的行列式总是 0。这是因为 C 每行每列所有元素的和均为 0。

2. 如果 G 是不连通的,则它的 Kirchhoff 矩阵 C 的任一个主子式的行列式均为 0。

证明:如果 G 中存在 $k(k>1)$ 个连通分量 $G_1, G_2, \cdots, G_k$,那么,我们可以重新安排 C 的行和列使得属于 G_1 的顶点首先出现,然后是 $G_2 \cdots$。回忆行列式的性质 2,设我们一共进行了 t 次行交换,显然,我们同样需要进行 t 次列交换。因此,我们总共进行了 $2t$ 次交换,所以,行列式的符号没有改变。重新安排后的矩阵如图 6.4-3 所示:

$$\begin{pmatrix} \boxed{G_1} & 0 & \cdot & \cdot & 0 \\ 0 & \boxed{G_2} & \cdot & \cdot & 0 \\ \cdot & \cdot & \cdot & \cdot & \cdot \\ \cdot & \cdot & \cdot & \cdot & \cdot \\ 0 & 0 & \cdot & \cdot & \boxed{G_k} \end{pmatrix}$$

图 6.4-3 交换后的矩阵

带方框的 G_i 表示了 $C[G_i]$。注意在方框以外的地方都是 0 因为任意两个连通分量之间没有边相连。设 r 是第 i 个连通分量中的第 j 个顶点,那么

$$|C_r[G]| = |C[G_1]| \cdot |C[G_2]| \cdot \cdots \cdot |C_j(G_i)| \cdot \cdots \cdot |C[G_k]|$$
$$= 0 \cdot 0 \cdot \cdots \cdot |C_j[G_j]| \cdot \cdots \cdot 0 = 0$$

3. 如果 G 是一颗树,那么它的 Kirchhoff 矩阵 C 的任一个 $n-1$ 阶主子式的行列式均为 1。

证明:为了证明这条重要的性质,我们通过不断的变换 $C_r[G]$ 从而得到一个上三角矩阵并且使得主对角线上所有的数字都是 1。

第一步:我们把所有的顶点按照在树上离 v_r 的距离从近至远排列。首先是 v_r,然后是离 v_r 距离为 1 的点,接下来是离 v_r 距离为 2 的点…。距离相同的点可以任意排列。我们按照这个顺序将所有的定点重新编号。同时,把以 r 为根的有根树上 v_i 的父结点 v_j 称为 v_i 的父亲,显然,在刚才得到的顺序中,v_j 出现在 v_i 之前。

第二步:将 $C_r[G]$ 的 $n-1$ 行和 $n-1$ 列按照刚才得到的顺序重新排列。因为行列都需要交换,所有总交换次数是偶数,$C_r[G]$ 的行列式不变。

第三步:按照刚才得到的顺序的逆序处理,对于每个 i,如果 v_i 的父亲 v_j 不等于 v_r,则把第 i 列加到第 j 列上去。

这样处理过之后,我们来看一下现在的 $C_r[G]$ 是否和我们的希望相同。我们通过归纳法来证明。显然,最后一列符合要求,因为最后一个点只和它的父亲之间有边,它的度为 1。假设当前处理的是第 i 列,并且第 $i+1$ 至第 $n-1$ 列都符合要求。我们设 v_i 的父亲是 v_j,它有 k 个孩子 $v_{i_1}, v_{i_2} \cdots, v_{i_k}$,显然,只有第 $i_1, i_2, \cdots, i_k$ 列才会加到第 i 列上来。所有这些列,都在第 i 行有个 -1 而在对角线上有个 1,而第 i 列在第 $j, i_1, i_2, \cdots, i_k$ 行上为 -1 而在第 i 行上为 $k+1$。每一列加上来的时候,第 i 行第 i 列减一同时与之相对的那一列加一变为 0。最后第 i 行第 i 列变为 1,第 $i_1, i_2, \cdots, i_k$ 行变为 0。也就是说,最后 $C_r[G]$ 会变成上三角矩阵并且主对角线上所有的数字都是 1。这就证明了我们的结论。

在证明 Matrix-Tree 定理的过程中,我们使用了无向图 G 的关联矩 B。B 是一个 n 行 m 列的矩阵,行对应点而列对应边。B 满足,如果存在一条边 $e = \{v_i, v_j\}$,那在 e 所对

应的列中，v_i 和 v_j 所对应的那两行，一个为 1、另一个为 -1，其他的均为 0。至于谁是 1 谁是 -1 并不重要，如图 6.4-4 所示。

图 6.4-4 关联矩阵

接下来，我们考察 BB^T。容易证明，$(BB^T)_{ij}$ 等于 B 的第 i 行与第 j 行的点积。所以，当 $i=j$ 时，$(BB^T)_{ij}$ 等于与 v_i 相连的边的个数，即 v_i 的度数；而当 $i \neq j$ 时，如果有一条连接 v_i、v_j 的边，则 $(BB^T)_{ij}$ 等于 -1，否则等于 0。这与 Kirchhoff 矩阵的定义完全相同！因此，我们得出：$C = BB^T$！也就是说，我们可以将 C 的问题转化到 BB^T 上来，这样做有什么用呢？

设 B_r 为 B 去掉第 r 行后得到的新矩阵，易知 $C_r = B_r B_r^T$。根据 Binet-Cauchy 公式，我们可以得到：

$$\det(C_r) = \det(B_r B_r^T) = \sum_{\substack{x \subset E \\ |x|=n-1}} \det(B_r^x) \det(B_r^{x^T}) = \sum_{\substack{x \subset E \\ |x|=n-1}} \det(B_r^x B_r^{x^T}) = \sum_{\substack{x \subset E \\ |x|=n-1}} (\det(B_r^x))^2$$

B_r^x 是把 B_r 中属于 x 的列抽出后形成的新矩阵。我们注意到，当 x 中的边形成环时，总有 $\det(B_r^x) = 0$。例如，如果新图中存在一个大小为 3 的环，那么我们可以重新安排 B_r^x，如 6.4-5 图所示：

$$\begin{bmatrix} 1 & 0 & 1 & & \\ -1 & 1 & 0 & & * \\ 0 & -1 & -1 & & \\ & & & & \\ & 0 & & & * \end{bmatrix}$$

图 6.4-5 重排后的矩阵

这样，$\det(B_r^x)$ 等于左上角 3 阶子式的行列式乘以右下角 $n-4$ 阶矩阵的行列式。而左上角的 3 阶子式是退化的，它每行每列的和都是 0。因此 $\det(B_r^x)$ 也等于 0。类似的证明可以推广到环的大小任意的情况。

显然，$B_r^x B_r^{x^T}$ 可以看成是仅由所有的顶点和属于 x 的边构成的新图的 Kirchhoff 矩阵的一个 $n-1$ 阶主子式。根据图的 Kirchhoff 矩阵的性质，如果将所有属于 x 的 $n-1$ 条边加入图中后形成一颗树，那么 $\det(B_r^x B_r^{x^T})$ 为 1；而如果没有形成树，则必然存在一个环，那么 $\det(B_r^x) = 0$。也就是说，我们考察边集所有大小为 $n-1$ 的子集，如果这个子集中的边能够形成一颗树，那么我们的答案加 1，否则不变。这就恰好等于原图生成树的个数！因此，我们成功地证明了 Matrix-Tree 定理！

如果图中有重边，Matrix-Tree 定理同样适用，具体的证明方法类似，请读者自己思考。因为计算行列式的时间复杂度为 $O(n^3)$，因此，生成树的计数也可以在 $O(n^3)$ 的时间内完成。

【例 6.4-1】 小 Z 的房间(room.*,256MB,1 秒)

【问题描述】

你突然有了一个大房子,房子里面有一些房间。事实上,你的房子可以看做是一个包含 $n*m$ 个格子的格状矩形,每个格子是一个房间或者是一个柱子。在一开始的时候,相邻的格子之间都有墙隔着。

你想要打通一些相邻房间的墙,使得所有房间能够互相到达。在此过程中,你不能把房子给打穿,或者打通柱子(以及柱子旁边的墙)。同时,你不希望在房子中有小偷的时候会很难抓,所以你希望任意两个房间之间都只有一条通路。现在,你希望统计一共有多少种可行的方案。

【输入格式】

输入文件的第一行有两个数,分别表示 n 和 m。

接下来 n 行,每行 m 个字符,每个字符都会是"."或者"*",其中"."代表房间,"*"代表柱子。

【输出格式】

输出一行一个整数,表示合法的方案数。

【输入样例 1】

2
..
..

【输出样例 1】

4

【输入样例 2】

2
*.
.*

【输出样例 2】

0

【数据规模】

对于 20% 的数据满足: $n,m \leqslant 3$;

对于 50% 的数据满足: $n,m \leqslant 5$;

对于 100% 的数据满足: $n,m \leqslant 9$;

另外:有 40% 的数据保证 $\min(n,m) \leqslant 3$;有 30% 的数据保证不存在柱子。

【问题分析】

求解生成树个数,使用 Matrix-Tree 定理。

高斯消元解行列式时会出现除法,利用欧几里德算法。具体来说,高斯消元时进行初等变换,把某行乘以某个数字加到另一行上,目的是使得目标行某个位置为 0,实数下算出对应位置比例一次变换解决,模意义下,设对应位置数值为 a,b 使得 b 为 0,则使 b 所在行 $+a$ 所在行 $*b/a$ 使得 $(a,b)->(a,b\%a)$ 交换 2 行,做相同操作,直到 a,b 中出现 0 为止,实现了消去目的。
【参考程序】

```cpp
#include<bits/stdc++.h>
using namespace std;

int read(){
    int s=0,f=1;char ch=getchar();
    while(ch<'0'||ch>'9'){if(ch=='-')f=-1;ch=getchar();}
    while(ch>='0'&&ch<='9'){s=(s<<1)+(s<<3)+ch-'0';ch=getchar();}
    return s*f;
}

int n,m,S,mod=1000000000;
int s[11][11],a[82][82];
char z[11][11];
int gs(){
    S--;
    for(int i=1;i<=S;i++)
        for(int j=1;j<=S;j++)
            a[i][j]=(a[i][j]+mod)%mod;
    long long ans=1;
    for(int j=1;j<=S;j++){
        for(int i=j+1;i<=S;i++)
            while(a[i][j]){
                long long t=a[j][j]/a[i][j];
                for(int k=j;k<=S;k++)
                    a[j][k]=(a[j][k]-t*a[i][k]%mod+mod)%mod,
                    swap(a[i][k],a[j][k]);
                ans*=-1;
            }
        ans=ans*a[j][j]%mod;
    }
    return (ans+mod)%mod;
}

int main(){
    n=read(),m=read();
    for(int i=1;i<=n;i++)
        scanf("%s",&z[i][1]);
```

```
            for(int i = 0;i< = n+1;i+ +)
                for(int j = 0;j< = m+1;j+ +)
                    if(i = = 0||j = = 0||i = = n+1||j = = m+1)
                        z[i][j] = '*';
            for(int i = 1;i< = n;i+ +)
                for(int j = 1;j< = m;j+ +)
                    if(z[i][j] = = '.'){
                        s[i][j] = + +S;
                        if(z[i-1][j] = = '.')a[s[i-1][j]][s[i][j]] = 1;
                        if(z[i-1][j] = = '.')a[s[i][j]][s[i-1][j]] = 1;
                        if(z[i][j-1] = = '.')a[s[i][j-1]][s[i][j]] = 1;
                        if(z[i][j-1] = = '.')a[s[i][j]][s[i][j-1]] = 1;
                    }
            for(int i = 1;i< = S;i+ +)
                for(int j = 1;j< = S;j+ +)
                    if(a[i][j]&&i! = j)
                        a[i][i]+ +;
            printf(" % d\n",gs());
            return 0;
}
```

【例6.4-2】 国王的烦恼(king.*,256MB,1秒)

【问题描述】

Byteland 的国王 Byteotia 最近很是烦恼,他的国家遭遇到了洪水的袭击!百年未遇的洪水冲毁了 Byteland 许多重要的道路,使得整个国家处于瘫痪状态。Byteland 由 n 座城市组成($1 \leqslant n \leqslant 500$),任何两个不同城市之间都有道路相连。为了尽快使国家恢复正常秩序,Byteotia 组织了专家进行研究,列举出了所有可以正常同行的道路(其他的道路可能还在洪水中)。其中有的已经被冲毁,需要重新修复;有的则可以继续使用。很奇怪的是,所有可以继续使用的道路并没有形成环。为了最大限度的节省时间,Byteotia 希望只修复最少的道路就可以使得整个国家连通。Byteotia 本来准备对每一种方案进行评估,选择最优的,不过很快他发现方案的个数实在是太多了。因此,他找到了你——Byteland 最优秀的计算机专家,帮他计算一下所有可能的修复方案的个数,你只需要输出答案对 1000,000,007 取模的结果。

【输入样例1】

4
0 1 1 1
1 0 2 1
1 2 0 1
1 1 1 0

【输出样例 1】
8
【输入样例 2】
5
0 1 1 1 1
1 0 2 1 1
1 2 0 1 1
1 1 1 0 0
1 1 1 0 0
【输出样例 2】
30

【问题分析】

本题乍看起来很难,因为要求统计修复道路个数最少的方案的个数,同时还有不需要修复的道路需要考虑。仔细分析后发现题目中一个十分重要的条件就是:所有可以继续使用的道路并没有形成环!这就为我们的解题创造了条件。我们都知道,让一个 n 个点的图连通最少需要 $n-1$ 条边,而这些边形成一颗树,而树的一个重要性质就是无环,因此所有可以继续使用的道路都一定存在于最后得到的树中。这样,我们就成功地将问题转化为:求一个图生成树的个数,其中有某些边必选。

这是一道生成树的计数问题。但是,由于必选边的存在,使得我们无法直接应用 Matrix-Tree 定理。应该怎么办呢?

我们知道,如果我们要求生成树中必须包含一条边 e,那么整个图 G 生成树的个数 $t(G)$ 就等于 $t(G-e)$,即将 e 收缩后得到的新图的生成树的个数。因此,我们需要:

1. 将所有的必选边压缩;
2. 求压缩后的新图的生成树的个数。

压缩一条边的时间复杂度为 $\Theta(n)$,而最多只有 $n-1$ 条边需要压缩,因此,这一步的复杂度为 $\Theta(n^2)$。根据前面的分析,计算一个图生成树的个数的时间复杂度为 $\Theta(n^3)$。因此,我们成功解决了整个问题,时间复杂度为 $\Theta(n^3)$。

【参考程序】

```cpp
#include<bits/stdc++.h>
using namespace std;

int read(){
    int s=0,f=1;char ch=getchar();
    while(ch<'0'||ch>'9'){if(ch=='-')f=-1;ch=getchar();}
    while(ch>='0'&&ch<='9'){s=(s<<1)+(s<<3)+ch-'0';ch=getchar();}
    return s*f;
}

int n,S,mod=1000000007;
```

```cpp
int p[505][505];
long long a[505][505];
int gs(){
    S--;
    for(int i=1;i<=S;i++)
        for(int j=1;j<=S;j++)
            a[i][j]=(a[i][j]+mod)%mod;
    long long ans=1;
    for(int j=1;j<=S;j++){
        for(int i=j+1;i<=S;i++)
            while(a[i][j]){
                long long t=a[j][j]/a[i][j];
                for(int k=j;k<=S;k++)
                    a[j][k]=(a[j][k]-t*a[i][k]%mod+mod)%mod;
                swap(a[i][k],a[j][k]);
                ans*=-1;
            }
        ans=ans*a[j][j]%mod;
    }
    return (ans+mod)%mod;
}

int f[505];
int gf(int x){return x==f[x]? x:f[x]=gf(f[x]);}
int w[505];
int main(){
n=read();
for(int i=1;i<=n;i++)f[i]=i;
for(int i=1;i<=n;i++)
    for(int j=1;j<=n;j++){
        p[i][j]+=read();
        if(p[i][j]==2)
            if(gf(i)!=gf(j))
                f[f[i]]=f[j];
    }
for(int i=1;i<=n;i++)
    w[i]=w[i-1]+(gf(i)==i);
for(int i=1;i<=n;i++)
    for(int j=1;j<=n;j++)
```

```
        if(p[i][j] = = 1)
           if(gf(i)! = gf(j))
              a[w[gf(i)]][w[gf(j)]] - - ;
   S = w[n];
   for(inti = 1;i< = S;i + + )
      for(int j = 1;j< = S;j + + )
         if(a[i][j]&&i! = j)
            a[i][i] - = a[i][j];
   printf(" % d\n",gs());
   return 0;
}
```

6.5 本章习题

1. 普通递归关系(recur.*, 128MB, 1秒)

【问题描述】

考虑以下定义在非负整数 n 上的递归关系：

$$F(n) = \begin{cases} f_0 & \text{if } n = 0 \\ f_1 & \text{if } n = 1 \\ a \times F(n-1) + b \times F(n-2), & \text{otherwise} \end{cases}$$

给定 f_0, f_1, a, b 和 n，请你写一个程序计算 $F(n)$，可以假定 $F(n)$ 是绝对值不超过 10^9 的整数(四舍五入)。

【输入格式】

输入文件一行，依次给出 5 个数，f_0, f_1, a, b 和 n，f_0, f_1 是绝对值不超过 10^9，n 是非负整数，不超过 10^9。另外，a、b 是满足上述条件的实数，且 $|a|, |b| \leq 10^6$。

【输出格式】

输出一行一个数 $F(n)$。

【输入输出样例】

recur.in	recur.out
0 1 1 1 20	6765
0 1 −1 0 1000000000	−1
−1 1 4 −3 18	387420487

2. 马步方阵(mbfz.*, 128MB, 1秒)

【问题描述】

输入 N(N 为小于等于 20 的奇数)，输出一个 N 阶奇数"马步方阵"。如 $N=5$，输出如下：

24　　15　　1　　17　　8

5	16	7	23	14
6	22	13	4	20
12	3	19	10	21
18	9	25	11	2

3. 拐角方阵(gjfz.*,128MB,1秒)

【问题描述】

输入 $N(N\leq 20)$，输出一个 N 阶"拐角方阵"。如 $N=5$，输出如下：

1	1	1	1	1
1	2	2	2	2
1	2	3	3	3
1	2	3	4	4
1	2	3	4	5

4. 回旋方阵(hxfz.*,128MB,1秒)

【问题描述】

输入 $N(N\leq 20)$，输出一个 N 阶"回旋方阵"。如 $N=7$，输出如下：

1	1	1	1	1	1	1
1	2	2	2	2	2	1
1	2	3	3	3	2	1
1	2	3	4	3	2	1
1	2	3	3	3	2	1
1	2	2	2	2	2	1
1	1	1	1	1	1	1

5. 斜线蛇形方阵(xxsxfz.*,128MB,1秒)

【问题描述】

输入 $N(N\leq 20)$，输出一个 N 阶"斜线蛇形方阵"。如 $N=5$，输出如下：

1	2	6	7	15
3	5	8	14	16
4	9	13	17	22
10	12	18	21	23
11	19	20	24	25

6. 螺旋方阵(lxfz.*,128MB,1秒)

【问题描述】

输入 $N(N\leq 20)$，输出一个 N 阶"螺旋方阵"。如 $N=5$，输出如下：

9	10	11	12	13
8	21	22	23	14
7	20	25	24	15
6	19	18	17	16
5	4	3	2	1

7. 求和(sum.*,128MB,1秒)

第6章 矩 阵

【问题描述】

考虑包含 N 个点 M 条边的无向图 $G=(V,E)$，关联矩阵 $A_{n*m}=(a_{ij})_{n*m}$，如果顶点 i 是第 j 条边的一个端点，则 $a_{ij}=1$，否则 $a_{ij}=0$。求矩阵 $A*A^T$ 的元素和和矩阵 A^T*A 的元素和。

8. Just Pour the Water(ZOJ2974)

【问题描述】

Shirly is a very clever girl. Now she has two containers (A and B), each with some water. Every minute, she pours half of the water in A into B, and simultaneous pours half of the water in B into A. As the pouring continues, she finds it is very easy to calculate the amount of water in A and B at any time. It is really an easy job :).

But now Shirly wants to know how to calculate the amount of water in each container if there are more than two containers. Then the problem becomes challenging.

Now Shirly has N (2≤N≤20) containers (numbered from 1 to N). Every minute, each container is supposed to pour water into another K containers (K may vary for different containers). Then the water will be evenly divided into K portions and accordingly poured into anther K containers. Now the question is: how much water exists in each container at some specified time?

For example, container 1 is specified to pour its water into container 1, 2, 3. Then in every minute, container 1 will pour its 1/3 of its water into container 1, 2, 3 separately (actually, 1/3 is poured back to itself, this is allowed by the rule of the game).

【输入格式】

Standard input will contain multiple test cases. The first line of the input is a single integer T (1≤T≤10) which is the number of test cases. And it will be followed by T consecutive test cases.

Each test case starts with a line containing an integer N, the number of containers. The second line contains N floating numbers, denoting the initial water in each container. The following N lines describe the relations that one container(from 1 to N) will pour water into the others. Each line starts with an integer K (0≤K≤N) followed by K integers. Each integer ([1,N]) represents a container that should pour water into by the current container. The last line is an integer M (1≤M≤1,000,000,000) denoting the pouring will continue for M minutes.

【输出格式】

For each test case, output contains N floating numbers to two decimal places, the amount of water remaining in each container after the pouring in one line separated by one space. There is no space at the end of the line.

【输入样例】

1

2
100.00 100.00
1 2
2 1 2
2

【输出样例】

75.00 125.00

【特别说明】

the capacity of the container is not limited and all the pouring at every minute is processed at the same time.

9. 图形变换(shape.*,128MB,1秒)

【问题描述】

平面上有 n 个点需要依次进行 m 个变换处理。变换的规则有 4 种,分别为:

(1) 平移(M):按照向量 $V=(x,y)$ 对点进行平移,即 $(x_0,y_0) \rightarrow (x_0+x, y_0+y)$。

(2) 缩放(Z):以原点为参考,按照比例 λ 对点进行缩放,$(x_0,y_0) \rightarrow (\lambda x_0, \lambda y_0)$ 即。

(3) 翻转(F):把点按照 x 轴或者 y 轴进行翻转,即 $(x_0,y_0) \rightarrow (x_0,-y_0)$ 或 $(-x_0,y_0)$。

(4) 旋转(R):使点绕原点旋转 a 度(a 为正时逆时针旋转,为负时顺时针旋转),离原点的距离不变。

其中括号中的字母为该变换的指令代码。编程序依次输出变换后各点的坐标。

【输入格式】

第 1 行一个整数 $m(1 \leqslant m \leqslant 100000)$ 和 $n(1 \leqslant n \leqslant 100000)$。

第 2 行至第 $m+1$ 行,每行代表一个变换指令,为 Mxy、$Z\lambda$、Fk 或者 Ra,其中 x,y,λ,a 均为绝对值不超过 10000 的实数,k 为 0(表示按照 x 轴翻转)或者 1(表示按照 y 轴翻转)。

第 $m+2$ 行至第 $m+n+1$ 行,每行两个实数 x,y,表示一个点的坐标,其中 x,y 均为绝对值不超过 10000 的实数。

【输出格式】

第 1 行至第 n 行,每行两个实数 x,y,为变换后点的坐标,保留 4 位小数。

【输入样例】

4 1
M 0 1
Z 0.5
R 45
F 0
2 1

【输出样例】

0.0000
1.4142

10. 始祖鸟(arc.*,256MB,1秒)

【问题描述】

最近,进香河地带出现了一家"始祖鸟专卖店",然而这并不只是一时的心血来潮。

早在远古时期,进香河地带就以其秀美的环境和适宜的温度吸引了成群的始祖鸟。始祖鸟是一种团结的鸟类,它们总是通过各种方式来增强种群内部的交流,聚会则是其中之一。因为聚会不但可以增强朋友之间的友谊,而且可以认识新的朋友。

现在有 N 只始祖鸟,我们从 1 开始编号。对于第 i 只始祖鸟,有 M_i 个认识的朋友,它们的编号分别是 $F_{i,1}, F_{i,2}, \cdots, F_{i,M_i}$。朋友的认识关系是单向的,也就是说如果第 s 只始祖鸟认识第 t 只始祖鸟,那么第 t 只始祖鸟不一定认识第 s 只始祖鸟。

聚会的地点分为两处,一处在上游,一处在下游。对于每一处聚会场所,都必须满足对于在这个聚会场所中的始祖鸟,有恰好有偶数个自己认识的朋友与之在同一个聚会场所中。当然,每一只始祖鸟都必须在两处聚会场所之一。

现在需要你给出一种安排方式。你只需要给出在上游的始祖鸟编号,如果有多组解,请输出任何一组解。

【输入格式】

输入数据包含 $N+1$ 行,第一行是数字 N,代表始祖鸟的个数。

之后的 N 行,第 $i+1$ 行的第一个数字是 $M[i]$,表示第 i 只鸟的朋友个数。之后有 $M[i]$ 个数字依次为 $F[i][1], F[i][2], \cdots, F[i][M[i]]$ 表示第 i 只始祖鸟朋友的标号。

【输出格式】

输出数据包含 2 行,第一行有一个非负整数 k,表示在上游参加聚会的始祖鸟个数。第二行有 k 个正整数,表示在这个 k 只始祖鸟的编号,你可以以任意顺序输出这些编号。如果无法满足要求,只输出一行"Impossible"。

【样例输入】

```
5
3 2 3 4
2 1 3
4 2 1 4 5
2 1 3
1 3
```

【样例输出】

```
3
1 2 3
```

【样例说明】

如图 6.5-1 所示。

【数据规模】

对于 10% 的数据满足:$N \leq 10$;
对于 20% 的数据满足:$N \leq 50$;
对于 50% 的数据满足:$N \leq 200$;
对于 100% 的数据满足:$1 \leq N \leq 2000$;

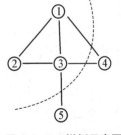

图 6.5-1 样例示意图

11. 员工组织(UVA10766)

【问题描述】

Jimmy 在公司里负责人员的分级工作，他最近遇到了一点小麻烦。为了提高公司工作的效率，董事会决定对所有的员工重新分级！

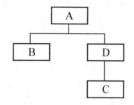

图 6.5-2 公司分级结构图

分级后的情况如图 6.5-2 所示，A 直接领导 B 和 D，D 直接领导 C。具体来说，除了一个总经理例外，其他所有的员工有且只有一个直接领导。由于员工直接的人际关系，可能出现 a 和 b 都不愿意让对方成为自己直接领导的情况。公司里的 n 位员工 $1-n$ 编号，并且董事会已经决定让标号为 k 的员工担任总经理。Jimmy 的任务就是一共有多少种不同的员工分级方案。$1 \leqslant n \leqslant 50$。

12. 求最大异或值(SGU275)

【问题描述】

给定 n 个非负整数 $A_1, A_2, \cdots, A_n$ 的集合，要你求出一个子集 $A_{i1}, A_{i2}, \cdots, A_{ik}, 1 \leqslant i_1 < i_2 < \cdots < i_k \leqslant n \leqslant 100$，使得 A_{i1} XOR A_{i2} XOR $A_{i3} \cdots$ XOR A_{ik} 的值最大。$A_i \leqslant 10^{18}$。

13. Puzzle(SGU260)

【问题描述】

有 N 个格子，每个格子可能是黑色或白色。目前有 N 种操作方式，第 i 种操作可以将 $A_{i,1}, A_{i,2}, \cdots A_{i,ki}$ 这 K_i 个格子的颜色同时改变(从黑到白或者从白到黑)。现在给出 N 个格子的初始状态，与这 N 种操作。请你判断是不是可以通过 N 种操作，将所有格子变成同一种颜色。如果可以请输出一种方案。$1 \leqslant n \leqslant 200$。

14. Convex area(POJ2974)

【问题描述】

A 3-dimensional shape is said to be convex if the line segment joining any two points in the shape is entirely contained within the shape. Given a general set of points X in 3-dimensional space, the convex hull of X is the smallest convex shape containing all the points.

For example, consider X={(0, 0, 0), (10, 0, 0), (0, 10, 0), (0, 0, 10)}. The convex hull of X is the tetrahedron with vertices given by X. Note that the tetrahedron contains the point (1, 1, 1), so even if this point were added to X, the convex hull would not change.

Given X, your task is to find the surface area of the convex hull of X, rounded to the nearest integer.

NOTE: The convex hull of any point set will have polygonal faces. For this problem, you may assume there will be at most 3 points in X on any face of the convex hull.

【输入格式】

The input test file will contain multiple test cases, each of which begins with an integer n ($4 \leq n \leq 25$) indicating the number of points in X. This is followed by n lines, each containing 3 integers giving the x, y and z coordinate of a single point. All coordinates are between -100 and 100 inclusive. The end-of-file is marked by a test case with n=0 and should not be processed.

【输出格式】

For each test case, write a single line with the surface area of the convex hull of the given points. The answer should be rounded to the nearest integer (e.g., 2.499 rounds to 2, but 2.5 rounds to 3).

【输入样例】

```
5
0 0 0
10 0 0
0 10 0
0 0 10
1 1 1
9
0 0 0
2 0 0
2 2 0
0 2 0
1 1 2
1 1 -2
1 1 -1
1 1 0
1 1 1
0
```

【输出样例】

```
237
18
```

【样例说明】

To avoid ambiguities due to rounding errors, the judge tests have been constructed so that all answers are at least 0.001 away from a decision boundary (i.e., you can assume that the area is never 2.4997).

15. SETI(POJ2065)

【问题描述】

For some years, quite a lot of work has been put into listening to electromagnetic radio signals received from space, in order to understand what civilizations in distant galaxies might be trying to tell us. One signal source that has been of particular interest to the scientists at Université de Technologie Spatiale is the Nebula Stupidicus.

Recently, it was discovered that if each message is assumed to be transmitted as a sequence of integers $a0, a1, \ldots a_{n-1}$ the function $f(k) = \sum_{i=0}^{n-1} a_i k^i \pmod{p}$ always evaluates to values $0 \leq f(k) \leq 26$ for $1 \leq k \leq n$, provided that the correct value of p is used. n is of course the length of the transmitted message, and the ai denote integers such that $0 \leq a_i < p$. p is a prime number that is guaranteed to be larger than n as well as larger than 26. It is, however, known to never exceed 30 000.

These relationships altogether have been considered too peculiar for being pure coincidences, which calls for further investigation.

The linguists at the faculty of Langues et Cultures Extraterrestres transcribe these messages to strings in the English alphabet to make the messages easier to handle while trying to interpret their meanings. The transcription procedure simply assigns the letters a..z to the values 1..26 that f(k) might evaluate to, such that $1=a, 2=b$ etc. The value 0 is transcribed to '*' (an asterisk). While transcribing messages, the linguists simply loop from $k=1$ to n, and append the character corresponding to the value of f(k) at the end of the string.

The backward transcription procedure, has however, turned out to be too complex for the linguists to handle by themselves. You are therefore assigned the task of writing a program that converts a set of strings to their corresponding Extra Terrestial number sequences.

【输入格式】

On the first line of the input there is a single positive integer N, telling the number of test cases to follow. Each case consists of one line containing the value of p to use during the transcription of the string, followed by the actual string to be transcribed. The only allowed characters in the string are the lower case letters 'a'..'z' and '*' (asterisk). No string will be longer than 70 characters.

【输出格式】

For each transcribed string, output a line with the corresponding list of integers, separated by space, with each integer given in the order of ascending values of i.

【输入样例】

3
31 aaa
37 abc
29 hello * earth

【输出样例】
1 0 0
0 1 0
8 13 9 13 4 27 18 10 12 24 15

16. The Clocks(POJ1166)
【问题描述】

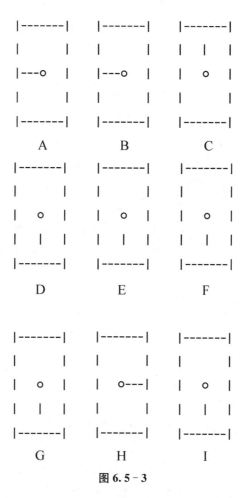

图 6.5-3

There are nine clocks in a 3 * 3 array (图 6.5-3). The goal is to return all the dials to 12 o'clock with as few moves as possible. There are nine different allowed ways to turn the dials on the clocks. Each such way is called a move. Select for each move a number 1 to 9. That number will turn the dials 90′ (degrees) clockwise on those clocks which are affected according to 图 6.5-4 below.

Move	Affected clocks
1	ABDE
2	ABC
3	BCEF
4	ADG
5	BDEFH
6	CFI
7	DEGH
8	GHI
9	EFHI

图 6.5 - 4

【输入格式】

Your program is to read from standard input. Nine numbers give the start positions of the dials. 0＝12 o'clock, 1＝3 o'clock, 2＝6 o'clock, 3＝9 o'clock.

【输出格式】

Your program is to write to standard output. Output a shortest sorted sequence of moves (numbers), which returns all the dials to 12 o'clock. You are convinced that the answer is unique.

【输入样例】

3 3 0
2 2 2
2 1 2

【输出样例】

4 5 8 9

17. EXTENDED LIGHTS OUT(POJ1222)

【问题描述】

In an extended version of the game Lights Out, is a puzzle with 5 rows of 6 buttons each (the actual puzzle has 5 rows of 5 buttons each). Each button has a light. When a button is pressed, that button and each of its (up to four) neighbors above, below, right and left, has the state of its light reversed. (If on, the light is turned off; if off, the light is turned on.) Buttons in the corners change the state of 3 buttons; buttons on an edge change the state of 4 buttons and other buttons change the state of 5. For example, if the buttons marked X on the left below were to be pressed, the display would change to the image on the right.

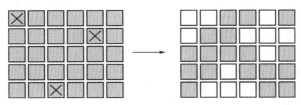

图 6.5 - 5

The aim of the game is, starting from any initial set of lights on in the display, to press buttons to get the display to a state where all lights are off. When adjacent buttons are pressed, the action of one button can undo the effect of another. For instance, in the display below, pressing buttons marked X in the left display results in the right display. Note that the buttons in row 2 column 3 and row 2 column 5 both change the state of the button in row 2 column 4, so that, in the end, its state is unchanged.

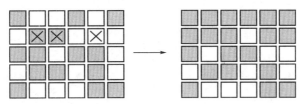

图 6.5 - 6

Note:

1. It does not matter what order the buttons are pressed.

2. If a button is pressed a second time, it exactly cancels the effect of the first press, so no button ever need be pressed more than once.

3. As illustrated in the second diagram, all the lights in the first row may be turned off, by pressing the corresponding buttons in the second row. By repeating this process in each row, all the lights in the first four rows may be turned out. Similarly, by pressing buttons in columns 2, 3 ?, all lights in the first 5 columns may be turned off.

Write a program to solve the puzzle.

【输入格式】

The first line of the input is a positive integer n which is the number of puzzles that follow. Each puzzle will be five lines, each of which has six 0 or 1 separated by one or more spaces. A 0 indicates that the light is off, while a 1 indicates that the light is on initially.

【输出格式】

For each puzzle, the output consists of a line with the string: "PUZZLE #m", where m is the index of the puzzle in the input file. Following that line, is a puzzle-like display (in the same format as the input). In this case, 1's indicate buttons that must be pressed to solve the puzzle, while 0 indicate buttons, which are not pressed. There should be exactly one space between each 0 or 1 in the output puzzle-like display.

【输入样例】

2

0 1 1 0 1 0

100111
001001
100101
011100
001010
101011
001011
101100
010100

【输出样例】

PUZZLE #1
101001
110101
001011
100100
010000

PUZZLE #2
100111
110000
000100
110101
101101

第 7 章 函　　数

函数是数学中的一个重要内容。在人类科技、经济、军事等各个领域的发展过程中，出现了很多需要用"变量数学"描述和解决的实际问题。比如在航海中如何精确测量经纬度和航行方向，在军事上如何精确计算炮弹的运动轨迹与发射速度、空气阻力之间的关系等。这些实际需要促进了"函数"思想方法的研究和发展。函数思想方法的实质就是当遇到实际问题的时候，通过对问题的分析理解，先利用函数知识构造出解决问题的函数关系式，进而通过对函数问题的研究，使问题得以解决的一种数学思想方法。

7.1　函数的基本知识

函数的传统定义是从运动变化的观点出发。一般的，在一个变化过程中，有两个变量 x 和 y，如果给定一个 x 值，相应的就能确定唯一的一个 y 值，那么就称 y 是 x 的函数。其中，x 称为自变量，y 称为因变量，x 的取值范围称为这个函数的定义域，相应 y 的取值范围称为函数的值域。

函数的近代定义是从集合、映射的观点出发。设 A 和 B 是两个非空集合，如果按照某种确定的对应关系 f，使得对于集合 A 中的任意一个元素 x，在集合 B 中都有唯一确定的元素 y 和它对应，那么就称 $f:A \to B$ 为从集合 A 到集合 B 的一个函数，记作 $y=f(x), x \in A$ 或 $f(A)=\{y | f(x)=y, y \in B\}$。其中，$x$ 称为自变量，y 称为因变量，集合 A 称为函数的定义域，与 x 对应的 y 称为函数值，函数值的集合 $\{f(x) | x \in A\}$ 称为函数的值域。定义域、值域和对应法则称为函数的三要素，一般写成 $y=f(x), x \in D$。若省略定义域，一般是指使函数有意义的集合。函数的对应法则一般用解析式表示，但大量的函数关系是无法用解析式表示的，此时可以用图像、表格及其他形式表示。

函数与不等式、方程都存在着一定的联系。令函数值等于零，从几何角度看，对应的自变量的值就是图像与 X 轴的交点的横坐标。从代数角度看，对应的自变量是方程的解。另外，把函数的表达式(无表达式的函数除外)中的"＝"换成"＜"或"＞"，再把"y"换成其他代数式，函数就变成了不等式，可以求自变量的范围。

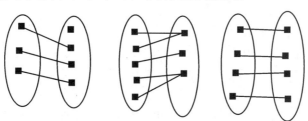

图 7.1-1　单射函数、满射函数和双射函数

函数可以分为单射函数、满射函数、双射函数。单射函数是将不同的变量映射到不同的值，即：若 $x_1, x_2 \in X$，则当 $x_1 \neq x_2$ 时有 $f(x_1) \neq f(x_2)$。满射函数是指其值域即为其对映域，即：对映射 f 的对映域中之任意 y，都存在至少一个 x 满足 $y = f(x)$。双射函数既是单射的，又是满射的，也叫一一对应，双射函数经常被用于表明集合 X 和 Y 是等势的，即有一样的基数。如图 7.1-1 所示。

在自变量的不同变化范围内，对应法则用不同解析式来表示的函数，称为分段函数。分段函数的定义域是各段定义域的并集。

设函数 $y = f(\mu)$ 的定义域为 D_f，函数 $\mu = \varphi(x)$ 在 D 上有定义（D 是构成符合函数的定义域，它可以是 $\mu = \varphi(x)$ 定义域的一个非空子集），且 $\varphi(D) = D_f$，则函数 $y = f[\varphi(x)]$ 称为由函数 $\mu = \varphi(x)$ 和函数 $y = f(\mu)$ 构成的复合函数，它的定义域为 D，变量 μ 称为中间变量。并不是任何两个函数都可以复合成一个复合函数，若 D 为空集，则 $\mu = \varphi(x)$ 和函数 $y = f(\mu)$ 不能复合。

一般地，设函数 $y = f(x), x \in D$，值域是 W，对于每一个属于 W 的 y，有唯一的 x 属于 D，使得 $f(x) = y$，这时变量 x 也是变量 y 的函数，称为 $y = f(x)$ 的反函数，记作 $x = f^{-1}(y)$。而习惯上 $y = f(x)$ 的反函数记为 $y = f^{-1}(x), x \in W$。只有一一对应的函数才有反函数。而若函数是定义在其定义域 D 上的单调递增或单调递减函数，则其反函数在其定义域 W 上单调递增或递减。原函数与反函数之间关于 $y = x$ 对称。

7.1.1 函数的特性

1. 有界性

设函数 $f(x)$ 在区间 X 上有定义，如果存在 $M > 0$，对于一切属于区间 X 上的 x，恒有 $|f(x)| \leq M$，则称 $f(x)$ 在区间 X 上有界，否则称 $f(x)$ 在区间上无界。

极值定理：当函数 $f(x)$ 在闭区间 $[a, b]$ 上是连续函数时，存在属于 $[a, b]$ 的 c 和 d，有 $f(c) \leq f(x) \leq f(d), x \in [a, b]$ 成立（一定存在最大值和最小值）。

2. 单调性

设函数 $f(x)$ 的定义域为 $D, I \in D$。如果对于区间 I 的上任意两点 x_1 和 x_2，当 $x_1 < x_2$ 时，恒有 $f(x_1) < f(x_2)$，则称函数 $f(x)$ 在区间 I 上是单调递增的；如果对于区间 I 上任意两点 x_1 和 x_2，当 $x_1 < x_2$ 时，恒有 $f(x_1) > f(x_2)$，则称函数 $f(x)$ 在区间 I 上是单调递减的。单调递增和单调递减的函数统称为单调函数。

3. 奇偶性

设 $f(x)$ 为一个定义域、值域都为实数的函数，若有 $f(x) = -f(-x)$，则 $f(x)$ 为奇函数。几何上，一个奇函数关于原点对称，即其图像在绕原点做 180 度旋转后不会改变。奇函数的例子有 x、$\sin(x)$ 等。

设 $f(x)$ 为一个定义域、值域都为实数的函数，若有 $f(x) = f(-x)$，则 $f(x)$ 为偶函数。几何上，一个偶函数关于 y 轴对称，即其图在对 y 轴映射后不会改变。偶函数的例子有 $|x|$、x^2、$\cos(x)$ 等。偶函数不可能是个双射映射。

4. 周期性

设函数 $f(x)$ 的定义域为 D。如果存在一个正数 T，使得对于任一 $x \in D$ 有 $(x \pm T) \in D$，且 $f(x + T) = f(x)$ 恒成立，则称 $f(x)$ 为周期函数，T 称为 $f(x)$ 的周期，通常

我们说周期函数的周期是指最小正周期(一般表示成 T^*)。

周期函数的定义域 D 为至少一边的无界区间,若 D 为有界的,则该函数不具周期性。并非每个周期函数都有最小正周期,例如狄利克雷函数:

$$D(x)=\begin{cases}1, x\in \mathbf{Q}\\ 0, x\in \mathbf{Q}^c\end{cases}$$

周期函数有以下几个性质:

(1) 若 $T(T\neq 0)$ 是 $f(x)$ 的周期,则 $-T$ 也是 $f(x)$ 的周期。
(2) 若 $T(T\neq 0)$ 是 $f(x)$ 的周期,则 $n*T(n$ 为任意非零整数)也是 $f(x)$ 的周期。
(3) 若 T_1 与 T_2 都是 $f(x)$ 的周期,则 T_1+T_2、T_1-T_2 也是 $f(x)$ 的周期。
(4) 若 $f(x)$ 有最小正周期 T^*,那么 $f(x)$ 的任何正周期 T 一定是 T^* 的正整数倍。
(5) 如 T^* 是 $f(x)$ 的最小正周期,且 T_1、T_2 分别是 $f(x)$ 的两个周期,则 $T_1/T_2\in \mathbf{Q}$($\mathbf{Q}$ 是有理数集)
(6) 若 T_1、T_2 是 $f(x)$ 的两个周期,且 T_1/T_2 是无理数,则 $f(x)$ 不存在最小正周期。
(7) 周期函数 $f(x)$ 的定义域 M 必定是双方无界的集合。

5. 连续性

函数 $y=f(x)$ 当自变量 x 的变化很小时,所引起的因变量 y 的变化也很小。例如,气温随时间变化,只要时间变化很小,气温的变化也是很小的。又如,自由落体的位移随时间变化,只要时间变化足够短,位移的变化也是很小的。对于这种现象,我们说因变量关于自变量是连续变化的,可用极限给出严格描述:设函数 $y=f(x)$ 在 x_0 点附近有定义,如果有 $\lim(x->x_0)f(x)=f(x_0)$,则称函数 f 在 x_0 点连续。如果定义在区间 I 上的函数在每一点 $x\in I$ 都连续,则说 f 在 I 上连续,此时,它在直角坐标系中的图像是一条没有断裂的连续曲线。

6. 凹凸性

设函数 $f(x)$ 在 I 上连续。如果对于 I 上的两点 $x\neq y, a\in(0,1)$,恒有:

$$f(ax+(1-a)y)\leq af(x)+(1-a)f(y)$$
$$f(ax+(1-a)y)<af(x)+(1-a)f(y)$$

那么,称第一个不等式中的 $f(x)$ 是区间 I 上的凸函数,称第二个不等式中的 $f(x)$ 为严格凸函数。

同理,如果恒有:

$$f(ax+(1-a)y)\geq af(x)+(1-a)f(y)$$
$$f(ax+(1-a)y)>af(x)+(1-a)f(y)$$

那么,称第一个不等式中的 $f(x)$ 是区间 I 上的凹函数,称第二个不等式中的 $f(x)$ 为严格凹函数。

凸(凹)函数也可以称为单峰函数。怎么判断一个函数的凹凸性呢?在代数上只要看导数值的正负,如果函数的一阶导数和二阶导数是异号(一正一负或者一负一正),则函数便是凸的。如果一阶导数与二阶导数是同号,则函数就是凹的。函数在凹凸性发生改变的点称为"拐点",拐点的二阶导数为 0 或不存在二阶导数。

7.1.2 常见的函数类型

函数种类繁多,我们接触使用较多的主要是基本初等函数。另外,在计算机学科里还经常用到多项式函数。

1. 基本初等函数

基本初等函数包括幂函数、指数函数、对数函数、三角函数和反三角函数等。

幂函数是形如 $y=x^a$ 的函数,a 可以是自然数、有理数,也可以是任意实数或复数。如图 7.1-2 所示。

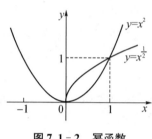
图 7.1-2 幂函数

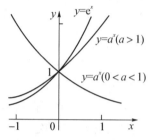
图 7.1-3 指数函数

指数函数是形如 $y=a^x(a>0, a\neq 1)$,定义域为 $(-\infty,+\infty)$,值域为 $(0,+\infty)$,在 $a>1$ 时,是单调递增函数,在 $0<a<1$ 时,是单调递减函数。不论 a 为何值,图像过定点 $(0,1)$。如图 7.1-3 所示。

对数函数是形如 $y=\log_a x(a>0)$,称 a 为底,定义域为 $(0,+\infty)$,值域为 $(-\infty,+\infty)$。在 $a>1$ 时,是单调递增函数,在 $0<a<1$ 时,是单调递减函数。不论 a 为何值,图像均过定点 $(1,0)$,对数函数与指数函数互为反函数。以 10 为底的对数称为常用对数,简记为 $\lg(x)$。在计算机及科学技术中普遍使用的是以 e 为底的对数,即自然对数,记作 $\ln(x)$。

三角函数属于初等函数中超越函数的一类函数。它们的本质是任意角的集合与一个比值的集合的变量之间的映射。通常的三角函数是在平面直角坐标系中定义的,其定义域为整个实数域。它有六种基本函数:正弦函数,余弦函数,正切函数,余切函数,正割函数和余割函数。

2. 多项式函数

形如 $P_n(x)=a_n x^n + a_{n-1} x^{n-1} + \cdots + a_1 x + a_0$ 的函数,叫做多项式函数,它是由常数与自变量 x 经过有限次乘法与加法运算得到的。

形如 $y=kx+b$(k 为任意不为 0 的常数,b 为任意常数)的函数,叫做一次函数(Linear Function),也称线性函数,其图像在平面直角坐标系中可以用一条直线表示。当一次函数中的一个变量的值确定时,可以用一元一次方程确定另一个变量的值。如图 7.1-4 所示。

形如 $y=ax^2+bx+c$ 的函数,叫做二次函数(Quadratic Function)。二次函数是自变量的最高次数为二次的多项式函数。其图像在平面直角坐标系中呈一条抛物线。如图 7.1-5 所示。

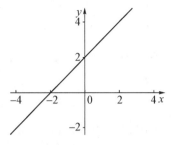
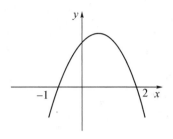

图 7.1-4 一次函数　　　　　图 7.1-5 二次函数

二次函数 $y=a(x-h)^2+k$ 的对称轴为 $x=h$，顶点坐标是 (h,k)。一般地，我们可以用配方法求抛物线 $y=ax^2+bx+c\ (a\neq 0)$ 的顶点与对称轴。因为：

$$y=ax^2+bx+c=a(x+b/2a)^2+(4ac-b^2)/4a$$

因此，抛物线 $y=ax^2+bx+c$ 的对称轴是 $x=-(b/2a)$，顶点坐标是 $(-(b/2a),(4ac-b^2)/4a)$。

除一次函数、二次函数外，多项式函数还有三次函数、四次函数等。

【**例 7.1-1**】 某厂要用铁板做一个体积为 2 个立方的有盖长方体水箱，问当长、宽、高各取怎样的尺寸时，才能使用料最省？

【**问题分析**】

设水箱长、宽分别为 x 和 y 米，则高为 $\dfrac{2}{xy}$ 米，则水箱使用材料的面积为：

$$A=2\left(xy+y\cdot\dfrac{2}{xy}+x\cdot\dfrac{2}{xy}\right)=2\left(xy+\dfrac{2}{x}+\dfrac{2}{y}\right)\quad\begin{pmatrix}x>0\\y>0\end{pmatrix}$$

令 $\begin{cases}A_x=2\left(y-\dfrac{2}{x^2}\right)=0\\ A_y=2\left(x-\dfrac{2}{y^2}\right)=0\end{cases}$　　得驻点①$(\sqrt[3]{2},\sqrt[3]{2})$

根据实际问题可知最小值在定义域内应存在，因此可以断定此唯一驻点就是最小值点。即当长、宽均为 $\sqrt[3]{2}$，高为 $\dfrac{2}{\sqrt[3]{2}\cdot\sqrt[3]{2}}=\sqrt[3]{2}$ 时，水箱所用材料最省。

【**例 7.1-2**】 某工厂生产两种产品 1 与 2，出售单位分别为 10 元与 9 元，生产 x 单位的产品 1 与生产 y 单位的产品 2 的总费用是：

$$400+2x+3y+0.01(3x^2+xy+3y^2)$$

求两种产品各生产多少，工厂可以取得最大利润。

【**问题分析**】

设利润函数为 $L(x,y)$，则：

$$\begin{aligned}L(x,y)&=(10x+9y)-[400+2x+3y+0.01(3x^2+xy+3y^2)]\\&=8x+6y-0.01(3x^2+xy+3y^2)-400\end{aligned}$$

---

① 在微积分中，驻点又称为临界点，是函数的一阶导数为零，即在这一点，函数的输出值停止增加或减少。

$$L(x,y)=8x+6y-0.01(3x^2+xy+3y^2)-400$$

解方程组：

$$\begin{cases} f'_x(x,y)=8-0.01(6x+y)=0 \\ f'_y(x,y)=6-0.01(x+6y)=0 \end{cases}$$

得区域 D 内唯一驻点 $(120,80)$，

$$L''_{xx}=-0.06<0, L''_{xy}=-0.01, L''_{yy}=-0.06$$
$$P(120,80)=(-0.01)^2-(-0.06)^2=-3.5\times10^{-3}<0$$

故 $(120,80)$ 为极大值点，由于只有一个驻点，故为最大值点。

【例 7.1-3】 采摘花生（NOIP2004，peanuts.*，64MB，1 秒）

【问题描述】

鲁宾逊先生有一只宠物猴，名叫多多。这天，他们两个正沿着乡间小路散步，突然发现路边的告示牌上贴着一张小小的纸条："欢迎免费品尝我种的花生！——熊字"。

鲁宾逊先生和多多都很开心，因为花生正是他们的最爱。在告示牌背后，路边真的有一块花生田，花生植株整齐地排列成矩形网格（如图 7.1-6 左图）。有经验的多多一眼就能看出，每棵花生植株下的花生有多少。为了训练多多的算术，鲁宾逊先生说："你先找出花生最多的植株，去采摘它的花生；然后再找出剩下的植株里花生最多的，去采摘它的花生；依此类推，不过你一定要在我限定的时间内回到路边。"

我们假定多多在每个单位时间内，可以做下列四件事情中的一件：

1. 从路边跳到最靠近路边（即第一行）的某棵花生植株；
2. 从一棵植株跳到前后左右与之相邻的另一棵植株；
3. 采摘一棵植株下的花生；
4. 从最靠近路边（即第一行）的某棵花生植株跳回路边。

现在给定一块花生田的大小和花生的分布，请问在限定时间内，多多最多可以采到多少个花生？注意可能只有部分植株下面长有花生，假设这些植株下的花生个数各不相同。

例如在图 7.1-6 右图所示的花生田里，只有位于 $(2,5)$，$(3,7)$，$(4,2)$，$(5,4)$ 的植株下长有花生，个数分别为 13，7，15，9。沿着图示的路线，多多在 21 个单位时间内，最多可以采到 37 个花生。

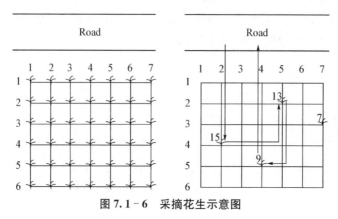

图 7.1-6　采摘花生示意图

【输入格式】

输入文件第一行包括三个整数 M，N 和 K，用一个空格隔开，表示花生田的大小为 $M*N(1\leqslant M,N\leqslant 20)$，多多采花生的限定时间为 $K(0\leqslant K\leqslant 1000)$ 个单位时间。

接下来的 M 行，每行包括 N 个非负整数，也用一个空格隔开；第 $i+1$ 行的第 j 个整数 $P_{ij}(0\leqslant P_{ij}\leqslant 500)$ 表示花生田里植株 (i,j) 下花生的数目，0 表示该植株下没有花生。

【输出格式】

输出文件仅一行一个整数，即在限定时间内多多最多可以采到花生的个数。

【输入样例 1】

6 7 21
0 0 0 0 0 0 0
0 0 0 0 13 0 0
0 0 0 0 0 0 7
0 15 0 0 0 0 0
0 0 0 9 0 0 0
0 0 0 0 0 0 0

【输出样例 1】

37

【输入样例 2】

6 7 20
0 0 0 0 0 0 0
0 0 0 0 13 0 0
0 0 0 0 0 0 7
0 15 0 0 0 0 0
0 0 0 9 0 0 0
0 0 0 0 0 0 0

【输出样例 2】

28

【问题分析】

因为花生的采摘顺序已经确定（从大到小），因此只要考虑如何在最短时间内从一颗植株跳到另一颗植株，以及什么时候停止。

对于第一个问题：由于在地图中跳向相邻一格花费时间是 1，因此两点间的最短距离就是曼哈顿距离：$abs(x_1-x_2)+abs(y_1-y_2)$。

对于第二个问题：显然对于 $j>i$，

$abs(x[i]-x[i+1])+abs(y[i]-y[i+1])+abs(x[i+1]-x[i+2])+abs(y[i+1]-y[i+2])\cdots+abs(x[j-1]-x[j])+abs(y[j-1]-y[j])+x[j]$

$\leqslant abs(x[i]-x[i+1])+abs(x[i+1]-x[i+2])\cdots+abs(x[j-1]-x[j])+x[j]$

$\leqslant (x[i]-x[i+1])+(x[i+1]-x[i+2])\cdots+(x[j-1]-x[j])+x[j]$

$\leqslant x[i]$

也就是说，从当前植株 i 跳回路边花的时间小于等于跳到另一些植株后再跳回路边花的时间，因此如果在当前植株来不及跳回路边，以后就永远来不及跳回路边了。

综上所述，先将花生从大到小排序，每次尝试跳到下一棵植株，如果此时已经来不及跳回路边,就立即停止(这次的花生并没有采摘到),从上一次的植株直接跳回路边,否则就采摘这次的花生。

【参考程序】

```cpp
#include<bits/stdc++.h>
using namespace std;
struct poss{
    int x,y,value;
}p[402];
int m,n,k,t,ans;
bool cmp(poss a,poss b){
    return a.value>b.value;
}

int main(){
    scanf("%d%d%d",&n,&m,&k);
    for(int i=1;i<=n;i++)
        for(int j=1;j<=m;j++){
            p[++t]=(poss){i,j,0};
            scanf("%d",&p[t].value);
        }
    sort(&p[1],&p[n*m+1],cmp);
    p[0].x=0;
    p[0].y=p[1].y;
    for(int i=1;i<=n*m;i++){
        k-=abs(p[i-1].x-p[i].x)+abs(p[i-1].y-p[i].y)+1;
        if(k<p[i].x)break;
        ans+=p[i].value;
    }
    printf("%d\n",ans);
    return 0;
}
```

7.2 函数的单调性

在上一节中已经介绍了函数的单调性和连续性。一般地,对于函数 $f(x)$,如果存在实数 c,当 $x=c$ 时,$f(c)=0$,那么,把 $x=c$ 叫做函数 $f(x)$ 的"零点"。

对于在区间 $[a,b]$ 上连续不断,且满足 $f(a)*f(b)<0$ 的函数 $y=f(x)$,通过不断地把函数 $f(x)$ 的零点所在的区间一分为二,使区间的两个端点逐步逼近零点,进而求得零点近似值的方法叫做"二分法"。如果函数是单调函数,则零点是唯一的。由函数的零点与相应方程根的关系,可用二分法来求方程的近似解。

给定精确度 ξ,用二分法求函数 $f(x)$ 零点近似值的步骤如下:

1. 确定区间 $[a,b]$,验证 $f(a)*f(b)<0$,给定精确度 ξ;
2. 求区间 $[a,b]$ 的中点 x_1;
3. 计算 $f(x_1)$:
   3.1. 若 $f(x_1)=0$,则 x_1 就是函数的零点;
   3.2. 若 $f(a)*f(x_1)<0$,则令 $b=x_1$;
   3.3. 若 $f(x_1)*f(b)<0$,则令 $a=x_1$;
4. 判断是否达到精确度 ξ:即若 $|a-b|<\xi$,则得到零点近似值 a(或 b),否则重复步骤 2 到步骤 4。

用二分法求一个函数的零点近似值的方法必须满足以下条件:其图像在零点附近是连续不断的,且该零点为变号零点。

【例 7.2-1】 判断函数 $y=x^3-x-1$ 在区间 $[1,1.5]$ 内有无零点,如果有求出一个近似零点(精确度为 0.1)。

【问题分析】

因为 $f(1)=-1<0$,$f(1.5)=0.875>0$,且函数 $y=x^3-x-1$ 的图像是连续的曲线,所以,它在区间 $[1,1.5]$ 内有零点。用二分法逐次计算,列表如下:

区间	中点值	中点函数近似值
[1,1.5]	1.25	−0.3
[1.25,1.5]	1.375	0.22
[1.25,1.375]	1.312 5	−0.05
[1.3125,1.375]	1.343 75	0.08

由于 $|1.375-1.3125|=0.0625<0.1$,所以函数的一个近似零点为 1.3125。

【例 7.2-2】 求 $\sqrt[3]{2}$ 的近似解(精确度为 0.01,并将结果也精确到 0.01)。

【问题分析】

设 $x=\sqrt[3]{2}$,则 $x^3-2=0$。令 $f(x)=x^3-2$,则函数 $f(x)$ 的零点的近似值就是 $\sqrt[3]{2}$ 的近似值。

由于 $f(1)=-1<0$,$f(2)=6>0$,故可以取区间 $[1,2]$ 作为计算的初始区间。采用二分法求其零点的近似值列表如下:

区间	中点值	中点函数近似值
[1,2]	1.5	1.375
[1,1.5]	1.25	−0.0469
[1.25,1.5]	1.375	0.5996
[1.25,1.375]	1.3125	0.261
[1.25,1.3125]	1.28125	0.1033
[1.25,1.28125]	1.265625	0.0273
[1.25,1.265625]	1.2578125	−0.01
[1.2578125,1.265625]	1.26171875	0.0086

由于 $|1.265625-1.2578125|=0.00781<0.01$,所以函数 $f(x)$ 零点的近似值是 1.26,即 $\sqrt[3]{2}$ 的近似值是 1.26。

【例 7.2-3】 Solve It(UVA10341)

【问题描述】

Solve the equation:

p * e^-x+q * sin(x)+r * cos(x)+s * tan(x)+t * x^2+u=0

where $0 \leqslant x \leqslant 1$.

【输入格式】

Input consists of multiple test cases and terminated by an EOF. Each test case consists of 6 integers in a single line: p,q,r,s,t,u. where $0 \leqslant p, r \leqslant 20$ and $-20 \leqslant q, s, t \leqslant 0$. There will be maximum 2100 lines in the input file.

【输出格式】

For each set of input, there should be a line containing the value of x, correct upto 4 decimal places, or the string "No solution", whichever is applicable.

【输入样例】

0 0 0 0 -2 1
1 0 0 0 -1 2
1 -1 1 -1 -1 1

【输出样例】

0.7071
No solution
0.7554

【问题分析】

设:$f(x)=pe^{-x}+q\sin(x)+r\cos(x)+s\tan(x)+tx^2+u$

则:$f'(x)=-pe^{-x}+q\cos(x)-r\sin(x)+s*\cos(x)^{-2}+2tx$,$(p \leqslant 0, r \leqslant 0)$

所以 $f'(x)<0$,函数在 $[0,1]$ 内单调递减,可以用二分来求根。

【参考程序】

```
#include<bits/stdc++.h>
using namespace std;
const double eps=1e-10;
double p,q,r,s,t,u;
inline double f(double x){
    return p*exp(-x)+q*sin(x)+r*cos(x)+s*tan(x)+t*x*x+u;
}

int main(){
    while(scanf("%lf%lf%lf%lf%lf%lf",&p,&q,&r,&s,&t,&u)!=-1){
        double l=0,r=1;
        if(f(l)*f(r)>0){
```

```
            printf("No solution\n");
            continue;
        }
        while(r-l>=eps){
            double mid=(l+r)/2;
            if(f(mid)>0)
                l=mid;
            else
                r=mid;
        }
        printf("%.4f\n",l);
    }
    return 0;
}
```

【例7.2-4】 River Hopscotch(POJ3258)

【问题描述】

Every year the cows hold an event featuring a peculiar version of hopscotch that involves carefully jumping from rock to rock in a river. The excitement takes place on a long, straight river with a rock at the start and another rock at the end, L units away from the start ($1 \leqslant L \leqslant 1,000,000,000$). Along the river between the starting and ending rocks, N ($0 \leqslant N \leqslant 50,000$) more rocks appear, each at an integral distance D_i from the start ($0 < D_i < L$).

To play the game, each cow in turn starts at the starting rock and tries to reach the finish at the ending rock, jumping only from rock to rock. Of course, less agile cows never make it to the final rock, ending up instead in the river.

Farmer John is proud of his cows and watches this event each year. But as time goes by, he tires of watching the timid cows of the other farmers limp across the short distances between rocks placed too closely together. He plans to remove several rocks in order to increase the shortest distance a cow will have to jump to reach the end. He knows he cannot remove the starting and ending rocks, but he calculates that he has enough resources to remove up to M rocks ($0 \leqslant M \leqslant N$).

FJ wants to know exactly how much he can increase the shortest distance * before * he starts removing the rocks. Help Farmer John determine the greatest possible shortest distance a cow has to jump after removing the optimal set of M rocks.

【输入格式】

Line 1: Three space-separated integers: L, N, and M.

Lines 2..N+1: Each line contains a single integer indicating how far some rock is away from the starting rock. No two rocks share the same position.

【输出格式】

Line 1：A single integer that is the maximum of the shortest distance a cow has to jump after removing M rocks.

【输入样例】

25 5 2

2

14

11

21

17

【输出样例】

4

【样例解释】

Before removing any rocks, the shortest jump was a jump of 2 from 0 (the start) to 2. After removing the rocks at 2 and 14, the shortest required jump is a jump of 4 (from 17 to 21 or from 21 to 25).

【问题分析】

题目大意是一条长 L 的河上，除了 START(0) 和 END(L) 还有 N 个石子，分别距离 START d_i，求去掉 M 个石子后相邻石子的最小距离的最大值。

定义函数 $c(x)$ 是求距离 x 能否留下 $N-M$ 个石子。若 $c(x)$ 为 true，则存在相同的方案使得 $c(x-a)(a>0, a\in \mathbf{Z})$ 为 true，可以二分。从左往右，如果 2 个石子的距离小于 x 则去掉右边的石子，若右边的石子为 END 则去掉左边的石子，判断是否能留下 $N-M$ 个石子。

【参考程序】

```cpp
#include<bits/stdc++.h>
using namespace std;
int L,n,m;
int a[50005];

bool ok(int c){
    int sum=m,la=0;
    for(int i=1;i<=n;i++)
        if(la+c<=a[i])
            la=a[i];
        else
            if(!(sum--))
                return 0;
    if(la+c>L)
        if(!(sum--))
```

```
        return 0;
    return 1;
}

int main(){
    scanf("%d%d%d",&L,&n,&m);
    for(int i=1;i<=n;i++)
        scanf("%d",&a[i]);
    sort(&a[1],&a[n+1]);
    int l=0,r=L;
    while(l!=r){
        int mid=l+r+1>>1;
        if(ok(mid))
            l=mid;
        else
            r=mid-1;
    }
    printf("%d\n",l);
    return 0;
}
```

【例 7.2-5】 Expanding Rods(POJ1905)

【问题描述】

When a thin rod of length L is heated n degrees, it expands to a new length $L'=(1+n*C)*L$, where C is the coefficient of heat expansion.

When a thin rod is mounted on two solid walls and then heated, it expands and takes the shape of a circular segment, the original rod being the chord of the segment.

Your task is to compute the distance by which the center of the rod is displaced.

【输入格式】

The input contains multiple lines. Each line of input contains three non-negative numbers: the initial lenth of the rod in millimeters, the temperature change in degrees and the coefficient of heat expansion of the material. Input data guarantee that no rod expands by more than one half of its original length. The last line of input contains three negative numbers and it should not be processed.

【输出格式】

For each line of input, output one line with the displacement of the center of the rod in millimeters with 3 digits of precision.

【输入样例】

1000 100 0.0001
15000 10 0.00006

10 0 0.001
−1 −1 −1

【输出样例】

61.329

225.020

0.000

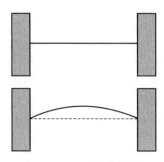

图 7.2-1 变化示意图

【问题分析】

题目大意是一根横在两堵墙之间的木棒受热膨胀后,变为弧形,求弧形中点与原木棒中点的距离,给出木棒原长度 Len,膨胀系数 Coe,加热的度数 n,膨胀 n 度后长度为 $S=Len*(1+n*Coe)$;这样根据一些数学知识就可以得到下面三个式子:

1. $R^2-Len^2/4=(R-H)^2$;
2. $\sin\theta=Len/2R$;
3. $\theta=S/2R$;

由一系列变换可求出 $S_0=R*a\sin(Len/2R)$,其中 $R=(H^2+Len^2/4)/2H$。用二分枚举 H 的长度,找到一个 H 使得 $S_0=S$ 即可。

【参考程序】

```cpp
#include<bits/stdc++.h>
using namespace std;
const double eps = 1e-7;
double Len,Coe,n;
double l,r,mid;
double R,S;
int main(){
    while(1){
        scanf("%lf%lf%lf",&Len,&n,&Coe);
        if(Len<0)break;
        l=0,r=Len/2;
        S=(1+n*Coe)*Len;
        while(r-l>=eps){
            mid=(l+r)/2;
```

```
            R = (mid * mid + Len * Len/4)/(2 * mid);
            if(R * asin(Len/(2 * R)) * 2<S)
                l = mid;
            else
                r = mid;
        }
        printf("%.3lf\n",mid);
    }
    return 0;
}
```

7.3 函数的凹凸性

在上一节中已经介绍了函数的单调性。对于具有单调性的函数,我们可以使用"二分法"求解。当函数不具有单调性、但具有凹凸性时,我们可以使用"三分法"求解。

如图 7.3-1 所示,虽然该函数不单调,但是该函数只有一个峰值,峰值左右两端分别单调递增、单调递减。

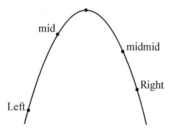

图 7.3-1 单峰函数

用三分法求解单峰函数极值的基本思路如下:假设我们要求单峰函数 $f(x)$ 的最大值,规定 left 和 right 是答案所在区间。设 mid 和 midmid 分别是 left 和 right 之间的三等分点。若 $f(\text{mid}) \leqslant f(\text{midmid})$,则舍去 left 到 mid 区间,否则舍去 midmid 到 right 区间。因为 f(midmid) 比 $f(\text{left})$ 到 $f(\text{mid})$ 区间里任何值都大,最大值永远不可能在舍去的区间里。当 right-left 小于规定精度即找到了答案。

三分法的程序实现如下:

```
//EPS 是规定的精度,如 1e-7,left + EPS<right 即停止程序,找到答案
void Solve(void)
{
    double Left, Right;
    double mid1, mid2;
    double mid1_value, mid2_value;
    Left = MIN; Right = MAX;
```

```
        while (Left + EPS < Right)
        {
            mid1 = (Left * 2 + Right) / 2;
            mid2 = (Left + Right * 2) / 2;
            mid1_value = Calc(mid1);
            mid2_value = Calc(mid2);
            // 假设求解最大极值.
            if (mid1_value >= mid2_value) Right = mid2;
            else Left = mid1;
        }
```

以上算法中,因为每次都使区间长度变为了原来的 2/3,所以算法的时间复杂度是 $\Theta(\log_{\frac{3}{2}} n)$。

需要特别注意的是:三分法的应用条件是函数严格凹凸(可以感性地理解为这个函数只有一个峰并且没有平台),如图 7.3-2 所示的函数(mid1 和 mid2 之间是一个平台)是不能使用的:

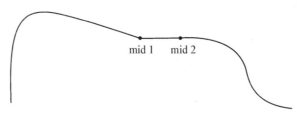

图 7.3-2 非单峰函数

因为:我们规定,当 $f(mid1) = f(mid2)$ 时,可以任意舍弃一段。如图 7.3-2 所示,如果我们舍弃 mid 左边的一段,那么就把最大值所在部分舍去了。

【例 7.3-1】 玩具(BZOJ1229)

【问题描述】

Bessie 的生日快到了,她希望用 $D(1 \leqslant D \leqslant 100000, 70\%$ 的测试数据都满足 $1 \leqslant D \leqslant 500$)天来庆祝。

奶牛们的注意力不会太集中。因此,Bessie 想通过提供玩具的方式来使它们高兴。她已经计算出了第 i 天需要的玩具数 T_i ($1 \leqslant T\_i \leqslant 50$)。

Bessie 的幼儿园提供了许多服务给它们的奶牛程序员们,包括一个每天以 T_c ($1 \leqslant T_c \leqslant 60$)美元卖出商品的玩具店。Bessie 想尽可能的节省钱,但是 Farmer John 担心没有经过消毒的玩具会带来传染病(玩具店卖出的玩具是经过消毒的)。有两种消毒的方式,第 1 种方式需要收费 C_1 美元,需要 N_1 个晚上的时间;第 2 种方式需要收费 C_2 美元,需要 N_2 个晚上的时间($1 \leqslant N_1 \leqslant D, 1 \leqslant N_2 \leqslant D, 1 \leqslant C_1 \leqslant 60, 1 \leqslant C_2 \leqslant 60$)。

Bessie 在 party 结束之后把她的玩具带去消毒。如果消毒只需要一天,那么第二天就可以拿到;如果还需要一天,那么第三天才可以拿到。

作为一个受过教育的奶牛,Bessie 已经了解到节约的意义。帮助她找到提供玩具的最便宜的方法。

【输入格式】

第 1 行:六个用空格隔开的整数 D,N1,N2,C1,C2,Tc。

第 2..D+1 行:第 i+1 行包含一个整数 T_i。

【输出格式】

1 行:提供玩具所需要的最小费用。

【输入样例】

4 1 2 2 1 3

8

2

1

6

【输入样例解释】

Bessie 想开 4 天的 party,第 1 天需要 8 个玩具,第 2 天需要 2 个玩具,第 3 天需要 1 个玩具,第 4 天需要 6 个玩具。第一种方式需要 $2,用时 1 天;第二种方式需要 $1,用时 2 天。买一个玩具需要 $3。

【输出样例】

35

【输出样例解释】

第 1 天:买 8 个玩具,花去 $24;送 2 个玩具去快洗,6 个慢洗。

第 2 天:取回 2 个快洗的玩具,花去 $4。送 1 个玩具去慢洗。

第 3 天:取回 6 个慢洗的玩具,花去 $6。

第 4 天:取回所有的玩具(与现有的加在一起正好 6 个),花去 $1。这样就用了最少的钱。

【问题分析】

如果 D 比较小,本题就是经典的费用流模型(餐巾计划问题,每天建 2 个点 x_i, y_i 分别表示未洗好和洗好,S 向 x_i 连容量为 t_i,费用为 0 的边,表示当天使用后的餐巾加入未洗。y_i 向 T 连费用为 t_i 的边,表示使用的餐巾。S 想 y_i 连费用为 T_c 的边表示购买。x_i 向 y_{i+n1} 连费用为 c_1 的边,表示第一种洗法,x_i 向 y_{i+n2} 连费用为 c_2 的边,表示第二种洗法。x_i 向 x_{i+1} 连费用为 0 的边,表示当天不洗)。但是 D 很大,这个做法明显会超时。重新来看费用流,单位费用随流量的增加而减少,也就是费用是个凸函数!而流量恰好是玩具个数。

所以,可以三分玩具总数,加上贪心求出费用。具体来说。首先确定了玩具总数,付出 sum*T_c 的代价。设 $n_1 < n_2, c_1 > c_2$,1 表示快洗,2 表示慢洗。按时间从早到晚处理,贪心维护一个关于使用时间有序的双端队列。当天的玩具优先用购买未使用的,代价为 0;其次使用慢洗的($t_0 + n_1 \leq t$),代价为 c_1;最后是最近时间快洗的($\max t_0 + n_2 \leq t$),代价为 c_2。

【参考程序】

```
#include<bits/stdc++.h>
using namespace std;
```

```cpp
#define PA pair<int,int>
int n,n1,n2,c1,c2,tc;
int t[100005],sumt;
PA MP(int a,int b){PA c;c.first=a,c.second=b;return c;}
deque<PA>q;

int cos(int sum){
    q.clear();
    int ans=sum*tc;
    q.push_front(MP(-n2,sum));
    for(int i=1;i<=n;i++){
        if(i-n1>=1)
            q.push_front(MP(i-n1,t[i-n1]));
        for(int T=t[i];T;){
            if(q.empty())return 1e9;
            PA x=q.back();
            if(x.first+n2<=i&&c1>c2*(x.first!=-n2)){
                int s=min(T,x.second);
                T-=s;x.second-=s;
                ans+=s*c2*(x.first!=-n2);
                q.pop_back();
                if(x.second)q.push_back(x);
            }
            else{
                x=q.front();
                int s=min(T,x.second);
                T-=s;x.second-=s;
                ans+=s*c1;
                q.pop_front();
                if(x.second)q.push_front(x);
            }
        }
    }
    return ans;
}

int sf(){
    int l=1,r=sumt;
    while(l+5<r){
```

```
        int mid1 = (l*2+r)/3,mid2 = (l+r*2)/3;
        int v1 = cos(mid1),v2 = cos(mid2);
        if(v1<v2)r = mid2;
        else l = mid1;
    }
    int ans = 1e9;
    for(int i = l;i<=r;i++)
        ans = min(ans,cos(i));
    return ans;
}

int main(){
    scanf("%d%d%d%d%d%d",&n,&n1,&n2,&c1,&c2,&tc);
    if(n1>n2)swap(n1,n2),swap(c1,c2);
    for(int i = 1;i<=n;i++)
        scanf("%d",&t[i]),sumt+=t[i];
    printf("%d\n",sf());
    return 0;
}
```

7.4 SG 函数

假设用 (X,F) 来表示有向图 G。X 是顶点集，F 是后继函数。设 x 是一个顶点，$F(x)$ 是一个集合，包含于 X，任意一个元素 y 属于 $F(x)$，表示从 x 出发到 y 有一条边。$F(x)$ 就是 x 的后继集合，也可看成从 x 出发的决策集。如果 $F(x)$ 是空集，那么就表示 x 是终止状态。

现在，我们使用"有向图"来描述一个游戏，所有的状态用"顶点"表示，所有合法的状态转移用"有向边"表示，再使用 Sprague-Grundy 函数（简称 SG 函数）描述图的性质。

一个"图游戏"是指一个两人（假设为 A、B）游戏，在一个图 $G(X,F)$ 上玩，指明一个初始顶点 x_0，并按照下列的规则玩游戏：

1. A 先走，从 x_0 开始；
2. A、B 两人轮流走步；
3. 从顶点 x 出发，只能走到顶点 y，y 属于 $F(x)$；
4. 遇到终止状态，即不能走步，此人输。

对于一个图，如果不管 x_0 是哪个点，总存在一个 n，使得从 x_0 出发的任意一条路径的长度都不超过 n，那么就认为这个图是"递增有界"的。下面讲的都是递增有界的图游戏。

对于一个递增有界的图 $G(X,F)$ 来说，SG 函数 g，是定义在 X 上的函数，函数值是非负整数，$g(x)$ 的值等于所有 x 的后继的 SG 函数中没有出现的最小非负整数。对于递增有界的图，SG 函数是唯一的、有界的。对于所有的终止状态 x，因为 $F(x)$ 是空集，所以 $g(x)=0$。

【例 7.4-1】 取石子游戏

【问题描述】

有两个游戏者：A 和 B。有 21 颗石子。

约定：两人轮流取走石子，每次可取 1、2 或 3 颗。A 先取，取走最后一颗石子的人获胜，即没有石子可取的人算输。

问题：A 有没有必胜的策略？

【问题分析】

设有 n 颗石子，顶点集 $X=\{0,1,2,\cdots n\}$，$F(0)$ 是空集，$F(1)=\{0\}$，$F(2)=\{0,1\}$，$F(k)=\{k-3,k-2,k-1\}$，$3\leqslant k\leqslant n$。如图 7.4-1 是 $n=10$ 的情况：

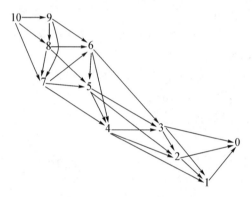

图 7.4-1 取石子游戏图

根据 SG 函数的定义和上面的图，得出：

x	0	1	2	3	4	5	6	7	8	9	10	11	…
$g(x)$	0	1	2	3	0	1	2	3	0	1	2	3	…

规律为：$g(x)=x \bmod 4$。

根据结果，我们猜测 SG 函数与"P 状态"①和"N 状态"②是有关的。如果 $g(x)=0$，那么 x 就是"P 状态"，否则 x 就是"N 状态"。证明是很显然的，只要根据两者的定义，考虑以下三点：

1. 如果 x 是终止状态，那么 $g(x)=0$；
2. 一个状态 x，如果 $g(x)\neq 0$，那么一定存在一个 x 的后继 y，使得 $g(y)=0$；
3. 一个状态 x，如果 $g(x)=0$，那么所有 x 的后继 y，都有 $g(y)\neq 0$。

【例 7.4-2】 取石子游戏 (POJ1067)

【问题描述】

有两堆石子，数量任意，可以不同。游戏开始由两个人轮流取石子。游戏规定，每次有两种不同的取法，一是可以在任意的一堆中取走任意多的石子；二是可以在

---

① P 状态：双人博弈游戏中，先手必胜的状态。

② N 状态：双人博弈游戏中，后手必胜的状态。

两堆中同时取走相同数量的石子。最后把石子全部取完者为胜者。现在给出初始的两堆石子的数目,如果轮到你先取,假设双方都采取最好的策略,问最后你是胜者还是败者?

【输入格式】

输入包含若干行,表示若干种石子的初始情况,其中每一行包含两个正整数 a 和 b,表示两堆石子的数目,a 和 b 都不大于 1000000000。

【输出格式】

输出对应也有若干行,每行包含一个数字 1 或 0,如果最后你是胜者,则为 1,反之,则为 0。

【输入样例】

2 1
8 4
4 7

【输出样例】

0
1
0

【问题分析】

本题就是所谓的威佐夫博弈(Wythoff Game):有两堆各若干个物品,两个人轮流从某一堆取、或同时从两堆中取同样多的物品,规定每次至少取一个,多者不限,最后取光者得胜。问:先手是否必胜?

如果局面 (a,b) 是先手必负的,那么对于任意 $x>b, y>a$,局面 $(a,x),(y,b)$ 先手必胜。

所以可以知道,任何数字只能出现在一个先手必负的局面中。

同样,如果局面 (a,b) 是先手必负的,那么对于任何 $k>0,(a+k,b+k)$ 也是先手必胜的。

我们如果用计算机算出前面几个先手必负的局面,可以得到:

a	b	$b-a$
0	0	0
1	2	1
3	5	2
4	7	3
6	10	4
8	13	5
9	15	6
…	…	…

看的出非常有规律,一是两个数字的差值成等差数列。二是对于第一个数,我们发现"是未在前面出现过的最小自然数"。经过试验,进一步猜测为:第 n 个先手必负的局

面 (a_n,b_n) 的 $a_n=\text{int}(n*(1+\sqrt{5})/2)$, $b_n=a_n+n$。有兴趣的读者,可以参阅相关证明。$n=b_n-a_n$,若 $a_n=\text{int}(n*(1+\sqrt{5})/2)$ 先手必败。由此,我们可以写出一个非常简洁的解答方案:

```cpp
#include<bits/stdc++.h>
using namespace std;
int a,b;
int main(){
    while(scanf("%d%d",&a,&b)!=-1){
        if(a>b)swap(a,b);
        printf("%d\n",int((1+sqrt(5.0))/2*(b-a))!=a);
    }
    return 0;
}
```

7.5 快速傅立叶变换

快速傅里叶变换(Fast Fourier Transform,简称FFT)在信息学竞赛中的主要作用是用来求"卷积",或者说多项式乘法。朴素的多项式乘法为各系数相乘,时间复杂度是的 $\Theta(n^2)$,通过快速傅里叶变换可以降为 $\Theta(n\log_2 n)$。

对于形如 $y_n=\sum_i x_i h_{n-i}$ 的式子,我们称 y 为 xh 的卷积。

首先,定义多项式的形式为:$A(x)=\sum_{i=0}^{n-1}a_i x^i$,其中 a_i 为系数,n 为次数,这种表示方法称为"系数表示法",一个多项式是由其系数确定的。如果把每个系数都看成一个未知数,一个 n 次的多项式就可以等价地换成 n 个等式($y_i=a_i$),相当于平面上的 n 组坐标 (x_i,y_i),这种表示方法叫做"点值表示法"。

我们可以利用点值表示法,分3步快速求出多项式乘积:

(1) 由系数表示法转换成点值表示法;

(2) 利用点值表示法,求两个多项式的乘积;

(3) 再将点值表示法转换成系数表示法;

对于步骤(2),给出两个 n 次多项式 A 和 B 的点值表达式,我们可以在 $\Theta(n)$ 的时间复杂度内求出其乘积 C 的点值表达式,C 是 $2n-1$ 次的。

假设 A 的点值表达式为:$\{(x_0,y_0),(x_1,y_1),\cdots(x_{n-1},y_{n-1})\}$

B 的点值表达式为:$\{(x_0,y'_0),(x_1,y'_1),\cdots(x_{n-1},y'_{n-1})\}$

则 C 的点值表达式为:$\{(x_0,y_0 y'_0),(x_1,y_1 y'_1),\cdots(x_{n-1},y_{n-1}y'_{n-1})\}$

下面,我们重点分析步骤(1)。

n 次单位复数根是满足 $\omega^n=1$ 的复数 ω。n 次单位复数根有 n 个,分别是 $e^{2\pi i k/n}$,其中:i 为虚数单位,k 为整数,$0 \leqslant k < n$。将值 $e^{2\pi i/n}$ 称为主 n 次单位根,所有其他 n 次复数根都是 ω_n 的次幂。我们可以利用复数的指数形式定义来解释这个式子:$e^{i\theta}=\cos(\theta)+i\sin(\theta)$。

消去引理:对任何整数 $n \geqslant 0, k \geqslant 0, d > 0$,有 $\omega_{dn}^{dk} = \omega_n^k$。

证明:带入定义易证得 $\omega_{dn}^{dk} = (e^{2\pi i/dn})^{dk} = (e^{2\pi i/n})^k = \omega_n^k$

折半引理:如果 n 是大于 0 的偶数,那么 n 的 n 个单位复数根的平方的集合就是 $n/2$ 的 $n/2$ 个单位复数根的平方的集合。

证明:对于任意非数整数 k,我们有 $(\omega_n^k)^2 = \omega_{n/2}^k$。对于所有 n 次单位复数根进行平方,那么获得每个 $n/2$ 次单位复数根正好两次,因为 $(\omega_n^{k+n/2})^2 = \omega_n^{2k+n} = \omega_n^{2k}\omega_n^n = (\omega_n^k)^2$,因此 ω_n^k 与 $\omega_n^{k+n/2}$ 平方相同。

折半引理是用分治算法实现快速傅里叶变换的重要理论前提。如何具体实现呢?可以利用单位复数根的特殊性质进行分治 $A(x)$,对于多项式,将奇偶系数分离,定义两个新的多项式 $A^{[0]}(x)$ 和 $A^{[1]}x$:

$$A^{[0]}(x) = a_0 + a_2 x + a_4 x^2 + \cdots a_{n-2} x^{n/2-1}$$
$$A^{[1]}(x) = a_1 + a_3 x + a_5 x^2 + \cdots a_{n-1} x^{n/2-1}$$

于是有 $A(x) = A^{[0]}(x^2) + x A^{[1]}(x^2)$。这样就把问题转化为求 $(\omega_n^0)^2, (\omega_n^1)^2, \cdots (\omega_n^{n-1})^2$ 在 $A^{[0]}(x)$ 和 $A^{[1]}(x)$ 的值。再根据折半引理,我们发现前半部分的值与后半部分的值相同,这样就把问题分成了两个子问题,对于这两个子问题再进行递归求解。这样就可以在 $\Theta(n\log_2 n)$ 的时间复杂度内求出点值表达式。

在求快速傅里叶变换的过程中,我们需要将奇偶系数分离,如次数为 8 的多项式,分离出系数序列为:0,4,2,6,1,5,3,7。这组数有什么特征呢?用二进制表示这几个数得到:000,100,010,110,001,101,011,111。我们将每个二进制翻转得到:000,001,010,011,100,101,110,111。不难发现,其值是递增的。

对于步骤(3),我们通过矩阵乘法不难发现,如果将点值转化为系数只要将点值表达式做一遍快速傅里叶变换,最后对每一项除以 len 即可。

当然,因为单位复数根的特殊性,一些操作要特殊处理。下面给出实现快速傅里叶变换的主要代码。

```cpp
const double PI = acos(-1.0);
struct Virt{
    double r, i;
    Virt(double r = 0.0,double i = 0.0){
        this->r = r;
        this->i = i;
    }
    Virt operator + (const Virt &x){
        return Virt(r+x.r, i+x.i);
    }
    Virt operator - (const Virt &x){
        return Virt(r-x.r, i-x.i);
    }
    Virt operator * (const Virt &x){
        return Virt(r * x.r-i * x.i, i * x.r+r * x.i);
```

```cpp
        }
};

void Rader(Virt F[], int len){
    int j = len >> 1;
    for(int i = 1; i<len-1; i++){
        if(i < j) swap(F[i], F[j]);
        int k = len >> 1;
        while(j >= k){
            j -= k;
            k >>= 1;
        }
        if(j < k) j += k;
    }
}

void FFT(Virt F[], int len, int on){
    Rader(F, len);
    for(int h = 2; h <= len; h <<= 1){
        Virt wn(cos(-on * 2 * PI/h), sin(-on * 2 * PI/h));
        for(int j = 0; j<len; j += h){
            Virt w(1,0);
            for(int k = j; k<j+h/2; k++){
                Virt u = F[k];
                Virt t = w * F[k+h / 2];
                F[k] = u + t;
                F[k+h / 2] = u - t;
                w = w * wn;
            }
        }
    }
    if(on == -1)
        for(int i = 0; i<len; i++)
            F[i].r /= len;
}

void Conv(Virt a[],Virt b[],int len){
    FFT(a,len,1);
    FFT(b,len,1);
    for(int i = 0; i<len; i++)
```

```
        a[i] = a[i] * b[i];
    FFT(a,len,-1);
}
```

【例7.5-1】 match(2014年江苏省队选拔,match*,256MB,2秒)

【问题描述】

兔子们在玩两个串的游戏。给定两个字符串 S 和 T,兔子们想知道 T 在 S 中出现了几次,分别在哪些位置出现。注意 T 中可能有"?"字符,这个字符可以匹配任何字符。

【输入格式】

两行两个字符串,分别代表 S 和 T。

【输出格式】

第一行一个正整数 k,表示 T 在 S 中出现了几次。

接下来 k 行正整数,分别代表 T 每次在 S 中出现的开始位置。按照从小到大的顺序输出,S 下标从 0 开始。

【样例输入】

ababcadaca
a?a

【样例输出】

3
0
5
7

【数据限制】

对于 10% 的数据,S 和 T 的长度不超过 100;

对于另外 20% 的数据,T 中无"?";

对于 100% 的数据,S 长度不超过 10^5,T 长度不会超过 S。S 中只包含小写字母,T 中只包含小写字母和"?"。

【问题分析】

我们将 T 翻转,并令:

$$c[j+m-1] = \sum_{i=0}^{m-1}\{(a[j+i]-b[m-1-i])^2 * b[m-1-i]\}$$

其中,m 为 T 的长度,$a[i]$ 表示 S 的第 i 个字符(a 视为 1,b 视为 2,依次类推),$b[i]$ 为 T 的第 i 个字符,当 $T[i]=$ '?' 时,令 $b[i]=0$。

可以发现,$c[j+m-1]=0$ 当且仅当 S 从第 j 个位置开始可以匹配上 T。于是,计算出所有的 c 即可,如果展开不难发现是三个卷积的和,于是,使用快速傅立叶变换求解即可,时间复杂度为 $\Theta(n\log_2 n)$。

将某一元素翻转以构成卷积形式是一种常用技巧。

【参考程序】

```
#include<bits/stdc++.h>
using namespace std;
```

```cpp
#define LL long long
int mod = 1004535809;
int n,N,M;
LL a[1<<18],b[1<<18],A[1<<18],B[1<<18],h[1<<18],sum[100005];
LL ww[1<<19],*e = ww+(1<<18);
int ans[100005];

LL ksm(LL a,int b){
    LL ans = 1;
    for(;b;b>>=1,a=a*a%mod)
        if(b&1)
            ans = ans*a%mod;
    return ans;
}

char s[100005];
void DFT(LL *x,int n,int c){
    LL *a = x,*b = h,w,l,r;
    int i,j,k;
    for(i=n;i>1;i>>=1,swap(a,b))
        for(j=0;j<n;j+=i)
            for(k=0;k<i;k+=2)
                b[j+(k>>1)]=a[j+k],b[j+(k>>1)+(i>>1)]=a[j+k+1];
    for(i=2;i<=n;i<<=1,swap(a,b))
        for(w=0,k=0;k<(i>>1);k++,w+=n/i*c)
            for(j=0;j<n;j+=i){
                l=a[j+k],r=e[w]*a[j+(i>>1)+k]%mod;
                b[j+k]=((l+r>=mod)? l+r-mod : l+r);
                b[j+(i>>1)+k]=((l-r<0)? l-r+mod : l-r);
            }
    for(int i = 0;i<n;i++)
        x[i]=a[i];
}

void solve(int c){
    DFT(A,n,1);DFT(B,n,1);
    for(int i = 0;i<n;i++)
        A[i]=A[i]*B[i]%mod;
    DFT(A,n,-1);
```

```
    int ni = ksm(n,mod-2);
    for(int i=M-1;i<N;i++)
        sum[i]=(sum[i]+A[i]*ni*c)%mod;
}

int main(){
    scanf("%s",s),N=strlen(s);
    for(int i=0;i<N;i++)a[i]=s[i]-'a'+1;
    scanf("%s",s),M=strlen(s);
    for(int i=0;i<M;i++)b[M-i-1]=(s[i]=='?'?0:s[i]-'a'+1);
    for(n=1;n<N+M;n<<=1);
    e[0]=e[-n]=1;e[1]=e[1-n]=ksm(3,(mod-1)/n);
    for(int i=2;i<n;i++)e[i-n]=e[i]=e[i-1]*e[1]%mod;
    for(int i=0;i<n;i++)A[i]=1,B[i]=b[i]*b[i]*b[i];
    solve(1);
    for(int i=0;i<n;i++)A[i]=a[i]*a[i],B[i]=b[i];
    solve(1);
    for(int i=0;i<n;i++)A[i]=a[i],B[i]=b[i]*b[i];
    solve(-2);
    for(int i=M-1;i<N;i++){
        if(!sum[i])
            ans[++ans[0]]=i-M+1;
    }
    for(int i=0;i<=ans[0];i++)
        printf("%d\n",ans[i]);
    return 0;
}
```

7.6 快速数论变换

利用快速傅里叶变换加速了卷积运算的速度。在离散正交变换的理论中,已经证明在复数域内,具有循环卷积特性的唯一变换是 DFT(系数表示法变换为点值表示法),所以,FFT 是更简单、最高效的离散正交变换。但是,FFT 涉及大量浮点类型数据操作和正弦余弦运算,常数很大,此时,我们可以利用以数论为基础的具有循环卷积性质的"快速数论变换(Fast Number Theoretic Transforms,简称 FNTT)"。

在 $(\bmod\ p)$ 意义下,有 $e^{-\frac{2\pi i}{n}} \equiv g^{\frac{P-1}{n}} (\bmod\ p)$,其中,$g$ 是素数 P 的原根。我们可以把 $g^{\frac{P-1}{n}}$ 看成是 $e^{-\frac{2\pi i}{n}}$ 的等价。所以程序只需要在 FFT 的基础上稍作修改即可。一般来说,p 选取"费马素数"。

【例7.6-1】 大数乘法(51NOD 1028)

【问题描述】

给出2个大整数A,B,计算$A*B$的结果。

【输入格式】

第1行:大数A;第2行:大数B。A,B的长度小于等于100000,A,B大于等于0。

【输出格式】

输出$A*B$的结果。

【输入样例】

123456

234567

【输出样例】

28958703552

【问题分析】

我们可以把十进制数看成一个多项式,每一位就是一个系数,做一遍多项式乘法,最后再处理一下进位就可以了。

【参考程序】

```cpp
#include<bits/stdc++.h>
using namespace std;
#define LL long long
int mod = 1004535809;
int n,N,M;
LL A[1<<18],B[1<<18],h[1<<18],sum[100005];
LL ww[1<<19], *e = ww+(1<<18);
int ans[100005];

LL ksm(LL a,int b){
    LL ans = 1;
    for(;b;b>>=1,a=a*a%mod)
        if(b&1)
            ans = ans*a%mod;
    return ans;
}

char s[100005];
void DFT(LL *x,int n,int c){
    LL *a=x,*b=h,w,l,r;
    int i,j,k;
    for(i=n;i>1;i>>=1,swap(a,b))
        for(j=0;j<n;j+=i)
```

```c
            for(k = 0;k<i;k + = 2)
                b[j+(k>>1)] = a[j+k],b[j+(k>>1)+(i>>1)] = a[j+k+1];
        for(i = 2;i< = n;i<< = 1,swap(a,b))
            for(w = 0,k = 0;k<(i>>1);k + + ,w + = n/i * c)
            for(j = 0;j<n;j + = i){
                l = a[j+k],r = e[w] * a[j+(i>>1)+k] % mod;
                b[j+k] = ((l+r> = mod)? l+r-mod : l+r);
                b[j+(i>>1)+k] = ((l-r<0)? l-r+mod : l-r);
            }
        for(int i = 0;i<n;i + + )
            x[i] = a[i];
}

int main(){
    scanf("%s",s),N = strlen(s);
    for(int i = 0;i<N;i + + )A[N-i-1] = s[i]-'0';
    scanf("%s",s),M = strlen(s);
    for(int i = 0;i<M;i + + )B[M-i-1] = s[i]-'0';
    for(n = 1;n<N+M;n<< = 1);
    e[0] = e[-n] = 1;e[1] = e[1-n] = ksm(3,(mod-1)/n);
    for(int i = 2;i<n;i + + )e[i-n] = e[i] = e[i-1] * e[1] % mod;
    DFT(A,n,1);DFT(B,n,1);
    for(int i = 0;i<n;i + + )
        A[i] = A[i] * B[i] % mod;
    DFT(A,n, -1);
    int ni = ksm(n,mod-2);
    for(int i = 0;i<n;i + + )
        A[i] = A[i] * ni % mod;
    for(int i = 0;i<n-1;i + + )
        A[i+1] + = A[i]/10,
        A[i] % = 10;
    int i = n-1;while(! A[i])i - - ;
    for(;i> = 0;i - - )
        putchar('0'+A[i]);
    puts("");
    return 0;
}
```

【例7.6-2】 sequence(2015年山东省队选拔,match*,128MB,6秒)

【问题描述】

小C有一个集合S,里面的元素都是小于M的非负整数。他用程序编写了一个数列生成器,可以生成一个长度为N的数列,数列中的每个数都属于集合S。小C用这个生成器生成了许多这样的数列。但是小C有一个问题需要你的帮助:给定整数x,求所有可以生成出的,且满足数列中所有数的乘积 mod M 的值等于x的不同的数列的有多少个。小C认为,两个数列$\{A_i\}$和$\{B_i\}$不同,当且仅当至少存在一个整数i,满足$A_i \neq B_i$。另外,小C认为这个问题的答案可能很大,因此他只需要你帮助他求出答案 mod 1004535809 的值就可以了。

【输入格式】

第一行四个整数,N、M、x、$|S|$,其中$|S|$为集合S中元素个数。

第二行,$|S|$个整数,表示集合S中的所有元素。

【输出格式】

一行一个整数,表示你求出的权值和 mod 1004535809 的值。

【样例输入】

4 3 1 2
1 2

【样例输出】

8

【样例说明】

可以生成的满足要求的不同的数列有(1,1,1,1)、(1,1,2,2)、(1,2,1,2)、(1,2,2,1)、(2,1,1,2)、(2,1,2,1)、(2,2,1,1)、(2,2,2,2)。

【数据规模和约定】

对于10%的数据,$1 \leq N \leq 1000$;

对于30%的数据,$3 \leq M \leq 100$;

对于60%的数据,$3 \leq M \leq 800$;

对于全部的数据,$1 \leq N \leq 10^9$,$3 \leq M \leq 8000$,M为质数,$1 \leq x \leq M-1$,输入数据保证集合S中元素不重复。

【问题分析】

求出m的原根g,然后对于每个a_i求出$g^{b_i}=a_i$。则有$\prod_{i=1}^{n} x_i = g^{\sum_{i=1}^{n} b_i}$。我们求出生成函数$f(x)$,问题就变成了求$f(x)^{|n|}$的第$m$项,做一遍$FNTT$即可。1004535809的原根是3。

【参考程序】

```
#include<bits/stdc++.h>
using namespace std;
#define LL long long
const int maxn = 14;
int mod = 1004535809;
```

```
int n,N,M,X,S;
LL gg;
LL A[1<<maxn],B[1<<maxn];
LL ww[1<<maxn+1],*e=ww+(1<<maxn),h[1<<maxn];
int fg[10000];
struct mul{
    LL s[1<<maxn];
}f0,f;

LL ksm(LL a,int b,int mod){
    LL ans=1;
    for(;b;b>>=1,a=a*a%mod)
      if(b&1)
        ans=ans*a%mod;
    return ans;
}

int findg(int s){
    int q[1000]={0};
    for(int i=2;i<s-1;i++)
      if((s-1)%i==0)
        q[++q[0]]=i;
    for(int i=2;;i++){
      bool p=1;
      for(int j=1;j<=q[0]&&p;j++)
        if(ksm(i,q[j],s)==1)
          p=0;
      if(p)return i;
    }
    return -1;
}

void DFT(LL *x,int n,int c){
    LL *a=x,*b=h,w,l,r;
    int i,j,k;
    for(i=n;i>1;i>>=1,swap(a,b))
      for(j=0;j<n;j+=i)
        for(k=0;k<i;k+=2)
          b[j+(k>>1)]=a[j+k],b[j+(k>>1)+(i>>1)]=a[j+k+1];
```

```cpp
    for(i=2;i<=n;i<<=1,swap(a,b))
        for(w=0,k=0;k<(i>>1);k++,w+=n/i*c)
            for(j=0;j<n;j+=i){
                l=a[j+k],r=e[w]*a[j+(i>>1)+k]%mod;
                b[j+k]=((l+r>=mod)? l+r-mod:l+r);
                b[j+(i>>1)+k]=((l-r<0)? l-r+mod:l-r);
            }
    for(int i=0;i<n;i++)
        x[i]=a[i];
}

void plu(LL *x,mul A,mul B){
    DFT(A.s,n,1);DFT(B.s,n,1);
    for(int i=0;i<n;i++)
        A.s[i]=A.s[i]*B.s[i]%mod;
    DFT(A.s,n,-1);
    int ni=ksm(n,mod-2,mod);
    for(int i=0;i<M-1;i++)
        x[i]=0;
    for(int i=0;i<n;i++)
        x[i%(M-1)]+=A.s[i]*ni,x[i%(M-1)]%=mod;
}

int main(){
    scanf("%d%d%d%d",&N,&M,&X,&S);
    gg=findg(M);
    LL ss=1;
    for(int i=1;i<M-1;i++)
        ss=ss*gg%M,
        fg[ss]=i;
    for(int i=1,x;i<=S;i++){
        scanf("%d",&x);
        if(x)f0.s[fg[x]]=1;
    }
    for(n=1;n<=M*2;n<<=1);
    e[0]=e[-n]=1;e[1]=e[1-n]=ksm(3,(mod-1)/n,mod);
    for(int i=2;i<n;i++)e[i-n]=e[i]=e[i-1]*e[1]%mod;
    for(f.s[0]=1;N;N>>=1,plu(f0.s,f0,f0))
        if(N&1)
```

```
        plu(f.s,f,f0);
        printf("%d\n",int(f.s[fg[X]]));
        return 0;
}
```

7.7 本章习题

1. Snarf(snarf.*,64MB,2 秒)

【问题描述】

输入 a,求出一个最小的 n 和 $k(n>k\geqslant a)$,使得能在 $1\sim n$ 之间能找到一个 k,且 $1\sim k-1$ 的和等于 $k+1\sim n$ 的和。

【输入格式】

输入一行一个正整数 $a(3\leqslant a\leqslant 1940500)$。

【输出格式】

输出一行 2 个数,表示最小的正整数 k 和 n(严格用一个空格隔开)。

【输入样例】

3

【输出样例】

6 8

【样例说明】

$n=8,k=6,1+2+3+4+5=15=7+8$

2. 证明方程 $6-3x=2\hat{\ }x$ 在区间 $[1,2]$ 内有唯一一个实数解,并求出这个实数解(精确度 0.1)。

3. Pie(POJ3122)

【问题描述】

My birthday is coming up and traditionally I'm serving pie. Not just one pie, no, I have a number N of them, of various tastes and of various sizes. F of my friends are coming to my party and each of them gets a piece of pie. This should be one piece of one pie, not several small pieces since that looks messy. This piece can be one whole pie though.

My friends are very annoying and if one of them gets a bigger piece than the others, they start complaining. Therefore all of them should get equally sized (but not necessarily equally shaped) pieces, even if this leads to some pie getting spoiled (which is better than spoiling the party). Of course, I want a piece of pie for myself too, and that piece should also be of the same size.

What is the largest possible piece size all of us can get? All the pies are cylindrical in shape and they all have the same height 1, but the radii of the pies can be different.

【输入格式】

One line with a positive integer: the number of test cases. Then for each test case:

One line with two integers N and F with $1 \leqslant N, F \leqslant 10000$: the number of pies and the number of friends.

One line with N integers ri with $1 \leqslant ri \leqslant 10000$: the radii of the pies.

【输出格式】

For each test case, output one line with the largest possible volume V such that me and my friends can all get a pie piece of size V. The answer should be given as a floating point number with an absolute error of at most 10^{-3}.

【输入样例】

```
3
3 3
4 3 3
1 24
5
10 5
1 4 2 3 4 5 6 5 4 2
```

【输出样例】

```
25.1327
3.1416
50.2655
```

4. Strange Fuction(HDU2899)

【问题描述】

Now, here is a fuction:

$F(x) = 6*x^7 + 8*x^6 + 7*x^3 + 5*x^2 - y*x \ (0 \leqslant x \leqslant 100)$

Can you find the minimum value when x is between 0 and 100.

【输入格式】

The first line of the input contains an integer $T(1 \leqslant T \leqslant 100)$ which means the number of test cases. Then T lines follow, each line has only one real numbers Y. ($0 < Y < 1e10$)

【输出格式】

Just the minimum value (accurate up to 4 decimal places), when x is between 0 and 100.

【输入样例】

```
2
100
200
```

【输出样例】

```
-74.4291
-178.8534
```

5. 传送带(2010年四川省队选拔,walk.*,64MB,2秒)

【问题描述】

在一个2维平面上有两条传送带,每一条传送带可以看成是一条线段。两条传送带分别为线段AB和线段CD。lxhgww在AB上的移动速度为P,在CD上的移动速度为Q,在平面上的移动速度R。现在lxhgww想从A点走到D点,他想知道最少需要走多长时间。

【输入格式】

输入数据第一行是4个整数,表示A和B的坐标,分别为Ax,Ay,Bx,By;

第二行是4个整数,表示C和D的坐标,分别为Cx,Cy,Dx,Dy;

第三行是3个整数,分别是P,Q,R。

【输出格式】

输出数据为一行,表示lxhgww从A点走到D点的最短时间,保留到小数点后2位。

【输入样例】

0 0 0 100
100 0 100 100
2 2 1

【输出样例】

136.60

【数据范围】

对于100%的数据满足:$1 \leqslant Ax,Ay,Bx,By,Cx,Cy,Dx,Dy \leqslant 1\,000$;$1 \leqslant P,Q,R \leqslant 10$

6. 骑行川藏(NOI2012,bicycling.*,64MB,2秒)

【问题描述】

蛋蛋非常热衷于挑战自我,今年暑假他准备沿川藏线骑着自行车从成都前往拉萨。川藏线的沿途有着非常美丽的风景,但在这一路上也有着很多的艰难险阻,路况变化多端,而蛋蛋的体力十分有限,因此在每天的骑行前设定好目的地、同时合理分配好自己的体力是一件非常重要的事情。

由于蛋蛋装备了一辆非常好的自行车,因此在骑行过程中可以认为他仅在克服风阻做功(不受自行车本身摩擦力以及自行车与地面的摩擦力影响)。某一天他打算骑N段路,每一段内的路况可视为相同:对于第i段路,我们给出有关这段路况的3个参数s_i,k_i,v_i',其中s_i表示这段路的长度,k_i表示这段路的风阻系数,v_i'表示这段路上的风速(正数表示在这段路上他遇到了顺风,反之则意味着他将受逆风影响)。若某一时刻在这段路上骑车速度为v,则他受到的风阻大小为$F=k_i*(v-v_i')^2$(这样若在长度为s的路程内保持骑行速度v不变,则他消耗能量(做功)$E=k_i*(v-v_i'')^2*s$。

设蛋蛋在这天开始时的体能值是E_u,请帮助他设计一种行车方案,使他在有限的体力内用最短的时间到达目的地。请告诉他最短的时间T是多少。

【评分方法】

本题没有部分分,你程序的输出只有和标准答案的差距不超过0.000001时,才能获得该测试点的满分,否则不得分。

【数据规模与约定】

对于10%的数据,$N=1$;

对于40%的数据,$N\leq2$;

对于60%的数据,$N\leq100$;

对于80%的数据,$N\leq1000$;

对于所有数据,$N\leq10000, 0\leq E_u\leq10^8, 0<s_i\leq100000, -100<v_i'<100$。数据保证最终的答案不会超过$10^5$。

【提示】

必然存在一种最优的体力方案满足:蛋蛋在每段路上都采用匀速骑行的方式。

【输入格式】

第一行包含一个正整数N和一个实数E_u,分别表示路段的数量以及蛋蛋的体能值。接下来N行分别描述N个路段,每行有3个实数s_i, k_i, v_i',分别表示第i段路的长度、风阻系数以及风速。

【输出格式】

输出一个实数T,表示蛋蛋到达目的地消耗的最短时间,要求至少保留到小数点后6位。

【输入样例】

3 10000
10000 10 5
20000 15 8
50000 5 6

【输出样例】

12531.34496464

【样例说明】

一种可能的方案是:蛋蛋在三段路上都采用匀速骑行的方式,其速度依次为5.12939919, 8.03515481, 6.17837967。

7. 计算函数值(BZOJ3527)

【题目大意】

给出n个数q_i,定义$F_j = \sum_{i<j} \frac{q_i q_j}{(i-j)^2} - \sum_{i>j} \frac{q_i q_j}{(i-j)^2}$,再令$E_i = F_i/q_i$,求$E_i$。

8. 不连续回文子序列(BZOJ3160)

【题目大意】

给定一个由'a'和'b'构成的字符串,求不连续回文子序列的个数。